Vorwort

Der Regionalverband Ruhr hat den BaukulturPlan Ruhr auf Anregung der Stadt Bochum als Projekt zur Kulturhauptstadt Europas Ruhr.2010 erstellt. Der Plan soll den Besuchern das von 150 Jahren Schwerindustrie in besonderer Weise geprägte baukulturelle Erbe der Region erschließen. Dazu gehören die Architektur, die Landschaftsarchitektur, die Ingenieurbaukunst und die Industriekultur.
Die Autoren Detlev Bruckhoff, Marnie Schaefer und Thomas M. Krüger haben im ganzen Ballungsraum Ruhr baukulturell wichtige Objekte erfasst und über 2300 davon gemeinsam mit dem redaktionellen Beirat von Prof. Andreas Fritzen (Architekt und Stadtplaner, FH Bochum), Prof. Martin Hoelscher (Architekt und Stadtplaner, Universität Essen) und Markus Pieper (Landschaftsarchitekt) ausgewählt.
Der BaukulturPlan Ruhr beschreibt auf mehreren Karten die genaue Lage der Objekte, und im Register ihre Adresse, sowie Angaben zu Lage im Raum, Nutzung, Baujahr, Architekt(in).
Der BaukulturPlan Ruhr reiht sich ein in eine Serie von Architekturplänen für Großstädte wie Berlin, München, Köln und Hamburg. Möglich wurde der BaukulturPlan Ruhr durch die finanzielle Beteiligung vieler Städte der Region sowie des Europäischen Hauses der Stadtkultur e.V. (Landesinitiative StadtBauKultur NRW). Ihnen danken wir für ihre Unterstützung ganz besonders.

Wir wünschen Ihnen viel Spaß und Anregungen bei der Erkundung der Metropole Ruhr und ihrer bau- und industriekulturellen Schätze.

HD. Klink

Foreword

On the suggestion of the city of Bochum the Ruhr Regional Association (RVR) has put forward a project entitled "BaukulturPlan Ruhr" (lit: Ruhr building culture map) for the European Capital of Culture, Ruhr.2010. It is intended to collate the particular architectural legacy in a region shaped by 150 years of heavy industry. This legacy includes urban and landscape architecture, engineering and industrial architecture.
The authors Detlev Bruckhoff, Marnie Schaefer and Thomas M. Krüger, have assembled all the important architectural objects in the Ruhr conurbation and over 2300 of them selected with the editorial board consisting of Prof. Andreas Fritzen (Architect and town planner at the FH Bochum), Prof. Martin Hoelscher (Architect and town planner at the University of Essen) and Markus Pieper (landscape architect).
The "BaukulturPlan Ruhr" consists of several maps pinpointing the exact sites of each object, along with an index of their addresses and details on location, use, the date of construction and the architect.
The "BaukulturPlan Ruhr" is part of a series of maps of architecture in major cities like Berlin, Munich, Cologne and Hamburg. It has been made possible by financial support from the many towns and cities in the region, as well as from the "Europäisches Haus der Stadtkultur e.V. (Landesinitiative StadtBauKultur NRW)", to whom we owe a special expression of gratitude.

May we wish you much pleasure and stimulation exploring the Ruhr Metropolitan Area and its architectural and industrial treasures.

HD. Klink

Baukulturplan Ruhr

Mit über 2300 Projekten stellt der Regionalverband Ruhr als Herausgeber des BaukulturPlans Ruhr die Baukultur der gesamten Metropole Ruhr vor. Er berücksichtigt dabei alle Epochen bis in die Gegenwart und setzt eine Reihe fort, die die Autoren mit den Plänen für Berlin, München, Köln und Hamburg bereits erfolgreich auf dem Markt etablieren konnten.

Das vorliegende Kompendium ist in 8 Epochen aufgeteilt und dokumentiert die Besonderheiten der Industriebau-Geschichte Ruhr.

Architektur, Städtebau, Landschaftsarchitektur und Ingenieurbaukunst sind gleichermaßen recherchiert und berücksichtigen die speziellen Entwicklungen der Industriegeschichte und des Strukturwandels in der Region.

Handhabung:

Der Schuber enthält 4 Pläne mit den Bezeichnungen Nord, Süd, Ost, West im Maßstab 1:40000. Gebiete mit einer hohen Dichte an Objekten sind entlang der Kartenränder im Maßstab 1:20000 angeordnet.

Auf den Deckblättern der Pläne finden Sie die Bezeichnung der einzelnen Karten und eine Auflistung der Städte, die auf dem Kartenausschnitt komplett abgebildet sind.

Die Objekte sind jeweils mit einer Fahne markiert, wobei das Ende des Fahnenfußes den Standort des Objektes markiert. Eckige Fahnen stehen für Gebäude, Ingenieurbauwerke und städtebauliche Anlagen; runde Fahnen markieren die Landschaftsarchitektur. In beiden Fällen sind die Fahnen – den Epochen entsprechend – unterschiedlich eingefärbt.

Eine Nummer auf der Fahne ermöglicht das leichte Auffinden des Objektes im beiliegenden Register, wobei jede einzelne Epoche von 1 fortlaufend durchnummeriert ist.

Auf der Rückseite des Schubers finden Sie eine Übersicht zur Kartenaufteilung des gesamten Ruhrgebiets.

Das beiliegende Register ist nach 3 Themen sortiert. Alle drei Sparten enthalten stets die gleiche Anzahl an Informationen, allerdings nach unterschiedlichen Schwerpunkten geordnet:

Epochen, Gebäudetypologie, Architekten.

Epochen:

Die Aufteilung der Epochen ist durch Farben gekennzeichnet und gliedert sich wie folgt:

grau	=	vor 1840
dunkelblau	=	1840 - 1899
blau	=	1900 - 1932
braun	=	1933 - 1945
dunkelgrün	=	1946 - 1965
grün	=	1966 - 1988
orange	=	1989 - 1999
rot	=	2000 - 2009

Gebäudetypologie:

Die Objekte sind ausgewählten Gebäudetypen-Gruppen zugeordnet (z.B. Büro-, Verwaltungs-und Dienstleistungsgebäude oder Krankenhäuser und Altenheime). Innerhalb der Gebäudetypen sind die Objekte nach ihrer Bezeichnung alphabetisch geordnet. (z.B. Industrie- und Technologiebauten von Antennenträger bis Zeche Zweckel)

Architekten:

Die Sortierung nach Architekten erfolgt alphabetisch, wobei den offiziellen Büronamen Vorrang vor den persönlichen Namen der Urheber gegeben wurde. In einigen Fällen sind wichtige Gebäudeinterventionen – z.B. Umnutzung, Sanierung, Erweiterung – sowie die Beteiligung wichtiger Personen – z.B. Kunst am Bau – zusätzlich genannt worden. Die Sortierung zeigt also nicht die Beteiligung aller Personen an, sondern stellt das Werk in den Mittelpunkt der Betrachtung einer Person. Zur vollständigen Urheberangabe muss das Gebäude auch anhand seiner Nummer im Register aufgesucht werden.

Herausgeber:
Regionalverband Ruhr

Autoren:
Detlev Bruckhoff, Architekt, Bochum
Marnie Schaefer, Dipl. Designerin, Berlin
Thomas M. Krüger, Architekt , Berlin

Redaktioneller Beirat:
Prof. Andreas Fritzen, Architekt und Stadtplaner, Hochschule Bochum
Prof. Martin Hoelscher, Architekt und Stadtplaner, Hochschule Ostwestfalen Lippe
Markus Pieper, Landschaftsarchitekt

Fachberatung Landschaftsarchitektur:
Markus Pieper, Landschaftsarchitekt

Weitere Mitarbeiter dieser Auflage:
Elise Chop, Sascha Ellenberg, Linda Hegenberg, Stella Kaas, Severin Niedzielski, Stephan Rodewig, Tanja Rommelfanger, Jonathan Schmalöer

Übersetzung:
Keiki Communication – Kirsten Heininger, Berlin; Roy Kift, Castrop-Rauxel; Anna Stüler, Berlin

Lektorat Bildtexte:
Jutta Steiner

Vielen Dank für die Unterstützung:
Simone Steinborn, Bochum; Richard Schmalöer, Dortmund; Ralph Harsveldt, Mülheim/Ruhr; Peter Brdenk, Essen; Dr. Uta Joeressen, Düsseldorf; Dr. Margret und Dr. Andreas Waubke, Essen; Claus Stiens, Bochum; Dorothee Dahl, Bochum; Eckhard Kröck, Bochum; Jens Hendrix, Bochum; Thorsten Kamp, Mülheim/Ruhr; Benno Jacobi, Essen; Prof. Martin Hoelscher, Essen; Prof. Andreas Fritzen, Köln; Christina Kleinheins, Bottrop; Ulrike Rose, Gelsenkirchen; Stephan Rodewig, Witten; Linda Hegenberg, Witten; Axel Zolper, Essen; Bettina Strewick, Essen; Rainer Schulten, Essen; Dr. Wolfgang Beckröge, Essen; Dr. Thomas Rommelspacher, Essen; Sven Sander, Essen; BDA – Bund Deutscher Architekten Ruhrgebiet und Nordrhein Westfalen; BDLA – Bund Deutscher Landschaftsarchitekten; Stadt Bochum, Hochschule Bochum; Christof Rose, Düsseldorf; Bill Bertin; Wim Wenders

Kartographie:
Stadtplanwerk Ruhrgebiet, Regionalverband Ruhr

Fotos:
Deckblätter Pläne: Norbert Lueg
Register: vor 1840: 14 Klaus Dieter Weiss; 22 Sport- und Freizeitbetriebe Stadt Dortmund; 104 Jörg Fruck/Stadt Witten; 123 Georg Geisbauer; 198 Stadt Moers; 1840-1899: 32 Tourismus & Marketing Oberhausen GmbH; 54 Annette Hudemann/LWL-Industriemuseum; 61 Jim Rakete; 99 Bürgerstiftung Rohrmeisterei; 184 Davids, Terfrüchte + Partner; 1900-1932: 13 Marki Siekmann, Hagen; 171 Grugapark Essen; 172 LVR Industriemuseum; 593 Bernd Langmack, 596 FAR:, 1933-1945: 8 www.chemsite.de; 13 Stadt Wetter/Ruhr; 17 FAR:; 21 FAR:, 33 Stadt Castrop Rauxel; 1946-1965: 17 Christuskirche Bochum; 42 VCC Recklinghausen; 58 Geschwister Scholl Gesamtschule Lünen; 119 Pedro Malinowski; 138 Stadt Marl; 1966-1988: 1 Harald Reusmann; 53 Stadt Castrop Rauxel; 132 Quadrat Bottrop; 151 Revierpark Mattlerbusch GmbH; 158 Pressestelle Ruhruniversität Bochum; 1989-1999: 3 Stadt Herne; 35 Theodor Fliedner Stiftung; 127 Christina Panick; 171 Hans Blossey; 424 Florian Holzherr; 2000-2010: 109 Regionalverband Ruhr, 116 Norbert Lueg; 142 Gelsenwasser AG; 188 Petzinka Pink Architekten; 273 Ralf Petersen

Ein Projekt im Rahmen der Kulturhauptstadt Europas RUHR.2010.
Künstlerischer Direktor Stadt der Möglichkeiten: Prof. Karl-Heinz Petzinka.

Kronprinzenstr. 35, 45128 Essen, Fon: +49 (0)201-2069-0, Fax: +49 (0)201-2069-500
www.rvr-online.de und die Autoren

The Ruhr Building Culture Plan

Comprising over 2300 projects, the Ruhr Building Culture Plan is the first comprehensive publication on the building culture of the whole Metropole Ruhr area, covering all past eras and extending up to the present day.
It expands the Building Culture Plan series, which the authors successfully established with maps of Berlin, Munich, Cologne and Hamburg.
This compendium is divided into eight eras, incorporating the particularities of the Ruhr's industrial building history.
Architecture, urban planning, landscape architecture and the art of engineering have been equally researched, including the distinctive features of industrial history and the structural transformation of the region.

Instructions:
The slipcase contains four plans in a scale of 1:40,000 labelled North, South, East and West. Areas with a high density of objects have been placed around the edges of the maps in a scale of 1:20,000. The plan title and list of towns are featured on each map cover. Each object has been indicated by a flag: the base of the flag marks the exact location of the object. Square flags represent buildings, engineering structures and urban planning; round flags represent landscape architecture. In both cases, the flags have been given a colour corresponding to the relevant era. The flags are numbered so that each object on the enclosed index can be located easily: each era is numbered consecutively starting from one.
There is an overview of the subdivision of maps that cover the whole Ruhr area on the back of the slipcase.

The enclosed index has been organised into three categories. Three columns contain the same information, each organized according to different criteria:

Eras, Architects, Building typologies.

Eras:
The categorization of different eras is marked by different colours and is structured as follows:

Grey	=	*before 1840*
Dark blue	=	*1840 - 1899*
Blue	=	*1900 - 1932*
Brown	=	*1933 - 1945*
Dark green	=	*1946 - 1965*
Green	=	*1966 - 1988*
Orange	=	*1989 - 1999*
Red	=	*2000 - 2009*

Register of Building Types:
Within the building types: the objects are arranged in alphabetical order according to designation (e.g. industrial plants and technology buildings: from Antennenträger to Zeche Zweckel).

Architects:
The architects have been ordered alphabetically with the official name of a practice having priority over the name of an individual designer. In some cases important alterations to buildings - for example conversion, renovation, extension, and the participation of important people, for instance architectural artists – have also been listed. The index does not mention everyone involved in a project: specific people are referred to within individual project descriptions. Buildings should be looked up in the index, using their reference number to find a comprehensive list of all involved.

Publisher:
Regionalverband Ruhr

Authors:
Detlev Bruckhoff, architect, Bochum
Marnie Schaefer, Dipl. Designer, Berlin
Thomas M. Krüger, architect, Berlin

Editorial Consultants:
Prof. Andreas Fritzen, architect and urban planner, Bochum University of Applied Sciences;
Prof. Martin Hoelscher, architect and urban planner, Ostwestfalen-Lippe University of Applied Sciences;
Markus Pieper, landscape architect

Expert advice on landscape architecture:
Markus Pieper, landscape architect

Further collaborators on this publication:
Elise Chop, Sascha Ellenberg, Linda Hegenberg, Stella Kaas, Severin Niedzielski, Stephan Rodewig, Tanja Rommelfanger, Jonathan Schmalöer

Translation:
Keiki Communication – Kirsten Heininger, Berlin; Roy Kift, Castrop-Rauxel;
Anna Stüler, Berlin

Lectorship foto legend:
Jutta Steiner

Many thanks for support:
Simone Steinborn, Bochum; Richard Schmalöer, Dortmund; Ralph Harsveldt, Mülheim/Ruhr; Peter Brdenk, Essen; Dr. Uta Joeressen, Düsseldorf; Dr. Margret und Dr. Andreas Waubke, Essen; Claus Stiens, Bochum; Dorothee Dahl, Bochum; Eckhard Kröck, Bochum; Jens Hendrix, Bochum; Thorsten Kamp, Mülheim/Ruhr; Benno Jacobi, Essen; Prof. Martin Hoelscher, Essen; Prof. Andreas Fritzen, Köln; Christina Kleinheins, Bottrop; Ulrike Rose, Gelsenkirchen; Stephan Rodewig, Witten; Linda Hegenberg, Witten; Axel Zolper, Essen; Bettina Strewick, Essen; Rainer Schulten, Essen; Dr. Wolfgang Beckröge, Essen; Dr. Thomas Rommelspacher, Essen; Sven Sander, Essen; Bund Deutscher Architekten (BDA) North-Rhine Westphalia and Ruhr Area; City Bochum; Bochum University of Applied Sciences; Christof Rose, Düsseldorf; Bill Bertin; Wim Wenders

Cartographie:
Stadtplanwerk Ruhrgebiet, Regionalverband Ruhr

Fotos:
Map-Covers: Norbert Lueg
Register: before **1840**: 14 *Klaus Dieter Weiss;* 22 *Sport- und Freizeitbetriebe Stadt Dortmund;* 104 *Jörg Fruck/Stadt Witten;* 123 *Georg Geisbauer;* 198 *Stadt Moers;* **1840-1899**: 32 *Tourismus & Marketing Oberhausen GmbH;* 54 *Annette Hudemann/LWL-Industriemuseum;* 61 *Jim Rakete;* 99 *Bürgerstiftung Rohrmeisterei;* 184 *Davids, Terfrüchte + Partner;* **1900-1932**: 13 *Marki Siekmann, Hagen;* 171 *Grugapark Essen;* 172 *LVR Industriemuseum;* 593 *Bernd Langmack,* 596 *FAR.;* **1933-1945:** 8 *www.chemsite.de;* 13 *Stadt Wetter/Ruhr;* 17 *FAR.;* 21 *FAR.,* 33 *Stadt Castrop Rauxel;* **1946-1965:** 17 *Christuskirche Bochum;* 42 *VCC Recklinghausen;* 58 *Geschwister Scholl Gesamtschule Lünen;* 119 *Pedro Malinowski;* 138 *Stadt Marl;* **1966-1988:** 1 *Harald Reusmann;* 53 *Stadt Castrop Rauxel;* 132 *Quadrat Bottrop;* 151 *Revierpark Mattlerbusch GmbH;* 158 *Pressestelle Ruhruniversität Bochum;* **1989-1999:** 3 *Stadt Herne;* 35 *Theodor Fliedner Stiftung;* 127 *Christina Panick;* 171 *Hans Blossey;* 424 *Florian Holzherr;* **2000-2010:** 109 *Regionalverband Ruhr,* 116 *Norbert Lueg;* 142 *Gelsenwasser AG;* 188 *Petzinka Pink Architekten;* 273 *Ralf Petersen*

Project of Capital Culture City Europe RUHR 2010.
Art director "Stadt der Möglichkeiten": Prof. Karl-Heinz Petzinka.

Kronprinzenstr. 35, 45128 Essen, Fon: +49 (0)201-2069-0, Fax: +49 (0)201-2069-500
www.rvr-online.de and authors

Inhalt/*Content*

Epochenregister/*Index of Eras*

vor/*before* 1840, grau/*grey* 9 - 18
1840 - 1899, dunkelblau/*dark blue* 18 - 27
1900 - 1932, blau/*blue* 27 - 43
1933 - 1945, braun/*brown* 44 - 47
1946 - 1965, dunkelgrün/*dark green* 47 - 56
1966 - 1988, grün/*green* 56 - 65
1989 - 1999, orange/*orange* 66 - 74
2000 - 2010, rot/*red* 75 - 89

Gebäudetypen/*Building Types*

Wohngebäude, Wohnanlagen, Wohnheime 90 - 95
Residential Buildings, Housing Developments, Hostels
Büro-, Verwaltungs- und Dienstleistungsgebäude 95 - 100
Office, Administration and Service Buildings
Regierungsbauten, Rathäuser, Justizgebäude, Burgen und Schlösser 101 - 102
Government Buildings, Town Halls, Court Houses, Castles and Mansions
Kultur-, Kongress- und Ausstellungsbauten 102 - 107
Cultural Buildings, Conference and Exhibition Facilities
Schulen und Kindergärten 107 - 109
Schools and Nursery Schools
Universitäten, Bauten für Forschung und Fortbildung 109 - 110
Universities, Research and Education Facilities
Hotels, Gastronomie und Kaufhäuser 110 - 112
Hotels, Catering Trade and Department Stores
Krankenhäuser, Gesundheitshäuser, Pflegeheime 112 - 113
Hospitals, Health Clinics, Nursing Homes
Industrie-, Technologie- und Laborbauten 113 - 118
Industrial Buildings, Technology and Laboatory Facilities
Sakralbauten, Gemeindehäuser, religiöse Gedenkstätten 118 - 125
Religious Buildings, Community Centres, Religious Memorials
Verkehrsbauten, Brücken und Stadttechnik 125 - 127
Transport Buildings, Bridges and Municipal Engineering
Sport- und Freizeitbauten 127 - 128
Sports and Leisure Facilities
Landmarken, nicht religiöse Gedenkstätten, Skulpturen 128 - 129
Landmarks, Non Religious Memorials, Sculptures
Parkanlagen, Gärten, Friedhöfe 129 - 132
Parks, Gardens, Cemetries
Plätze, Promenaden, Innenstädte 132
Squares, Promenades, Inner Cities
Gebäudebezogene Außenanlagen 133 - 134
Building Related Outdoor Facilities
Siedlungen 134 - 137
Settlements
Städtebauliche Ensembles 137 - 138
Urban Ensembles

Architekten/*Architects*

In alphabetischer Reihenfolge 139 - 182
In alphabetical Order

14

Amphitheater Xanten-Birten

Das original erhaltene Erdwalltheater eines einstigen Römerlagers ist Teil der antiken Stadt Colonia Ulpia Traiana, die einst 10 000 Einwohner zählte. Heute ist es Spielort der Xantener Sommerfestspiele. Das neue Römer-Museum mit seiner markanten roten, an römische Siedlungen erinnernden Dachlandschaft zeichnet im Hauptbau die Höhe der römischen Basilika nach und schützt die Ausgrabungsstätte vor Witterungseinflüssen.

22

Botanischer Garten Rombergpark, Dortmund

Der 1927 angelegte Garten, ein auf Baumsammlungen beschränktes sogenanntes „Arboretum", gelangte nach dem 2. Weltkrieg unter der Leitung von Gerd Krüssmann zu internationalem Renommee und ist mit über 4500 Gewächsen einer der flächenmäßig größten botanischen Gärten Europas. Der Park selbst entstand 1820-22 nach dem Konzept eines englischen Landschaftsgartens, welches heute nahezu gänzlich überformt ist.

104

Haus Witten

Das Haus, heute Standort der Musik- und Volkshochschule, geht zurück auf ein mittelalterliches Rittergut und hat eine wechselhafte Geschichte. Einst als Gussstahlfabrik, Kornbrennerei, dann als Hitlerjugend-Stützpunkt genutzt, wurde es im 2. Weltkrieg schwer beschädigt. 1992-96 wurden in das am Ruhrhang gelegene Ensemble Stahl- und Glaselemente integriert – eine an Carlo Scarpa erinnernde Architektursprache, die einen neuen Umgang mit gebauter Substanz im Ruhrgebiet dokumentiert.

123

Kloster Kamp, Kamp-Lintfort

Das erste Zisterzienserkloster in Deutschland mit seinem Kernbau, einer wehrhaften ornamentfreien Abteikirche aus dem 17. Jahrhundert, und seinem einzigartigen barocken Terrassengarten ist ein Ensemble von internationaler Bedeutung an der „Straße der Gartenkunst" zwischen Rhein und Maas. Die terrassierte, symmetrische Gartenanlage auf einem ehemaligen Weinberg soll der Legende nach Vorbild für den Park von Sanssouci in Potsdam gewesen sein.

198

Schloss Moers

Das Moerser Schloss ist eine der ältesten im Rheinland erhaltenen Ringburganlagen. Die mittelalterliche Wasserburg in unmittelbarer Nähe der historischen Altstadt wurde mehrfach zerstört, wiederaufgebaut und erweitert. Sie beherbergt heute ein Museum, das Stadttheater und dient als Veranstaltungsort. Bemerkenswert ist der englische Garten des Schlossparks mit seinem historischen, denkmalgeschützten Baumbestand.

Amphitheater Xanten-Birten

Amphitheater Xanten-Birten

The original earthwork amphitheatre of a former Roman settlement forms part of the ancient city of Colonia Ulpia Traiana, which once had 10,000 residents. Today, it plays hos to the Xanten Summer Festival. The new Rom Museum, with its imposing red roof reminiscer of Roman settlements, recreates the height of the Roman basilica in the main building and protects the archaeological excavation from th weather.

Botanischer Garten Rombergpark, Dortmund

Romberg Park Botanical Garden, Dortmund

Laid out in 1927, the garden, an arboretum, became internationally renowned after World War II under the management of Gerd Krüssmann. With a collection of more than 4500 plants, it is one of Europe's largest botanical gardens in terms of area. The park itself was laid out in 1820-1822 as an English landscap garden but has today been almost completely transformed.

Haus Witten

Witten Manor

Now home to a music and adult education cer tre, Haus Witten was originally a medieval mc house with a very varied history. It has seen se vice as a cast steel factory, a grain distillery ar as a base for the Hitler Youth. It suffered heav damage during World War II. Between 1992-1996, glass and steel elements were incorpora into the buildings located above the Ruhr, an c chitectural style reminiscent of Carlo Scarpa a documenting a new form of construction type the Ruhr district.

Kloster Kamp, Kamp-Lintfort

Kamp Abbey, Kamp-Lintfort

The first Cistercian abbey in Germany, with its core building, a well-fortified, unadorned abbey church dating from the 17th century, and its unique baroque terraced gardens forming an ensemble of international importance on the 'Garden Route' between the Rhi and Maas rivers. The terraced, symmetrical gardens on a former vineyard are rumoured tc have been the inspiration for Park Sanssouci i Potsdam.

Schloss Moers

Moers Castle

Schloss Moers is one of the oldest remaining ring fortresses in the Rhineland. Dating from the Middle Ages, this moated castle close to the historic old town has been destroyed, rebu and extended several times. It now houses a museum, the town theatre and function room. The English garden in the castle grounds is of particular note, with its historical collection of listed trees.

vor 1840/*before 1840*

1 **Abtei Werden;** Essen; Klemensborn 39; 18. Jhd.; **Ruhr/Süd H6**

2 **Ackerbürgerhaus;** Recklinghausen; Münsterstraße 26; 1803; **Ruhr/Nord A14**

3 **Alte Apotheke;** Recklinghausen; Breite Straße 14; 1750; **Ruhr/Nord A14**

4 **Alte Bergheimer Mühle;** Duisburg; Bonnacker 64; 1794; **Ruhr/West Q9**

5 **Alte Kornmühle und Turbinenanlage;** Witten; Ruhrtal 2 - 14; 18 Jhd.; 1870 Umbau zu Wohnzwecken; 1991 Restaurierung; **Ruhr/Süd M7**

6 **Altes Rathaus;** Dorsten; Markt 1; 1567; **Ruhr/Nord G3**

7 **Altes Rathaus;** Schwerte; Brückstraße 14; 1547; **Ruhr/Ost S10**

8 **Altes Rathaus „Lindenwirtskate";** Voerde; Frankfurter Straße 367; 1810; **Ruhr/West F11**

9 **Altstadt Essen-Kettwig;** Essen; Kirchfeldstraße; 770 ab; **Ruhr/Süd J4**

10 **Altstadt Hattingen;** Hattingen; Weilstraße u.a.; 16. Jhd.; 17. Jhd.; 19. Jhd.; **Ruhr/Süd O4**

11 **Altstadt Schwerte;** Schwerte; Am Markt; 962; **Ruhr/Ost S10**

12 **Altstadtfriedhof;** Mülheim an der Ruhr; Kettwiger Straße 75; 1803; 1987; **Ruhr/West T6**

13 **Aplerbeck; Pfarrkirche, evang.;** Dortmund; Schweizer Allee/Ruinenstraße; 13. Jhd.; **Ruhr/Ost P9**

14 **Archäologischer Park Xanten (Amphitheater);** Xanten; Wardter Straße/Varusring; 98 n. Chr.; 1960 Rekonstruktion; **Ruhr/West B3**

15 **Bausenhagen; Kirche, evang.;** Fröndenberg; Steinkuhle; 12. Jhd.; **Ruhr/Ost O18**

16 **Bebauung auf dem Dudel;** Mülheim an der Ruhr; Auf dem Dudel 4 - 31; 18. Jhd. Ende Fachwerkhäuser Nr. 4+22; 1840 Schifferhäuser Nr 9 + 19 - 22; 1860 Wohnhäuser Nr. 24 + 31; **Ruhr/West T5**

17 **Berliner Tor;** Wesel; Berliner-Tor-Platz; de Bodt, Jan: 1722; **Ruhr/West C9**

18 **Blankenstein; Kirche, evang.;** Hattingen; Burgstraße 3; 1775; **Ruhr/Süd N5**

19 **Blankensteiner Ruhrschleuse;** Bochum; Brockhauser Straße 149a; Amt für Wasser und Abfallwirtschaft; staatl.: 1806; **Ruhr/Süd N5**

20 **Bodelschwingh; Pfarrkirche, evang.;** Dortmund; Zur Hunnenboke/Parkstraße; 14. Jhd.; Hoffmann-Schulte, Hilde; Künstlerin: 1977 Kunst am Bau; **Ruhr/Ost M2**

21 **Borgemeister; Wohn- und Packhaus, ehem.;** Duisburg; Dammstraße 25; Borgemeister, Johann Wilhelm: 1787; **Ruhr/West P2**

22 **Botanischer Garten Rombergpark;** Dortmund; Am Rombergpark 49; Weyhe, Maximilian Friedrich: 1820; Nose, Richard: 1927 Umgestaltung; Krüßmann, Gerd; Dr.: 1951 Umgestaltung; **Ruhr/Ost Q6**

23 **Brackel; Pfarrkirche, evang.;** Dortmund; Brackeler Hellweg/Kellermannshof; 13. Jhd.; **Ruhr/Ost N9**

24 **Brauerei Schwelm;** Schwelm; Neumarkt/Untermauerstraße 1/31; 1722; 18. Jhd. Umgestaltung; 19. Jhd. Erweiterung; **Ruhr/Süd R1**

25 **Brauhaus Rietkötter;** Bochum; Große Beckstraße 7; 1777; **Ruhr/Süd I16**

26 **Brechten; Pfarrkirche, evang.;** Dortmund; Widumer Straße 33; 13. Jhd.; **Ruhr/Ost J3**

27 **Burg Altendorf;** Essen; Burgstraße 2; 12. Jhd.; **Ruhr/Süd G10**

28 **Burg Blankenstein;** Hattingen; Burgstraße 16; von der Mark, Adolf; Graf: 13. Jhd.; **Ruhr/Süd N5**

29 **Burg Dinslaken;** Dinslaken; Parkstraße/Althoffstraße; 12. Jhd.; 1420 Ausbau; 1952 Rekonstruktion; **Ruhr/West H13**

30 **Burg Hörde, ehem.;** Dortmund; Hörder Burgstraße 17; 1299; Stadt Dortmund; Bauabteilung: 2008 Sanierung; **Ruhr/Ost P7**

31 **Burg Vollmarstein;** Wetter (Ruhr); Am Vorberg 12; 1100; 1288 zerstört; 13. Jhd. Wiederaufbau und erneute Zerstörung; **Ruhr/Süd P11**

32 **Burg Vondern;** Oberhausen; Arminstraße 65; 1162; **Ruhr/West L17**

33 **Burg Wetter;** Wetter (Ruhr); Burgstraße 17; 1274; **Ruhr/Süd O11**

34 **Burg Winnenthal;** Xanten; Winnenthal 11; 14. Jhd.; **Ruhr/West E4**

35 **Burgmannenhäuser, ehem. „Die sieben Kurfürsten";** Hagen; Herrenstraße 24/28/32; 18. Jhd.; **Ruhr/Süd Q17**

36 **Burgruine Hardenstein;** Witten; Hardensteiner Weg; 1354; 15. Jhd. Erweiterung; **Ruhr/Süd N8**

37 **Buschey Friedhof;** Hagen; Bergischer Ring/Grünstraße; 1810; **Ruhr/Süd Q14**

38 **Buschmühle;** Hagen; Ruhrtalstraße 29; 1700 ca.; 1901 Wiederaufbau nach Brand; 1980 Umbau; **Ruhr/Süd N15**

39 **Dammstraße;** Duisburg; Dammstraße; 1776 Haus Nr .16; 1787 Nr. 25; Schmidt, Wilhelm: 1954 Häuser Nr. 15 - 17; **Ruhr/West P2**

40 **Deilbachhammer Kupferdreh, Museumslandschaft Deilbachtal;** Essen; Eisenhammerweg/Nierenhofstraße; 1788; 1870 Erweiterung; **Ruhr/Süd I10**

41 **Dellwig; Kirche, evang.;** Fröndenberg; Strickherdicker Weg/Ahlinger Berg; 13. Jhd.; **Ruhr/Ost Q14**

42 **Dinnendahlsche Fabrik;** Essen; Kunstwerkerstraße 179 - 183; Dinnendahl, Franz; Bauherr: 1820; 1925 Wiederaufbau; **Ruhr/Süd F8**

43 **Dionysiuskapelle;** Duisburg; Dorfstraße/Dionysiusweg; 1723; **Ruhr/West T10**

44 **Dorfkirche, evang.**; Neukirchen-Vluyn; Hochstraße 13; 17 Jhd.; 1848 grundlegende Erneuerungen; **Ruhr/West N5**
45 **Dreigiebelhaus**; Duisburg; Niederstraße 30; 1536 ca.; **Ruhr/West R2**
46 **Eichlinghofen; Pfarrkirche, evang.**; Dortmund; Eichlinghofer Straße; 13. Jhd.; 1899 Erweiterung; **Ruhr/Ost Q4**
47 **Ende; Dorfkirche, evang.**; Herdecke; Kirchender Dorfweg 44; 1759; **Ruhr/Süd N12**
48 **Engelsburg**; Recklinghausen; Augustinessenstraße 10; 1700; **Ruhr/Nord A14**
49 **Essener Dom**; Essen; Burgplatz 2; Äbtissin Mathilde II; Bauherrin: 1001; Kesseler, Thomas; Bildhauer: 2004 Einrichtung der Nikolaus Großkapelle; Hillebrand, Elmar; Künstler: 1958 Errichtung des Hauptaltars; **Ruhr/Süd I13**
50 **Ev. Pfarrkirche Elsey/Stift**; Hagen; Elseyer Kirchplatz 3; Fischer, Gustav Adolf/Barmer 13. Jhd.; Fischer, Gustav Adolf: 1882 Erweiterung; **Ruhr/Süd Q17**
51 **Fachwerkbau**; Waltrop; Kirchplatz 5; 1500; **Ruhr/Ost A5**
52 **Freiheit Westerhold**; Herten; Freiheit; 11. Jhd.; **Ruhr/Nord M9**
53 **Frömern; Kirche, evang.**; Fröndenberg; Sybrechtplatz; 12. Jhd.; Hartmann, A./Bauinspektor: 1876 Neubau des Kirchenschiffs; **Ruhr/Ost O16**
54 **Funckenhof**; Hagen; Funckenhausen 1; 1713; 1996 Scheunenteil wurde umgebaut; **Ruhr/Süd P13**
55 **Fürstin-Franziska-Christine-Stiftung**; Essen; Steeler Straße 640 - 646; Judas, Joseph: 1769; Gesing, Jupp; Künstler: 1983 Kunst am Bau; **Ruhr/Süd E8**
56 **Gademenreihe**; Unna; Friedrich-Ebert-Straße/Bornstraße; 1780; **Ruhr/Ost M13**
57 **Gethmannsche Gärten**; Hattingen; Hauptstraße/Am Roswithadenkmal; Gethmann, Carl-Friedrich: 1806; 1928 in Besitz des Amtes Blankenstein; **Ruhr/Süd N5**
58 **GHH-Archiv; ehem. St.-Antony-Hütte**; Oberhausen; Antoniestraße 32/34; 1758; **Ruhr/West K15**
59 **Götterswickerhamm; Kirche, evang.**; Voerde; Dammstraße; 12. Jhd.; **Ruhr/West G10**
60 **Grünstraße; Kirche, evang.**; Voerde; Grünstraße 1; von Syberg, Genoveva Maria: 170 1859 Neubau; 1863 Neues Pfarrhaus; **Ruhr/West F11**
61 **Gut Herbeck**; Hagen; Hammacherstraße 1 - 3; 1830; **Ruhr/Süd P16**
62 **Gut Niederhofen, Torturm** ; Dortmund; Brücherhofstraße 200; 1748; **Ruhr/Ost R7**
63 **Gut Westhemmerde**; Unna; Gutsweg 3; 16. Jhd.; 18. Jhd. Erweiterung; **Ruhr/Ost M1**
64 **Harkort'sche Fabrik**; Hagen; Grundschötteler Straße 6; 1830 ca.; **Ruhr/Süd R12**
65 **Haus Baukey**; Hagen; Baukey 1; 1705; **Ruhr/Süd O12**
66 **Haus Böckum**; Duisburg; Böckumer Burgweg 61; 17. Jhd.; **Ruhr/West T12**
67 **Haus Bodelschwingh, Parkanlage** ; Dortmund; Schlossstraße; 1750 vermutet; **Ruhr/Ost M2**
68 **Haus Brünninghausen, Torhaus**; Dortmund; Ruhrallee/Am Rombergpark; Romberg, Conrad Philipp: 1681; **Ruhr/Ost Q6**
69 **Haus Busch, heute Journalistenzentrum**; Hagen; Haus Busch; von Syburg, Diederich; Bauherr: 17./18.Jhd.; Stadt Hagen; Hochbauamt, städt.: 1994 Erweiterung; **Ruhr/Süd O15**
70 **Haus Crengeldanz**; Witten; Otto-Seeling-Straße 6; 1706; **Ruhr/Süd L9**
71 **Haus Dahl**; Hagen; Dahler Straße 65; Gerstein, Friedrich; Bauherr: 1825; 2000 Restaurierung; **Ruhr/Süd T16**
72 **Haus Dellwig**; Dortmund; Dellwiger Straße 130; 13. Jhd.; 1658 Erweiterung; **Ruhr/Ost O2**
73 **Haus Ermelinghof, Garten**; Hamm; Ermelinghofstraße; 1792 vermutet; **Ruhr/Ost C1**
74 **Haus Esselt**; Hünxe; Otto-Pankok-Weg 4; 1482; 17. Jhd. Erweiterung; **Ruhr/West I4**
75 **Haus Goldschmieding**; Castrop-Rauxel; Dortmunder Straße 55; 16. Jhd.; **Ruhr/Nord P**
76 **Haus Goldschmieding**; Castrop-Rauxel; Dortmunder Straße 55; von Schell zu Rechen Johann: 1600; Mulvany: 1872 Erweiterung; **Ruhr/Nord P17**
77 **Haus Götterswick**; Voerde; Unterer Hilding 10; 1653; **Ruhr/West G11**
78 **Haus Harkorten**; Hagen; Harkortstraße 1 - 3; 18. Jhd.; **Ruhr/Süd R12**
79 **Haus Herbede**; Witten; Von-Elverfeldt-Allee 12; 1200; **Ruhr/Süd M7**
80 **Haus Horst**; Essen; Haus Horst 1; 1359; **Ruhr/Süd F10**
81 **Haus Laer**; Bochum; Höfestraße 45; 1243; **Ruhr/Süd D15**
82 **Haus Lüttinghof**; Gelsenkirchen; Lüttinghofallee 3 - 5; 14. Jhd.; 1988 Restaurierung; **Ruhr/Nord L8**
83 **Haus Lüttinghof, Gartenanlage** ; Gelsenkirchen; Lüttinghofallee; 1680; **Ruhr/Nord L**
84 **Haus Martfeld**; Schwelm; Martfeld 1; 14. Jhd.; **Ruhr/Süd R1**
85 **Haus Noot (Hanielsches Haus), ehem. Wohn- und Packhaus**; Duisburg; Hafenstraße Franz-Haniel-Platz 10/2 - 3; 1756; **Ruhr/West P2**
86 **Haus Opherdicke, Parkanlage** ; Holzwickede; Dorfstraße; 1790 ca.; **Ruhr/Ost P12**
87 **Haus Ossenberg**; Rheinberg; Schlossstraße; 1721; 18.Jhd. Bau der Kapelle; **Ruhr/West**
88 **Haus Reck**; Hamm; Huckenhollweg 42; 1465; 1715 Erweiterung; 1775 Erweiterung; **Ruhr/Ost H11**
89 **Haus Rodenberg**; Dortmund; Rodenbergstraße 26; Voss, J.D./von Bodelschwingh, S.W.: 1698; **Ruhr/Ost P9**

90 **Haus Ruhrnatur;** Mülheim an der Ruhr; Alte Schleuse 3; Pfeifer, Arthur/Großmann, Hans: 1926; Schneider, Markus/Hofstadt, Hans: 1992 Umbau; **Ruhr/West T5**

91 **Haus Schede;** Herdecke; Schede 3; 17. Jhd.; Harkort, Peter Nikolaus; Bauherr: 1810 Errichtung neuer Gebäude; Behrens, Peter/van de Velde, Henry: 1904 Innenraumgestaltung; **Ruhr/Süd O11**

92 **Haus Schuir;** Essen; Schuirweg 74; 1792; **Ruhr/Süd H5**

93 **Haus Stennert; Fachwerkhaus;** Hagen; Enneper Straße 3; 1750; **Ruhr/Süd R12**

94 **Haus Villigst;** Schwerte; Iserlohner Straße 24; Kleinhanz zu Elberfeld, Engelbert: 1819; **Ruhr/Ost S11**

95 **Haus Voerde;** Voerde; Allee 65; 12. Jhd.; **Ruhr/West F11**

96 **Haus Vogelsang;** Datteln; Auf dem Bonnheck 23; 1700; **Ruhr/Nord E16**

97 **Haus Vorschulze;** Hamm; Südstraße 8; Rademacher, G. B.: 1744; **Ruhr/Ost D15**

98 **Haus Weitmar;** Bochum; Hattinger Straße/Schlossstraße; 1592; 1943 bombardiert; **Ruhr/Süd E13**

99 **Haus Weitmar, Parkanlage ;** Bochum; Schlossstraße; 1780; 1890 Erweiterung; **Ruhr/Süd E13**

00 **Haus Wenige;** Dortmund; Lanstroperstraße/Alekestraße; 16. Jhd.; Stadt Dortmund; Bauabteilung: 1966 Restaurierung; **Ruhr/Ost J6**

01 **Haus Westhusen;** Dortmund; Schloss-Westhusener-Straße 73; 1620; 18. Jhd. Ausbau; **Ruhr/Ost M3**

02 **Haus Wilbringen;** Waltrop; Wilbringen 1; 1606; **Ruhr/Ost H2**

03 **Haus Wischlingen, Kapelle ;** Dortmund; Wischlinger Weg; 1783; 1974 Restauriert; **Ruhr/Ost O4**

04 **Haus Witten;** Witten; Ruhrstraße 86; 15. Jhd.; von der Recke, Gerhard; Bauherr: 1701 Veränderung im barocken Stil; 1878 Umbauten; **Ruhr/Süd M9**

05 **Hellweg-Museum Unna, ehem. Burg;** Unna; Burgstraße 8; von der Mark, Engelbert; Graf: 1380 ab; 1890 Anbau; **Ruhr/Ost N14**

06 **Herbede, Fachwerkhäuser;** Witten; Meesmannstraße/Rautertstraße; 8. Jhd. ab; **Ruhr/Süd M7**

07 **Hohenlimburg; Pfarrkirche, evang.-reform. ;** Hagen; Freiheitstraße 33; 1751; Kohlhage, Ernst Ulrich/Pickenhan, Gerd: 1987 Gemeindehaus; **Ruhr/Süd Q17**

08 **Hohensyburg, Ruine;** Dortmund; Hohensyburgstraße 200; 775; 1100 Erweiterung; **Ruhr/Ost T7**

09 **Isenburg;** Hattingen; Am Isenberg 2; 13. Jhd.; **Ruhr/Süd O3**

10 **Johanniskirche, evang.;** Hagen; Frankfurter Straße 100; Eggert, Georg: 1750; Harder und Pöpsel: 2001 Turmsanierung; **Ruhr/Süd Q14**

11 **Johanniskirche, evang.;** Witten; Hauptstraße 4a; 1752; 1856 Erweiterung im gleichen Stil; **Ruhr/Süd L9**

12 **Kapelle Kleinbarop;** Dortmund; An der Palmweide/Baroper Kirchweg; 1829; **Ruhr/Ost P5**

13 **Kastell Holten;** Oberhausen; Kastellstraße 56; von der Mark, Engelbert; Graf: 1307; 15. Jhd. Erweiterung; **Ruhr/West J15**

14 **Katharinen-Kapelle;** Haltern am See; Kapellenweg; 1000; **Ruhr/Nord C11**

15 **Kirchderne; Pfarrkirche, evang.;** Dortmund; Grüggelsort/Derner Straße; 13. Jhd.; **Ruhr/Ost M7**

16 **Kirche am Markt, evang.;** Essen; Martin-Luther-Platz; 14. Jhd.; 1661 Neubau von Langhaus und Chor; Fischer, August: 1890 Neugestaltung der Westfassade; **Ruhr/Süd J4**

17 **Kirche Beeck, evang.;** Duisburg; Friedrich-Ebert-Straße 370; 15. Jhd.; **Ruhr/West M11**

18 **Kirche Berchum;** Hagen; Berchumer Straße/Düsternstraße; 1731; **Ruhr/Süd P15**

19 **Kirche Herbede, evang.;** Witten; Kirchstraße 16; 15. Jhd.; 18. Jhd. Um- und Ausbau; **Ruhr/Süd N7**

20 **Kirchenhügel;** Mülheim an der Ruhr; Kirchenhügel; 9. Jhd.; **Ruhr/West S6**

21 **Kirchhörde; Pfarrkirche, evang.;** Dortmund; Patroklusweg/Wunnenbergstraße; 12. Jhd.; 1807 Nachfolgebau; **Ruhr/Ost R6**

22 **Klever Tor;** Xanten; Nordwall/Klever Straße; 1393; **Ruhr/West B3**

23 **Kloster Kamp;** Kamp-Lintfort; Abteiplatz; 1415; 17. Jhd. Erweiterung; **Ruhr/West L3**

24 **Kloster Saarn;** Mülheim an der Ruhr; Klosterstraße 53; 1214; Stadt Mülheim an der Ruhr; Bauamt, städt.: 1960 Sanierung; **Ruhr/West Q16**

25 **Kloster Saarn;** Mülheim an der Ruhr; Klosterstraße 53; 1741; Wagenfeld, Horst/Müller, Wolfgang: 1992; **Ruhr/West Q16**

26 **Klosterkirche/Stiftskirche;** Fröndenberg; Kirchplatz; 13. Jhd. - 16 Jhd.; Langenberg, Franz: 1902 Westturm; **Ruhr/Ost Q16**

27 **Kriemhildmühle;** Xanten; Nordwall 5; 18. Jhd.; **Ruhr/West B3**

28 **Lange Riege, Fachwerkhäuser;** Hagen; Riegestraße 6 - 18; 1665/1666.; **Ruhr/Süd R15**

29 **Längsdeelen-Haus;** Bochum; Westerholtstraße 15; 1800; Kremer, Kurt Peter: 1969 Restaurierung; **Ruhr/Süd E16**

30 **Längsdeelen-Haus mit Fleetküche; Heimatmuseum;** Bochum; In den Höfen 37; Damm, Heinrich: 1800; 1974 Restaurierung; **Ruhr/Süd D10**

131 **Lindenwirtin, Gasthaus;** Duisburg; Mülheimer Straße 203; 1760 ca.; **Ruhr/West S4**
132 **Loemühle;** Marl; Loemühlenweg 221; 1230; **Ruhr/Nord G9**
133 **Lohmann-Mühle;** Duisburg; Augustastraße 17; 1805; **Ruhr/West L8**
134 **Lohnheider Mühle;** Duisburg; An der Lohmühle 11; 1834; **Ruhr/West K8**
135 **Marienkirche, evang.;** Duisburg; Josef-Kiefer-Straße 2; 1154; 1800 um; **Ruhr/West S1**
136 **Marienkirche, evang.;** Dortmund; Kleppingstraße/Ostenhellweg; 1200; 14. Jhd. erweitert; Schreiter, Johannes; Künstler: 1970 Kunst am Bau; **Ruhr/Ost R17**
137 **Marien-Wallfahrtskirche Stiepel, ehem.; Pfarrkirche, evang.;** Bochum; Brockhauser Straße 74; 1008; 12. Jhd. Erweiterung; 13. Jhd. Erweiterung; **Ruhr/Süd G14**
138 **Marktkirche;** Essen; Kettwiger Straße/Markt; 15. Jhd.; 1952; Gerber, Eckhard & Partner: 2003; **Ruhr/Süd H13**
139 **Marktplatz Dorsten;** Dorsten; Markt 1; 1500; **Ruhr/Nord G3**
140 **Marktplatz Recklinghausen;** Recklinghausen; Markt; 13. Jhd.; **Ruhr/Nord A14**
141 **Meiderich; Kirche, evang.;** Duisburg; Auf dem Damm 8; 1502 ca.; **Ruhr/West N12**
142 **Mengede; Pfarrkirche, evang.;** Dortmund; Wiedenhof 27; 13. Jhd.; **Ruhr/Ost L3**
143 **Michael-Kirche, evang.;** Bochum; Birkhuhnweg 8; Arns, Walter/Buderus, Louis jun./ Rupprecht, A.: 1068; **Ruhr/Süd D17**
144 **Mühle im Schlosspark Moers;** Moers; Venloer Straße 40; 16 Jhd.; 1981 Rekonstruktion Restauration; **Ruhr/West O6**
145 **Mühlenturm;** Neukirchen-Vluyn; An der neuen Mühle 3; 1838; **Ruhr/West P5**
146 **Mühlenturm auf dem Rayener Berg;** Neukirchen-Vluyn; Bergweg 5; 18 Jhd.; **Ruhr/West N4**
147 **Oberhof;** Duisburg; Friedrich-Ebert-Straße 364; 1665; **Ruhr/West M11**
148 **Orsoy-Kirche, evang.;** Rheinberg; Eger Straße/Fährstraße; 15. Jhd.; **Ruhr/West J11**
149 **Ortskern Hohenlimburg;** Hagen; Stennerstraße/Freiheitstraße/Gaußstraße/Lohmannstraße/Bahnstraße; 18.Jhd. bis heute; **Ruhr/Süd Q17**
150 **Pauluskirche, evang.;** Bochum; Grabenstraße 6; 1687; 1950 modernisierter Wiederaufbau; Heyer, Willy; Künstler: 1950 Kunst am Bau; **Ruhr/Süd I16**
151 **Pauluskirche evang.;** Hamm; Marktplatz; 13. Jhd.; 14. Jh. Umbau; 1741 Umbau; **Ruhr/Ost D15**
152 **Peterskirche Hohensyburg, evang.;** Dortmund; Syburger Kirchstraße 14; 12. Jhd.; **Ruhr/Ost T7**
153 **Petrikirche, evang.;** Mülheim an der Ruhr; Pastor-Barnstein-Platz; 15./16. Jhd.; Flügge Julius: 1871 Umbau; Boniver, Denis: 1958 Wiederaufbau; **Ruhr/West S6**
154 **Petrikirche, evang.;** Dortmund; Petrikirchhof 7; 1353; 1523 Erweiterung; 1954 Wiederaufbau; **Ruhr/Ost R16**
155 **Pfarrkirche, evang.;** Duisburg; Schulstraße 20; 12. Jhd.; **Ruhr/West L9**
156 **Pfarrkirche, evang.;** Xanten; Kurfürstenstraße 1; 1662; **Ruhr/West B3**
157 **Pfarrkirche, evang.; ehem. St. Jakobus; Pfarrkirche, kath.;** Breckerfeld; Schulstraße; 14. Jhd.; **Ruhr/Süd S7**
158 **Privatbrennerei Sonnenschein;** Witten; Alter Fährweg 7 - 9; 1800 ca.; **Ruhr/Süd M7**
159 **Probsteikirche, kath., ehem. St.Ludger; Benediktiner-Abteikirche;** Essen; Brückstraße 54; 943; 1275 Erweiterung; **Ruhr/Süd H6**
160 **Pulverturm mit Stadtbefestigung;** Rheinberg; Turmstraße; 17. Jhd.; **Ruhr/West K9**
161 **Rathaus Rheinberg;** Rheinberg; Großer Markt 1; 1449; 1642 Erweiterung; 1855 Umgestaltung; **Ruhr/West I8**
162 **Rathaus Werne;** Werne; Markt 9; 1514; 1561 Erweiterung; 1973 Restaurierung; **Ruhr/Ost F9**
163 **Reidemeisterhaus, ehem.;** Hagen; Voerder Straße 74; 1747; Stadt Hagen; Hochbauamt städt.: 2000 Erweiterungsbau; **Ruhr/Süd R12**
164 **Reinoldikirche, evang.;** Dortmund; Ostenhellweg 1; 1280; Roseer; Baumeister: 1450 Erweiterung; Degener, J.: 1701 Erweiterung; **Ruhr/Ost R17**
165 **Rochuskapelle;** Duisburg; Raiffeisenstraße/Angehauser Straße 93; 1746; **Ruhr/West S11**
166 **Rosenhof;** Mülheim an der Ruhr; Schlippenweg 4 - 6; 1768; 1963 Abbruch des Stallte **Ruhr/West P17**
167 **Saarner Dorfkirche;** Mülheim an der Ruhr; Holunderstraße 2; 1775; 1851 Erbauung d Turms; Boniver, Denis: 1963 Erweiterung um Sakristei; **Ruhr/West Q16**
168 **Salvatorkirche, evang.;** Duisburg; Burgplatz; 1415; **Ruhr/West R1**
169 **Schlaunhaus;** Herten; Am Schlosspark 20; Schlaun, Johann Conrad: 1830; **Ruhr/Nord M11**
170 **Schleuse;** Hattingen; Am Stade/Auf dem Stade; 1829; 1995 Sanierung; **Ruhr/Süd F1**
171 **Schloss Beck;** Bottrop; Am Dornbusch 39; 1777; **Ruhr/Nord L5**
172 **Schloss Berge;** Gelsenkirchen; Adenauerallee 103; 12. Jhd.; von Boenen,Georg: 1530 Umbau; 1924 Erweiterung; **Ruhr/Nord O9**
173 **Schloss Berge, Französicher Garten ;** Gelsenkirchen; Adenauerallee 103; 1700 barock Gartenanlage; **Ruhr/Nord O9**
174 **Schloss Bladenhorst;** Castrop-Rauxel; Westring 346; 1584; **Ruhr/Nord O16**

75 **Schloss Bladenhorst, Parkanlage** ; Castrop-Rauxel; Westring; von Pich: 1734 ca.; **Ruhr/Nord O16**

76 **Schloss Bloemersheim;** Neukirchen-Vluyn; Bloemersheim 1; 15./18./19. Jhd.; 1850 Renovierung; **Ruhr/West O3**

77 **Schloss Bodelschwingh;** Dortmund; Schlossstraße 75; von Bodelschwingh; Familie: 1300; 1618 Erweiterung; 1964 Restaurierung; **Ruhr/Ost M2**

78 **Schloss Borbeck;** Essen; Schlossstraße 101; 15. Jhd.; von Pfalz-Sulzbach, Franziska Christine: 1762 Umbau; Freyse, Heinrich Theodor: 1842 Neubau; **Ruhr/Süd D4**

79 **Schloss Borbeck, Parkanlage** ; Essen; Schlosswiese; von Pfalz-Sulzbach, Franziska Christine: 1783; **Ruhr/Süd D4**

80 **Schloss Broich;** Mülheim an der Ruhr; Am Schloss Broich 28; 9. Jhd. Ende; **Ruhr/West S5**

81 **Schloss Broich;** Mülheim an der Ruhr; Am Schloss Broich 28; 1648; Wagenfeld, Horst/ Müller, Wolfgang: 1992 Sanierung; **Ruhr/West S5**

82 **Schloss Cappenberg, ehem. Probstei;** Selm; Schloss Cappenberg 1; 1684; 1708 Erweiterung; 1848 Erweiterung; **Ruhr/Ost F5**

83 **Schloss Cappenberg, Parkanlage;** Selm; Freiherr-vom-Stein-Straße; Freiherr vom Stein: 1719; **Ruhr/Ost F5**

84 **Schloss Gartrop;** Hünxe; Schlossallee 4; von Hüchtenbruck, Albert Gisbert; Graf: 17. Jhd.; **Ruhr/West B15**

85 **Schloss Heessen;** Hamm; Schlossstraße 1; 14. Jhd.; Hensen, Alfred; Regierungsbaumeister: 1908 Umbau; **Ruhr/Ost C16**

86 **Schloss Heessen, Parkanlage;** Hamm; Schlossstraße 1; 1773; Mawson, T.H.: 1901 Erweiterung; Hensen, Alfred; Regierungsbaumeister: 1908 Umbau; **Ruhr/Ost C16**

87 **Schloss Herten;** Herten; Am Schlosspark; 1300; von Nesselrode, Bertram: 1560 Ausbau; 1702 Wiederaufbau; **Ruhr/Nord M11**

88 **Schloss Hohenlimburg;** Hagen; Alter Schlossweg 30; 13 Jhd.; **Ruhr/Süd R17**

89 **Schloss Hohenlimburg, Gartenanlagen;** Hagen; Alter Schlossweg 30; zu Bentheim-Tecklenburg, Moritz Casimir: 1750; **Ruhr/Süd Q17**

90 **Schloss Horst;** Gelsenkirchen; Turfstraße 21; Johannsen to Boecop, Arndt/Court de la, Joist: 1578; Jourdan und Müller: 1999 Umnutzung und Erweiterung; **Ruhr/Nord Q7**

91 **Schloss Horst, Parkanlage** ; Gelsenkirchen; An der Rennbahn/Torfstraße; 1578 vermutet; Projektbüro Stadtlandschaft: 2000 kritische Rekonstruktion; **Ruhr/Nord Q7**

92 **Schloss Hugenpoet;** Essen; August-Thyssen-Straße 51; von Nesselrode zu Hugenpoet, Konstantin Erasmus; Freiherr: 1647; Lange, August/Freyse, Heinrich Theodor: 1872 Modernisierung; **Ruhr/Süd J3**

93 **Schloss Hugenpoet, Parkanlage** ; Essen; August-Thyssen-Straße 51; 1756; 1876 umgestaltet; **Ruhr/Süd J3**

94 **Schloss Landsberg;** Essen; August-Thyssen-Straße 1; von Berg, Adolph V.: 1276; Lüer, Otto: 1903 Umbau; **Ruhr/Süd J3**

95 **Schloss Lauersfort;** Moers; Lauersforter Straße 34/36; 14. Jhd.; 1716; **Ruhr/West Q6**

96 **Schloss Lembeck;** Dorsten; Wulfener Straße; Schlaun, Johann Conrad: 1650; **Ruhr/Nord B4**

97 **Schloss Lembeck, Parkanlage;** Dorsten; Schloss 1; Reinking, August: 1692 barocke Gartenanlage; von Merveldt, Ferdinand Anton: 19. Jhd. englischer Garten; **Ruhr/Nord B4**

98 **Schloss Moers;** Moers; Kastell 1; 12. Jhd.; **Ruhr/West O7**

99 **Schloss Oberhausen;** Oberhausen; Konrad-Adenauer-Allee 46; 1814; 1960 Wiederaufbau; **Ruhr/West L15**

0 **Schloss Oberwerries;** Hamm; Zum Schloss Oberwerries 1; 1284; von Oelde, Ambrosius: 1692 Erweiterung; Schlaun, Johann Conrad: 1735 Erweiterung; **Ruhr/Ost C17**

1 **Schloss Ringenberg;** Hamminkeln; Schlossstraße 8; von Dingden; Herren: 1223; von Spaen, Jacobi; Oberst: 1648 Wiederaufbau; Derik - Baegert; Baugesellschaft: 1995 Sanierung; **Ruhr/West H1**

2 **Schloss Schellenberg;** Essen; Renteilichtung 1; 14. Jhd.; 17. Jh.Erweiterung; 19. Jhd. Sanierung; **Ruhr/Süd F8**

3 **Schloss Steinhausen;** Witten; Auf Steinhausen 30; 13. Jhd.; von Elverfeldt; Fam.: 1810 Umbau; **Ruhr/Süd M9**

4 **Schloss Steinhausen, Kapelle;** Witten; Auf Steinhausen 30; Stael, Robert; Schlossherr: 1648; **Ruhr/Süd M9**

5 **Schloss Strünkede;** Herne; Karl-Brandt-Weg 5; 1272; 17. Jhd. Erweiterung; Strauß, Wilhelm; Künstler: 1953 Kunst am Bau; **Ruhr/Nord P14**

6 **Schloss Strünkede, Kapelle;** Herne; Karl-Brandt-Weg 5; 1272; **Ruhr/Nord P14**

7 **Schloss Strünkede, Parkanlage** ; Herne; Karl-Brandt-Weg 5; 1697; **Ruhr/Nord P14**

8 **Schloss Styrum;** Mülheim an der Ruhr; Moritzstraße/Burgstraße; 1067 erste Erwähnung; 1930 Direktorenwohnung wird eingerichtet; **Ruhr/West O15**

9 **Schloss Styrum;** Mülheim an der Ruhr; Moritzstraße 102; 1289; Wagenfeld, Horst/ Müller, Wolfgang: 1992; **Ruhr/West O15**

0 **Schloss Westerholt;** Herten; Schlossstraße 1; 1833; 1904 Erweiterung; **Ruhr/Nord M9**

211 **Schloss Westerholt, Parkanlagen;** Herten; Schlossstraße; Freyse, Heinrich Theodor: 1830; **Ruhr/Nord M9**

212 **Schloss Wittringen;** Gladbeck; Burgstraße 64; Korn/Brüren/Stadtbauamt Gladbeck: 1706; **Ruhr/Nord O6**

213 **Schlosspark und Wallanlagen Moers;** Moers; Hanckwitzstraße/Kastell; Weyhe, Maximilian Friedrich: 1836; Nickertz: 1874 Erweiterung; Massias, Max: 1932; **Ruhr/West O7**

214 **Schmiede, ehem.;** Neukirchen-Vluyn; Paschenweg 52; 18. Jhd.; **Ruhr/West N5**

215 **Schoppenturm; Wehrturm;** Fröndenberg; Unnaer Straße 1; 15. Jhd.; **Ruhr/Ost Q14**

216 **Schultenhof, heute AWO-Begegnungsstätte;** Hagen; Salbecker Straße 16; 1792; 198(Umbau; **Ruhr/Süd R15**

217 **Siebenteufelturm;** Haltern am See; Turmstraße; 1502; **Ruhr/Nord B11**

218 **Spellen; Kirche, evang.;** Voerde; Friedrich-Wilhelm-Straße/Overbergweg; 1696; 1880 restauriert; **Ruhr/West E9**

219 **St. Agnes; Pfarrkirche, kath.;** Hamm; Franziskanerstraße 4; 1507; 1945 Wiederaufbau verändert; 1978 Restauriert; **Ruhr/Ost D15**

220 **St. Albertus Magnus; Kirche, kath.;** Bochum; Königsallee 171; Böhm, Gottfried: 1064 **Ruhr/Süd D14**

221 **St. Amandus;** Datteln; Kirchstraße 25; 1147; 1949 Wiederaufbau; 1981 Restaurierung **Ruhr/Nord G16**

222 **St. Bartholomäus; Pilgerkapelle;** Bochum; Wattenscheider Hellweg 251; 1661; 1972 Restaurierung zur Autofahrerkapelle; **Ruhr/Süd D10**

223 **St. Christophorus; Pfarrkirche, kath.;** Werne; Kirchhof 14; Roseer; Baumeister: 1450; 1500 Erweiterung; **Ruhr/Ost F9**

224 **St. Cyriacus; Kirche, evang.;** Dinslaken; Sterkrader Straße 267; 12. Jhd.; 14. Jhd. Erwei rung; **Ruhr/West H14**

225 **St. Dionysius; Pfarrkirche, kath.;** Duisburg; Sermer Straße 1; 1221; de Graaff, Wilheln Künstler: 1956 Kunst am Bau; **Ruhr/West T9**

226 **St. Georg;** Marl; Kirchplatz; 1155; Klos, Joachim; Künstler: 2000 Kunst am Bau; **Ruhr/Nord I6**

227 **St. Georg; Pfarrkirche, evang.;** Hattingen; Kirchplatz; 13. Jhd.; 1450; 1810 Umbau; **Ruhr/Süd O4**

228 **St. Gertrudis; Probsteikirche;** Bochum; Weststraße 5; Terhoeven, Alo/Mauring, Manfred: 1100; Spierling, Hubert; Künstler: 1955 Kunst am Bau; **Ruhr/Süd C11**

229 **St. Johann Baptist; Pfarrkirche, kath. (ehem. Prämenstratenser-Abteikirche);** Duisburg; An der Abtei 2 - 4; 900 ca.; **Ruhr/West L12**

230 **St. Johann der Täufer; Pfarrkirche, kath.;** Dortmund; Kurlerstraße/Werimboldstraße 1733; **Ruhr/Ost M10**

231 **St. Johannes Baptist; Kirche, kath.;** Hattingen; Marktplatz 8; 1801; Metzendorf, Geo 1929 Anbau; **Ruhr/Süd N5**

232 **St. Johannes Baptist; Propsteikirche, kath.;** Dortmund; Propsteihof 3; 1353; 1458 Erweiterung; 1964 Wiederaufbau; **Ruhr/Ost R16**

233 **St. Johannes, evang.;** Dinslaken; Eppinkstraße/Bleckmannshof; 1450; 1928 Erweiterung; Lammers, Egbert; Künstler: 1959 Kunst am Bau; **Ruhr/West H12**

234 **St. Joseph; Pfarrkirche, kath.;** Dortmund; Egilmarstraße/Dasselstraße; 13. Jhd.; **Ruhr/Ost N3**

235 **St. Lambertus;** Castrop-Rauxel; Kirchplatz; 1000; Gesing, Jupp; Künstler: 1983 Kunst am Bau; **Ruhr/Nord M17**

236 **St. Laurentius;** Mülheim an der Ruhr; Mintarder Dorfstraße/August-Thyssen-Straße; Kirsten, Alfred: 1661; 1988 denkmalgerechte Sanierung; Rexhausen, Robert; Künstler 1987 Kunst am Bau; **Ruhr/West S17**

237 **St. Lucius; Kirche, kath.;** Essen; Luziusstraße 2; 1721; 1749 Einbauten; 13. Jhd. Turm; **Ruhr/Süd H6**

238 **St. Magdalena;** Haltern am See; Stiftsplatz; 1166; **Ruhr/Nord D12**

239 **St. Margaretha; Pfarrkirche, evang.;** Kamen; Lutherplatz; 13. Jhd.; **Ruhr/Ost J8**

240 **St. Mariä Himmelfahrt; Pfarrkirche Ginderich, kath.;** Wesel; Schulplatz 9; 1330; 14. Jhd. Erweiterung; Wiethase, Heinrich: 1870; **Ruhr/West C6**

241 **St. Marien; Stiftskirche, evang.;** Herdecke; Kirchplatz 1; 13. Jhd.; Fischer, August: 190 Bau des Westturms; Petermeise, Paul: 1939 Restaurierung; **Ruhr/Süd O12**

242 **St. Matthäus, ehem.; Pfarrkirche, evang.;** Hagen; Dahler Straße/Ecke Eiskeller; 13 Jh 1730; Mataré, Ewald; Künstler: 1959 Kunst am Bau; Harder und Pöpsel: 1996 Anbau; **Ruhr/Süd T16**

243 **St. Mauritius; Kirche, kath.;** Hattingen; Domplatz 2; 1147; von Schmidt, Friedrich: 18 Erweiterung; de Graaff, Wilhelm; Künstler: 1959 Kunst am Bau; **Ruhr/Süd O2**

244 **St. Pankratius; Pfarrkirche, evang.;** Hamm; Marker Kirchplatz; 12. Jhd.; **Ruhr/Ost D16**

245 **St. Peter;** Recklinghausen; Kirchplatz; 1247; Buschulte, Wilhelm; Künstler: 1986 Kuns am Bau; **Ruhr/Nord A14**

6 **St. Peter; Kirche, kath.**; Essen; Münzenbergerplatz 8; von Vagedes, Adolph/Schinkel, Karl Friedrich: 1830; Fischer, Gerhard August: 1886 neubarocke Zwiebelhaube auf unvollendeten Turm; **Ruhr/Süd J4**

7 **St. Peter; Pfarrkirche, kath.**; Voerde; Mehrumer Straße/Friedrich-Wilhelm-Straße; 15. Jhd.; 1890 Umbau; 1908 Anbau Sakristei; **Ruhr/West E9**

8 **St Peter, Pfarrkirche kath.**; Rheinberg; Kirchplatz; 12. Jhd.; 15. Jhd. Ende Erweiterung; **Ruhr/West I8**

9 **St. Peter und Paul**; Oer-Erkenschwick; Klein-Erkenschwicker Straße 17; 1647; Matschinski, Julius; Künstler: 1933 Kunst am Bau; **Ruhr/Nord H13**

0 **St. Peter und Paul; Probsteikirche**; Bochum; Bleichstraße 12; de Suyr, Henrik + Sohn/ Pothast, Bernd: 1524; Wilthelm, Heinrich; Künstler/Lammers, Egbert; Künstler/Baur, Ludwig; Künstler/Rengshausen, Wilhelm; Künstler: 1964 Kunst am Bau; Lammers, Egbert; Künstler: 1966 Kunst am Bau; **Ruhr/Süd I16**

1 **St. Petrus**; Waltrop; Kirchplatz; 950; **Ruhr/Ost A5**

2 **St. Petrus und Paulus; Kapuzinerklosterkirche**; Werne; Südmauer 5; von Oelde, Ambrosius: 1680; **Ruhr/Ost F9**

3 **St. Urbanus; Pfarrkirche, kath.**; Dortmund; Kirchplatz; 13. Jhd.; Geitel, Ignatius; Künstler: 1959 Kunst am Bau; **Ruhr/Ost N4**

4 **St. Vinzenz; Pfarrkirche, kath.**; Dinslaken; Kirchplatz 1; 15 Jhd.; Bongartz, Otto: 1951 Wiederaufbau; **Ruhr/West H13**

5 **Stadtkirche, evang.**; Dinslaken; Duisburger Straße 9; 1723; Persy, Werner; Künstler: 1980 Kunst am Bau; **Ruhr/West H13**

6 **Stadtmauer**; Recklinghausen; Herzogswall; 1296; 1345 Aussbau; **Ruhr/Nord A14**

7 **Stadtmauer**; Duisburg; Springwall/ Am alten Wehrgang; 1130; 13. Jhd. Erhöhung und Erweiterung durch Tortürme; **Ruhr/West R2**

8 **Stammhaus Krupp**; Essen; Altendorfer Straße 100; Kruppsche Gußstahlfabrikation; Bauabteilung: 1819; **Ruhr/Süd H12**

9 **Stefansturm**; Recklinghausen; Herzogswall/Reizensteinstraße; 1200; **Ruhr/Nord A13**

0 **Steinhof**; Duisburg; Düsseldorfer Landstraße 347; 1150 ca.; **Ruhr/West S11**

1 **Stiftsamtmannshaus**; Gevelsberg; Elberfelder Straße 45; 1780; **Ruhr/Süd S9**

2 **Stiftsgebäude/ehem. Äbtissinnengebäude**; Fröndenberg; Kirchplatz 2; 1661; **Ruhr/Ost Q16**

3 **St.-Lambertus-Kirche**; Castrop-Rauxel; Lambertusplatz; 13. Jhd.; Güldenpfennig, Arnold: 1890 Erweiterung; **Ruhr/Nord P17**

4 **St.-Laurentius-Kapelle Leveringhausen**; Waltrop; Schultenstraße/Kapellenweg; 1300; Stummel, Friedrich; Künstler: 1906 Kunst am Bau; **Ruhr/Ost C5**

5 **St.-Vinzentius-Kirche, evang.**; Bochum; Vinzentiusweg 13; 1100; Wieschemann, Paul G.: 1979 Restaurierung; Starck, Helene; Künstlerin: 1942 Kunst am Bau; **Ruhr/Süd B16**

6 **Toms Hof**; Neukirchen-Vluyn; Hochkamerstraße 115; **Ruhr/West O3**

7 **Tüshaus-Mühle**; Dorsten; Weseler Straße 433; 1615; 1982 Restaurierung; **Ruhr/Nord D3**

8 **Unna; Stadtkirche, evang.**; Unna; Kirchplatz; 1322 ab; 1467 1. Erweiterung; 1863 2. Erweiterung; **Ruhr/Ost N14**

9 **Villa Berger**; Witten; Ruhrstraße 69; Berger, Carl Ludwig; Stahlunternehmer: 1839; **Ruhr/Süd M9**

0 **Vluyn; Dorfkirche, evang.**; Neukirchen-Vluyn; Pastoratstraße 18; 15. Jhd.; 1715 Saalkirche/Chor; **Ruhr/West O4**

1 **Volmarstein; Dorfkirche, evang.**; Wetter (Ruhr); Hauptstraße 36; 11. Jhd., ab; 1792 Renovierung/für Turm erhöhten Spitzhelm Kreuz und Hahn; **Ruhr/Süd P11**

2 **Wachholderhäuschen**; Hagen; Berliner Straße 90; Schröder, Heinrich: 1790; **Ruhr/Süd Q12**

3 **Wacholderbrennerei Claus**; Duisburg; Kaiserstraße 57; 1715; 1890 Wiederaufbau nach Brand; **Ruhr/West J12**

4 **Wäschehaus Wüller**; Recklinghausen; Große Geldstraße 23; 1804; **Ruhr/Nord A14**

5 **Wasserburg, ehem./Herrenhaus**; Fröndenberg; Schwerter Straße 2; 16. Jhd.; 18. Jhd. Umbau; **Ruhr/Ost Q13**

6 **Wasserburg Haus Kemnade**; Bochum; An der Kemnade 10; 1100; **Ruhr/Süd N6**

7 **Wasserburg Opherdicke**; Holzwickede; Schlossallee; 17. Jhd.; **Ruhr/Ost P12**

8 **Wassermühle**; Haltern am See; Stockwieser Damm 22; 1300; **Ruhr/Nord A12**

9 **Wassermühle/Mühlenmuseum Hiesfeld**; Dinslaken; Kirchstraße 116; 18 Jhd.; **Ruhr/West H14**

0 **Wassermühle Alt-Marl**; Marl; Am Volkspark 6; 1415 Erste Erwähnung; **Ruhr/Nord H7**

1 **Wasserschloss Werdringen**; Hagen; Werdringen 1; Stadt Hagen; Hochbauamt, städt.: 13 Jhd.; Stadt Hagen; Hochbauamt, städt.: 1977 Restaurierung; **Ruhr/Süd O12**

2 **Wellinghofen; Pfarrkirche, evang.**; Dortmund; An der Kirche/Overgünne; 1230; **Ruhr/Ost Q7**

3 **Wengern; Dorfkirche, evang.**; Wetter (Ruhr); Kirchstraße 8; 1264; 18. Jhd. Erneuerung des Turms; **Ruhr/Süd O9**

284 **Wert'scher Hof, Gartenanlage;** Duisburg; Am Damm; 1725; Weyhe, Maximilian Friedrich: 1828 nach; umgestaltet; **Ruhr/West R10**
285 **Wickede Pfarrkirche, evang.;** Dortmund; Wickeder Hellweg/Eichwaldstraße; 13. Jhd **Ruhr/Ost N11**
286 **Willibrordikirche/Dom;** Wesel; Pastor-Bölitz-Straße/Willibrordiplatz; von Langenbe Johann: 1589; 1896 Umgestaltung; **Ruhr/West C9**
287 **Windenschmiede der Fam. Neuhaus;** Witten; Windenstraße 2 - 4; 1745; **Ruhr/Süd M**
288 **Windmühle;** Dinslaken; Sterkrader Straße 212; Brahm/Baumeister: 1822; 1953 Wied aufbau; **Ruhr/West H14**
289 **Windpumpe, ehem.; Pumpwerk der Solequelle Friedrichsborn, ehem.;** Unna; Friedrich-Ebert-Straße 97; 1750; **Ruhr/Ost M13**
290 **Wohn- und Geschäftshäuser Düsseldorfer Straße 10/12;** Mülheim an der Ruhr; Düsseldorfer Straße 10; 18. Jhd.; 19. J.h Umbau; Grohmann und Ullrich: 1989 durch Erschließungsturm verbunden; **Ruhr/West Q16**
291 **Wohnhaus;** Duisburg; Auf dem Hunsrück 14; 1708; **Ruhr/West T9**
292 **Wohnhaus;** Voerde; Frankfurter Straße 433; 18. Jhd.; **Ruhr/West G11**
293 **Xantener Dom;** Xanten; Kapitel 8; 1213; **Ruhr/West B3**
294 **Zeche Nachtigall;** Witten; Nachtigallstraße 35; 1832; Dünkelberg; Ziegelei: 1892 Erweiterung durch 2 Ringöfen; **Ruhr/Süd M8**
295 **Zitadelle Wesel;** Wesel; An der Zitadelle 6; de Corbin, F.R. Johann: 1687; de Bodt, Ja 1718 Erweiterung; 1814 Erweiterung; **Ruhr/West C9**
296 **Zum Markgrafen; Gaststätte;** Fröndenberg; Markt 7; 18 Jhd.; **Ruhr/Ost Q16**

1840 - 1899

1 **Adler-Apotheke;** Duisburg; Marktplatz 6; Niebel, Fritz: 1885; **Ruhr/West M11**
2 **Alfredshof-Siedlung ;** Essen; Keplerstraße/Simsonstraße/Hartmannplatz; Schmohl, Robert: 1899; Schmohl, Robert: 1918 Erweiterung; **Ruhr/Süd J12**
3 **Alte Post;** Mülheim an der Ruhr; Wallstraße 1; Kasch; Bauinspektor, kaiserl.: 1897; Meyer, Jochen: 1992 Umbau zum Museum; **Ruhr/West S6**
4 **Alte Post (Amt 2);** Duisburg; Poststraße 26; 1891; **Ruhr/West S2**
5 **Altes Hafenamt;** Dortmund; Sunderweg 130; Stadt Dortmund; Hafenverwaltung: 18 **Ruhr/Ost N5**
6 **Altes Stadthaus;** Dortmund; Betenstraße/Olpe; Kullrich; Stadtbaurat: 1899; **Ruhr/Ost S17**
7 **Altes Wasserwerk Wesel;** Wesel; Fusternberger Straße 90; 1886; 1956 Stilllegung; 1986 Museum; **Ruhr/West C10**
8 **Altstadt Schwelm;** Schwelm; Altmarkt; 19. Jhd.; **Ruhr/Süd R1**
9 **Amtshaus, altes;** Bochum; Wittener Straße 136; 1860; **Ruhr/Süd J17**
10 **Amtshaus Bochum-Nord;** Bochum; Brückstraße 33; Landkreis Bochum; Bauherr: 188 **Ruhr/Süd I16**
11 **Bahnhof Dorsten;** Dorsten; Vestische Allee 14; 1879; **Ruhr/Nord G3**
12 **Bahnhof Hattingen;** Hattingen; Bahnhofstraße 79; 1868; **Ruhr/Süd O3**
13 **Bahnhof Kupferdreh;** Essen; Prinz-Friedrich-Straße 1; 1897; **Ruhr/Süd H9**
14 **Bebauung Bahnstraße u.a. Bankhaus Hanau;** Mülheim an der Ruhr; Bahnstraße 25 u 19. Jhd.; Hagen, Franz/und andere: 1882 Nr. 25 „Bankhaus Hanau"; **Ruhr/West S6**
15 **Bergarbeiterkolonie;** Gladbeck; Kirchhellener Straße, Lohstraße, Hegestraße; Grupe, Carl: 1901; **Ruhr/Nord N5**
16 **Bergwerk Monopol, Schacht Grimberg 1/2;** Bergkamen; Ernst-Schering-Straße/ Rathenaustraße; 1894; 1980 Modernisierung; **Ruhr/Ost H9**
17 **Binder_1;** Bochum; Kemnader Straße 198; 19. Jhd.; **Ruhr/Süd F14**
18 **Bommern; Kirche, evang.;** Witten; Rigeikenstraße 10; 1893; **Ruhr/Süd N9**
19 **Borsig-Platz;** Dortmund; Borsigplatz; Körner, Edmund: 1870 seit; **Ruhr/Ost N7**
20 **Botanischer Garten Schweizer Straße;** Duisburg; Schweizer Straße 24; 1890; **Ruhr/West R4**
21 **Brandenbusch-Siedlung ;** Essen; Eckbertstraße/Haraldstraße; Marx, Ernst: 1895; **Ruhr/Süd G6**
22 **Brennerei Eikelberg;** Bochum; Oberstraße 43; Eickelberg, Dietrich; Bauherr: 1866; 1996 Westfälischer Denkmalpreis; **Ruhr/Süd C17**
23 **Brennerei Saure;** Gevelsberg; Elberfelder Straße 39; 1843 Wirtshaus; 1888 Produktio gebäude; 1889 Pferdestall; **Ruhr/Süd S9**
24 **Brückenlandschaft Ruhraue;** Duisburg; Ruhrdeich/Schwiesenkamp; verschiedene Architekten: 1892, ab; **Ruhr/West O13**
25 **Bürgermeisterei Heißen, ehem.;** Mülheim an der Ruhr; Hingbergstraße 375; 1879; Stadtsparkasse; Bauabteilung/Schlüter, Alfred: 1979 Umbau zur Sparkasse; **Ruhr/West O17**
26 **Casino;** Mülheim an der Ruhr; Delle 57; 1842; **Ruhr/West S5**

Eisenheim-Siedlung, Oberhausen
Die Siedlung gilt als die älteste erhaltene Arbeitersiedlung des Ruhrgebiets. Städtebaulich folgt sie mit ihrer klaren Trennung von öffentlichen und privaten Räumen englischen Vorbildern. Nachdem seitens der Stadt ein Abriss ins Auge gefasst wurde, hat ein massives Bürgerengagement, an dem auch der Architekturtheoretiker Roland Günter beteiligt war, die Eintragung als Denkmal erreicht.

Henrichshütte Hattingen
Das 1854 gegründete Eisenhüttenwerk an der Ruhr fertigte bis 1987 Schiffsschrauben, Raketenbauteile, Autobleche, Panzergehäuse und vieles mehr. Im Jahr 2000 wurde die Henrichshütte mit dem dazugehörigen Inventar als fünfter Standort des Westfälischen Industriemuseums eröffnet. Mittelständische Unternehmen und touristische Attraktionen, die sich im neuen HenrichsPark angesiedelt haben, stehen für den Strukturwandel im Ruhrgebiet.

Kaisergarten, Oberhausen
Der 28 Hektar große Volkspark wurde 1898 anlässlich des 100. Geburtstags von Kaiser Wilhelm I. „Kaisergarten" getauft. Seit den 1920er Jahren wurden zwei Drittel des Geländes zu einem Wildgehege umgebaut. Der Park liegt am Schloss Oberhausen, das die Kunstgalerie Ludwig beheimatet, und reiht sich mit dem fußläufig erreichbaren Gasometer, dem Olga-Park und einer Siedlung der Gutehoffnungshütte in die Kette der Baukultur-Highlights entlang der Emscher ein.

Rohrmeisterei Schwerte
Die Pumpstation zur Trinkwasserversorgung wurde 1890 in Betrieb genommen und nutzte das wasserreiche Ruhrtal für die Versorgung der Stadt Dortmund bis zum Jahr 1976. Die Halle mit ihrer detailreichen Backstein-Fassade und der Eisenbinderkonstruktion ist ein Kleinod der Industriearchitektur des ausgehenden 19. Jahrhunderts. Heute befindet sich hier ein Kulturzentrum, das mit bürgerschaftlichem Engagement realisiert wurde.

Industrieplatz Waltrop
Auf einem ehemaligen Bergbaugelände entstand in den Jahren 2005-2006 ein Gewerbestandort unter dem Motto „Arbeiten im Park". Die sanierten Jugendstil-Industriebauten und die Landschaftsgestaltung dienen als kollektives Identifikationselement für die 36 angesiedelten Unternehmen. Finanziert wurde die Außengestaltung gemeinsam von der Stadt und den auf dem 38 Hektar großen Gelände angesiedelten Firmen.

Eisenheim-Siedlung, Oberhausen

Eisenheim Estate, Oberhausen

This estate is one of the oldest remaining workers' housing estates in the Ruhr district. Its clear division between public and private spaces is reminiscent of English models. After demolition was considered by the city, a massive public campaign, backed by architectural theorist Roland Günter, resulted in the estate receiving listed monument status.

Henrichshütte Hattingen

Henrichshütte ironworks, Hattingen

The ironworks established on the Ruhr in 1854, manufactured ships' propellers, rocket components, steel plate for the automotive industry, armour plating and much more until 1987. In 2000, Henrichshütte and its associated inventor, opened as the fifth site of the Westfälische Industriemuseum [Westphalian Museum of Industry] Medium-sized companies and tourist attractions which have relocated to the new HenrichsPark a representative of the structural change in the Ruhr district.

Kaisergarten, Oberhausen

Kaisergarten, Oberhausen

The 28-hectare public park was opened in 1898 on the occasion of the 100th birthday of Kaiser Wilhelm I. Since the 1920s, two thirds of the site have been converted into a nature reserve. The park is at Schloss Oberhausen, home to Kunstgalerie Ludwig, and ranks with the gasometer, which is within walking distance, Olga Park and a Gutehoffnungshütte estate in the list of architectural highlights along the Emscher.

Rohrmeisterei Schwerte

Schwerte Pipe Depot

The pumping station for supplying drinking wat was commissioned in 1890 and relied on the water-rich Ruhr valley to supply the city of Dortmund until 1976. The hall with its intricate bric façade and the iron girder construction is a gem of 19th century indus-trial architecture. It is now home to a cultural centre that was opened than to civic involvement.

Industrieplatz Waltrop

Waltrop industrial park

Between 2005 and 2006, an industrial park with the motto 'Work in the Park' evolved at a former mining site. The renovated Art Nouveau industrial buildings and the landscaping functio as a collective identity for the 36 companies located there. The exterior design was jointly finance by the city and the companies which have move to the 38-hectare site.

27 **Christuskirche, evang.;** Schwelm; Kirchplatz 6; 1849; Bürgerinitiative: 1968 Wiederaufbau; Kirchdächer; **Ruhr/Süd R1**

28 **Christuskirche, evang.;** Essen; Dixbäume 87; Bovensiepen; Baumeister: 1893; Graeff-Hirsch, Ursula; Künstlerin: 1962 Kunst am Bau; **Ruhr/Süd H9**

29 **Dahlbusch, Direktorenvilla;** Gelsenkirchen; Steeler Straße 61; 1892; 1989 Restaurierung; **Ruhr/Nord S9**

30 **Dong; alte Mühle;** Neukirchen-Vluyn; Alte Mühle 4a; 19 Jhd.; **Ruhr/West N5**

31 **Eisenbahnbrücke Kettwig;** Essen; Werdener Straße; 1876; **Ruhr/Süd J4**

32 **Eisenheim-Siedlung;** Oberhausen; Wesselkampstraße/Fuldastraße/Werrastraße/Eisenheimer Straße/Berliner Straße; Jacobi, Haniel und Huyssen: 1846; 1865 zweiter Bauabschnitt; 1903 Erweiterung; **Ruhr/West L15**

33 **Erlöserkirche Annen, evang.;** Witten; Westfeldstraße 81a; Ellinghaus, Friedrich; Baumeister: 1874; Mannewitz, Fritz; Künstler/Meienbrock, Hanns; Künstler: 1954 Kunst am Bau; **Ruhr/Süd L10**

34 **Fachwerkbau, ehem. Dienstgebäude;** Waltrop; Provinzialstraße 37; 1850; **Ruhr/Ost B3**

35 **Firma Underberg;** Rheinberg; Underbergstraße/Rheinstraße; Giese, Ernst: 1846; **Ruhr/West I8**

36 **Freiherr-vom-Stein-Turm;** Hagen; Freiherr-vom-Stein-Straße; Schmidt, Friedrich: 1869; **Ruhr/Süd O12**

37 **Friemersheim, histor. Dorf;** Duisburg; Friemersheimer Straße/Am Damm; 19. Jhd.; **Ruhr/West R10**

38 **Gemeindehaus St. Gertrudis;** Bochum; An der Papenburg 25; von Lom, Walter & Partner: 1879; **Ruhr/Süd C10**

39 **Gemeinschaftswasserwerk Volmarstein, Seilhängebrücke;** Wetter (Ruhr); Am Kaltenborn; 1893; **Ruhr/Süd P11**

40 **Goethe-Gymnasium;** Bochum; Goethestraße 1 - 3; 1898; Planungsamt; städt./Knirsch, H.: 1964 Renovierung und Erweiterung; **Ruhr/Süd I16**

41 **Goetheschule, Altbau;** Essen; Ruschenstraße 1; 1899; **Ruhr/Süd G6**

42 **Grillopark;** Oberhausen; Grillostraße/Schwartzstraße; Grillo; Gewerkschaft: 1887 ca.; **Ruhr/West N2**

43 **Hakortturm;** Wetter (Ruhr); Am Harkortberg; Schmitz, Bruno: 1884; **Ruhr/Süd O11**

44 **Hannover-Siedlung ;** Herne; Hordeler Straße/Alte Kolonie/Dahlhauser Straße/Bonifatiusstraße/Koloniestraße/Sassenburg/Reichsstraße/Magdeburger Straße; Zeche Hannover, Baubüro der Kruppschen Verwaltung/Schmohl, Robert: 1864 und 1928; Zeche Hannover, Baubüro der Kruppschen Verwaltung: 1891 seit; Schmohl, Robert: 1900 ab; **Ruhr/Nord R12**

45 **Hauptbahnhof Hagen;** Hagen; Am Hauptbahnhof 16; Morin; Regierungsbaumeister: 1910 Empfangsgebäude; **Ruhr/Süd Q13**

46 **Hauptbahnhof Wanne-Eickel;** Herne; Heinz-Rühmann-Platz; Waßmann, Hochbauabteilung königl. Eisenbahn/Schultze, Regierungsbauführer: 1872; **Ruhr/Nord Q12**

47 **Haus Königsberg, ehem.;** Duisburg; Mülheimer Straße 39; 1871; **Ruhr/West S3**

48 **Haus Niedernhof;** Herdecke; Am Klusenberg; Funcke, Wilhelm; Bauherr: 19. Jhd.; **Ruhr/Süd N13**

49 **Haus Ruhreck;** Hagen; Haus Ruhreck 1; Killing, Casper Diedrich: 1878; **Ruhr/Süd O13**

50 **Haus Schulte-Witten;** Dortmund; Wittener Straße 3; 1880; 1913 Umbau; **Ruhr/Ost O4**

51 **Hegemannshof, Arbeitersiedlung;** Essen; Meerbruchstraße/Zollvereinstraße; 1895; **Ruhr/Süd B7**

52 **Heilenbecker Talsperre;** Ennepetal; Heilenbecker Straße; Intze, Otto: 1896; **Ruhr/Süd T4**

53 **Helenenturm;** Witten; Helenenbergweg 22; Strohn; Justizrat: 1858; **Ruhr/Süd M9**

54 **Henrichshütte;** Hattingen; Werksstraße 31 - 33; 1854; **Ruhr/Süd N4**

55 **Herrenhaus Husen;** Dortmund; Syburger Dorfstraße 120; von Husen; Herren: 19. Jhd.; **Ruhr/Ost T7**

56 **Hochofenwerk Phoenix West;** Dortmund; Hochofenstraße; 1855; 1960 Erweiterung um Gasometer; **Ruhr/Ost P7**

57 **Hoesch-Gasometer;** Dortmund; Felicitasstraße; 1871; 2002 Denkmalschutz; **Ruhr/Ost Q7**

58 **Hohe Bürgerschule, ehem.;** Duisburg; Bergiusstraße 27; Nohl, Maximilian: 1859; **Ruhr/West P2**

59 **Holstein-Kolonie ;** Dortmund; Briefsweg/Auf dem Bleck/Distelbrinkstraße/In den Ostgärten; 19. Jhd.; **Ruhr/Ost N10**

60 **Jakobuskirche, evang.;** Duisburg; Fabrikstraße 1; 1842; **Ruhr/West P2**

61 **Kaisergarten;** Oberhausen; Am Kaisergarten/Sterkrader Straße; Reinking, August: 1897; **Ruhr/West L15**

62 **Kaiser-Wilhelm-Park;** Essen; Palmbuschweg/Altenessener Straße; Gude, Fritz: 1897; **Ruhr/Süd C6**

63 **Kanalbrücke Alte Fahrt;** Olfen; Lehmhegge/Pumpwerk; 1895; **Ruhr/Nord F17**

64 **Kantine „Westfalia"; ehem. Betriebsgebäude;** Lünen; Industriestraße 1; Eisenhütte Westfalia; Gewerkschaft: 1870; **Ruhr/Ost H6**

65 **Karlsplatz;** Duisburg; Karlsplatz; Dahmen, Wilhelm: 1890; Hertel; Landbauinspektor: 1901 Amtsgericht; **Ruhr/West P2**

66 **Kenkmannshof, Fachwerkhaus;** Recklinghausen; Unterstraße 14; 1847; **Ruhr/Nord M1**

67 **Kindergarten Villa Laufenberg;** Hagen; Bergstraße 91; 1885; Laufenberg; Bauherr: 193 Erweiterung; Stadt Hagen; Hochbauamt, städt.: 1985 Renovierung; **Ruhr/Süd Q14**

68 **Klappheckenhof-Siedlung ;** Gelsenkirchen; Klapheckenhof/Fersenbruch/Dammstraße Wilhelmine Victoria Bergbau; AG: 1873, an; 1885 weitere Häuserzeile; **Ruhr/Nord Q8**

69 **Klostermühle Pohl;** Hamm; Brüderstraße 43; 1880; 1913 Wohnhaus; 1927 Lagerhaus; **Ruhr/Ost D15**

70 **Kornbrennerei Niedernberg und Krüner, ehem. und Villa Niederberg;** Gevelsberg; Hagener Straße 258 - 260; Niedernberg,Caspar Heinrich/Krüner, Julius; Bauherren: 1888; Niedernberg,Caspar Heinrich; Bauherr: 1904 Villa; 1910 Erweiterung Brennerei; **Ruhr/Süd R10**

71 **Kraftwerk Dortmund;** Dortmund; Weißenburger Straße 70; 19. Jhd. Ende; **Ruhr/Ost R17**

72 **Krudenburg;** Hünxe; Krudenburger Weg; 1890; **Ruhr/West C14**

73 **Kulturwerk Lothringen; Zeche Lothringen Schacht 1/2, ehem.;** Bochum; Lothringer Straße 36; Gewerkschaft Lothringen; Bauabteilung: 1872; Kemper und Steiner: 2006 Umbau und Sanierung; **Ruhr/Süd A16**

74 **Kurhaus Bad Hamm;** Hamm; Ostenallee 87; Leppin, G.: 1898; Kehrbaum Architekten: 2003 Neubau; **Ruhr/Ost D16**

75 **Kurpark Hamm;** Hamm; Ostenallee/Fährstraße; 1882; **Ruhr/Ost D16**

76 **Kurpark Königsborn;** Unna; Friedrich-Ebert-Straße; Grillo; Gewerkschaft: 1880; Förderverein Kurpark Königsborn: 1999 Entwicklung für neues Park-Konzept; **Ruhr/Ost M14**

77 **Land- und Amtsgericht;** Duisburg; Königstraße 29; Thomer, Paul: 1876; **Ruhr/West S2**

78 **Land- und Kreisgericht, ehem.;** Hagen; Hochstraße 71; Busse, Ferdinand: 1866; **Ruhr/Süd Q14**

79 **Landeszentralbank, ehem. Deutsche Reichsbank;** Duisburg; Düsseldorfer Straße 21; Stiller, Hermann: 1897; **Ruhr/West S2**

80 **Leder- und Gerbermuseum;** Mülheim an der Ruhr; Düsseldorfer Straße 269; 1864; 1905 Erweiterung; 2003 Umbau zum Museum; **Ruhr/West P15**

81 **Liebfrauenkirche, kath.;** Bochum; Hattinger Straße 812; Fischer, Gerhard August: 1866; Hertel, Hilger: 1901 Erweiterung; Hertel und Lersch: 1901; **Ruhr/Süd F12**

82 **LVR Industriemuseum, Zentrale;** Oberhausen; Hansastraße 20; Vieille Montagne S.A.; Bauherr: 1853; Gössel, Peter: 1997 Umbau; Innenarchitektur; Stemmrich, Daniel; Dr.: 1997 Ausstellungskonzept; **Ruhr/West N1**

83 **Marienkirche; Pfarrkirche, kath.;** Witten; Marienplatz 3; 1848; Buschulte, Wilhelm; Künstler: 1958 Kunst am Bau; **Ruhr/Süd L9**

84 **Mausegatt-Siedlung ;** Mülheim an der Ruhr; Kreftenscheerstraße/Mausegattstraße; Thomas, Friedrich: 1899; Thomas, Friedrich: 1905 Erweiterung; Thomas, Friedrich: 191 Erweiterung; **Ruhr/West P17**

85 **Meiderich; Kirchengemeinde, evang.;** Duisburg; Auf dem Damm 6 - 12; 1863; **Ruhr/West R10**

86 **Moltkeviertel;** Essen; Moltkestraße; Stadt Essen; Bauherr: 19. Jhd.; **Ruhr/Süd J14**

87 **Mühlenhof Breckerfeld;** Breckerfeld; Schützenstraße 33; Brandenburg: 1846 Brandenburg; 1996 Wiederaufbau nach Standortwechsel; **Ruhr/Süd S6**

88 **Musikhaus Alter Bahnhof, Umnutzung und Sanierung;** Essen; Ruhrtalstraße 345; 187 Ahlbrecht, Frank: 2001 Sanierung; **Ruhr/Süd J4**

89 **Niederwenigen; Kirche, evang.;** Hattingen; Justinenweg 2; 1875; **Ruhr/Süd N2**

90 **Nordbahnhof, ehem.;** Bochum; Ostring/Nordring; Rheinische Eisenbahngesellschaft: 1874; **Ruhr/Süd I16**

91 **Ottekampshof, Arbeitersiedlung;** Essen; Nienhauser Busch/Drokamp; 1898; **Ruhr/Süd B8**

92 **Pfarrhaus, evang.;** Voerde; Grünstraße 1; 1863; **Ruhr/West F11**

93 **Plangemühle;** Duisburg; Königstraße 2 - 6; Küppers, Johann; Bauherr: 1874; 1951 neu Gebäude mit modernem Mahlsystem; **Ruhr/West O10**

94 **Rathaus Stoppenberg;** Essen; Ernestinenstraße/Schwanhildenstraße; 1878; 1895 Erweiterung; 1924 Erweiterung; **Ruhr/Süd D7**

95 **Rathaus Wattenscheid;** Bochum; Freiheitstraße; Zindel, Paul: 1884; Wallraven, Peter: 1897 Erweiterung; Wallraven, Peter: 1923 Erweiterung; **Ruhr/Süd C11**

96 **Reformierte Kirche, evang.;** Wetter (Ruhr); Burgstraße 15; Otzsen, Johannes: 1893; **Ruhr/Süd O11**

97 **Ringlokschuppen;** Mülheim an der Ruhr; Am Schloss Broich 38; 1874; 1992 Umnutzung und Sanierung; **Ruhr/West S5**

98 **Ripshorst-Siedlung ;** Oberhausen; Ripshorster Straße/Werkstraße/Thomasstraße; GHH - Gute Hoffnungshütte: 1899; GHH - Gute Hoffnungshütte: 1910 Erweiterung; **Ruhr/West L16**

99 **Rohrmeisterei Schwerte;** Schwerte; Ruhrstraße 20; 1890; Bürgerinitiative: 2003 Umbau; **Ruhr/Ost S10**

100 **Ruhrbrücke mit Bahnbögen**; Mülheim an der Ruhr; Bahnstraße/Ruhrstraße; Hartwich; Geheimer Oberbaurat: 1866; **Ruhr/West S5**
101 **Ruhrviadukt Herdecke**; Herdecke; Wetterstraße/Seestraße; 1878, ab; **Ruhr/Süd O12**
102 **Schiffshebewerk Henrichenburg**; Waltrop; Am Hebewerk; Haniel + Lueg: 1894 - 1899; **Ruhr/Ost B3**
103 **Schloss Herten, Parkanlage** ; Herten; Im Schlosspark; Weyhe, Maximilian Friedrich: 19. Jhd.; **Ruhr/Nord M11**
104 **Schloss Schwansbell**; Lünen; Schwansbeller Weg 32; Weber, Fritz ; Baumeister: 1875; **Ruhr/Ost I5**
105 **Schloss Schwansbell, Parkanlagen**; Lünen; Schwansbeller Weg 32; Weber, Fritz; Baumeister: 1875; **Ruhr/Ost I5**
106 **Schulgebäude, Sanierung und Umbau**; Bochum; Stühmeyerstraße 17; Stadt Bochum: 1890er; vermutlich; Schöttler & Palotz: 2001 Umbau und Sanierung; **Ruhr/Süd I15**
107 **St. Agnes; Kirche, kath.**; Fröndenberg; Palzstraße 40; Fischer, Gerhard August: 1875; **Ruhr/Ost O18**
108 **St. Antonius von Padua; Kirche kath.**; Oberhausen; Antoniusplatz 2; Krings, Heinrich/ Boegershausen, J. Franz: 1897; **Ruhr/West N14**
109 **St. Johannes-Baptist; Pfarrkirche, kath.**; Hagen; Boeler Kirchplatz 2; Fischer, Gerhard August/Barmen: 1889; Architekturatelier 13: 1992 Gemeindehaus; **Ruhr/Süd O14**
110 **St. Josef; Pfarrkirche, kath.**; Duisburg; Dellplatz 20; Wiethase, Heinrich: 1874; **Ruhr/West S1**
111 **St. Laurentius; Kirche, kath.**; Essen; Passstraße 7; Schmidt, Friedrich: 1873; **Ruhr/Süd E9**
112 **St. Mariae Rosenkranz; Kirche, kath.**; Mülheim an der Ruhr; Marienplatz; Pickel, Caspar C./von Schmidts, Friedrich: 1894; Poensgen, Jochem; Künstler: 1963 Kunst am Bau; **Ruhr/West O15**
113 **St. Marien; Pfarrkirche**; Hagen; Hochstraße 73; 1895; **Ruhr/Süd Q14**
114 **St. Marienkirche, kath., Restauration**; Fröndenberg; Kirchplatz 1; Langenberg, Franz: 1896; Simon, Hans-Georg: 2007 Restauration; **Ruhr/Ost Q16**
115 **St. Peter und Paul; Kirche, kath.**; Wetter (Ruhr); Am Kirchberg 11; Güldenpfennig, Arnold: 1890; **Ruhr/Süd O11**
116 **St. Peter und Paul; Kirche, kath.**; Hattingen; Bahnhofstraße 11; Fischer, Gerhard August: 1870; 1810 Umbau; 1989 Sanierung; **Ruhr/Süd O4**
117 **St. Philippus und Jakobus; Kirche, kath.**; Herdecke; Wetterstraße 11; Schmidt, Friedrich/Fischer, Gerhard August: 1864; 1969 Umgestaltung des Altarraums; **Ruhr/Süd O12**
118 **Stadtgarten Gelsenkirchen**; Gelsenkirchen; Zeppelinallee; 1897; Simon, Ludwig: 1933 Erweiterung; **Ruhr/Nord C16**
119 **Stadtgarten Hagen**; Hagen; Grünstraße/Stadtgartenallee; Schießmeyer; Gebrüder: 1890; **Ruhr/Süd Q14**
120 **Stadtgarten Steele**; Essen; Am Stadtgarten 1; Hoemann, Reinhold: 1897; **Ruhr/Süd E8**
121 **Stadtpark Bochum**; Bochum; Bergstraße; Strauß, Anton: 1878; 1893 Erweiterung; Finken, Ernst/Gartenkünstler: 1905 Erweiterung; **Ruhr/Süd H16**
122 **Stadtpark Witten; Park der Villa Friedrich Lohmann**; Witten; Ruhrstraße 91; Weyhe, Maximilian Friedrich: 1846; **Ruhr/Süd M9**
123 **Stellwerkhäuschen ehem.Talbahn**; Hagen; Haenelstraße; 19. Jhd.; **Ruhr/Süd R12**
124 **Synagoge, ehem.; heute Mahn- und Gedenkstätte**; Hagen; Jahnstraße 46; Liesenhoff: 1870; Pickenhan, Gerd: 1986 Restaurierung; **Ruhr/Süd Q17**
125 **Textilfabrik Elbers**; Hagen; Dödterstraße 3; 1860; 1906 Erweiterung; 1910 Erweiterung; **Ruhr/Süd Q14**
126 **Trajekt Ruhrort-Homberg, Hebeturm**; Duisburg; Rheinanlagen 12; 1856; **Ruhr/West P1**
127 **Umbau einer Schule zum Wohngebäude**; Essen; Von-Schirp-Straße 24 - 26; 1890; Schröer, Ekkehard/Albrecht, Frank/Laber, Ricarda: 2004; **Ruhr/Süd H6**
128 **Unsere Lieb Frau; Klosterkirche**; Oberhausen; Mülheimer Straße 365; Böhm, Gottfried: 1957; **Ruhr/West O2**
129 **Verbund-Wasserwerk Witten**; Witten; Ruhrstraße 110; 1880; **Ruhr/Süd M9**
130 **Villa Albert Lohmann**; Witten; Ruhrstraße 70; Lohmann, Albert: 1865; **Ruhr/Süd M9**
131 **Villa Baare**; Bochum; Reiterweg 13; Bochumer Verein; Bauabteilung: 1888; Baare, Friedrich: 1904 Erweiterung; **Ruhr/Süd D12**
132 **Villa Eugen Coupienne**; Mülheim an der Ruhr; Friedrichstraße 40; 1875; **Ruhr/West T5**
133 **Villa Friedrich Lohmann jun.**; Witten; Ruhrstraße 75; Lohmann jr., Friedrich: 1895; **Ruhr/Süd M9**
134 **Villa Friedrich Lohmann sen.**; Witten; Ruhrstraße 91; Lohmann sen., Friedrich: 1868; **Ruhr/Süd M9**
135 **Villa Gustav Lohmann**; Witten; Ruhrstraße 78; Bovensiepen, Wilhelm: 1865; **Ruhr/Süd M9**
136 **Villa Hügel**; Essen; Hügel 15; Spieker, Paul Emanuel: 1873; Böll, Heinrich: 2007 Sanierung kleines Haus; **Ruhr/Süd G6**

137 **Villa Hügel, Parkanlage** ; Essen; Hügel; Badewitz/Repton/Krupp, Alfred: 1873; 1961 Bereinigung; **Ruhr/Süd G6**
138 **Villa Marckhoff**; Bochum; Kortumstraße 174; 1898; **Ruhr/Süd I16**
139 **Villa Nora**; Bochum; Kortumstraße 156; 1895; **Ruhr/Süd I16**
140 **Villa Post**; Hagen; Wehringhauser Straße 38; 1892; **Ruhr/Süd Q13**
141 **Villa Steinwender; Villa Vorster, ehem.**; Hagen; Delsterner Straße 120; Vorster, Hermann; Bauherr: 1855; 2003 Restaurierung; **Ruhr/Süd R15**
142 **Villa Vorsteher**; Wetter (Ruhr); Kaiserstraße 132; Wenner, Gustav: 1895; **Ruhr/Süd O11**
143 **Villa Vorsteher, Parkanlage** ; Wetter (Ruhr); Kaiserstraße 132; 1895; **Ruhr/Süd O11**
144 **Vincketurm**; Dortmund; Hohensyburgstraße; 1857; **Ruhr/Ost T7**
145 **Wasserturm der GHH**; Oberhausen; Mülheimer Straße 1; Intze, Otto: 1897; **Ruhr/West L15**
146 **Wasserturm Essen**; Essen; Steeler Straße 137; Intze, Otto: 1884; **Ruhr/Süd I14**
147 **Wasserturm Hohenlimburg**; Hagen; An der Kehle/Boingstraße; 1885; **Ruhr/Süd Q17**
148 **Wasserturm Styrum**; Mülheim an der Ruhr; Burgstraße/Styrumer Schlossweg; 1892; Schneider, Markus/Hofstadt, Hans: 1992 Umbau zum Museum; **Ruhr/West O15**
149 **Wasserturm Wesel**; Wesel; Brandstraße 44; Intze, Otto: 1886; 1945 Zerstörung durch Brand; **Ruhr/West C9**
150 **Wasserwerk Hengstey**; Hagen; Seestraße; 1887; **Ruhr/Süd O13**
151 **Wehrhahnmühle**; Duisburg; Philosophenweg 23 - 25; 1896; Felder, Wolfgang: 1999 Umbau; **Ruhr/West R2**
152 **Westfalenpark Dortmund**; Dortmund; An der Buschmühle 3; Coers, K./Glaesel, E.: 1890; **Ruhr/Ost T17**
153 **Wetterkamin Buchholz**; Witten; Waldweg Hammertal; Zeche Geschwind: 1856; **Ruhr/Süd O6**
154 **Windmühle Marl**; Marl; Hochstraße/Stübbenfeldstraße; 1850; **Ruhr/Nord H8**
155 **Wohnhaus**; Duisburg; Uersinger Straße 183; 19. Jhd.; **Ruhr/West T9**
156 **Wohnhaus**; Duisburg; Hafenstraße 35; 19. Jhd.; **Ruhr/West P2**
157 **Wohnhaus**; Duisburg; Mülheimer Straße 101; Muth, Jacob: 1889 ca.; **Ruhr/West S3**
158 **Wohnhaus Schlossberg**; Mülheim an der Ruhr; Schlossberg/Wilheminenstraße; 1865; Buchloh, Fritz: 1989 Umbau und Sanierung; **Ruhr/West S5**
159 **Zeche Adolf von Hansemann**; Dortmund; Barbarastraße/Königswall; Schulze, Dietrich 1899; **Ruhr/Ost L3**
160 **Zeche Alte Haase**; Sprockhövel; Hattinger Straße; 1880er; **Ruhr/Süd P6**
161 **Zeche Brockhauser Tiefbau, ehem.; Malakowturm**; Bochum; Am Bliestollen; 1874; **Ruhr/Süd F13**
162 **Zeche Carl; Fördermaschinenhaus**; Essen; Wilhelm-Nieswandt-Allee 100; 1857; Böll, Heinrich/Krabel, Hans/Lüke, Wigbert: 1996 Umbau und Sanierung; **Ruhr/Süd B6**
163 **Zeche Carl Funke, Fördermaschinenhaus**; Essen; Lanfermannfähre; 1880; 1973 Stilllegung; **Ruhr/Süd G8**
164 **Zeche Carl, Lohnhalle und Kaue; Kulturzentrum**; Essen; Wilhelm-Nieswandt-Allee 10 1857; Krabel, Hans/Lüke, Wigbert: 1985 Umbau und Sanierung; **Ruhr/Süd B6**
165 **Zeche Carl, Malakowturm; Kulturzentrum** ; Essen; Wilhelm-Nieswandt-Allee 100; 1857; 1863 Einbau der Dampffördermaschinen; Böll, Heinrich: 2002 Umnutzung und Sanierung; **Ruhr/Süd B6**
166 **Zeche Concordia, Direktorenvilla**; Oberhausen; Grillostraße 34; Concordia Bergbau AG.: 1897; **Ruhr/West N2**
167 **Zeche Concordia, Direktorenvilla; Parkanlage** ; Oberhausen; Grillostraße 34; 1897; **Ruhr/West N2**
168 **Zeche Ewald I, Malakowturm** ; Herten; Ewaldstraße 261; Zeche Ewald; Bauabteilung: 1872; **Ruhr/Nord O11**
169 **Zeche Ewald 1/2/7, ehem.**; Herten; Ewaldstraße 257 - 261; 1872; **Ruhr/Nord O11**
170 **Zeche Friedlicher Nachbar**; Bochum; Deimketal 9; 1868 ab; **Ruhr/Süd F12**
171 **Zeche Fürst Hardenberg Schacht 1, Malakowturm**; Dortmund; Lindner Straße; 1874; **Ruhr/Ost M5**
172 **Zeche Gneisenau**; Dortmund; Altenderner Straße/Derner Straße; Harpener Bergbau; AG: 1886; **Ruhr/Ost L8**
173 **Zeche Hannover I**; Bochum; Günnigfelder Straße/Grubenweg; 1857; **Ruhr/Süd B12**
174 **Zeche Holland 1/2**; Gelsenkirchen; Ückendorfer Straße; 1856; Schupp, Fritz; Dr./Kremmer, Martin: 1925 Erweiterung; **Ruhr/Nord S11**
175 **Zeche Hugo**; Gelsenkirchen; Brößweg; Hugo; Gewerkschaft: 1873; Schupp, Fritz; Dr.: 1955 Erweiterung; **Ruhr/Nord O7**
176 **Zeche Julius Philipp - Medizinmuseum im Malakowturm**; Bochum; Markstraße 258a 1878; **Ruhr/Süd E14**
177 **Zeche Prosper 2, Malakowturm**; Bottrop; Knappenstraße 30 - 32; 1875; Denkmalpflege Bottrop; Stiftung: 2001 Umbau; **Ruhr/Nord R5**
178 **Zeche Rheinelbe, Sanierung**; Gelsenkirchen; Leithestraße 33/35; 1863; Böll, Heinrich Krabel, Hans: 1999 Umbau und Sanierung; **Ruhr/Nord S10**

Am Stirnband, Siedlung, Hagen

Der niederländische Architekt Lauwericks errichtete – beauftragt vom Kunstmäzen Karl Ernst Osthaus – diesen Straßenzug nach einem sorgfältig komponierten Prinzip der spannungsvollen Gebäudestellungen zueinander. Das stimmige Ensemble mit dem strengen Fassadenraster begeisterte seinerzeit Le Corbusier, der sich nach eigenen Angaben von der hier angewendeten Gestaltungsregel zu seiner Schrift „Der Modulor" inspirieren ließ.

Grugapark Essen

Um die Attraktivität der Messe zu steigern, wurde 1929 die Große Ruhrländische Gartenbau-Ausstellung als erste Gartenschau Deutschlands eröffnet. Das Projekt galt zusammen mit der Aufstauung des Baldeney-Sees als eine der großen Arbeitsbeschaffungsmaßnahmen in Reaktion auf die damalige Weltwirtschaftskrise. Der Volkspark wurde im 2. Weltkrieg verwüstet und 1965 anlässlich der „Bundesgartenschau" mit zeittypischen fließenden Formen auf die doppelte Größe erweitert.

Gutehoffnungshütte, Hauptlagerhaus, Oberhausen

Das von Peter Behrens (1868-1940) errichtete Zentrallager für Gebrauchsgüter ist eine Stahlskelettkonstruktion mit einer 90 Zentimeter dicken Betonplatte als Fundament gegen Bergschäden. Heute dient der markante, stark kubisch gegliederte Bau mit seiner Backsteinfassade und den zurückspringenden Dachgeschossen als zentrales Depot des Rheinischen Industriemuseums.

Zeche Zollern II, Dortmund

Das Zechenensemble gilt als das einzige noch erhaltene Industriebauwerk, das den Übergang vom Historismus zum Jugendstil dokumentiert. Die 1898 bis 1904 von Paul Knobbe errichtete „Schlossarchitektur" mit dem repräsentativen Eingangsbereich wurde 1906 von Bruno Möhring mit dem Bau einer Maschinenhalle im Jugendstil vollendet, die zu Beginn des 20. Jahrhunderts eine neue Ära der Ästhetisierung durch Technik im Industriebau einläutete.

Zeche Zollverein, Essen – Weltkulturerbe

1986 wurde die städtebaulich monumentale Förderanlage mit der seinerzeit europaweit höchsten Förderleistung geschlossen. Die Anlage aus strengen Kuben entlang zweier Achsen mit Doppelbock-Förderturm und Schornstein, die innere Funktion und äußere Gestalt miteinander verbinden, galt als raumbildende Visitenkarte der Bergbauindustrie. Heute ist sie das „Zentrum der Kreativwirtschaft", mit Ruhr- und Designmuseum sowie einer Fortbildungsakademie.

13

Am Stirnband, Siedlung, Hagen

Hagen estate

Commissioned by patron Karl Ernst Osthaus, Dutch architect Lauwericks constructed this street of houses according to a carefully compose principle of building positions. The harmonious complex with the austere façade enthused Le Corbusier who, according to his own accounts, was inspired by the design rule used here to produce his Modulor scale.

171

Grugapark Essen

Grugapark Essen

In order to increase the attractiveness of the trac fair, in 1929 the Große Ruhrländische Gartenbau-Ausstellung (GRUGA) was established as Germany's first garden exhibition. Along with th creation of Baldeneysee Lake, this project was one of the major labour creation measures in response to the global economic crisis of the time. Destroyed during World War II, in 1965 the par was doubled in size with fluid shapes, typical of the time, as part of the Bundesgartenschau [Federal Garden Show].

172

Hauptlagerhaus der Gutehoffnungshütte, Oberhausen

Main Gutehoffnungshütte warehouse, Oberhausen

The central warehouse constructed by Peter Behrens (1868-1940) for consumer goods is of a steel skeleton design with a 90-centimetre thick concrete slab foundation to protect against subs dence. This imposing, starkly cubist building wit its brick façade and set-back top floors today ser ves as the central depository of the Rheinische In dustriemuseum [Rhineland Museum of Industry

593

Zeche Zollern II, Dortmund

Zollern II coal mine, Dortmund

The mine buildings are the only remaining industrial structures which document the transition from history to Art Nouveau. The 'castle archite ture', built by Paul Knobbe between 1898 and 1904 with its prestigious entrance area, was completed in 1906 by Bruno Möhring with the construction of an Art Nouveau machinery hall, heralding a new era of aestheticisation through technology in industrial construction at the beginning of the 20th century.

596

Zeche Zollverein, Essen – Weltkulturerbe

Zollverein coal mine, Essen – World Heritage Site 1986 saw the closure of the winding plant, an urban monument, with what was at the time Europe's highest winding capacity. Consisting of austere cubes along two axes with a double trestle winding tower and chimney, the inner function and outer design meld together as an architectural business card for the mining industry. Today it is home to the 'Centre of Creative Industries', housing the Ruhr- und Design-museum as well as an academy of furthe education.

179 **Zeche Rheinpreußen Schacht 1/2;** Duisburg; Baumstraße/Zechenstraße; 1876; **Ruhr/West O10**

180 **Zeche Rheinpreußen 5/9, Eurotec Technologiepark;** Moers; Eurotec-Ring 15; 1884, ab; Buß und Klein und Partner: 1992 Umnutzung; **Ruhr/West M7**

181 **Zeche Schlägel + Eisen, Kolonie;** Herten; Kaiserallee, Gertudenstraße, Scherlebecker Straße, Elper Straße; 1897; **Ruhr/Nord L11**

182 **Zeche Schlägel & Eisen 5/6;** Herten; Scherlebecker Straße 260; Hibernia; Bergwerksgesellschaft: 1899; Hibernia; Bergwerksgesellschaft: 1901 Erweiterung; **Ruhr/Nord L11**

183 **Zeche Sterkrade;** Oberhausen; Von-Trotha-Straße 28; 1897, ab; **Ruhr/West K14**

184 **Zeche Unser Fritz 1/4;** Herne; Unser-Fritz-Straße; Grillo, Friedrich/von Born, Ludwig/Hagedorn, Wilhelm; Bauherren: 1871; **Ruhr/Nord P11**

185 **Zeche Westhausen;** Dortmund; Bodelschwingher Straße/Wenemarstraße; GEBAG; Bauherr: 1873; Knobbe, Paul: 1906 Erweiterung; **Ruhr/Ost M3**

186 **Zeche Zollverein Schacht 1/2/8;** Essen; Bullmannaue 20a; Fuller und Stolze: 1847; Schupp, Fritz; Dr.: 1961 Umbau Erneuerung der Fördertürme; Mäckler, Christoph: 2002 Umbau zum Tanztheater; **Ruhr/Süd J11**

187 **Zentrum für internationale Lichtkunst/Lindenbrauerei;** Unna; Lindenplatz 1; 19. Jhd. Ende; 1936 Schornstein; **Ruhr/Ost N14**

188 **Ziethenstraße, Siedlung ;** Lünen; Ziethenstraße/Sedanstraße; Harpener Bergbau; AG: 19. Jhd. Ende; **Ruhr/Ost J5**

189 **Zolltürme, alte Eisenbahnbrücke Duisburg-Hochfeld;** Duisburg; Wanheimer Straße/Osloer Straße; Rheinische Eisenbahngesellschaft: 1873; 1927 Neubau; **Ruhr/West Q11**

1900 - 1932

1 **Aakerfährbrücke;** Duisburg; Emmericher Straße/Obermeidericher Straße; Möhring, Bruno: 1904; **Ruhr/West N13**

2 **AG für Hüttenbetriebe, ehem. Verwaltungsgebäude;** Duisburg; Emscher Straße 57; Fischer-Essen, Alfred: 1925; **Ruhr/West M12**

3 **Akazienhof-Siedlung;** Duisburg; Akazienhof 1 - 13/2 - 20; Weimann, Wilhelm: 1907; **Ruhr/West T2**

4 **Allbauhaus;** Essen; Pferdemarkt 5; Knoblauch, Ernst: 1928; **Ruhr/Süd H13**

5 **Aloysiusschule;** Gladbeck; Bottroper Straße 55; Hanke/Stadthochbauamt Gladbeck: 1925; **Ruhr/Nord O6**

6 **Alte Kolonie Eving, Siedlung;** Dortmund; Friesenstraße; 1900; **Ruhr/Ost M6**

7 **Alte Synagoge;** Essen; Steeler Straße 29; Körner, Edmund: 1913; Derix, Hein; Künstler: 1988 Kunst am Bau; **Ruhr/Süd I13**

8 **Altenhof-Siedlung I;** Essen; Gußmannplatz/Hundackerweg; Schmohl, Robert: 1907; **Ruhr/Süd F6**

9 **Altenhof-Siedlung II;** Essen; Von-Bodenhausen-Weg/Büttnerstraße/Eichenstraße; Schmohl, Robert: 1914; **Ruhr/Süd F6**

10 **Althoff-Block;** Dortmund; Althoffstraße/Sonnenstraße/Stundtstraße/Roseggerstraße/Von-der-Recke-Straße/Steubenstraße/Neuer Garten; Düchting und Jänisch: 1914; Strunck und Wentzler: 1932 Erweiterung; Lieberwirth/Lessing: 1936 Erweiterung; **Ruhr/Ost S15**

11 **Alt-Siedlung Friedrich Heinrich;** Kamp-Lintfort; Alfredstraße/Ringstraße; 1930er; **Ruhr/West L4**

12 **Am Kanal, Siedlung ;** Lünen; Kösterstraße/Huestraße/Liebknechtstraße/Schröderstraße; Winzer, Rudolph: 1922; **Ruhr/Ost I5**

13 **Am Stirnband, Siedlung ;** Hagen; Stirnband 1; Lauweriks, Jan Ludovicus Mathieu: 1914; **Ruhr/Süd Q15**

14 **Amtsgericht Dorsten;** Dorsten; Alter Postweg 34; Wittneben/Neubauamt, preußisch: 1929; **Ruhr/Nord G3**

15 **Amtsgericht Langendreer;** Bochum; Carl-von-Ossietzky-Platz; Breidenhoff; Kreisbauinspektion: 1912; **Ruhr/Süd D17**

16 **Amtsgericht Oberhausen;** Oberhausen; Friedensplatz 1; 1907; **Ruhr/West N1**

17 **Amtsgericht Recklinghausen;** Recklinghausen; Reitzensteinstraße 17 - 21; Kreisbauinspektion Recklinghausen, königl.: 1907; **Ruhr/Nord A13**

18 **Amtshaus, ehem.;** Unna; Friedrich-Ebert-Straße 63; 1900 um; **Ruhr/Ost M13**

19 **Antoniuskirche, kath.;** Castrop-Rauxel; Ickerner Straße 66; Fischer-Essen, Alfred: 1925; **Ruhr/Nord M18**

20 **Arbeitsamt, ehem.;** Oberhausen; Danziger Straße 11 - 13; Freitag, Ludwig: 1929; **Ruhr/West N2**

21 **Arbeitsgericht Gelsenkirchen;** Gelsenkirchen; Bochumer Straße 86; Waßer, Theodor: 1919; **Ruhr/Nord S10**

22 **Arztvilla mit Praxisräumen;** Waltrop; Dortmunder Straße 50; Binnehauch: 1908; **Ruhr/Ost A6**

23 **Auferstehungskirche, evang.;** Essen; Steubenstraße/Manteuffelstraße 26; Bartning, Otto: 1930; 1955 Wiederaufbau; Prikker, Jan Thorn; Künstler: 1930 Kunst am Bau; **Ruhr/Süd I14**

24 **Auferstehungskirche (Neustadtkirche);** Gelsenkirchen; Josefstraße/Emanuel-Johanniter-Straße; Fritsche, Arno Eugen: 1911; **Ruhr/Nord C17**

25 **Baedekerhaus;** Essen; Kettwiger Straße 35; Bode, Ernst: 1929; **Ruhr/Süd I13**

26 **Bahnhof Hamm;** Hamm; Willy-Brandt-Platz; Preußische Eisenbahndirektion; königliche 1920; **Ruhr/Ost E15**

27 **Bahnhof Herne;** Herne; Bahnhofsplatz; 1914; 1970er Neugestaltung; **Ruhr/Nord P14**

28 **Bahnhof Moers;** Moers; Homberger Straße; 1904; Reese, Frank/Ecker, Rolf: 2006 Sanierung und Fassadenrekonstruktion; **Ruhr/West O7**

29 **Beeckerwerth-Siedlung;** Duisburg; Walporzheimer Straße/Löwenburgstraße/Ahrstraße/Monschauer Straße/Koblenzer Ring; Winkel, Leo: 1921 - 1959; **Ruhr/West M1**

30 **Behördenviertel und Rathausbereich Bottrop;** Bottrop; Ernst-Wilczok-Platz 1; Becker, Ludwig: 1916; Petersen und Lange: 1923 Erweiterung; **Ruhr/Nord Q4**

31 **Beisenkampsiedlung;** Datteln; Castroper Straße, u.a.; Schmohl, Robert: 1912; **Ruhr/Nord H16**

32 **Bergarbeitersiedlung;** Dorsten; Halterner Straße, Glück-Auf-Straße, Freiligstraße; Eggeling, Hans Werner: 1913 - 1929; **Ruhr/Nord F4**

33 **Bergarbeitersiedlung;** Gladbeck; Horster Straße/Diepenbrockstraße/Glückaufstraße; Schupp, Fritz; Dr./Kremmer, Martin: 1929; **Ruhr/Nord O6**

34 **Bergarbeitersiedlung;** Marl; Römerstraße, Carl-Duisberg-Straße, Triftstraße; Bauabteilung, Gewerkschaft Auguste Viktoria: 1909 - 1912; **Ruhr/Nord F9**

35 **Bergarbeitersiedlung;** Recklinghausen; Im Heidekämpchen 1 - 20; Beckmann: 1929; **Ruhr/Nord L16**

36 **Bergbeamtenhaus;** Castrop-Rauxel; Bodelschwingher Straße 5; Bauabteilung, Zeche Erin: 1910; **Ruhr/Nord P18**

37 **Berger-Denkmal;** Witten; Auf dem Hohenstein; Baumgarten, Paul: 1904; **Ruhr/Süd M1**

38 **Berginspektion, ehem. und Wohnhäuser;** Gladbeck; Bernskamp; Meer und Merkel: 1907; **Ruhr/Nord N5**

39 **Berginspektion Gladbeck;** Gladbeck; Bernskamp; 1907; **Ruhr/Nord N5**

40 **Bergmannsplatz, Siedlung;** Duisburg; Holtener Straße/Sterkrater Straße/Borussiastraße/Fiskusstraße; Zeche Neumühl, Bauabteilung: 1909; **Ruhr/West L13**

41 **Bergwerk Auguste Victoria, Schacht 1/2;** Marl; Victoriastraße 43; 1907; **Ruhr/Nord G**

42 **Bergwerk Friedrich Heinrich;** Kamp-Lintfort; Friedrich-Heinrich-Allee 63; 1908; **Ruhr/West L4**

43 **Bergwerk Ost, Schächte Heinrich Robert;** Hamm; Zum Bergwerk; Les Petit Fils de Francois de Wendel; Eisengesellschaft: 1904; **Ruhr/Ost F13**

44 **Bergwerk Westerholt;** Gelsenkirchen; Egonstraße; 1907; Hibernia; Bergwerksgesellschaft: 1950er Modernisierung; **Ruhr/Nord M9**

45 **Bergwerksdirektion, ehem.;** Recklinghausen; Elper Weg 16-18; Beck: 1907; **Ruhr/Nord A13**

46 **Bert-Brecht-Haus;** Oberhausen; Langemarkstraße 21; Scheib, Otto: 1928; **Ruhr/West N**

47 **Berufsbildene Schule Duisburg-Nord;** Duisburg; August-Thyssen-Straße 45; Steinhaue Franz: 1929; **Ruhr/West L12**

48 **Berufsschule, ehem.;** Oberhausen; Christian-Steger-Straße 10; Freitag, Ludwig: 1922; **Ruhr/West N1**

49 **Betriebswohnhäuser;** Waltrop; Im Depot; Kanalkommission, königl.; Bauabteilung: 1905; **Ruhr/Ost B3**

50 **Birschelsmühle;** Hattingen; Schleusenstraße 8; Birschel; Familie: 1902; 1904 Erweiterung; 1999 Umbau und Sanierung; **Ruhr/Süd O3**

51 **Bismarckturm;** Fröndenberg; Hubert-Biernat-Straße; Schmitz, Bruno: 1900; **Ruhr/Ost P14**

52 **Bismarckturm;** Hagen; Kanzlerweg; Kreis, Wilhelm: 1901; **Ruhr/Süd Q14**

53 **Bismarckturm;** Mülheim an der Ruhr; Bismarckstraße; Linnemann, Carl: 1909; **Ruhr/West P16**

54 **Bismarckturm im Stadtpark;** Bochum; Klinikstraße 53; Friebe, Albrecht: 1910; **Ruhr/Süd H16**

55 **Bliershein, Villen-Kolonie;** Duisburg; Villenstraße/Blüchnerstraße/Gaterweg; Schmoh Robert: 1903; **Ruhr/West R10**

56 **Blumendelle-Siedlung ;** Gelsenkirchen; Blumendelle/Liebfrauenstraße; Franke, Josef: 1926; **Ruhr/Nord A17**

57 **Blumhaus;** Essen; Kardinal-Hengsbach-Platz/Kettwiger Straße; Bode, Ernst: 1925; **Ruhr/Süd I13**

58 **Böninger Park;** Duisburg; Karl-Jarres-Straße/Johanniterstraße; Stadt Duisburg; Grünflächenamt: 1912; **Ruhr/West T1**

59 **Bootshalle Kemnader Stausee;** Bochum; Oveneystraße 69; Lange/Oermann/Ulrich: 1900; Lange/Oermann/Ulrich: 1983 Umbau; **Ruhr/Süd F15**

60 **Botanischer Garten Hamborn;** Duisburg; Fürst-Pückler-Straße 18; Stadt Hamborn: 1908; **Ruhr/West L12**
61 **Brauck-Siedlungen;** Gladbeck; Brauckstraße/Emscherstraße; 1911; **Ruhr/Nord Q7**
62 **Breukerhaus;** Recklinghausen; Börster Weg 20; Hochbauamt Recklinghausen, städt.: 1927; **Ruhr/Nord L13**
63 **Bundesknappschaft;** Bochum; Pieperstraße 14/28; Thierbach, D.; Bauinspektor, königl.: 1907; Kaulfuß, Heinrich: 1952 Wiederaufbau; **Ruhr/Süd J16**
64 **Bürgermeisterhaus, ehem.;** Voerde; Frankfurter Straße 369; 1914; **Ruhr/West F11**
65 **Büro- und Geschäftshaus;** Essen; Lindenallee 10; Koerfer, Jacob; Dr.: 1929; **Ruhr/Süd I13**
66 **Bürohaus;** Essen; Kruppstraße/Friedrichstraße; Knoblauch, Ernst: 1928; **Ruhr/Süd I12**
67 **B1-Allee;** Dortmund; Westfalendamm/Rheinlanddamm; Strobel; Stadtbaurat: 1920; **Ruhr/Ost T16**
68 **Carl-Funke-Siedlung ;** Essen; Carl-Funke-Straße/Bahnhofstraße; 1901; **Ruhr/Süd H8**
69 **Carolinenhof (heute: Clubhaus);** Bochum; Gudrunstraße 9; Breuhaus, Fritz August: 1924; **Ruhr/Süd B14**
70 **Chatten-/Preußenstraße, Siedlung ;** Gelsenkirchen; Chattenstraße/Ilsestraße; 1914; **Ruhr/Nord R11**
71 **Christ König; Pfarrkirche, kath.;** Hagen; Overbergstraße 47; Wiehl, Peter: 1927; **Ruhr/Süd P14**
72 **Christian-Rohlfs-Gymnasium;** Hagen; Ennepeufer 3; Obersteh-Berghaus, Günther: 1932; **Ruhr/Süd Q12**
73 **Christ-König-Kirche, kath.;** Bochum; Steinring 34; Schneider, Franz: 1932; **Ruhr/Süd J17**
74 **Christus König; Pfarrkirche, kath. mit Pfarrhaus;** Gladbeck; Schultenstraße 42; Franke, Josef: 1928; Balke, Klaus; Künstler: 1996 Kunst am Bau; **Ruhr/Nord N5**
75 **Christuskirche, evang.;** Recklinghausen; Limperstraße 13; Fritsche, Arno Eugen: 1911; **Ruhr/Nord A13**
76 **Christuskirche, evang.;** Bochum; Lothringer Straße 27; Siebold, Karl H. F.: 1910; Thol, Paul; Künstler: 1955 Kunst am Bau; **Ruhr/Süd A16**
77 **Christus-König-Kirche;** Oer-Erkenschwick; Klein-Erkenschwicker Straße; Franke, Josef: 1929; **Ruhr/Nord H13**
78 **Clubhaus TC Rechen;** Bochum; Wiesenstraße 15; Timmermann, Heinrich: 1929; **Ruhr/Süd D13**
79 **Colosseum Theater;** Essen; Altendorfer Straße 1; 1902; Kohl : Fromme: 1995 Umbau zum Theater; Kohl, Christian; Projektpartner: 1995 Umbau zum Theater; **Ruhr/Süd H12**
80 **Comenius-Gymnasium;** Datteln; Südring 150; Wahl und Rödel: 1929; **Ruhr/Nord H16**
81 **Constantin-Siedlung ;** Herne; Landwehrweg/Wiescherstraße/Vossstraße; Vereinigte Constantin der Große, Gewerkschaft; Bauherr: 1910; **Ruhr/Nord Q15**
82 **Crengeldanz Gartenstadt;** Witten; Schottstraße/Detagstraße; Banz; Hochbauamt Witten: 1913; **Ruhr/Süd L9**
83 **Cuno-Kraftwerk;** Herdecke; Wetterstraße 111; Cuno, Willy; Bauherr: 1908; **Ruhr/Süd N12**
84 **Cunosiedlung;** Hagen; Kuhlerkamp/Leopoldstraße/Heinrichstraße/Albrechtstraße; Wiehl/Balser/Woltmann/Wachenfeld/Günther und Büchsenschütz/Figge, E; Stadtbaurat: 1928; **Ruhr/Süd Q13**
85 **Dahlhauser Heide, Siedlung;** Bochum; Hordeler Heide/Barbarastraße/Berthastraße/Mathildenstraße; Schmohl, Robert: 1915; **Ruhr/Süd B12**
86 **Depot Immermannstraße;** Dortmund; Immermannstraße 39; Pinno, Karl: 1916; 1996 Stilllegung; **Ruhr/Ost N6**
87 **Deutsche Bank;** Essen; Lindenallee 29; Zindel, Peter: 1901; Kücker, Wilhelm; Dr.: 1997 Umbau und Sanierung; **Ruhr/Süd I13**
88 **Deutsche Bank;** Mülheim an der Ruhr; Wallstraße 6; Kuhrt & Hoffmann und Volkenborn; Baufirma: 1920; **Ruhr/West S5**
89 **Deutschlandhaus;** Essen; Hans-Toussaint-Platz; Koerfer, Jacob; Dr.: 1929; **Ruhr/Süd I13**
90 **Dieckelsbachsiedlung;** Duisburg; Düsseldorfer Straße/Bodelschwinghstraße/Wilhelm-Ketteler-Straße/Berlepschstraße; Pregizer, Karl/Bräuhäuser, Hermann/Bähr, Heinrich: 1927; **Ruhr/West Q12**
91 **Diesterweg-Schule;** Neukirchen-Vluyn; Hartfeldstraße 45; 1928; **Ruhr/West O4**
92 **Direktorenvilla;** Waltrop; Dortmunder Straße; van de Sandt, Jäckel: 1910; **Ruhr/Ost A6**
93 **Doppelhäuser Altlohweg;** Hagen; Oberer Altlohweg 7/9; Erbe, Otto: 1930; **Ruhr/Süd Q15**
94 **Doppel-Hochbehälter;** Dortmund; Heyden-Rynsch-Straße; 1920; **Ruhr/Ost O4**
95 **Doppelwasserturm;** Duisburg; Turmstraße 12; Rank; Gebrüder: 1916; **Ruhr/West S9**
96 **Dorstfeld, Arbeitersiedlung;** Dortmund; Wittenerstraße/Zechenstraße/Sengsbank/Röttgersbank/Vormbrockweg/Klemannweg/Knappenstraße; Schwer, Oskar: 1917; **Ruhr/Ost P4**
97 **Dortmunder Actien-Brauerei;** Dortmund; Steigerstraße 20; Dietrich & Schulze, Karl: 1911 Sudhaus; **Ruhr/Ost N6**
98 **Dreieck-Siedlung Hochlarmark;** Recklinghausen; Karlstraße/Westfalenstraße; 1907; 1970 Privatisierung; **Ruhr/Nord O13**

99 **Drusenbergschule;** Bochum; Drusenbergstraße 33; Stadt Bochum; Bauverwaltung, städt.; Elkart, Karl: 1916; **Ruhr/Süd D13**

100 **Duisburger Hof; Hotel;** Duisburg; Neckarstraße 2; Pfeifer, Arthur/Großmann, Hans/ Brocker, Carl: 1927; **Ruhr/West S2**

101 **Dunkelschlag-Siedlung ;** Oberhausen; Weseler Straße/Erzstraße/Dammstraße/ Grubenstraße/Zechenstraße; GHH - Gute Hoffnungshütte: 1908; Möhring, Bruno: 1920er Erweiterung; **Ruhr/West J16**

102 **D-Zug, Wohnanlage;** Bochum; Castroper Hellweg/Weserstraße/Fuldastraße; Klotzbach, Peter/Klotzbach, Werner/Wielers, Bernhard: 1928; **Ruhr/Süd B15**

103 **D-Zug-Siedlung Rünthe;** Bergkamen; Schachtstraße/Zum Füllort; Georgs- Marien-Bergwerks- und Hütten- Verein; Abteilung Werne: 1900; **Ruhr/Ost F10**

104 **Eickhaus, heute Modehaus Ansons;** Essen; Kettwiger Straße 1; Metzendorf, Georg: 1915; **Ruhr/Süd I13**

105 **Einfamilienhaus;** Castrop-Rauxel; Bahnhofstraße 222; Perpeet: 1929; **Ruhr/Nord O17**

106 **Einfamilienhaus;** Gelsenkirchen; Cranger Straße 46; Pfeifer, Arthur/Großmann, Hans: 1928; **Ruhr/Nord N8**

107 **Einfamilienhaus mit Zahnarztpraxis;** Gelsenkirchen; Mozartstraße 16; Brüggemann: 1925; Brüggemann: 1929 Erweiterung; **Ruhr/Nord S9**

108 **Einschornsteinsiedlung;** Duisburg; Kortumstraße/Mozartstraße/Kreutzerstraße/ Gabrielstraße/Wildstraße; Kramer, Johannes: 1930; **Ruhr/West T4**

109 **Eisenbahner-Siedlung Wedau;** Duisburg; Wedauer Straße/Am See; Anders, Karl: 1915, **Ruhr/West R13**

110 **Eisenbahnmuseum Bochum-Dahlhausen;** Bochum; Dr.-C.-Otto-Straße 191; Preußische Staatsbahn; Bauabteilung: 1918; DGEG/Deutsche Gesellschaft für Eisenbahngeschicht 1977 Umbau zum Museum; **Ruhr/Süd F10**

111 **Emscher Pumpenhaus Huckarde;** Dortmund; Lindberghstraße/Emscherallee 107; 1926; **Ruhr/Ost N4**

112 **Emschergenossenschaft, Verwaltungsgebäude;** Essen; Kronprinzenstraße 24; Kreis, Wilhelm: 1910; Ahlbrecht, Frank: 1996 Umbau; **Ruhr/Süd J14**

113 **Emschergenossenschaft, Verwaltungsgebäude;** Dortmund; Königswall 27; Fischer-Essen, Alfred: 1923; 1999 Bau des Gerätehauses; **Ruhr/Ost R16**

114 **Ennepetalsperre;** Breckerfeld; Ennepetalsperre; Intze, Otto: 1904; **Ruhr/Süd T5**

115 **Epiphaniaskirche, evang.-luth.;** Bochum; Dorstener Straße 263; Tiefenbach, W.: 1930; **Ruhr/Süd B12**

116 **Erlbruchpark;** Recklinghausen; Rathausplatz; Gronarz: 1908; **Ruhr/Nord L13**

117 **Erlöserkirche;** Essen; Goethestraße/Friedrichstraße; Schwechten, Franz: 1909; Reihardt, E. A.: 1952 Wiederaufbau; Kükelhaus, Hugo; Künstler: 1957 Kunst am Bau; **Ruhr/Süd J1**

118 **Erzbahnbrücke 10;** Gelsenkirchen; Elfriedenstraße/Gelsenkirchener Straße; 1914; **Ruhr/Nord R11**

119 **Erzbahnbrücke 11;** Herne; Florastraße; 1914; **Ruhr/Nord B16**

120 **Erzbahnbrücke 14;** Herne; Wilhelmstraße/Emscherstraße; 1914; **Ruhr/Nord Q11**

121 **Estel-Hoesch AG, Verwaltungsgebäude;** Dortmund; Rheinische Straße 173; Dengler; Regierungsbaumeister: 1921; Schulze, Dietrich/Schulze, Karl: 1921 Entwurf; Meyer; Regierungsbaurat: 1921 Vorentwurf; **Ruhr/Ost O5**

122 **Eugen-Richter-Turm;** Hagen; Elsa-Brandström-Weg; Wenner, Gustav: 1911; **Ruhr/Süd R1**

123 **Evang. Pädagogische Akademie, ehem.;** Dortmund; Max-Ophüls-Platz/ Rheinlanddamm; Fehmer; Regierungsbaumeister: 1930; **Ruhr/Ost T16**

124 **Eyhof-Wohnsiedlung ;** Essen; Angerstraße/Hagelkreuz/Grünhof; Rings, Josef: 1924; **Ruhr/Süd F7**

125 **Fabrik Wippermann;** Hagen; Delsterner Straße 133 - 137; Post, C: 1903; **Ruhr/Süd R1**

126 **Feuerwehrgeräte- und Mannschaftshaus;** Hagen; Enneper Straße 4; Obersteh-Berghaus, Günther: 1929; **Ruhr/Süd R12**

127 **Feuerwehrgerätehaus;** Herne; Stöckstraße 32 - 34; Amt Wanne: 1906; **Ruhr/Nord Q1**

128 **Finanzamt;** Herne; Markgrafenstraße 12; Reichsbauamt Dortmund: 1926; **Ruhr/Nord P**

129 **Finanzamt;** Gelsenkirchen; Zeppelinallee 9/13; Reischig; Regierungsbaumeister: 1929 **Ruhr/Nord C16**

130 **Finanzamt, altes;** Recklinghausen; Beisinger Weg/Cäcilienhöhe; Reichsbauamt Dortmund: 1927; **Ruhr/Nord A14**

131 **Finanzamt Gladbeck;** Gladbeck; Jovyplatz; Hanke/Stadthochbauamt Gladbeck: 1923; **Ruhr/Nord O6**

132 **Finanzamt Hagen;** Hagen; Mollstraße/Schürmannstraße 7; Reischig; Regierungsbaumeister: 1926; **Ruhr/Süd Q14**

133 **Flora-Brücke;** Mülheim an der Ruhr; Dohne; Pfeifer, Arthur/Großmann, Hans: 1926; **Ruhr/West P16**

134 **Flottmann-Hallen;** Herne; Flottmannstraße 94; Schmidtmann und Kleny: 1909; **Ruhr/Nord Q14**

135 **Fredenbaumpark;** Dortmund; Beethovenstraße/Schützenstraße; Finken, Ernst/ Gartenkünstler: 1904; **Ruhr/Ost N5**

136 **Freibad;** Gladbeck; Schützenstraße 120; Korn/Brüren/Stadtbauamt Gladbeck: 1931; **Ruhr/Nord O6**

137 **Freiherr-vom-Stein-Gymnasium;** Lünen; Friedenstraße 12; Schulze, Karl: 1931; **Ruhr/Ost I5**

138 **Freizeitpark Moers;** Moers; Krefelder Straße; Massias, Max: 1932; **Ruhr/West O7**

139 **Freizeitstätte Haus Wittringen;** Gladbeck; Burgstraße 64; Korte, Josef: 1922; **Ruhr/Nord O6**

140 **Friedenskirche, altkath.;** Essen; Bernestraße 1/Steeler Straße; Erbe, Albert; Dr.: 1916; Prikker, Jan Thorn; Künstler: 1916 Innenraum Mosaik; Planwerk/Brdenk, Peter: 2006 Restauration Innenraum; **Ruhr/Süd I13**

141 **Friedensplatz;** Oberhausen; Friedensplatz; Jüngerich, Eduard: 1902; **Ruhr/West N1**

142 **Friedhof Delstern, Krematorium;** Hagen; Am Berghang 30; Behrens, Peter: 1907; **Ruhr/Süd R15**

143 **Friedrich-Ebert-Brücke;** Duisburg; Friedrich-Ebert-Brücke; Billing, Hermann: 1907; 1953 Wiederaufbau; **Ruhr/West P1**

144 **Friedrich-Ebert-Brücke, Brückentürme ;** Duisburg; Richard-Hindorf-Platz 1/2; Billing, Hermann: 1907; **Ruhr/West P1**

145 **Friedrichshof-Siedlung ;** Essen; Hölderlinstraße/Kaupenstraße; 1900; **Ruhr/Süd J12**

146 **Funckepark;** Hagen; Funckestraße; Wiepking-Jürgensmann, Heinrich-Friedrich: 1929; **Ruhr/Süd Q14**

147 **Gartenstadt;** Gladbeck; Arenbergstraße/Mozartstraße; Sandt, van de, Jäckel: 1908 - 1914/1922 - 1928; **Ruhr/Nord M5**

148 **Gartenstadt Hüttenau;** Hattingen; Marxstraße/Gartenstraße/Starenstraße; Metzendorf, Georg: 1917; **Ruhr/Süd N5**

149 **Gasometer;** Dinslaken; Gerhard-Malina-Straße/Hünxer Straße; 1900; **Ruhr/West H13**

150 **Gasometer;** Oberhausen; Essener Straße 3; GHH - Gute Hoffnungshütte: 1929; Steiner, Jürg: 1994 Umbau zur Ausstellungshalle; Kubisch, Christina; Künstlerin: 1994 Kunst am Bau; **Ruhr/West L15**

151 **Gasometer;** Herne; Holsterhauser Straße/Albert-Einstein-Straße; Günther, Frank: 1927; **Ruhr/Nord Q13**

152 **Gebäude der städtischen Berufsschule;** Bottrop; An der Berufsschule 20; Bottrop, Gemeinde: 1929; **Ruhr/Nord Q4**

153 **Gemeindegasthaus;** Oer-Erkenschwick; Stimbergstraße/Klein-Erkenschwicker Straße; Witt: 1914; **Ruhr/Nord H13**

154 **Gemeindehaus, evang.;** Duisburg; Dr.-Hammacher-Straße 4 - 6; Anstalt Bethel; Baubüro: 1905; **Ruhr/West P2**

155 **Gemeindehaus Hofstede;** Bochum; Herner Straße 332; Schmiedeknecht, Heinrich: 1929; **Ruhr/Süd B13**

156 **Gesamtschule Ruhrort;** Duisburg; Karlstraße/Bergiusstraße 25; 1907; **Ruhr/West P2**

157 **Geschäftshaus;** Gladbeck; Hochstraße 35; Fahrenkamp, Emil: 1913; **Ruhr/Nord O6**

158 **Geschäftshaus;** Gladbeck; Hochstraße 38; Heimann + Hommel: 1910; **Ruhr/Nord O6**

159 **Geschäftshaus;** Castrop-Rauxel; Am Markt 26; Henneke, Carlheinz: 1929; Groote, Kurt: 1936 Umbau; **Ruhr/Nord P17**

160 **Geschäftshaus;** Castrop-Rauxel; Am Markt 24-25; Spenhoff, Heinrich/Strunk, Otto: 1912; **Ruhr/Nord P17**

161 **Geschäftshaus für Anton Bomers;** Bochum; Rosenstraße/Hagenstraße; Franke, Josef: 1906; **Ruhr/Süd C11**

162 **Geschäftshaus Viehoff;** Hamm; Weststraße/Ritterstraße; Krusemark, Max: 1927; **Ruhr/Ost D15**

163 **Geschäftshausgruppe;** Gelsenkirchen; Robert-Koch-Straße/Ebertstraße; Franke, Josef: 1907; **Ruhr/Nord B17**

164 **Glörtalsperre;** Breckerfeld; Glörstraße; Intze, Otto: 1904; **Ruhr/Süd T8**

165 **Glückauf-Haus;** Essen; Rüttenscheider Straße/Bismarckstraße/Friedrichstraße; Bode, Ernst: 1922; **Ruhr/Süd J13**

166 **Glückauf-Kampfbahn;** Gelsenkirchen; Kurt-Schumacher-Straße 143 - 145; Zeche Consolidation; Bauabteilung: 1928; **Ruhr/Nord Q9**

167 **Glückauf-Siedlung (Carolinenglück);** Bochum; Glückaufstraße 1 - 80; 1906; **Ruhr/Süd C12**

168 **Grafenbusch-Siedlung ;** Oberhausen; Am Grafenbusch; Möhring, Bruno: 1923; **Ruhr/West L15**

169 **Grashof-Gymnasium;** Essen; Grashofstraße 55 - 59; Fischer-Essen, Alfred: 1930; **Ruhr/Süd G6**

170 **Große Heimstraße, Wohnblock;** Dortmund; Große Heimstraße 124 - 130; Goebel, Friedrich: 1927; **Ruhr/Ost T16**

171 **Grugapark;** Essen; Külshammerweg 32; Gabriel, J.: 1929; **Ruhr/Süd F6**

172 **Gutehoffnungshütte, Zentrallager und Verwaltung 3;** Oberhausen; Essener Straße 80; Behrens, Peter: 1925; **Ruhr/West L15**

173 **Handelshof;** Essen; Am Hauptbahnhof 2; Moritz, Carl/Stahl, Werner: 1912; **Ruhr/Süd I13**

174 **Handwerkerpark Zollverein 3/7/10;** Essen; Am Handwerkerpark; Stolze: 1911; **Ruhr/Süd C8**

175 **Hans-Sachs-Haus;** Gelsenkirchen; Ebertstraße/Vattmannsstraße; Fischer-Essen, Alfred: 1927; gmp/von Gerkan, Marg und Partner: 2010 Umbau und Veränderung; **Ruhr/Nord B17**

176 **Hasper Talsperre;** Hagen; Talsperrenweg; Stadt Haspe; Bauabteilung: 1904; **Ruhr/Süd T12**

177 **Hauptfriedhof;** Mülheim an der Ruhr; Zeppelinstraße 130 - 136; Keßler, Fritz: 1915; **Ruhr/West Q17**

178 **Hauptfriedhof, Eingangshalle;** Mülheim an der Ruhr; Zeppelinstraße 132; Suhnel, Theodor: 1928; **Ruhr/West P17**

179 **Hauptfriedhof, Kapelle;** Herne; Wiescherstraße/Am Hauptfriedhof; Stadt Herne; Stadtbauamt: 1909; **Ruhr/Nord Q15**

180 **Hauptfriedhof, Trauerhalle und Krematorium;** Dortmund; Am Gottesacker/Westfalendamm; Allinger, Gustav: 1926; **Ruhr/Ost O8**

181 **Hauptpost (Amt 1);** Duisburg; Harry-Epstein-Platz 2; Lindberg: 1931; **Ruhr/West S2**

182 **Haus Andreas Wilhelm Ballin;** Gelsenkirchen; Elisenstraße 19; Franke, Josef: 1925; 1950 Fassade verändert; **Ruhr/Nord A18**

183 **Haus Cuno;** Hagen; Haßleyer Straße 35; Behrens, Peter: 1908; Gropius, Walter: 1908 Bauleitung als Mitarbeiter im Atelier Peter Behrens; **Ruhr/Süd Q15**

184 **Haus der Technik;** Essen; Hollestraße 1; Körner, Edmund: 1925; **Ruhr/Süd I13**

185 **Haus der Technik;** Essen; Hollestraße 1; Körner, Edmund: 1924; Pegels, Alfred: 1953 Wiederaufbau nach Kriegszerstörung; **Ruhr/Süd I13**

186 **Haus der Wirtschaft, Sanierung;** Mülheim an der Ruhr; Wiesenstraße 35; Engler, Otto 1911; Bussmann, Volker: 2007 Sanierung; **Ruhr/West O16**

187 **Haus des Handwerks;** Mülheim an der Ruhr; Zunftmeisterstraße 26; Tidten, Wilhelm: 1926; **Ruhr/West S5**

188 **Haus Ende;** Herdecke; Ostender Weg 19 - 21; Pinno und Bachmann: 1913; **Ruhr/Süd M13**

189 **Haus Ende, Garten;** Herdecke; Gahlenfeldstraße; Pinno und Bachmann: 1913; **Ruhr/Süd M13**

190 **Haus Eugen Hegeler;** Gelsenkirchen; Bochumer Straße 207; Franke, Josef: 1912; **Ruhr/Nord S10**

191 **Haus Goedecke, ehem.;** Hagen; Amselgasse 1; Behrens, Peter: 1912; **Ruhr/Süd Q15**

192 **Haus Hartenfels;** Duisburg; Mülheimer Straße 290; Wolters, Hermann: 1927; **Ruhr/West P13**

193 **Haus Knipp, Eisenbahnbrücke;** Duisburg; Rheindeichstraße; 1912; **Ruhr/West M9**

194 **Haus Krüger;** Gelsenkirchen; Erdbrüggenstraße 2; 1910er; Wenders, Wim: 1974 Schauplatz des Films „Alice in den Städten"; Krüger; Oma: 1974 fiktiver Wohnort; **Ruhr/Nord Q10**

195 **Haus Küchen;** Mülheim an der Ruhr; Uhlenhorstweg 29; Tillessen, Rudolf: 1913; **Ruhr/West Q14**

196 **Haus Max Meyer;** Gelsenkirchen; Husemannstraße 75; Franke, Josef: 1922; **Ruhr/Nord C17**

197 **Haus Röchling;** Duisburg; Düsseldorfer Straße 193; Paul, Bruno: 1914; **Ruhr/West T2**

198 **Haus Urge;** Mülheim an der Ruhr; Bismarckstraße 28; Hagen, Franz: 1913; ZENIT: 200 Umbau und Sanierung; **Ruhr/West P16**

199 **Heilig-Kreuz-Kirche;** Gladbeck; Horster Straße 133; Müller-Jena, Otto: 1914; **Ruhr/Nord O6**

200 **Heilig-Kreuz-Kirche;** Gelsenkirchen; Bochumer Straße 113/117; Franke, Josef: 1929; Kadow, Gerhard; Künstler: 1966 Kunst am Bau; **Ruhr/Nord S10**

201 **Heimaterde; Siedlung;** Mülheim an der Ruhr; Sunderplatz; Suhnel, Theodor: 1900 ur **Ruhr/West P18**

202 **Herbert-Wehner-Haus;** Recklinghausen; Paulusstraße 45; Schröder, Kreisbaumeister: 1912; **Ruhr/Nord L13**

203 **Herz Jesu; Kirche, kath.;** Essen; Alte Hauptstraße 61; von Fisenne, Lambert: 1900; 191 Nordturm; **Ruhr/Süd G10**

204 **Herz-Jesu-Kirche;** Bochum; Boltestraße 33; Franke, Josef: 1910; **Ruhr/Süd C16**

205 **Herz-Jesu-Kirche, kath.;** Bottrop; Brauerstraße 55; Franke, Josef: 1929; **Ruhr/Nord R**

206 **Hirschlandbank;** Essen; An der Reichsbank/Lindenallee; Moritz, Carl: 1910; **Ruhr/Süd I13**

207 **Hittorf-Gymnasium;** Recklinghausen; Kemnastraße 38; 1908; **Ruhr/Nord L13**

208 **Hoesch-Museum;** Dortmund; Eberhardstraße 11; Steinbach, Hugo/Lutter, Paul: 1914 1937 Umbau; 1951 Umgestaltung; **Ruhr/Ost N6**

209 **Hoeschsiedlung;** Hagen; Oststraße 31 - 131; Friedrich, Eugen: 1927; **Ruhr/Süd Q18**

210 **Hoeschwerke; Gästehaus;** Dortmund; Springorumstraße 3; Steinbach, Hugo/Lutter, Paul: 1910; **Ruhr/Ost N7**

211 **Hohenhof;** Hagen; Stirnband 10; van de Velde, Henry: 1908; **Ruhr/Süd Q15**

12 **Hüttenheim-Siedlung;** Duisburg; An der Steinkaul/Hasendong/Förkelstraße/Ungelsheimer Straße/Am Himgesberg/An der Batterie; Eggeling, Hans Werner: 1913; **Ruhr/West S10**

13 **Ickern-End-Kolonie;** Castrop-Rauxel; Uferstraße, Voerstestraße, Hombrink; Bauabteilung, Gewerkschaft Viktor: 1914; **Ruhr/Nord M18**

14 **IKEA-Parkhaus, ehem. Preß- und Hammerwerk Ost;** Essen; Altendorfer Straße 2; 1917; 1992 Umbau zum Parkhaus; **Ruhr/Süd H12**

15 **Immanuel-Kant-Park;** Duisburg; Düsseldorfer Straße/Friedrich-Wilhelm-Straße; Böniger, Theodor: 1910; **Ruhr/West S2**

16 **Industrie- und Handelskammer Dortmund;** Dortmund; Märkische Straße 122; Pinno, Karl/Grund, Peter: 1930; **Ruhr/Ost S18**

17 **Jahrhunderthalle, ursprünglicher Bau;** Bochum; Gahlensche Straße 15; Schumacher, Heinrich: 1902; **Ruhr/Süd I15**

18 **Johannenhof-Siedlung ;** Duisburg; Johannenhof/Lauerstraße; Vallentin: 1914; **Ruhr/West N9**

19 **Jovyplatz;** Gladbeck; Jovyplatz; Stadtbauamt Gladbeck/Büren/Kaes: 1924; **Ruhr/Nord O6**

20 **Jovyvilla;** Gladbeck; Friedrichstraße 55; Korn/Brüren/Stadtbauamt Gladbeck: 1927; **Ruhr/Nord O6**

21 **Jubiläumshain Hamborn;** Duisburg; Wehofer Straße/Ziegelhorststraße; Rheinhardt, M.: 1912; **Ruhr/West K12**

22 **Jugendstilhäuser;** Hagen; Drostenhof 3/5/7/9/28; Loose, Albert: 1903; **Ruhr/Süd R18**

23 **Jungbornpark;** Moers; Am Jungbornpark; Bürgerverein: 1900; Felke: 2007 Pavilion; **Ruhr/West M6**

24 **Kaiser-Friedrich-Turm;** Hagen; Kaiser-Friedrich-Pfad; Imle: 1910; **Ruhr/Süd R13**

25 **Kaiserpassage;** Herne; Mozartstraße 1 - 10; Kaufmann, C./Mechmann, P./Spanier, P.: 1910; **Ruhr/Nord Q12**

26 **Kaiser-Wilhelm-Denkmal;** Dortmund; Reichsmarkstraße; Stier, Hubert: 1902; Bagdons, Friedrich: 1935 Baustil ersetzt; **Ruhr/Ost T7**

27 **Karl-Ernst-Osthaus-Museum;** Hagen; Hochstraße 73; Gerard, Carl: 1902; van de Velde, Henry: 1902 Innenausbau; Claas/Flinkerbusch/Krug/van der Minde, Bernhard/Romberg: 1974 Anbau; **Ruhr/Süd Q14**

28 **Karl-Lehr-Realschule;** Duisburg; Wacholderstraße 12; Pregizer, Karl/Bräuhäuser, Hermann/Bähr, Heinrich: 1929; **Ruhr/West Q12**

29 **Karnap-Siedlung ;** Essen; Pastor-Fliedner-Weg/Karnaper Straße; 1921 bis; **Ruhr/Süd A6**

30 **Kaufhaus Althoff;** Recklinghausen; Markt 1; Niebel, Fritz: 1911; **Ruhr/Nord A14**

31 **Kaufhaus Hermann Kornblum, ehem.; Umbau;** Hagen; Frankfurter Straße/Bergischer Ring; Weinert, Jochen: 1905; Schmahl und Gerigk: 1950er Erweiterung; 1994 Umbau; **Ruhr/Süd Q14**

32 **Kaufhaus Hettlage und Fischer;** Recklinghausen; Breite Straße 2; 1911; **Ruhr/Nord A14**

33 **Kaufhaus Karstadt;** Recklinghausen; Markt 16 - 19; Schäfer, Phillip; Bauabteilung: 1930; **Ruhr/Nord A14**

34 **Kaufhaus Sinn, ehem.;** Gelsenkirchen; Bahnhofstraße 39; Paul, Bruno: 1928; **Ruhr/Nord B17**

35 **Kindertagesstätte Hansegracht;** Duisburg; Hansegracht 19; 1912; GEBAG; Baugesellschaft: 1998 Umbau; **Ruhr/West R2**

36 **Kirche Alstaden, evang.;** Oberhausen; Bebelstraße 234; vom Endt, Hermann: 1904; Vogel, H. O.: 1967 Umbau Innenraum; Lammers, Egbert; Künstler: 1950 Kunst am Bau; **Ruhr/West N14**

37 **Kirche Werden, evang.;** Essen; Heckstraße 54 - 56; Senz, August: 1900; Sonder & Kokott; Künstler: 1948 Kunst am Bau; Derix, Hein; Künstler: 1996 Kunst am Bau; **Ruhr/Süd H6**

38 **Klein-Erkenschwick, Bergarbeitersiedlung;** Oer-Erkenschwick; Brinkmannstraße, Grevelstraße, Stimbergstraße; 1913; **Ruhr/Nord H13**

39 **Kleinwohnungen;** Duisburg; Bergstraße/Wilhelmstraße 40 - 50/52 - 54/36; Klein, Karl: 1929; **Ruhr/West N10**

40 **Klönne-Stift;** Mülheim an der Ruhr; Friedrichstraße/Luisental; Stadt Mülheim an der Ruhr; Hochbauamt, städt./Brocke, Arthur/ Fucker, Andreas: 1930; **Ruhr/West T5**

41 **Knappschaftskrankenhaus, altes;** Recklinghausen; Westerholter Weg 82; Blohm: 1906; **Ruhr/Nord A13**

42 **Kohlenhandelsgesellschaft „Mark", ehem.;** Hagen; Gerichtsstraße/Beethovenstraße; Kohlhage, Ernst: 1926; **Ruhr/Süd P14**

43 **Kokerei Alma;** Gelsenkirchen; Almastraße 81/87; Schupp, Fritz; Dr./Kremmer, Martin: 1928; **Ruhr/Nord R11**

44 **Kokerei Hansa, Landschaftspark;** Dortmund; Emscherallee 11; Stegemann/von Stein, Helmut: 1928; 1992 Stilllegung; **Ruhr/Ost M4**

45 **Kolonie, alt;** Neukirchen-Vluyn; Grabenstraße/Weddingstraße/Weddingallee/Ahornweg/Sieberstraße/Kurze Straße/Ernst-Moritz-Arndt-Straße; Bleckmann, Conrad und Heinrich: 1925; **Ruhr/West O5**

246 **Kolonie Ebel, Bergarbeitersiedlung;** Bottrop; Hafenstraße/Bergbaustraße; Arenbergsche Aktiengesellschaft für Bergbau und Hüttenbetriebe: 1907; **Ruhr/Nord R4**

247 **Kolonie Friedlicher Nachbar;** Bochum; Friedlicher-Nachbar-Straße; 1900; **Ruhr/Süd F1**

248 **Kolonie Meerbeck;** Moers; Bismarckstraße/Donaustraße/Kirschenallee; 1913; **Ruhr/West N7**

249 **Kolonie, Neu;** Neukirchen-Vluyn; Etzoldstraße/Führmannstraße; 1930; **Ruhr/West O**

250 **Königliche Baugewerkschule;** Essen; Robert-Schmidt-Straße 2; Körner, Edmund: 1908 **Ruhr/Süd J14**

251 **Königlich-Preußische Maschinenbau-Schule;** Essen; Waldthausenstraße/Gerlingstraße Schützenbahn; 1911; Umnutzung durch die Universität Duisburg-Essen; **Ruhr/Süd H13**

252 **Königsborn Christuskirche;** Unna; Friedrich-Ebert-Straße 101; Fritsche, Arno Eugen: 1905; Bürgerinitiative; unterschiedliche Architekten: 1981 denkmalgerechte Sanierung **Ruhr/Ost M13**

253 **Konsumverein Wohlfahrt; Verwaltung;** Bochum; Königsallee 178; Schmiedeknecht, Heinrich: 1916; **Ruhr/Süd D14**

254 **Kraftwerk Harkort;** Wetter (Ruhr); Schöntaler Straße 66; Taut, Bruno: 1931; **Ruhr/Süd P11**

255 **Kraftwerk Hohenstein;** Witten; Wetterstraße 30b; Körner, Edmund: 1929; **Ruhr/Süd M**

256 **Kraftwerk Kahlenberg;** Mülheim an der Ruhr; Schleuseninsel; Pfeifer, Arthur/Großman Hans: 1925; 1989 Renovierung bei gleichzeitiger Erneuerung der Technik; **Ruhr/West T**

257 **Krankenkasse;** Herne; Märkische Straße 11; Gobrecht und Revermann: 1927; **Ruhr/Nord Q12**

258 **Kreishaus, ehem.;** Recklinghausen; Herzogswall 17; Lübke und Rehning: 1901; **Ruhr/Nord A14**

259 **Kreuzkirche;** Dortmund; Vinckeplatz; Homann, Hans: 1915; **Ruhr/Ost S16**

260 **Kreuzkirche, evang.;** Hagen; Kirchbergstraße 1 - 3; Fischer-Essen, Alfred: 1903; **Ruhr/Süd P12**

261 **Krügerpassage;** Dortmund; Westenhellweg/Kampstraße; Steinbach, Hugo/Lutter, Pa 1916 ca.; **Ruhr/Ost R17**

262 **Kruppsche Beamtenhäuser;** Essen; Goethestraße 24 - 36/56; 1905; Metzendorf, Georg: 1910 Erweiterung; **Ruhr/Süd J12**

263 **Kultur- und Freizeitzentrum „Depot";** Recklinghausen; Castroper Straße 12; Wiemer Trachte; Ingenieurbüro: 1913; Delius + Kallisch: 1985 Umbau zum Kulturzentrum; **Ruhr/Nord A14**

264 **Kulturzentrum Schacht III; Waschkaue, ehem.;** Bergkamen; Zum Schacht III; Gaertner, Peter: 1915; Otte/Gibbels/Sturm: 1989 Umnutzung zum Kulturzentrum; **Ruhr/Ost G**

265 **Kurpark Raffelberg;** Mülheim an der Ruhr; Akazienallee/Ruhrorterstraße; Baron von Engelhardt, Walter: 1908; 1926 Erweiterung; **Ruhr/West O14**

266 **Land- und Amtsgericht, Erweiterung;** Duisburg; König-Heinrich-Platz 1; 1912; **Ruhr/West S2**

267 **Landesoberbergamt;** Dortmund; Goebenstraße 25; Claren; Baurat/Behrendt; Regierungsbaumeister: 1910; **Ruhr/Ost S18**

268 **Landgericht/Justizvollzugsanstalt;** Hagen; Gerichtsstraße 1 - 7; Vinck; Regierungsbaumeister: 1926; Rauh, Wolfgang: 1982 Erweiterung; **Ruhr/Süd Q14**

269 **Landhaus Beuing;** Bochum; Gudrunstraße 21; Pohle, Emil: 1926; **Ruhr/Süd B14**

270 **Landwehr-Kolonie;** Dortmund; Rhader Weg/Grubenweg/Marsstraße/Venusstraße/ Jupiterstraße; Knobbe, Paul: 1904; **Ruhr/Ost O1**

271 **Laufwasserkraftwerk Hengstey;** Hagen; Seestraße; 1929; **Ruhr/Süd O13**

272 **Lederfabrik Lindgens;** Mülheim an der Ruhr; Kassenberg 2; Hagen, Franz/Schwer, Otto: 1916; **Ruhr/West P15**

273 **Lehrerseminar, evang.;** Essen; Seminarstraße 9 - 13; Körner, Edmund: 1914; **Ruhr/Süd I**

274 **Lenteninsel;** Dortmund; Klönnestraße/Güntherstraße/Lüneburger Straße/Hallesche Straße/Lenteninsel; Schulze, Dietrich/Schulze, Karl: 1928; **Ruhr/Ost R18**

275 **Lichtburg;** Essen; Kettwiger Straße 36; Bucerius: 1928; Miksch Rücker; Architekten: 2004 Sanierung; **Ruhr/Süd I13**

276 **Liebfrauenkirche, kath.;** Duisburg; Schulstraße 29a; Böll, Aloys: 1915; Funke, Werner/ Craemer, Ernst: 1991 Umbau; Lardeur, Gérard; Künstler: 1958 Kunst am Bau; **Ruhr/West L11**

277 **Liebfrauenkirche, kath.;** Hagen; Liebfrauenstraße 21; Pinnekamp, Carl: 1912; 1924 Erweiterung durch Turm; **Ruhr/Süd P12**

278 **Liebfrauenstift;** Gelsenkirchen; Franz-Bielefeld-Straße 42; Colombo, Karl: 1914; **Ruhr/Nord B17**

279 **Lohberg-Siedlung ;** Dinslaken; Hünxer Straße/Johannesplatz; 1907 ab; **Ruhr/West G**

280 **Lueg-Hochhaus;** Bochum; Kortumstraße 16; Pohle, Emil: 1925; Reum, L.: 1949 Wiede aufbau; **Ruhr/Süd J16**

281 **Luftschacht Rote Fuhr;** Dortmund; Rote Fuhr 70; Franz Schlüter AG: 1928; **Ruhr/Ost**

282 **Luisenhof-Siedlung ;** Essen; Osnabrücker Straße/Liebigstraße/Hildesheimer Straße/ Margarethenstraße /Münchener Straße; Feldmann, Adolf: 1912; **Ruhr/Süd E5**

283 **Luisental;** Mülheim an der Ruhr; Luisental/Ruhrufer; Pfeifer, Arthur/Großmann, Hans: 1928; **Ruhr/West T5**

284 **Lutherkirche, evang.;** Bochum; Klinikstraße 10; Fritsche, Arno Eugen: 1911; Mannewitz, Fritz; Künstler: 1956 Kunst am Bau; **Ruhr/Süd I17**

285 **Lutherkirche, evang.;** Wetter (Ruhr); Bismarckstraße 46; Marx, Ernst: 1906; **Ruhr/Süd O11**

286 **Lutherkirche, evang.;** Bochum; Dr.-C.-Otto-Straße 110; Hutze, Heinrich: 1912; **Ruhr/Süd F11**

287 **Märchensiedlung;** Duisburg; Heinestraße/Andersenstraße/Klöcknerstraße/Gneisenaustraße; Hecker, Hermann: 1913; 1927 Erweiterung; **Ruhr/West T4**

288 **Margarethenhöhe, Gartenstadt;** Essen; Am Brückenkopf 4; Metzendorf, Georg: 1909 - 1920; **Ruhr/Süd F5**

289 **Margarethenhöhe, Gasthaus;** Essen; Steile Straße/Kleiner Markt; Metzendorf, Georg: 1900 um; 1955 Wiederaufbau; **Ruhr/Süd F5**

290 **Margarethensiedlung;** Duisburg; Margarethenstraße/Schwarzenberger Straße; Schmohl, Robert: 1905; Metzendorf, Georg: 1922 Erweiterung; Eigenleistung der Bürger: 1979 Modernisierungswelle durch Privatisierung; **Ruhr/West Q10**

291 **Märkisches Museum;** Witten; Husemannstraße 12; Franzen, Karl: 1911; **Ruhr/Süd M9**

292 **Martaheim;** Gladbeck; Hermannstraße; Korn/Brüren/Kaes/Stadtbauamt Gladbeck: 1910; **Ruhr/Nord N6**

293 **Max-Planck-Institut für Kohleforschung;** Mülheim an der Ruhr; Kaiser-Wilhelm-Platz 1; Helbing, Karl; Stadtbaumeister: 1914; **Ruhr/West T6**

294 **Mehrfamilienhaus;** Gladbeck; Jovyplatz; Brüren/Kaes/Stadtbauamt Gladbeck: 1924; **Ruhr/Nord O6**

295 **Mehrfamilienhaus-Bebauung mit Büroräumen;** Gelsenkirchen; Grenzstraße 137; Franke, Josef: 1927; **Ruhr/Nord A17**

296 **Melanchthonkirche, evang.;** Bochum; Königsallee 46 - 48; Krieger/Hudlet: 1914; Schröder, H: 1949 Wiederherstellung; Heyer, Willy; Künstler: 1949 Kunst am Bau; **Ruhr/Süd D13**

297 **Monopol-Schleppdienst, Schleppamt Duisburg;** Duisburg; Ruhrdeich 20; 1920er; **Ruhr/West R1**

298 **Muhrenkamp-Siedlung ;** Mülheim an der Ruhr; Kämpchenstraße/Adolfstraße/Muhrenkamp/Eduardstraße; Pfeifer, Arthur/Großmann, Hans: 1927; **Ruhr/West S6**

299 **Müsersiedlung der Zeche Gneisenau, erster Bauabschnitt;** Dortmund; Müserstraße/Bogenstraße/Goesebrink; 1910; Grüneke Architektur Stadtplanung: 2001 Umbau und Modernisierung; **Ruhr/Ost L8**

300 **Museum der Deutschen Binnenschifffahrt;** Duisburg; Apostelstraße 84; Jording, August; Baurat: 1908; afa - architektur-fabrik aachen: 1985 Umbau; **Ruhr/West N11**

301 **Museum für Kunst- und Kulturgeschichte, ehem. Stadtsparkasse;** Dortmund; Hansastraße 19; Steinbach, Hugo: 1923; 1983 Umbau und Sanierung; **Ruhr/Ost R16**

302 **Musikhochschule;** Duisburg; Düsseldorfer Straße 19; Schreiterer & Below: 1905; **Ruhr/West S2**

303 **Neu-Asseln, Bergbaubeamtensiedlung;** Dortmund; Am Knie/Neuhammerweg; Schupp, Fritz; Dr./Kremmer, Martin: 1922; **Ruhr/Ost O9**

304 **Neudorf-Siedlung;** Duisburg; Gneisenaustraße/Kammerstraße/Nettelbeckstraße/Schenkendorfstraße; Riphan, Wilhelm/Grod, Caspar Maria: 1928; **Ruhr/West T4**

305 **Neu-Jerusalem-Siedlung;** Gelsenkirchen; Spinnstuhl/Brakestraße; Rings, Josef: 1931; Glasmeier/Drengwitz: 1993 Modernisierung; **Ruhr/Nord M8**

306 **Nicolaikirche;** Dortmund; Lindemannstraße 70; Pinno, Karl/Grund, Peter: 1929; Stork, Johann August; Künstler: 1929; von Stockhausen, Hans Gottfried; Künstler: 1963 Kunst am Bau; **Ruhr/Ost T16**

307 **Nordmarkt;** Dortmund; Nordmarkt; Brandhoff: 1909; **Ruhr/Ost N6**

308 **Oberdorstfeld-Siedlung ;** Dortmund; Wittener Straße/Lange Fuhr; Salvisberg, Otto Rudolf: 1926; Heinemann, Hugo/Feldmann & Müller: 1927 3. Bauphase; **Ruhr/Ost P4**

309 **Oberschuir, ehem. Zeche;** Gelsenkirchen; Boniverstraße 30; Oberschuir, Johann; Zechenleiter: 1904; 1996 Umnutzung; **Ruhr/Nord B16**

310 **Obstbaumsiedlung;** Dortmund; Nussbaumweg/Kirschbaumweg/Birnbaumweg/Apfelbaumweg/Akazienstraße; Schulze, Dietrich/Schulze, Karl/Pohle, Emil: 1920; **Ruhr/Ost O8**

311 **Ostpol/Landmarke;** Bönen; Zechenstraße/Bahnhofstraße; Fischer-Essen, Alfred: 1929; Kuball, Mischa; Künstler: 1999 Kunst am Bau; **Ruhr/Ost I13**

312 **Paket- und Telegrafenamt;** Herne; Wanner Straße 23-25; Lachmann; Postbaurat: 1914; **Ruhr/Nord Q12**

313 **Papenbusch-Siedlung ;** Mülheim an der Ruhr; Papenbuschstraße/Tiegelstraße; Hagen, Franz/Schwer, Otto: 1925; **Ruhr/West O16**

314 **Park Hohensyburg;** Dortmund; Hohensyburgstraße 204; Stier, Hubert: 1902; **Ruhr/Ost T7**

315 **Parkanlage Hohenstein;** Witten; Hohenstein; Hohensteinkommision: 1901; **Ruhr/Süd M10**
316 **Parkbad Süd;** Castrop-Rauxel; Am Stadtgarten; Gärtner: 1926; **Ruhr/Nord P17**
317 **Parkwächterhaus und Kortum-Klo;** Bochum; Bergstraße 68a; 1926; **Ruhr/Süd H16**
318 **Paul-Gerhardt-Gemeindehaus, evang.;** Bochum; Kühneplatz 6; Düren, H./Revermann F.: 1930; **Ruhr/Süd D14**
319 **Pauluskirche, evang.;** Oberhausen; Duisburger Straße 331; Behrens, Heinrich: 1906; **Ruhr/West M14**
320 **Philharmonie, ehem. Saalbau;** Essen; Huyssenallee 53; 1904; Busmann + Haberer: 200 Umbau und Sanierung; **Ruhr/Süd J13**
321 **Phönixstraße;** Gladbeck; Phönixstraße/Brokamp; Wittenbrink und Schulte: 1910 um; **Ruhr/Nord O6**
322 **Polizeidirektion;** Herne; Bebelstraße/Friedrich-Ebert-Platz; Meyer; Regierungsbaurat: 1926; **Ruhr/Nord P14**
323 **Polizeipräsidium;** Recklinghausen; Westerholter Weg 27; Neubauamt, preußisch: 1927 **Ruhr/Nord A13**
324 **Polizeipräsidium;** Bochum; Uhlandstraße 35; Schreibner; Oberbaurat; Stadt Dortmun Hochbauamt: 1929; **Ruhr/Süd H16**
325 **Polizeipräsidium;** Oberhausen; Friedensplatz; Jünger, Eduard/Jünger, Ludwig: 1927; **Ruhr/West N1**
326 **Polizeipräsidium, ehem.; heute Wohn- und Geschäftshaus;** Hagen; Konkordiastraße 7 Ludwigs; Gebrüder: 1922; **Ruhr/Süd Q14**
327 **Pollmann, Warenhaus/Büro- und Hotelgebäude;** Duisburg; Weseler Straße/Kaiser-Friedrich-Straße; Czajerek, Viktor/Schnaare, Ewald: 1931; **Ruhr/West L11**
328 **Pollmann-Haus;** Duisburg; Weseler Straße/Kaiser-Wilhelm-Straße; Niebel, Fritz: 1901; **Ruhr/West L11**
329 **Post Wanne;** Herne; Wannerstraße 23 - 25; Walter; geh. Baurat/kaiserliche Oberpost-direktion: 1914; **Ruhr/Nord Q12**
330 **Postamt;** Gelsenkirchen; Königswiese 1; 1927; **Ruhr/Nord N8**
331 **Pottgießerhof-Siedlung ;** Essen; Niebuhrstraße/Pottgießerstraße; 1930er; **Ruhr/Süd E**
332 **Präsidentensiedlung;** Dortmund; Kaiserstraße/Reichswehrstraße/Davidisstraße/Robert-Koch-Straße/Von-der-Tann-Straße/Präsidentenstraße/Walderseestraße; Feldmann, Ludwig: 1932; **Ruhr/Ost O7**
333 **Pumpwerk Alte Emscher;** Duisburg; Alsumer Straße 7; Fischer-Essen, Alfred: 1914; **Ruhr/West M10**
334 **Pumpwerk Schmidthorst;** Duisburg; August-Thyssen-Straße 65; Fischer-Essen, Alfred: 1929; **Ruhr/West L12**
335 **Pumpwerk Schwelgern;** Duisburg; Willy-Brandt-Ring 135; Fischer-Essen, Alfred: 1927; **Ruhr/West K11**
336 **Pumpwerk Westhofen;** Schwerte; Hagener Straße; 1922; **Ruhr/Ost T8**
337 **Raffelberg; Wasserkraftwerk;** Mülheim an der Ruhr; Akazienallee 116; Pfeifer, Arthur/ Großmann, Hans: 1925; **Ruhr/West O14**
338 **Rangierbahnhof und Eisenbahnausbesserungswerk Wedau;** Duisburg; Wedauer Brücke/Werkstättenstraße; 1914; 2000 Stilllegung; **Ruhr/West Q13**
339 **Rastebaum, Wohnanlage ;** Hagen; Boeler Straße/Am Rasterbaum; DEWOG Bochum 1932; **Ruhr/Süd P14**
340 **Rathaus;** Fröndenberg; Bahnhofstraße 2; 1926; **Ruhr/Ost Q17**
341 **Rathaus;** Witten; Marktstraße 16; Jennen, Heinrich/Bewig, Georg: 1926; **Ruhr/Süd L**
342 **Rathaus;** Duisburg; Burgplatz; Ratzel, Friedrich: 1902; Köpke, Ernst Otto; Künstler: 19. Kunst am Bau; **Ruhr/West R1**
343 **Rathaus;** Wetter (Ruhr); Kaiserstraße 170; Wenner, Gustav: 1909; **Ruhr/Süd O11**
344 **Rathaus;** Mülheim an der Ruhr; Ruhrstraße/Friedrich-Ebert-Straße 43; Pfeifer, Arthur Großmann, Hans: 1915; 1955 Wiederaufbau; **Ruhr/West S5**
345 **Rathaus Datteln;** Datteln; Genthiner Straße; Förster: 1913; **Ruhr/Nord G16**
346 **Rathaus, ehem.;** Voerde; Frankfurter Straße 367; 1914; **Ruhr/West F11**
347 **Rathaus Gladbeck;** Gladbeck; Willy-Brandt-Platz; Müller-Jena, Otto: 1912; **Ruhr/Nord C**
348 **Rathaus Herne;** Herne; Friedrich-Ebert Platz 1; Kreis, Wilhelm: 1912; **Ruhr/Nord P14**
349 **Rathaus Oberhausen;** Oberhausen; Schwartzstraße 72; Freitag, Ludwig: 1930; de Graaff, Wilhelm; Künstler: 1954 Kunst am Bau; **Ruhr/West N2**
350 **Rathaus Recklinghausen;** Recklinghausen; Rathausplatz; Müller-Jena, Otto: 1898 - 1908; **Ruhr/Nord A14**
351 **Rathaus Wanne-Eickel;** Herne; Rathausstraße 6; Zahn; Amtsbaumeister/Winter, F.; Amtmann: 1904; **Ruhr/Nord Q12**
352 **Ratingsee-Siedlung;** Duisburg; Emmericher Straße/Kornstraße; Pregizer, Karl/ Bräuhäuser, Hermann/Bähr, Heinrich: 1928; **Ruhr/West N13**
353 **Rayener Schule, ehem.;** Neukirchen-Vluyn; Eyller Straße 42; 1920 um; **Ruhr/West M**
354 **Regionalverband Ruhrgebiet, Verwaltungsgebäude;** Essen; Kronprinzenstraße 35; Fischer-Essen, Alfred: 1929; **Ruhr/Süd J14**

55 **Reinhardstraße, Siedlung;** Kamen; Reinhardstraße; Königsborn; Gewerkschaft: 1900 um; **Ruhr/Ost J11**

56 **Rheinbaben-Siedlung , Bereich Nesselstraße/Velsenstraße;** Bottrop; Velsenstraße und Nesselstraße; Zeche Rheinbaben: 1910; **Ruhr/Nord P4**

57 **Rheinpreußen-Hafen;** Duisburg; Dammstraße; 1908; **Ruhr/West N10**

58 **Rheinpreußen-Hochhaussiedlung;** Duisburg; Moerser Straße/Husemannstraße/Kirchstraße; Vallentin: 1914; **Ruhr/West N9**

59 **Rheinpreußen-Siedlung ;** Duisburg; Südstraße/Breite Straße; Vallentin: 1903; **Ruhr/West O9**

60 **Ricarda-Huch-Gymnasium;** Gelsenkirchen; Schultestraße 50; Franke, Josef: 1930; **Ruhr/Nord B17**

61 **Rosenterrassen;** Dortmund; Strobelallee; Strobel; Stadtbaurat: 1927; **Ruhr/Ost T16**

62 **Rottmannshof-Siedlung ;** Bochum; Lenneplatz/Lippestraße/Volmestraße/Josephinenstraße/Böckenbergstraße; Kirchmeier, Friedrich/Robert, Heinrich: 1925; **Ruhr/Süd B14**

63 **Ruhrflutbrücke;** Schwerte; Lindenufer; Preußische Staatsbahn; Bauabteilung: 1910; **Ruhr/Ost T10**

64 **Ruhrviadukt;** Witten; Ruhrdeich/Wetterstraße; August Klönne; Fa.: 1916; **Ruhr/Süd M9**

65 **Rünthe-West-Siedlung;** Bergkamen; Otto-Wels-Straße/Urnenstraße/Westenhellweg/Wirlingstraße; Bergmannssiedlung Hamm; Bauabteilung: 1927; **Ruhr/Ost G9**

66 **RWW Verwaltungsgebäude;** Mülheim an der Ruhr; Am Schloss Broich/Ecke Mühlenberg; Pfeifer, Arthur/Großmann, Hans: 1929; Schneider, Markus/Hofstadt, Hans: 1992/Erweiterung durch Umbau des angrenzenden ehem. Wohnhauses; **Ruhr/West S5**

67 **Salierstraße, Siedlung ;** Mülheim an der Ruhr; Salierstraße; Stadt Mülheim an der Ruhr; Hochbauamt, städt./Brocke, Arthur: 1929; 1979 Modernisierung; **Ruhr/West P15**

68 **Salzbergwerk Borth;** Rheinberg; Karlstraße 80; 1924, ab; **Ruhr/West E6**

69 **Schacht 1, Zeche Lohberg 1/2;** Dinslaken; Hünxer Straße 380; 1912; **Ruhr/West G14**

70 **Schachtschleuse Henrichenburg;** Waltrop; Provinzialstraße; Kanalkommission, königl.; Bauabteilung: 1908 - 1917; **Ruhr/Ost B3**

71 **Schiller-Oberschule;** Bochum; Waldring 71; Sohm, Theodor/Stadtbaumeister Bochum: 1930; **Ruhr/Süd D14**

72 **Schlägelstraße/Beverstraße-Siedlung;** Bergkamen; Schlägelstraße/Westfalenstraße/Stapelstraße/Taubenstraße/Zeppelinstraße/Beverstraße/Querstraße/Overberger Straße; Georgs- Marien- Bergwerks- und Hütten- Verein; Abteilung Werne: 1914; **Ruhr/Ost G10**

73 **Schleusengruppe Datteln-Natrop;** Datteln; Natroper Weg; 1931; 1970 Erweiterung; **Ruhr/Nord F17**

74 **Schleusengruppe Dorsten;** Dorsten; Schleusenstraße/Hammer Weg; 1931; 1970 weitere Schleuse; **Ruhr/Nord G4**

75 **Schleusengruppe Friedrichsfeld;** Voerde; Schleusenstraße/Emmelsumer Straße; 1930; 1964 weitere Schleuse; **Ruhr/West D9**

76 **Schloss Landsberg, Parkanlage;** Essen; August-Thyssen-Straße; Trips, Julius: 1905; **Ruhr/Süd J3**

77 **Schornsteinbehälter Bahnbetriebsgelände Dahlhausen;** Bochum; Dr.-C.-Otto-Straße 191; 1900; **Ruhr/Süd F10**

78 **Schule und Saalbau am Mengeder Markt;** Dortmund; Mengeder Markt 8; Schulze, Karl: 1918; **Ruhr/Ost L3**

79 **Schulgebäude;** Herne; Overweg/Gräffstraße 32; Stadt Herne; Stadtbauamt: 1909; **Ruhr/Nord Q14**

80 **Schulweg-Steg; Hängebrücke;** Hamm; Im Fuchswinkel/Datteln-Hamm-Kanal; 1915; **Ruhr/Ost D17**

81 **Schüngelberg-Siedlung, Alte;** Gelsenkirchen; Schüngelbergstraße/Holthauser Straße; Johow, Wilhelm; Bauabteilungsleiter: 1916; Johow, Wilhelm; Bauabteilungsleiter: 1916 Erweiterung; **Ruhr/Nord O8**

82 **Schutzengel-Kirche, kath.;** Essen; Auf der Litten 69; Körner, Edmund: 1928; **Ruhr/Süd D8**

83 **Schwarzer Weg-Siedlung;** Bergkamen; Schwarzer Weg/Rünther Straße; Georgs- Marien- Bergwerks- und Hütten- Verein; Abteilung Werne: 1922; 1914 1. Bauabschnitt Rünther Straße; **Ruhr/Ost G9**

84 **Schwelgern-Stadion;** Duisburg; Am Stadion s; Steinhauer, Franz: 1925; **Ruhr/West L11**

85 **Schwesternpark;** Witten; Pferdebachstraße/Lederken; Schluckebier, Adolf: 1915; **Ruhr/Süd L9**

86 **Shopping Mall;** Duisburg; Claubergstraße 11; Stiller, Hermann: 1900; **Ruhr/West S2**

87 **Siemens-Bürogebäude;** Essen; Kruppstraße 16; Hertlein, Hans; Dr.: 1930; Hertlein, Hans; Dr.: 1946 Wiederaufbau; **Ruhr/Süd I13**

88 **Solbad Raffelberg;** Mülheim an der Ruhr; Akazienallee 61; Helbing, Karl; Stadtbaumeister: 1909; Schnatmann, Peter/Münker & Wüsthoff: 1996 Umbau zum Theater an der Ruhr; **Ruhr/West O14**

89 **Sommerbad;** Herne; Bergstraße; Knöll, Heinrich; Stadtbaurat: 1907; **Ruhr/Nord Q14**

390 **Sommerberg/Winterberg-Siedlung** ; Dortmund; Steinkühlerweg/Am Sommerberg/Am Winterberg; Pohl, Karl: 1916; **Ruhr/Ost P8**

391 **Sparkasse;** Herne; Hauptstraße 224; Gobrecht und Revermann: 1928; **Ruhr/Nord Q**

392 **Sparkasse Bochum;** Bochum; Grabenstraße/Schützenbahn; Kreis, Wilhelm: 1928; Wielers, Bernhard: 1949 Wiederaufbau; schröder schulte-ladbeck architekten: 1999 Erweiterung; **Ruhr/Süd I16**

393 **Spedition Lehnkering, ehem;** Hagen; Berliner Straße 14; Gebrüder Ludwigs: 1912; **Ruhr/Süd Q13**

394 **Sport- und Gesundheitshaus;** Essen; Twentmannstraße 125; Körner, Edmund: 1927; Ahlbrecht, Frank: 1998 Umbau und Sanierung; **Ruhr/Süd C7**

395 **Sportschule Wedau - Alte Turnhalle;** Duisburg; Friedrich-Alfred-Straße 15; Hitzbleck, Fritz: 1928 um; **Ruhr/West Q12**

396 **St. Antonius; Pfarrkirche;** Gelsenkirchen; Am Schillerplatz 12; Franke, Josef: 1928; 19 Kirche zerstört, Doppelturm erhalten; Klocke, Walter; Künstler: 1953 Kunst am Bau; **Ruhr/Nord B15**

397 **St. Engelbert; Kirche, kath.;** Mülheim an der Ruhr; Engelbertusstaße 47; Sültenfuß, Wilhelm: 1906; Schwippert, Hans: 1954 Veränderungen; **Ruhr/West O16**

398 **St. Engelbert; Kirche, kath. mit Pfarrhaus;** Hattingen; Kressenberg 1; Wassermann, Heinrich: 1900; Wassermann, Heinrich: 1900 Pfarrhaus; **Ruhr/Süd P2**

399 **St. Johannes Baptist; Pfarrkirche, kath., Erweiterung;** Bochum; Brenscheder Straße 4 Meister, Anton: 1931; Sögtrop, Albert; Künstler: 1973 Kunst am Bau; **Ruhr/Süd E14**

400 **St. Johannes; Kirche, kath.;** Bochum; Kemnastraße 12; Franke, Josef: 1915; Gesing, Jupp; Künstler: 1957 Kunst am Bau; Spierling, Hubert; Künstler: 1954 Kunst am Bau; **Ruhr/Süd C10**

401 **St. Josef; Kirche;** Dorsten; Josefstraße 3; Franke, Josef: 1930; Schmitz-Steinkrüger, Wilhelm; Künstler: 1930 Kunst am Bau; Gesing, Jupp; Künstler: 1967 Kunst am Bau; **Ruhr/Nord F4**

402 **St. Josef; Kirche mit Pfarrhaus und Gemeindehaus;** Duisburg; Kolpingstraße; Franke, Josef: 1915; **Ruhr/West K11**

403 **St. Josef; Pfarrkirche, kath.;** Herne; Hauptstraße 140; Pinnekamp, Carl: 1909; **Ruhr/Nord Q12**

404 **St. Joseph; Kirche, kath.;** Essen; Dahlhauser Straße 147; Wielers, Hermann: 1903; **Ruhr/Süd F9**

405 **St. Joseph; Kirche, kath.;** Bottrop; Im Flaßviertel 8; Franke, Josef: 1919; **Ruhr/Nord Q**

406 **St. Ludgerus; Pfarrkirche;** Bottrop; Birkenstraße 73; Franke, Josef: 1929; Baur, Ludwig Künstler: 1965 Kunst am Bau; **Ruhr/Nord Q3**

407 **St. Mariä Geburt; Kirche;** Mülheim an der Ruhr; Althofstraße/Jakobsstraße; Fahrenkamp, Emil: 1929; 1949 Wiederaufbau; Dohmen, Heinz; Dombaumeister: 1958 Umbau; **Ruhr/West S6**

408 **St. Maria Heimsuchung; Pfarrkirche;** Herten; Feldstraße 252; 1911; von Lom, Walter & Partner: 1977 Umbau und Sanierung; Buschulte, Wilhelm; Künstler: 1981 Kunst am Bau; **Ruhr/Nord L10**

409 **St. Maria Magdalena; Kirche, kath.;** Bochum; Wattenscheider Hellweg 91; Becker, Ludwig: 1927; Rengshausen, Wilhelm; Künstler: 1957 Kunst am Bau; **Ruhr/Süd D11**

410 **St. Marien; Kirche, kath.;** Herne; Bismarckstraße 72a; Wielers, Hermann: 1908; **Ruhr/Nord P13**

411 **St. Meinolphus Maritius; Kirche, kath.;** Bochum; Cramerstraße 10; 1929; 1946 Wiederaufbau; **Ruhr/Süd C12**

412 **St. Michael; Pfarrkirche und Leohaus;** Dortmund; Westerbleichstraße 8; Franke, Jose 1926; **Ruhr/Ost O6**

413 **St. Nikolaus; Pfarrkirche, kath.;** Essen; Essener Straße 4; Körner, Edmund: 1907; Bette, Nikolaus; Künstler: 1975 Kunst am Bau; **Ruhr/Süd C7**

414 **St. Nikolausburg; Schifferkinderheim m. Kapelle;** Duisburg; Fürst-Bismark-Straße/Homberger Straße 32 - 42/15; von Cube, Gustav/Buchloh, Arthur: 1927; **Ruhr/West P2**

415 **Stadtbad Hamborn;** Duisburg; Duisburger Straße 308; Steinhauer, Franz: 1930; **Ruhr/West L12**

416 **Stadtbad und Museum;** Mülheim an der Ruhr; Leineweberstraße 1; Helbing, Karl; Stadtbaumeister: 1912; 1950 veränderter Wiederaufbau; **Ruhr/West S5**

417 **Stadtgarten Bottrop;** Bottrop; Im Stadtgarten; Bauerbaum: 1921; Stadt Bottrop; Bauabteilung: 1919 Erweiterung; **Ruhr/Nord Q3**

418 **Stadtgarten Castrop;** Castrop-Rauxel; Am Stadtgarten; 1931; 2006 Restauration; **Ruhr/Nord P17**

419 **Stadtgarten Herne;** Herne; Am Stadtgarten; Döhmann: 1908; **Ruhr/Nord P15**

420 **Stadtgarten mit Kaiserbrunnen;** Herne; Wilhelmstraße, Hammerschmidtstraße, Deutsche Straße; Gude, Fritz: 1901; Frische; Bildhauer: 1901; **Ruhr/Nord Q12**

421 **Stadtgarten Recklinghausen;** Recklinghausen; Cäcilienhöhe; Schödder, Wilhelm: 190 **Ruhr/Nord L12**

22 **Stadtgarten Wattenscheid**; Bochum; Stadtgartenring 77; Hoemann, Reinhold: 1900; **Ruhr/Süd C11**

23 **Stadthalle**; Mülheim an der Ruhr; Theodor-Heuss-Platz; Großmann, Hans/Pfeifer, Arthur: 1926; Graubner, Gerhard: 1957 Eingangshalle, Umbauten, Neugestaltung; **Ruhr/West S5**

24 **Stadthaus**; Duisburg; Friedrich-Albert-Lange-Platz 7; Pregizer, Karl: 1926; **Ruhr/West R2**

25 **Städtische Realschule**; Mülheim an der Ruhr; Oberstraße 92 - 94; Stadt Mülheim an der Ruhr; Hochbauamt, städt./Brocke, Arthur/ Kesseler, Rudolf: 1928; **Ruhr/West S6**

26 **Stadtpark Meiderich**; Duisburg; Bürgermeister-Pütz-Straße/Am Stadtpark; Pütz, Josef: 1911; **Ruhr/West N12**

27 **Stadtteilbibliothek Essen Werden**; Essen; Brückstraße/Werdener Markt; 1902; **Ruhr/Süd H6**

28 **Stadttheater**; Duisburg; Neckarstraße 1; Dülfer, Martin: 1912; **Ruhr/West S2**

29 **Stadttheater Hagen**; Hagen; Elberfelder Straße 61; Vetterlein, Ernst: 1911; **Ruhr/Süd Q14**

30 **Stadtvillen**; Duisburg; Keetmanstraße 2 - 12; Schmidt, Otto/Walbrück, Jean/ Wissmann, Hanns/Brenschede, Wilhelm: 1927; **Ruhr/West S3**

31 **Stahlhandel Thyssen-Schulte**; Essen; Johanniskirchstraße 63; Wahl und Rödel: 1925; **Ruhr/Süd B6**

32 **Stahltrichter, Hochleistungstrichterstoffänger (Industriedenkmal)**; Fröndenberg; Ruhrstraße; 1925; **Ruhr/Ost Q17**

33 **Stemmersberg-Siedlung** ; Oberhausen; Gutestraße/Ziegelstraße/Hügelstraße/ Westerwaldstraße; GHH - Gute Hoffnungshütte: 1904; **Ruhr/West K15**

34 **Stiftsdamenwald-Siedlung** ; Essen; Stiftsdamenwald/Kyffhäuserstraße; Zeche Zollverein; Steinkohlebergwerke: 1907; **Ruhr/Süd C7**

35 **St.-Johannes-Hospital**; Duisburg; An der Abtei 7 - 11; Brocker, Wilhelm: 1928; **Ruhr/West L12**

36 **Straßenbahndepot**; Bochum; Universitätsstraße 54 - 56; Schmiedeknecht, Heinrich: 1928; **Ruhr/Süd J16**

37 **Straßenbahndepot**; Gelsenkirchen; Hauptstraße 55/57; Franke, Josef: 1925 um; **Ruhr/Nord B17**

38 **Straßenbahndepot Speldorf**; Mülheim an der Ruhr; Duisburger Straße 283; 1914; 1967 Stilllegung; 1995 Umnutzung zur „Depot-Passage"; **Ruhr/West P14**

39 **Tausendfensterhaus**; Duisburg; Ruhrorter Straße 187; Blecken, Heinrich: 1923; Deilmann, Harald: 1996 Umbau und Sanierung; **Ruhr/West P2**

40 **Teehaus**; Mülheim an der Ruhr; Dohne 74; Gebrüder Krämer: 1927; **Ruhr/West P16**

41 **Teutoburgia-Siedlung** ; Herne; Baarestraße, Schlägelstraße, Schadeburgstraße,Schreber straße, Bogenweg, Laubenstraße, Teutoburgiahof, Teutoburgiastraße, Castroper Straße; Berndt: 1909 - 1924; **Ruhr/Nord P16**

42 **Theaterpassage und Geschäftshaus „Theaterplatz" mit Kabarett „Casa Nova"; Stadtsparkasse Essen, ehem.**; Essen; Kapuzinergasse/Hirschlandplatz/Theaterplatz/ Rathenaustraße 8/7 - 9/2 - 4; Metzendorf, Georg/Schneider, Jacob: 1930; **Ruhr/Süd I13**

43 **Theobaldstraße, Siedlung** ; Essen; Theobaldstraße 1 - 40; 1912; **Ruhr/Süd I10**

44 **THS TreuHandStelle GmbH, Verwaltungsgebäude**; Duisburg; Simrockstraße 6; Mewes, Emil Rudolf: 1931; **Ruhr/West L12**

45 **Thyssen-Hauptverwaltung, alte**; Duisburg; Franz-Lenze-Straße/Kaiser-Wilhelm-Straße; 1904; **Ruhr/West L11**

46 **Thyssen-Schulte; Verwaltungsgebäude (ehem. Stahlhaus)**; Dortmund; Hansastraße/ Königswall; Steinbach, Hugo/Lutter, Paul: 1912; **Ruhr/Ost R16**

47 **Tor 16 der GHH**; Oberhausen; Essener Straße 31; Sonnen, Fritz: 1930; **Ruhr/West L15**

48 **Trauerhalle jüdischer Friedhof**; Bochum; Wasserstraße/Königsallee; Sohm, Theodor/ Stadtbaumeister Bochum: 1928; **Ruhr/Süd D14**

49 **Tremonia-Siedlung** ; Dortmund; Am Mühlenberg/Im Wiesengrund/Emscherpfad; 1922; **Ruhr/Ost O5**

50 **Tubiskuhle**; Moers; Essenberger Straße/Xantener Straße; Stadtbauamt Moers: 1920er; **Ruhr/West O7**

51 **Tuchfabrik Essen-Kettwig**; Essen; Ruhrstraße/Am Mühlengraben/Leinpfad; 1902; **Ruhr/Süd J4**

52 **Turnhalle Kipper, Grundinstandsetzung**; Hagen; Gabelsbergerstraße 50; Haase, Volker: 1929; **Ruhr/Süd R11**

53 **Umspannwerk, ehem. „Schützenhof"**; Hagen; Voerder Straße 131a; Günther, Kurt: 1928; **Ruhr/Süd R12**

54 **Umspannwerk Recklinghausen**; Recklinghausen; Uferstraße 2 - 4; Lill, Carl: 1928; 1994 Umbau und Sanierung zum Museum; **Ruhr/Nord O13**

55 **Union Brauhaus**; Dortmund; Rheinische Straße 19; Moog, Walter/Moog, Emil: 1927; **Ruhr/Ost R16**

56 **Unternehmervillen im Ostparkviertel/ Prinz-Friedrich-Karl-Straße und Umgebung**; Dortmund; Prinz-Friedrich-Karl-Straße; Marx, Ernst: 1900 um; **Ruhr/Ost R17**

457 **Varta-Betriebe „Die Akku";** Hagen; Dieckstraße 42; Winckler, A.: 1913; **Ruhr/Süd Q1**
458 **Verkaufsanstalt IV;** Oberhausen; Arminstraße 53; Stephany: 1910; **Ruhr/West L17**
459 **Verlagshaus;** Herne; Bebelstraße 18; Kraus, Josef/Schnelle, Franz: 1926; **Ruhr/Nord P**
460 **Vestische Kampfbahn;** Gladbeck; Bohmerstraße 131; Korte/Ravan/Stadtbauamt Gladbeck: 1927; **Ruhr/Nord O6**
461 **Victoria-Siedlung;** Lünen; Barbarastraße/Knappenweg/Kirchhofstraße; 1912; **Ruhr/Ost H5**
462 **Vierlindenhof-Siedlung;** Duisburg; Vierlindenhof/Im Kleinen Feld/Friedrich-Ebert-Straße; August-Thyssen-Hütte; Baubüro: 1925; Breuhaus, Fritz August: 1925; Rosskothen, Heinrich: 1925; **Ruhr/West I13**
463 **Villa;** Herne; Bochumer Straße 48; Kemper: 1906; Delius + Kallisch: 1986 Sanierung; **Ruhr/Nord Q14**
464 **Villa;** Recklinghausen; Schulstraße 8 8; Hohmann, Emil: 1930; **Ruhr/Nord L15**
465 **Villa;** Herne; Reichsstraße 28; Greis, Otto/Revermann, Ferdinand: 1931; **Ruhr/Nord R**
466 **Villa Bagel;** Mülheim an der Ruhr; Friedrichstraße 62; Hagen, Franz: 1912; **Ruhr/West T**
467 **Villa Bönnhof;** Wetter (Ruhr); Kaiserstraße 51; Plies, Rudolf: 1901; **Ruhr/Süd O11**
468 **Villa Dickmann;** Bottrop; Bogenstraße 40; Nebel, Carl: 1903; **Ruhr/Nord R4**
469 **Villa E.;** Bochum; Königsallee 131; Bonatz, Paul: 1928; **Ruhr/Süd D14**
470 **Villa Fritz Thyssen;** Mülheim an der Ruhr; Großenbaumer Straße 250; Girmes & Oediger: 1912; **Ruhr/West R14**
471 **Villa Hanau;** Mülheim an der Ruhr; Friedrichstraße 54; Hagen, Franz: 1902; **Ruhr/West**
472 **Villa Hohenhof, Gartenanlage ;** Hagen; Stirnband; van de Velde, Henry: 1908; Migge Leberecht: 1913; **Ruhr/Süd Q15**
473 **Villa Josef Thyssen;** Mülheim an der Ruhr; Dohne 54; Kayser & von Großheim: 190C **Ruhr/West T5**
474 **Villa Josef Thyssen, Parkanlage ;** Mülheim an der Ruhr; Dohne 45; Kayser & von Gro heim: 1900; **Ruhr/West T5**
475 **Villa Kerckhoff, ehem.;** Hagen; Lohestraße 3; Ludwigs; Gebrüder: 1922; **Ruhr/Süd Q**
476 **Villa Oskar Funcke;** Hagen; Stadtgartenallee 1; Ludwigs; Gebrüder: 1920; **Ruhr/Süd Q**
477 **Villa Schweitzer;** Neukirchen-Vluyn; Niederrheinallee 394; Perret: 1924; **Ruhr/West (**
478 **Villa Springmann, ehem.;** Hagen; Christian-Rohlfs-Straße 49; van de Velde, Henry: 1911; **Ruhr/Süd Q14**
479 **Vittinghoff-Siedlung;** Gelsenkirchen; Wilhelminenstraße/Grillostraße; Fels, Alfons: 1928; **Ruhr/Nord B16**
480 **Vogelsang-Siedlung der Zeche Sachsen;** Hamm; Am Hämmschen/Bockelweg/Vogelsang; Fischer-Essen, Alfred: 1921; **Ruhr/Ost C15**
481 **Volksgarten Eickel;** Herne; Burgstraße; 1900; 1926 Erweiterung; **Ruhr/Nord R12**
482 **Volksgarten Kray;** Essen; Ottostraße; Terbrock: 1913; **Ruhr/Süd D9**
483 **Volksgarten Lütgendortmund;** Dortmund; Volksgartenstraße/Dellwiger Straße; Peters, Martin: 1911; **Ruhr/Ost O1**
484 **Volksgarten Mengede;** Dortmund; Eckei 96; Peters, Martin: 1914; **Ruhr/Ost L3**
485 **Volkshaus;** Gelsenkirchen; Grüner Weg 3; Fischer-Essen, Alfred: 1920; **Ruhr/Nord S**
486 **Volkspark Katzenbusch;** Herten; Katzenbuschstraße; 1908; **Ruhr/Nord N12**
487 **Volkspark Rheinhausen;** Duisburg; Gartenstraße/Moerser Straße; Pohlenz, Hans Friedrich/Müller, Julius: 1930; **Ruhr/West Q10**
488 **Volksschule;** Bochum; Hiltroper Straße 53; Bochum; Bauverwaltung, städt./Spannmacher, Sepp: 1928; **Ruhr/Süd B13**
489 **Volksschule Ickern;** Castrop-Rauxel; Kirchstraße 36; Fischer-Essen, Alfred: 1926; **Ruhr/Nord M18**
490 **Von-Wedelstaedt-Park;** Gelsenkirchen; Parkstraße; Jensen, Adolf/Hoemann, Reinhc 1900; **Ruhr/Nord S10**
491 **Wagenhalle der Hagener Straßenbahn AG, ehem.;** Hagen; Eckeseyer Straße 42; Schluckebier und Langensiepen: 1928; Brettschneider, Hartwig: 1990er Restaurierun **Ruhr/Süd P13**
492 **Walddorfstraße, Reihenhaus-Siedlung;** Hagen; Walddorfstraße 3 - 21; Riemerschmi Richard: 1910; **Ruhr/Süd Q15**
493 **Waldfriedhof Bladenhorst;** Castrop-Rauxel; Eichenweg; Allinger, Gustav: 1925; **Ruhr/Nord O16**
494 **Warenhaus Tietz, ehem. ;** Duisburg; Duisburger Straße 226; Falck, Georg: 1929; **Ruhr/West L12**
495 **Wasser- und Aussichtsturm;** Herne; Volkspark Sodingen; Fischer, A.; Regierungsbau 1913; **Ruhr/Nord P16**
496 **Wasserhochbehälter;** Bochum; Hattinger Straße 467; 1903; 1959 Stillegung; 1983 Komplettsanierung; **Ruhr/Süd E13**
497 **Wasserhochbehälter an der Jahrhunderthalle;** Bochum; Gahlensche Straße; Bochur Verein; Bauabteilung: 1903; **Ruhr/Süd C13**
498 **Wasserinformationszentrum aqua publik;** Schwerte; Zum Kellerbach 46; 1930er; **Ruhr/Ost R12**

9 **Wasserturm;** Duisburg; Auf dem Berg 14; Klönne, Fa.: 1908; **Ruhr/West Q9**
0 **Wasserturm;** Essen; Frillendorferstraße/Ernestinenstraße; Körner, Edmund: 1925; **Ruhr/Süd D8**
1 **Wasserturm Bommerholz;** Witten; Turmstraße; Simons; Wasserwerksbau: 1910; Stadtwerke Witten; Bauabteilung: 1978 Umbau; **Ruhr/Süd N9**
2 **Wasserturm Dortmund Südbahnhof;** Dortmund; Heiliger Weg 60; Lehmann, H./ Venner, M.: 1927; schröder schulte-ladbeck architekten: 2000 Umbau zum Bürohaus; **Ruhr/Ost S17**
3 **Wasserturm Hochfeld;** Duisburg; Paul-Esch-Straße 54; 1917; Akkurt, Mevlüt/Akkurt, Mustafa: 2007 Umbau; **Ruhr/West Q12**
4 **Wasserturm Lanstroper Ei;** Dortmund; Rote Fuhr; August Klönne; Fa.: 1905; **Ruhr/Ost L9**
5 **Wasserturm Loh;** Wetter (Ruhr); Von-der-Recke-Straße 86; Barmer Wasserwerk; Bauabteilung: 1900; **Ruhr/Süd Q10**
6 **Wasserturm „Speldorf";** Mülheim an der Ruhr; Am Schloss Broich 42; 1904; 1992 Umbau zum Restaurant und „Camera Obskura"; **Ruhr/West S5**
7 **Wassertürme am Hellweg;** Hamm; Hellweg/Langewanneweg; 1907; 1915 zweiter Wasserturm; 1948 Wiederaufbau nach Zerstörung beider Türme; **Ruhr/Ost F15**
8 **Wassertürme West 1 und West 2;** Recklinghausen; Westerholter Weg 316; Vereinigte Kesselwerke AG: 1909 + 1939; Aicher, Otl; Künstler: Farbgestaltung; **Ruhr/Nord L12**
9 **Wasserwerk Haltern;** Haltern am See; Wasserwerkstraße; Bauabteilung, Gelsenwasser: 1907; **Ruhr/Nord C11**
0 **Wasserwerk Wolfsbachtal;** Essen; Ruhrtalstraße 151; 1901; **Ruhr/Süd I5**
1 **Wedau-Siedlung;** Duisburg; Wedauer Straße/Masurenallee/Am See/Kalkweg; Grod, Caspar Maria: 1914; **Ruhr/West R13**
2 **Wehofen-Siedlung ;** Duisburg; Dr.-Hans-Böckler-Straße/August-Thyssen-Straße; Gewerkschaft Rhein I: 1918; **Ruhr/West J14**
3 **Weiser, Kaufhaus;** Gelsenkirchen; Hochstraße 7; Weber und Heide: 1925; **Ruhr/Nord N8**
4 **Welheim, Bergarbeitersiedlung;** Bottrop; Mathias-Stinnes-Platz/Am Hasebrink; Vereinigte Welheim; Gewerkschaft: 1923; 1948 Wiederaufbau; 2002 Erneuerung; **Ruhr/Nord Q6**
5 **Werksgasthaus der GHH;** Oberhausen; Essener Straße 3; Weigle, Carl: 1913; TZU Umbau berücksichtigen; **Ruhr/West L15**
6 **Westfalenhaus;** Dortmund; Hansastraße 7 - 9; Koerfer, Jacob; Dr.: 1929; Koerfer, Hans: 1950er Wiederaufbau; **Ruhr/Ost R16**
7 **Westfalenhütte;** Dortmund; Eberhardstraße 12; Steinbach, Hugo/Lutter, Paul: 1914; 1938 Umbau; 1950er Umgestaltung; **Ruhr/Ost N7**
8 **Westfalenkaufhaus (ehem. WEKA);** Gelsenkirchen; Bahnhofstraße 55 - 65; Schäfer, Georg: 1928; **Ruhr/Nord C17**
9 **Westpark;** Dortmund; Rittershausstraße/Möllerstraße; 1912 Umwandlung von Friedhof in Park; **Ruhr/Ost S15**
0 **Witthausbusch;** Mülheim an der Ruhr; Semmelweisstraße/Virchowstraße; Keßler, Fritz: 1913; **Ruhr/West P16**
1 **Wohn- und Geschäftshaus;** Herne; Viktor-Reuter-Straße 18; Breuer, W.: 1906; **Ruhr/Nord P14**
2 **Wohn- und Geschäftshaus;** Gelsenkirchen; Bismarckstraße/Wanner Straße; Lauterjung, Adolf: 1928; **Ruhr/Nord B17**
3 **Wohn- und Geschäftshaus;** Gelsenkirchen; Weberstraße 21; Waßer, Theodor: 1928; **Ruhr/Nord C17**
4 **Wohn- und Geschäftshaus;** Gelsenkirchen; Ringstraße/Weberstraße; Franke, Josef: 1927; **Ruhr/Nord B17**
5 **Wohn- und Geschäftshaus;** Gelsenkirchen; Hauptstraße/Bismarckstraße; Waßer, Theodor: 1927; **Ruhr/Nord B17**
6 **Wohn- und Geschäftshaus;** Herne; Hauptstraße/Ecke Overhofstraße; Spanier, W.: 1905; **Ruhr/Nord Q12**
7 **Wohn- und Geschäftshaus;** Herne; Bebelstraße 12 - 24; Veuhoff, Karl: 1928; **Ruhr/Nord P14**
8 **Wohnanlage;** Bochum; Prinzenstraße 29; Düren, H.: 1929; **Ruhr/Süd C13**
9 **Wohnanlage Freigrafendamm;** Bochum; A.-Hofer-Straße/Streubenstraße; Bergmann, F. A./Grothe, F.: 1931; **Ruhr/Süd J17**
0 **Wohngebäude Luise-Hensel-Straße;** Bottrop; Luise-Hensel-Straße 6; Franke, Josef: 1927; **Ruhr/Nord Q4**
1 **Wohnhaus;** Bochum; Burggrafenstraße 2; Kunz, Hans: 1929; **Ruhr/Süd I16**
2 **Wohnhaus;** Bochum; Klinikstraße 87; Schmiedeknecht, Heinrich: 1928; **Ruhr/Süd B14**
3 **Wohnhaus;** Bochum; Marthastraße 15; 1930; **Ruhr/Süd H16**
4 **Wohnhaus;** Bochum; Stolzestraße 39; Feldmann, Ludwig: 1928; **Ruhr/Süd D14**
5 **Wohnhaus für Edmund Hellmann;** Bottrop; Bogenstraße 34; Franke, Josef: 1925; **Ruhr/Nord R4**

536 **Wohnhaus für Eduard Boch;** Gelsenkirchen; Zeppelinallee 55; Franke, Josef: 1925; **Ruhr/Nord C16**

537 **Wohnhaus für Josef Rosenbaum;** Gelsenkirchen; Husemannstraße 73; Franke, Josef 1909; **Ruhr/Nord C17**

538 **Wohnhaus für Otto Schlitt;** Gelsenkirchen; Husemannstraße 105; Franke, Josef: 192 **Ruhr/Nord B16**

539 **Wohnhaus mit Nebengebäude;** Bochum; Günnigfelder Straße 30; Franke, Josef: 191 **Ruhr/Süd B11**

540 **Wohnhaus Suhnel;** Mülheim an der Ruhr; Von-Bock-Straße 56; Suhnel, Theodor: 19 **Ruhr/West S6**

541 **Wohnhaus Vedder;** Duisburg; Mülheimer Straße 107; Schmidt, Otto: 1903; **Ruhr/West S3**

542 **Wohnhaus von Edmund Körner, ehem.;** Essen; Camillo-Sitte-Platz 1; Körner, Edmun 1929; **Ruhr/Süd J14**

543 **Wohnhausensemble;** Duisburg; Karl-Jarres-Straße/Johanniterstraße/Zeppelinstraße Hitzbleck, Fritz: 1929; **Ruhr/West T2**

544 **Wohnhausensemble;** Duisburg; Großenbaumer Allee/Franziskusstraße 30/1; Grass Heinrich & Söhne: 1930; **Ruhr/West S12**

545 **Wohnhausensemble;** Duisburg; Mülheimer Straße 75 - 83; Muthesius, Hermann: 19 **Ruhr/West S3**

546 **Wohnhausensemble;** Duisburg; Düsseldorfer Landstraße/Mündelheimer Straße 23 242; 1932; **Ruhr/West S11**

547 **Wohnhausensemble;** Duisburg; Sandstraße 11 - 21; Heiner, Wilhelm: 1930; **Ruhr/West K11**

548 **Wohnhäuser, 2 Gebäude;** Recklinghausen; Cäcilienhöhe 63 - 65; Stahlherm, Hugo: 1928; **Ruhr/Nord L13**

549 **Wohnhauszeile;** Hagen; Königstraße 28 - 36; Demuth und Köhler: 1928; **Ruhr/Süd P14**

550 **Wohnhof Dransfeld, Siedlung;** Essen; Hirtsieferstraße/Bockmühlenweg; Suhnel, Theodor: 1919 ab; Schmidt, Robert; Dr.: 1919; **Ruhr/Süd D5**

551 **Wohnhof Heinrich-Lersch-Platz;** Essen; Dirschaustraße/Heinrich-Lersch-Platz; Schu Fritz; Dr./Kremmer, Martin: 1929; **Ruhr/Süd B7**

552 **Wohnsiedlung;** Recklinghausen; Theodor-Körner-Straße/Hochstraße/ Gneisenaustraße/Feldstraße; Eggeling, Hans Werner: 1914; **Ruhr/Nord O13**

553 **Wohnsiedlung;** Herne; Westring/Goebenstraße; Feldmann und Möller: 1925; **Ruhr/Nord P14**

554 **Wohnsiedlung;** Hagen; Eugen-Richter-Straße 46/48; Wachenfeld, Ewald: 1929; **Ruhr/Süd Q13**

555 **Woolworth, ehem. Kaufhaus Othegraven;** Mülheim an der Ruhr; Schlossstraße 35; Fahrenkamp, Emil: 1930er; **Ruhr/West S5**

556 **Zeche Auguste Victoria, Schacht 4/5;** Marl; Am Wetterschacht; 1928; 1930 Fördergerüst; Bürgerinitiative: 2005 Umbau zum Museum; **Ruhr/Nord G8**

557 **Zeche Auguste Victoria 1/2, Materiallagerhalle;** Marl; Victoriastraße; Zeche Augus Victoria/Gute Hoffnungs Hütte; Bauabteilung: 1910; **Ruhr/Nord G9**

558 **Zeche Bonifacius;** Essen; Rotthauser Straße 46a; Bongard/Zechenbaumeister: 1905 1974 Stilllegung; **Ruhr/Süd D9**

559 **Zeche Brassert; Verwaltungsgebäude, ehem. ;** Marl; Brassertstraße; Erfurth, Friedric Bauabteilung Rheinische Stahlwerke: 1929; **Ruhr/Nord G7**

560 **Zeche Consolidation 3/4/9, Doppelstrebengerüst;** Gelsenkirchen; Klarastraße; 192 1871 Anfänge der Zeche; 1997 Stilllegung; **Ruhr/Nord Q10**

561 **Zeche Erin 3, Hammerkopfturm ;** Castrop-Rauxel; Bodelschwinghstraße/Heinrich-straße; 1921; Stadt Castrop Rauxel; Bauabteilung: 1993 Sanierung; **Ruhr/Nord P18**

562 **Zeche Ewald Fortsetzung 1/3, Verwaltungsgebäude;** Oer-Erkenschwick; Ewaldstra Walter, H.: 1905; **Ruhr/Nord H14**

563 **Zeche Friedrich der Große; Verwaltungsgebäude, ehem.;** Herne; Albert-Klein-Straße Schwer, Oskar: 1914; **Ruhr/Nord P14**

564 **Zeche Friedrich Thyssen, Schacht 6;** Duisburg; Duisburger Straße/Kampstraße; 190 **Ruhr/West L12**

565 **Zeche Fürst Leopold;** Dorsten; Halterner Straße 105; 1916; **Ruhr/Nord F4**

566 **Zeche Fürst Leopold, Lohnhalle;** Dorsten; Haltener Straße; Bauabteilung, Zeche Für Leopold: 1916; **Ruhr/Nord F4**

567 **Zeche Fürst Leopold, Maschinenhaus;** Dorsten; Haltener Straße; Bauabteilung, Zec Fürst Leopold: 1912; **Ruhr/Nord F4**

568 **Zeche Helene-Amalie; Verwaltungsgebäude;** Essen; Helenenstraße 110; Körner, Edmund: 1927; **Ruhr/Süd D5**

569 **Zeche Holland 3/4/6, Eingang und Verwaltungsgebäude, Lohnhalle;** Bochum; Lyrenstraße/Josef-Haumann-Straße; Schupp, Fritz; Dr./Kremmer, Martin: 1921; **Ruhr/Süd C10**

70 **Zeche Königin Elisabeth, Schacht Emil;** Essen; Elisabethstraße 31 - 39; 1910; **Ruhr/Süd D7**

71 **Zeche Königsborn 2/5, Pförtnerhaus**; Kamen; Westfälische Straße 48; 1910; **Ruhr/Ost J11**

72 **Zeche Matthias Stinnes 3/4;** Gladbeck; Rossheidestraße; Blum: 1905; **Ruhr/Nord P6**

73 **Zeche Matthias Stinnes 3/5, Kolonie;** Gladbeck; Rossheidestraße, Holbeinstraße, Antoniusstraße; Neuhaus, Oskar: 1912 - 1921; **Ruhr/Nord P6**

74 **Zeche Monopol, Schacht Grillo;** Kamen; Lünener Straße 211 - 212; Grillo; Gewerkschaft: 20. Jhd. Erste Hälfte; **Ruhr/Ost J9**

75 **Zeche Niederberg, Fördergerüst 1;** Neukirchen-Vluyn; Fritz-Baum-Allee; 1923; **Ruhr/West O4**

76 **Zeche Niederberg, Fördergerüst 2;** Neukirchen-Vluyn; Fritz-Baum-Allee/Bendachenweg; 1921; **Ruhr/West O4**

77 **Zeche Niederberg, Schacht 1/2;** Neukirchen-Vluyn; Fritz-Baum-Allee; 1917 - 1938; **Ruhr/West O4**

78 **Zeche Osterfeld; Kaue, Verwaltung;** Oberhausen; Vestische Straße/Zum Steigerhaus; 1913; 1950 Fördergerüst; Planergruppe Oberhausen: 1999 Nutzung für Bundesgartenschau (OLGA); **Ruhr/West L16**

79 **Zeche Osterfeld, Schacht 4; Turm;** Oberhausen; Zum Dörnbusch; GHH - Gute Hoffnungshütte/Schwingen, Toni: 1924; **Ruhr/West K15**

80 **Zeche Osterfeld, Torgebäude;** Oberhausen; Vestische Straße/Zum Steigerhaus; 1912; **Ruhr/West L16**

81 **Zeche Pattberg, Maschinenhalle;** Moers; Am Pattberg/Windmühlenstraße; Zeche Pattberg; Bauabteilung: 1932; 1993 Stilllegung; **Ruhr/West L6**

82 **Zeche Radbod;** Hamm; An den Fördertürmen; 1906; **Ruhr/Ost D13**

83 **Zeche Recklinghausen I;** Recklinghausen; Hochlarmarkstraße 67; 1901; 1931 Stilllegung; **Ruhr/Nord O13**

84 **Zeche Recklinghausen II;** Recklinghausen; Karlstraße 7; 1901; 2002 Umnutzung als Stadtteilpark; **Ruhr/Nord O12**

85 **Zeche Rheinpreußen 4;** Moers; Franz-Haniel-Straße; Zeche Rheinpreußen; Bauabteilung: 1905; 1962 Stilllegung; Eicken, Heinz Helmut: 1990 Umnutzung Kulturzentrum; **Ruhr/West N8**

6 **Zeche Robert Müser, Schacht Arnold;** Bochum; Brandwacht; Dörnen: 1928 Förderturm; **Ruhr/Süd C16**

7 **Zeche Sachsen I/II, Maschinenhalle (Alfred-Fischer-Halle);** Hamm; Sachsenweg 8; Fischer-Essen, Alfred: 1914; Fischer-Essen, Alfred: 1925 Erweiterung; **Ruhr/Ost C15**

8 **Zeche Teutoburgia;** Herne; Baatestraße/Schadeburgstraße; Teutoburgia-Bochumer Verein, Gewerkschaft: 1909; **Ruhr/Nord P16**

9 **Zeche Vereinigte Carolinenglück, Fördergerüst Schacht 3;** Bochum; Carolinenglückstraße/Georgstraße; 1912; **Ruhr/Süd B12**

0 **Zeche Vereinigte Helene-Amalie, ehem.; Waschkaue;** Essen; Helenenstraße 110; 1930er; Ahlbrecht, Frank: 2003 Umbau; **Ruhr/Süd D5**

1 **Zeche Waltrop, Tagesbauten;** Waltrop; Sydowstraße; Sandt, van de, Jäckel: 1910; **Ruhr/Ost B6**

2 **Zeche Wohlverwahrt;** Essen; Beulestraße/ Fleherweg; 1910; **Ruhr/Süd F10**

3 **Zeche Zollern 2/4;** Dortmund; Grubenweg 5; Knobbe, Paul: 1904; Möhring, Bruno: 1906 Maschinenhaus; **Ruhr/Ost O1**

4 **Zeche Zollern 2/4, Maschinenhalle;** Dortmund; Grubenweg 5; Möhring, Bruno: 1903; **Ruhr/Ost O1**

5 **Zeche Zollverein, Doppelbockgerüst;** Essen; Gelsenkirchener Straße 181; Schupp, Fritz; Dr./Kremmer, Martin: 1931; **Ruhr/Süd J11**

6 **Zeche Zollverein Schacht 12;** Essen; Gelsenkirchener Straße 181; Schupp, Fritz; Dr./Kremmer, Martin: 1932; Böll, Heinrich/Krabel, Hans: 1998 Sanierung; **Ruhr/Süd J11**

7 **Zeche Zollverein, Verwaltungsgebäude;** Essen; Bullmannaue 2; Stolze: 1906; **Ruhr/Süd J11**

8 **Zeche Zweckel, Machinenhalle;** Gladbeck; Frentroper Straße; Bellmann; Bauabteilung: 1910; **Ruhr/Nord M5**

9 **Zeche-Holland-Siedlung**; Gelsenkirchen; Lyrenstraße/Obertor; Franke, Josef: 1923; **Ruhr/Nord S11**

0 **Zechensiedlung Hervest;** Dorsten; Halterner Straße/Leopoldstraße; Eggeling, Hans Werner: 1913; **Ruhr/Nord G4**

1 **Zeilenwohnhaus Keetmanstraße;** Duisburg; Keetmanstraße 12; Wissmann, Hanns/Brenschede, Wilhelm: 1924; **Ruhr/West S3**

2 **Ziegelei Siegeroth, Zick-Zack-Ofen;** Lünen; Münsterstraße 225; 1930; 1995 Einstellung; 1996 nach Brand museal erhalten; **Ruhr/Ost H6**

3 **Zum Lith, Siedlung;** Duisburg; Zum Lith/Im Siepen/Im Waldfrieden; Muthesius, Hermann/Projahn, Gottfried: 1914; **Ruhr/West Q12**

1933 - 1945

1 **Baldeneysee;** Essen; Freiherr-vom-Stein-Straße; Essen; Bauabteilung: 1933; **Ruhr/Süd H**
2 **Bereitschaftssiedlung;** Marl; Kampstraße; Bauabteilung, IG Farben: 1942; **Ruhr/Nord**
3 **Bereitschaftssiedlung der Chemischen Werke Hüls;** Marl; Bitterfelder Straße/Leverkusener Straße/Wolfener Straße/Oppauer Straße/Uerdinger Straße/Höchster Straß Leunaer Straße/Hiberniastraße; Anders, Clemens: 1943; **Ruhr/Nord F8**
4 **Betriebswerk Dortmund Betriebsbahnhof;** Dortmund; Werkmeisterstraße; 1943; **Ruhr/Ost N7**
5 **Burgtheater;** Dinslaken; Althoffstraße 4; 1934; 1939 Bunkernutzung; 1998 Renovierung; **Ruhr/West H13**
6 **Bürogebäude;** Bochum; Essener Straße; Mewes, Emil Rudolf: 1937; **Ruhr/Süd I15**
7 **Charlottenhof;** Essen; Charlottenhofstraße 61; Schultze-Naumburg, Paul: 1933; **Ruhr/Süd J4**
8 **Chemiepark Marl;** Marl; Paul-Baumann-Straße 1; Chemische Werke Hüls; Bauabteilung: 1938; **Ruhr/Nord F8**
9 **Deutsches Bergbaumuseum;** Bochum; Am Bergbaumuseum 28; Holzapfel, Heinrich: 1940; Schupp, Fritz; Dr./Holzapfel, Heinrich: 1940 Entwurf; Jentzsch, Heinz: 1986 Neubau des Südtrakts; **Ruhr/Süd H16**
10 **Deutsches Bergbaumuseum, Fördergerüst;** Bochum; Am Bergbaumuseum 28; Schup Fritz; Dr./Kremmer, Martin: 1935 gebaut auf Zeche Germania; Schupp, Fritz; Dr.: 197 Einfügung in Ort; **Ruhr/Süd H16**
11 **Dortberghaus;** Dortmund; Katharinenstraße 9; Mewes, Emil Rudolf: 1938; **Ruhr/Ost R**
12 **Eickhoff; Verwaltung;** Bochum; Hunscheidtstraße 176; Bonatz, Paul: 1939; **Ruhr/Süd D14**
13 **Eisenbahnviadukt;** Wetter (Ruhr); Trienendorfer Straße 30; 1934; **Ruhr/Süd O9**
14 **Flak-Kaserne, ehem.;** Bochum; Harpener Feld 1; 1939; **Ruhr/Süd B15**
15 **Grünanlage Dimbeck;** Mülheim an der Ruhr; Kettwiger Straße 9; Keßler, Fritz: 1936; **Ruhr/West T6**
16 **Hauptbahnhof, Empfangsgebäude;** Duisburg; Mercatorstraße 19; Wehner, Eduard Lyonel: 1934; **Ruhr/West S2**
17 **Hauptbahnhof Oberhausen;** Oberhausen; Willy-Brandt-Platz 1; Herrmann, Paul: 19 **Ruhr/West N1**
18 **Hauptpost;** Essen; Hachestraße/An der Reichsbank/Am Hauptbahnhof 2 - 8/1/34; Hoeltz: 1933; **Ruhr/Süd I13**
19 **Haus Enkling;** Duisburg; Karl-Jarres-Straße 154; Schwarz, Rudolf: 1935; **Ruhr/West T**
20 **Haus Flüge;** Duisburg; Fasanenstraße 4; Schwarz, Rudolf: 1937; **Ruhr/West Q12**
21 **Herz-Jesu-Kirche;** Dorsten; Kirchweg 11; Böhm, Dominikus: 1942; **Ruhr/Nord D3**
22 **HJ-Heim, ehem.;** Herne; Jean-Vogel-Straße 17; Stadt Herne; Stadtbauamt: 1939; **Ruhr/Nord Q14**
23 **Hochtief-Haus;** Essen; Opernplatz 2; Bucerius & Kleemann: 1938; **Ruhr/Süd J13**
24 **Hochwasserschutztor (Rheintor);** Rheinberg; Fährstraße/ Friedrichplatz; Hentrich, Helmut/Heuser, Hans: 1937; **Ruhr/West J11**
25 **Hoeschpark;** Dortmund; Kirchderner Straße 35 - 42; 1941; **Ruhr/Ost N7**
26 **Hüls AG, chemische Werke;** Marl; Paul-Baumann-Straße; Hüls AG: 1940; **Ruhr/Nord**
27 **Huyssen-Stiftung; Evangelisches Krankenhaus;** Essen; Henricistraße 92; Conradi, Ca Regierungsbaumeister: 1937; **Ruhr/Süd J14**
28 **Katharinenkirche Unna;** Unna; Katharinenplatz 1; Flerus und Konert: 1934; **Ruhr/Ost M14**
29 **Koepchenwerk, Pumpspeicherkraftwerk;** Herdecke; Im Schiffwinkel 43; Koepchen, Arthur: 1939; **Ruhr/Süd N13**
30 **Krefeld-Uerdinger Brücke;** Duisburg; Krefelder Straße/Düsseldorfer Straße/Berline Straße; 1936; 1950 Wiederaufbau; **Ruhr/West T8**
31 **Kunsthalle; städt.;** Recklinghausen; Große-Pferdekamp-Straße 25 - 27; Deutsches Reich: 1940; **Ruhr/Nord A14**
32 **Mechanische Werkstätten;** Bochum; Alleestraße 66 - 68; Mewes, Emil Rudolf: 1936 **Ruhr/Süd C13**
33 **Naturhindernis-Pferderennbahn;** Castrop-Rauxel; Dortmunder Straße; Maibaum: 1938; **Ruhr/Nord P17**
34 **Nierenhof; Kirche, evang.;** Hattingen; Kohlenstraße 48; Wach, Karl: 1934; **Ruhr/Süc**
35 **Nordhafen Walsum;** Duisburg; Königsstraße/Rheinstraße; 1936; **Ruhr/West J12**
36 **Polizeischule;** Essen; Norbertstraße 165; Kleinpoppen; Regierungsbaumeister: 1934, **Ruhr/Süd G5**
37 **Preußisches Eichamt, ehem.;** Recklinghausen; Kemnastraße 15; Kleinpoppen; Regierungsbaumeister: 1936; **Ruhr/Nord A13**
38 **Rosenhügelsiedlung;** Gladbeck; Vehrenbergstraße/Hügelstraße; Seidensticker, Wilhelm; Dr.: 1938er Entwurf und Planung; Schwickert & Prinz: 1938er Ausführung **Ruhr/Nord P7**

8

Chemiepark Marl

Die Eröffnung des Wesel-Datteln-Kanals 1930 und die Lage an der Eisenbahnstrecke Recklinghausen-Münster waren für die Nationalsozialisten Anlass, hier 1938 einen ihrer größten Chemie-Rüstungsstandorte anzulegen, eine Niederlassung der IG Farben. Nach dem Krieg dominierte die Produktion von chemischen Stoffen für die Automobilbranche. Die Dimensionierung des Straßenrasters dieser Industriestadt folgte ausschließlich Feuerschutzaspekten.

13

Eisenbahnviadukt Wengern/ Elbschetal-Viadukt

Die 1934 errichtete elegante Brücke überspannt die Elbsche, einen kleinen Nebenfluss der Ruhr, und war Teil der stark befahrenen Strecke Witten-Schwelm. Die Brücke besteht aus mehreren mit Naturstein verkleideten Bögen und ist ein herausragender Vertreter vieler vergleichbarer Brücken, die im Rahmen des Eisenbahnbaus im Ruhrgebiet entstanden. 1980 wurde die Bahnlinie stillgelegt; sie soll künftig als Radweg genutzt werden.

17

Hauptbahnhof Oberhausen

Der Bahnhof wurde 1930-34 im Stil der neuen Sachlichkeit errichtet. Am Vorbild des zuvor fertig gestellten Hauptbahnhofs Stuttgart orientiert, besticht der monumentale Backsteinbau durch seine klaren Kuben, den Wechsel der vertikalen und horizontalen Gliederungen und durch seine funktionale Organisation. Ende der 1990er Jahre wurden die Ein- und Umbauten der Nachkriegszeit entfernt, um das Bauwerk wieder in seiner ursprünglichen Gestalt zu zeigen.

21

Herz-Jesu-Kirche Dorsten

Die Kirche von Dominikus Böhm gehört zu den wenigen Sakralbauten, die zu Kriegszeiten errichtet wurden. Die Form der Kirche auf klarem Grundriss, ihr stark überhöhtes, schwarzes Pyramidendach, das große Rundbogen-Portal und die Rundbogen-Fenster weisen den Backsteinbau als expressionistisches Baudenkmal aus, das sich durchaus Vorstellungen „völkischer Bodenverbundheit" der Nationalsozialisten bedient.

33

Naturhindernis-Pferderennbahn Castrop-Rauxel

Seit 1875 fanden hier vielbesuchte Pferderennen auf einer Naturhindernisstrecke statt, die das hügelige Wiesengelände einer ehemaligen Wasserburg einbezog. 1938 wurde das Rennbahngelände komplett umgestaltet und erweitert. Seit der Stilllegung 1970 wird es als Naherholungsgebiet genutzt. Spuren wie der erhaltene stählerne Zielturm und Streckenmarkierungen verweisen noch heute auf die einstige Nutzung.

Chemiepark Marl

Marl Chemical Park

The opening of the Wesel-Datteln Canal in 193 and the location on the Recklinghausen-Münst rail line were reason enough in 1938 for the National Socialists to build one of their largest chemical armaments plants here, a subsidiary c IG Farben. After the war, production was dominated by chemicals for the automotive industry The layout of the street grid in this industrial town was governed solely by fire protection requirements.

Eisenbahnviadukt Wengern/ Elbschetal-Viadukt

Wengern railway viaduct/Elbschetal viaduct

Constructed in 1934, the elegant bridge spans the Elbsche, a small tributary of the Ruhr, and was part of the heavily travelled Witten-Schwelm route. The bridge has several arches clad with stone and is an outstanding example of many comparable bridges built as part of the railway construction in the Ruhr district. The line was closed down in 1980; in the futur it is to be transformed into a cycle path.

Hauptbahnhof Oberhausen

Oberhausen Central Station

The railway station was constructed from 193 1934 in the New Objectivity style. Modelled o the previously completed Stuttgart Central Sta tion, the monumental brick building impresses with its well-defined cubes, the transition between vertical and horizontal formations and w its functional organisation. At the end of the 1990s, the post-war additions and renovation were removed in order to restore the building t its original form.

Herz-Jesu-Kirche Dorsten

Sacred Heart Church Dorsten

This church, designed by Dominikus Böhm, is c of the few ecclesiastical buildings constructed during wartime. The form of the church with i well-defined floor plan, its greatly exaggeratec black pyramidal broach roof, the large arched portal and the arched windows show the brick construction to be an expressionistic monume that follows the perceptions of 'racial solidarit held by the National Socialists.

Naturhindernis-Pferderennbahn Castrop-Rauxel

Castrop-Rauxel racecourse

Since 1875, well-attended horse races have taken place here over a steeplechase course, incorporating the undulating meadows of a former moated castle. In 1938, the racecourse was completely redesigned and expanded. Since racing ceased in 1970, the site has been used as a local recreation area. Traces of its former use, such as the steel start/finish tower and distance markers, can still be seen today.

39 **RWSG-Speicher, zukünftiges NRW-Staatsarchiv;** Duisburg; Schifferstraße 36 - 38; 1934; Ortner & Ortner Baukunst: 2010 NRW Staatsarchiv, geplant; **Ruhr/West R1**

40 **Seebad Haltern;** Haltern am See; Hullerner Straße 52; 1935; **Ruhr/Nord B12**

41 **Speicher Allgemeine;** Duisburg; Philosophenweg 17; Allgemeine Speditions Gesellschaft: 1937; Bahl & Partner: 1999 Umbau; **Ruhr/West R2**

2 **St. Antonius; Pfarrkirche, Umgestaltung;** Recklinghausen; Antoniusstraße 10; Franke, Josef: 1935; Feja + Kemper: 2000 Umgestaltung und Sanierung; Franke, Margarete; Künstler: 1962 Kunst am Bau; **Ruhr/Nord N14**

3 **St. Elisabeth; Pfarrkirche, kath. mit Pfarrhaus;** Recklinghausen; Kolpingstraße 11; Kremer, Walter: 1934; **Ruhr/Nord L13**

4 **St. Engelbert; Pfarrkirche, kath.;** Essen; Fischerstraße 6; Böhm, Dominikus: 1936; 1951 Wiederaufbau; **Ruhr/Süd J13**

5 **St. Josef; Pfarrkirche;** Gladbeck; Hegestraße 144; Franke, Josef: 1935; Gömmer, Margarete; Künstlerin: 1951 Kunst am Bau; Rasche, Ernst; Künstler: 1997 Kunst am Bau; **Ruhr/Nord O5**

6 **St. Marien; Kirche mit Pfarrhaus;** Waltrop; Riphausstraße 2; Franke, Josef: 1933; Klocke, Walter; Künstler: 1933 Kunst am Bau; **Ruhr/Ost A6**

7 **Stadtwerke Herne, Verwaltungsgebäude ;** Herne; Grenzweg 18; Stadt Herne; Stadtbauamt: 1936; **Ruhr/Nord P13**

8 **Stauwehr Essen-Baldeney;** Essen; Hardenbergufer/Neukircher Mühle; Spetzler, Oskar; Dr: 1933; **Ruhr/Süd H6**

9 **THS Siedlung Repelen;** Moers; Freiligrathstraße/Kamper Straße; 1936; **Ruhr/West M6**

0 **Wasserbahnhof;** Mülheim an der Ruhr; Alte Schleuse 1; Pfeifer, Arthur/Großmann, Hans: 1933; 1958 Generalinstandsetzung; Schnatmann, Peter: 1991 Umbau und Erweiterung; **Ruhr/West T5**

1 **Werkstätten für Weichenbau, alte Hauptverwaltung ;** Bochum; Obere Stahlindustrie 4; Mewes, Emil Rudolf: 1940; **Ruhr/Süd C13**

2 **Wohnblock;** Hagen; Schillerstraße 36/38; Obersteh-Berghaus, Günther: 1933; **Ruhr/Süd P13**

3 **Wohnhaus Niemeyer;** Essen; Wolfsbachweg 30 - 32; Junghanns, Hans: 1937; **Ruhr/Süd H5**

4 **Zeche Bonifatius;** Essen; Rotthauser Straße 40; Schupp, Fritz; Dr./Kremmer, Martin: 1940; **Ruhr/Süd D9**

5 **Zeche Gneissenau Schacht 4, Doppelbockfördergerüst;** Dortmund; Altenderner Straße/Gneisenauallee; Dortmunder Union Brückenbau: 1939; **Ruhr/Ost L8**

6 **Zeche Haus Aden;** Bergkamen; Industriestraße/Am Schlagbaum; 1938; **Ruhr/Ost H9**

7 **Zeche Schlägel + Eisen 3/4/7;** Herten; Hiberniastraße; Schupp, Fritz; Dr./Kremmer, Martin: 1937; **Ruhr/Nord M10**

8 **Zentral-Friedhof Freigrafendamm;** Bochum; Freigrafendamm/Immanuel-Kant-Straße; Bochum; Bauverwaltung, städt./Timmermann, H./Seidensticker Wilhelm; Dr.: 1936; **Ruhr/Süd I18**

9 **Zentralfriedhof Freigrafendamm;** Bochum; Buselohstraße/Feldmark; Timmermann, Heinrich: 1939 Bauten; Seidensticker, Wilhelm; Dr./Stadtplanungsamt Bochum: 1939 große Trauerhalle; Perks, Paul Adalbert; Künstler: 1939 Kunst am Bau; **Ruhr/Süd J18**

0 **Zwiebackfabrik Brandt;** Hagen; Enneper Straße 140a; 1933; **Ruhr/Süd R11**

1946 - 1965

Adam Opel AG, Verwaltungsgebäude; Bochum; Dannenbaumstraße 63; Adam Opel AG; Bauabteilung: 1963; **Ruhr/Süd D15**

ATH-Siedlung Vierlindenhof; Duisburg; Friedrich-Ebert-Straße/Goerdelerstraße/Beckstraße/Stauffenbergstraße; Taut, Max: 1964; **Ruhr/West I13**

Atriumsiedlung Holsterhausen; Herne; Detmolder Ring/Lemgoer Straße; Schindler: 1962; **Ruhr/Nord Q13**

Aufbau- und Abendgymnasium; Dortmund; Klüsenerskamp 15; Kraemer, Friedrich Wilhelm: 1959; **Ruhr/Ost Q6**

Auferstehungskirche; Marl; Westfalenstraße 90; Boniver, Denis: 1961; **Ruhr/Nord G8**

August Thyssen-Hütte AG, Hauptverwaltung; Duisburg; Kaiser-Wilhelm-Straße 100; Weber, Gerhard: 1963; **Ruhr/West L11**

August-Döhr-Schule; Marl; Max-Planck-Straße 15; Schlempp, Walter: 1955; **Ruhr/Nord G8**

Bergwerk Auguste Victoria, Schacht 3/7; Marl; Carl-Duisberg-Straße/Auf dem Acker; 1960; **Ruhr/Nord F8**

Bergwerk Walsum; Duisburg; Dr.-Wilhelm-Roelen-Straße 129; 20. Jhd. Mitte; **Ruhr/West J12**

Berufsschule am Ostring; Bochum; Ostring 25; Stadt Bochum; Planungsamt, städt./Knirsch, H.: 1954; **Ruhr/Süd I16**

11 **Betriebskrankenkasse Krupp, ehem.**; Bochum; Bessemerstraße 30; Franzen, A./ Franzen, W.: 1956; **Ruhr/Süd J15**

12 **Böggefeld-Siedlung**; Bergkamen; Böggefeld/Ostenhellweg; 1951; **Ruhr/Ost F9**

13 **Botanischer Garten; Gewächshaus**; Duisburg; Fürst-Pückler-Straße 18; 1958; 1978 Schauhäuser, Errichtung; 1926 1. Gebäude; 1945 zerstört; **Ruhr/West L12**

14 **Breddenkampsiedlung**; Marl; Westfalenstraße/Breddenkampstraße; Seidensticker, Wilhelm Dr./Marschall, Günter/Hülsbau GmbH: 1964; **Ruhr/Nord G8**

15 **Bürogebäude Bungalow/Atelierhaus**; Hagen; Selbecker Straße 166a; Bergmann, Ho 1963 Altbau; BS Architekten: 1999 Neubau; **Ruhr/Süd R14**

16 **Buschmühle; Restaurant**; Dortmund; Westfalenpark; Groth, Hans-Otto/Lehmann, Werner/Schlote, Wolfram: 1959; **Ruhr/Ost P6**

17 **Christuskirche, evang.**; Bochum; Platz des europäischen Versprechens; Oesterlen, Dieter: 1959 Erweiterung; Hartel + Quester: 1879 neugotische Basilika, Turm erhalte **Ruhr/Süd I16**

18 **Cuno Berufskolleg II**; Hagen; Bergstraße 80; Zeschke, Edwald/Wiehl, Adam/Bergmar Horst: 1957; Stadt Hagen; Hochbauamt, städt.: 2006 Erweiterung; **Ruhr/Süd Q14**

19 **Deutsche Edelstahlwerke**; Bochum; Bessemerstraße 80; Seidensticker, Wilhelm; Dr.: 1956; **Ruhr/Süd J15**

20 **Doppelhaus**; Gelsenkirchen; Immermannstraße 10; Klement, Horst: 1961; **Ruhr/Nord N9**

21 **Druckgasbehälter**; Gelsenkirchen; Leithestraße 35; 1955; LIT Fischer, Jürgen/ Planwerk/Brdenk, Peter: 1999 Lichtkunst-Installation; Polonyi, Stefan; Dr.: 1999 Tragwerksplanung; **Ruhr/Nord S10**

22 **DVG-Haus**; Duisburg; Mülheimer Straße 72; Viertel, Kurt: 1955; **Ruhr/West S3**

23 **ECA-Siedlung**; Marl; Heinrich-Heine-Straße; Conle, Gebrüder: 1954; **Ruhr/Nord G7**

24 **Einfamilienhaus**; Essen; Heisinger Straße 120; Kölsch, Hans Ulrich/Kölsch, Ursula: 1962; **Ruhr/Süd G7**

25 **Einfamilienhaus**; Bochum; Immenweg 2; Reiser, Roman: 1957; **Ruhr/Süd E14**

26 **Einfamilienhaus**; Bochum; Arnikastraße 19; Junghanns, Hans: 1952; **Ruhr/Süd D14**

27 **Einfamilienhaus**; Essen; Wolfsbachweg 61; Mebes, Friedrich: 1964; **Ruhr/Süd H5**

28 **Einfamilienhaus mit Einlieger**; Bochum; Schattbachstraße 74; Reiser, Roman: 1964; **Ruhr/Süd D15**

29 **Einfamilienhaus mit Einlieger**; Bochum; Schattbachstraße 60; Reiser, Roman: 1964; **Ruhr/Süd D15**

30 **Einfamilienhaus mit Einliegerwohnung**; Bochum; Krockhausstraße 23; Reiser, Roma 1962; **Ruhr/Süd F13**

31 **Erlöserkirche**; Dinslaken; Weißenburgstraße 1; Ufer, Wilhelm: 1959; Köpke, Ernst O Künstler: 1958 Kunst am Bau; **Ruhr/West G13**

32 **Erlöserkirche, evang.**; Duisburg; Beethovenstraße 18; Esch, Rudolf: 1960; **Ruhr/West**

33 **Erlöserkirche; Kirchengemeinde, evang.**; Marl; Schachtstraße 90; Bartning, Otto/D bach, Otto: 1957; **Ruhr/Nord G7**

34 **Europahaus**; Bochum; Kurt-Schumacher-Platz 3; Reiser, Roman: 1962; **Ruhr/Süd I16**

35 **Europahaus**; Oberhausen; Elsässer Straße/Friedensplatz/Langemarkstraße 17 - 25/ 10 - 16; Schwippert, Hans/Schöllgen, Erich: 1957; **Ruhr/West N1**

36 **Europahaus, Umbau**; Essen; Kennedyplatz; Gehrig, Hermann: 1952; Ahlbrecht, Fran 2000 Umbau; **Ruhr/Süd I13**

37 **Ev. Kindergarten**; Hagen; Yorckstraße 11; Gottschalk, Paul: 1954; **Ruhr/Süd Q14**

38 **Fachhochschule Bergbau**; Bochum; Herner Straße 45; Behrens, Ludwig: 1962 Wiede aufbau; Bantzky, Franz/Renges, Martin: 1897 zerstörter Ursprungsbau; **Ruhr/Süd H**

39 **Fachhochschule Südwestfalen**; Hagen; Feithstraße 59; Tritthart/Rosskothen; Dr.: 19 **Ruhr/Süd P15**

40 **Faktorei 21**; Duisburg; Philosophenweg 21; 1954; Landesentwicklungsgesellschaft NRW: 2000 Umbau; **Ruhr/West R2**

41 **Ferrostahl-Hochhaus**; Essen; Huyssenallee/Baedecker Straße; Allerkamp, Franz: 195 **Ruhr/Süd I13**

42 **Festspielhaus**; Recklinghausen; Otto-Burrmeister-Allee 1; Gantеführer und Hannes: 1965; Auer & Weber: 1998 Umbau; **Ruhr/Nord L13**

43 **Film-Casino, Lichtspieltheater**; Dortmund; Ostenhellweg 23; Wittmann, August: 19 **Ruhr/Ost R17**

44 **Finanzamt Bochum-Süd**; Bochum; Königsallee 21; Graubner, Gerhard/Topp, E.: 19 **Ruhr/Süd J16**

45 **Finnensiedlung**; Hagen; Am Quambusch 27 - 29; Siren, Heikki/Siren Kaija: 1963; **Ruhr/Süd R11**

46 **Florian, Fernsehturm**; Dortmund; Westfalenpark; Schwarz, Will: 1959; **Ruhr/Ost T**

47 **Freiherr-vom-Stein-Schule**; Bochum; Agnesstraße 33; Stadt Bochum; Planungsamt, städt./Knirsch, H.: 1955; **Ruhr/Süd B14**

48 **Friedenskirche**; Gelsenkirchen; Königsberger Straße 122; Boniver, Denis: 1959; **Ruhr/Nord A16**

1946 - 1965

17

Christuskirche Bochum

Der nach Kriegszerstörung noch erhaltene Turm der alten Christuskirche wurde durch einen Neubau des Kirchenschiffs ergänzt. Nach diesem „Konzept der Kontraste" wurden in jener Zeit weltweit nur zwei weitere Kirchen gebaut, die Kathedrale in Coventry und die Gedächtniskirche in Berlin. Der Bochumer Sakralbau mit Kristalltragwerk liegt in der historischen Achse der Kirche, wobei die Erweiterung um den alten Standort des Altars leicht gedreht wurde.

42

Festspielhaus Recklinghausen

Das Ruhrfestspielhaus wurde gebaut, um den 1946 unter dem Motto „Kunst für Kohle" gegründeten Ruhrfestspielen ein Zuhause zu geben. Der kubische Bau wurde 1996-98 modernisiert, das historische Gebäude komplett überformt. Die neue gläserne Eingangshalle mit großzügigem Vordach, die als Verteiler für den Besucher dient, verleiht dem multifunktional genutzten Kulturzentrum Transparenz und Leichtigkeit.

58

Geschwister Scholl Gesamtschule, Lünen

Der 1962 vom Berliner Architekten Hans Scharoun entworfene Schulkomplex gehört zu den Schlüsselbauten des „organhaften" Bauens in der Nachkriegszeit. Eine lang gestreckte Halle als kommunikativer Treffpunkt und Verbindungsweg sowie die siebeneckigen „Klassenwohnungen", denen je ein geschützter Gartenhof für den Unterricht im Freien zugeordnet ist, zeugen vom Anliegen Scharouns, stets Mensch und Natur in den Mittelpunkt seiner Planung zu stellen.

119

Musiktheater Gelsenkirchen

Das Haus ist einer der innovativsten deutschen Nachkriegs-Theaterbauten. Es besticht durch die klare Trennung der Funktionen „Bühnenraum" und „Foyer". Im Dialog mit dem Außenraum wird der Besucher während der Pausen zum Schauspieler auf der „Bühne der Stadt", gleichzeitig zum Zuschauer des „Theaterstücks Stadt". Der Gesamtkunstwerk-Idee folgend wurden internationale Künstler an der Gestaltung beteiligt, u.a. im Foyer Schwammreliefs von Yves Klein.

138

Rathaus Marl

Marl verzeichnete nach dem 2. Weltkrieg einen sprunghaften Anstieg seiner Einwohnerzahl. Ein zentrales, modernes Verwaltungsgebäude sollte zum einen Wege verkürzen, zum anderen eine „Stadtkrone" bilden, mit der sich Alt- und Neubürger identifizieren konnten. Gebaut wurde ein Ensemble, das europaweit Aufmerksamkeit fand: zwei Hochhäuser in Hängekonstruktion, die ersten in Deutschland, und ein frei gespanntes Faltwerk aus Stahlbeton über den Sitzungssälen.

17

Christuskirche Bochum

Christuskirche Bochum [Christ Church Bochu

A new nave was built as an addition to the tov of the old Christuskirche [Christ Church] left standing after the destruction of the war. At tl time, only two other churches had been built ir accordance with this 'concept of contrasts' anywhere else in the world – Coventry Cathed and Kaiser Wilhelm Memorial Church in Berli The Bochum building, with a crystal frame, lie along the historical axis of the church, whereby the extension was turned slightly around the o location of the altar.

42

Festspielhaus Recklinghausen

Recklinghausen Festival Hall

The Ruhr Festival Hall was built to host the Ruhr Festival, founded in 1946 with the mottc 'Art for Coal'. The cubic building was modernised in 1996-1998, with the historic building being completely transformed. The new glass entrance hall with a generous projecting roof, serving as a divider for visitors, brings transparency and light to the multifunctional cultural centre.

58

Geschwister Scholl Gesamtschule, Lüne

Geschwister Scholl Comprehensive School, Li

Designed by Berlin architect Hans Scharoun in 1962, this school complex is among the key buildings of 'organic' construction in the post-war period. An elongated hall as a communicative meeting point and connecting pat as well as the seven-sided 'classrooms', each o which is allocated a protected courtyard for open-air teaching, testify to Scharoun's wish that man and nature are always the focus of planning.

119

Musiktheater Gelsenkirchen

Gelsenkirchen Music Theatre

The building is one of Germany's most innovc post-war theatres. Its clear division of 'stage' 'foyer' is captivating. In dialogue with the exte rior, during intervals visitors become actors or 'city stage', at the same time as they are mem bers of the audience for the 'theatre of the cit Following the synthesis of art concept, international artists became involved in the desigr for example sponge reliefs by Yves Klein hang the foyer.

138

Rathaus Marl

Marl Town Hall

After World War II, Marl was characterised by dramatic increase in inhabitants. The purpose central, modern administration building was b to shorten bureaucratic channels and to form 'town crown' with which both old and new res dents could identify. A set of buildings was cor structed that has gained Europe-wide attentic Two tower blocks in a hanging design, the firs Germany, and a freely suspended slab constru in reinforced concrete over the council chambe

Friedhof Langendreer, Kapelle; Bochum; Hauptstraße 228; Kremer, Kurt Peter: 1961; Geitel, Ignatius; Künstler: 1958 Kunst am Bau; **Ruhr/Süd D17**
Fritz-Henßler-Haus; Dortmund; Bornstraße/Schwanenwall/Geschwister-Scholl-Straße; Spröde, Fido/Gerlach, Dietrich: 1956; **Ruhr/Ost R17**
Fußgängerbrücke; Duisburg; Forsthausweg/Autobahn A3; Eiermann, Egon: 1958; Ruf, Sep: 1958 Gesamtkonzeption; **Ruhr/West S4**
Fußgängerbrücke über die A40; Essen; Frillendorfer Höhe/Huckarder Straße; Stadtbauamt Essen: 1950er; **Ruhr/Süd E8**
Gartenvorstadt Helfe; Wohnsiedlung ; Hagen; Pappelstraße/Helfer Straße; Gentgen/Niemer/Schenten/Krug/van der Minde: 1964 Baubeginn; **Ruhr/Süd O14**
Gemeindezentrum und Altstadthaus, evang.; Essen; Rottstraße/Kreuzeskirchstraße; Kölsch, Hans Ulrich/Kölsch, Ursula: 1962; **Ruhr/Süd H13**
Generalvikariat des Bistums Essen; Essen; Zwölfling 16 - 22; Kleffner, Eberhard Michael/Dohmen, Heinz; Dr./Straetmanns, Hans: 1964; Portten, Wolfgang: 1964 Durchführung und Bauleitung; **Ruhr/Süd I13**
Gerhart-Hauptmann-Schule; Dorsten; Bismarckstraße 106; Deilmann, Harald: 1961; **Ruhr/Nord F3**
Gerling Verwaltungsgebäude; Hagen; Körnerstraße 45; Breker, Arno: 1956; **Ruhr/Süd Q14**
Geschwister-Scholl-Gymnasium; Lünen; Holtgrevenstraße 2 - 6; Scharoun, Hans: 1960; **Ruhr/Ost I5**
Gesundheitshaus; Dortmund; Hövelstraße/Kuhstraße; Schwarz, Will: 1959; **Ruhr/Ost R16**
Gewerbliche und kaufmännische Berufsschule; Herne; Westring 201 - 213; Stadt Herne; Stadtbauamt: 1955; **Ruhr/Nord P14**
Glückauf-Halle; Duisburg; Dr.-Kolb-Straße 2; Oppers, Heinz: 1960; **Ruhr/West N9**
Goethe-Gymnasium; Dortmund; Sckellstraße 5; Groth, Hans-Otto/Lehmann, Werner/Schlote, Wolfram: 1958; **Ruhr/Ost T18**
Goetheschule; Marl; Hervester Straße/Bruchstraße; Seitz, Paul: 1964; **Ruhr/Nord G7**
Grillo-Theater; Essen; Theaterplatz; Dorsch, Johannes/Seidensticker, Wilhelm; Dr.: 1950 veränderter Wiederaufbau; Ruhnau, Werner: 1990 Umbau; Seeling, Heinrich: 1892 Erstes Theater, im Krieg zerstört; **Ruhr/Süd I13**
Grugahalle; Essen; Norbertstraße; Brockmann, Ernst Friedrich/Lichtenhahn, Gerd: 1958; Rings, Josef: 1927 Erste Ausstellungshalle, völlig zerstört; **Ruhr/Süd F6**
Gymnasium Schalke; Gelsenkirchen; Liboriusstraße 103; Glasmeier, Ernst Otto/Drengwitz, Egbert/Halfmann, Hubert: 1965; **Ruhr/Nord A17**
Hallenbad; Marl; Eduard-Weitsch-Weg; Burbaum, Marschall, Thielcke: 1964; **Ruhr/Nord G8**
Hallenbad; Gladbeck; Bottroper Straße 33; ; Hochbauamt Gladbeck: 1965; **Ruhr/Nord O6**
Hauptbad; Essen; Steeler Straße 38; Schneider, Peter Friedrich: 1958; **Ruhr/Süd I13**
Hauptbahnhof Bochum; Bochum; Kurt-Schumacher-Platz 1; Ruhl, Heinz: 1957; Krampe, Ulrich u. Reiter, Peter; Architekten: 2006 Umbau und Sanierung; **Ruhr/Süd I16**
Hauptbahnhof, ehem., temporär; Bochum; Viktoriastraße/Konrad-Adenauer-Platz; 1949; **Ruhr/Süd J16**
Hauptfriedhof, Garten- und Landschaftsplanung; Dortmund; Am Gottesacker/Westfalendamm; Allinger, Gustav: 1926 Landschaftsarchitektur; Strunck und Wentzler: 1926 Torbauten, Trauerhalle und Krematorium; **Ruhr/Ost O9**
Hauptschule Vorhalle, Erweiterung ; Hagen; Vossacker 25; 1960; PASD/Feldmeier + Wrede: 2003 Erweiterung; **Ruhr/Süd P12**
Hauptverwaltung Krupp Stahl AG, ehem.; Bochum; Alleestraße 156; Seidensticker, Wilhelm; Dr.: 1964; **Ruhr/Süd C13**
Haus am Kettwiger Tor; Essen; Kettwiger Straße 2; Eggeling, Wilhelm: 1954; **Ruhr/Süd I13**
Haus der Stromwirtschaft; Mülheim an der Ruhr; Delle 50 - 52; Röver, Wilhelm/Meinen, Wilhelm: 1956; **Ruhr/West S5**
Haus Ludwig; Dortmund; Stadtrat-Cremer-Allee 21; Ludwig, Alfred: 1956; **Ruhr/Ost P8**
Heilig Geist; Kirche, kath.; Essen; Meybuschhof 13; Böhm, Gottfried: 1957; **Ruhr/Süd I11**
Heilig Geist; Kirche, kath.; Dinslaken; Albrecht-Dürer-Straße 5; Buchmann, Heinz: 1960; Klos, Joachim; Künstler: 1963 Kunst am Bau; **Ruhr/West H14**
Heilige Familie; Kirche, kath.; Bochum; Karl-Friedrich-Straße 109; Vieth, Kurt Hubert/Grosseck, Friedrich: 1958; de Graaff, Wilhelm; Künstler: 1959 Kunst am Bau; Bette, Nikolaus; Künstler: 1974 Kunst am Bau; **Ruhr/Süd E13**
Heilig-Geist-Kirche, kath.; Hagen; Oberer Altlohweg 16; Böhm, Dominikus: 1955; **Ruhr/Süd Q15**
Heilig-Kreuz-Kirche, kath.; Bottrop; Scharnhölzstraße 37; Schwarz, Rudolf: 1955; **Ruhr/Nord Q4**

83 **Herz Jesu; Pfarrkirche, kath.;** Marl; Pastoratsweg/Friedrichstraße; Kleffner, Eberhar Michael: 1959; Kaiser, Hans; Künstler: 1965 Kunst am Bau; **Ruhr/Nord G9**
84 **HGG-Gebäude, Verwaltungsgebäude der Handwerk, Handel und Gewerbe;** Dortmund; Ostwall 64; Höltje, Walter/Kalmbacher, Walter: 1954; **Ruhr/Ost S17**
85 **Hibernia-Schule;** Herne; Holsterhauser Straße 70; Bockemühl, Gundolf: 1963; **Ruhr/Nord Q13**
86 **Hustadt;** Bochum; Hustadtring/Auf dem Backenberg; Buderus sen., Louis/Dustma Hanns/Arns, Walter: 1965; **Ruhr/Süd D15**
87 **Jahnstadion;** Marl; Otto-Hue-Straße; Riege, Aribert: 1964; **Ruhr/Nord G9**
88 **Johanniskirche;** Mülheim an der Ruhr; Aktienstraße 134; Stumpf, Heido: 1965; **Ruhr/West O16**
89 **Karmel „Maria in der Not";** Essen; Kapitelberg 1; 12. Jhd.; Steffann, Emil/Bienefeld Heinz: 1965 Erweiterung durch Kloster; **Ruhr/Süd C7**
90 **Kaufhaus Karstadt;** Gladbeck; Hochstraße 10; Schäfer, Phillip; Bauabteilung: 1950; **Ruhr/Nord O6**
91 **Kaupenhöhe-Holsterhausen; Wohnsiedlung;** Essen; Kaupenstraße/Hölderlinstraße Goethestraße; Seidensticker, Wilhelm; Dr.: 1956; **Ruhr/Süd J12**
92 **KBB; Verwaltungsgebäude;** Gelsenkirchen; Florastraße 46; Schwickert, Ludwig: 195 **Ruhr/Nord B17**
93 **Kinopalast, ehem.;** Bochum; Alte Hattinger Straße/Ehrenfeldstraße; 1950er; **Ruhr/Süd J16**
94 **Kirche und Kloster der Karmelitinnen;** Witten; Auf der Klippe 20; Dietrich, Aloys: 1957; 1989 umgestaltung des Chorraums; **Ruhr/Süd M10**
95 **Kläranlage Kaßlerfeld;** Duisburg; Am Blumenkampshof 60; Wernitz & Wernitz: 19 **Ruhr/West Q1**
96 **Kokerei Zollverein;** Essen; Arendahls Wiese; Schupp, Fritz; Dr.: 1961; **Ruhr/Süd J10**
97 **Kreinberg-Siedlung;** Schwerte; Am Quickspring/Wittfeldweg; Schmitz, Carl H.J. ; Architekt: 1959; Behnes/Reichsbahnoberrat: 1937; **Ruhr/Ost R10**
98 **Kreissparkasse;** Recklinghausen; Herzogswall/Am Lohtor; Ludes, Manfred: 1964; **Ruhr/Nord A14**
99 **Kruppsche Hauptverwaltung;** Duisburg; Franz-Schubert-Straße 3; Krupp, Friedrich/ Becker/Walter: 1961; **Ruhr/West Q10**
100 **Landesbehördenhaus;** Duisburg; Mülheimer Straße 54; Fahrenkamp, Emil: 1951; 19 Dachaufbau; **Ruhr/West S3**
101 **Landeszentralbank NRW, Hauptstelle;** Dortmund; Hiltropwall 16; Kreis, Wilhelm: 1954; **Ruhr/Ost S16**
102 **Ledigenheim und Schwesternheim;** Marl; Bergstraße 75; Conle, Gebrüder: 1953; **Ruhr/Nord G9**
103 **Liebfrauen; Pfarrkirche, kath.;** Duisburg; Landfermannstraße/König-Heinrich-Platz Hermanns, Toni: 1961; 1958 Einbau der Glasfenster vom „Vatikanpavillon" der Welt ausstellung in Brüssel; 1896 Erbauung der 1. Kirche; im 2. Weltkrieg zerstört; **Ruhr/West S2**
104 **Lucaskirche;** Gelsenkirchen; Eppmannsweg 32; Marschall, Günter; Dr./Janowski, Fr 1960; McLean, Harry; Künstler: 1964 Kunst am Bau; **Ruhr/Nord M8**
105 **Lutherkirche, evang.;** Hagen; Martin-Luther-Straße 11; Langmaack, Gerhard: 1962; Langmaack, Gerhard: 1998 Umbauten; **Ruhr/Süd Q14**
106 **Maria Königin; Pfarrkirche, kath., Kirchturm;** Duisburg; Westender Straße 58 - 62; Meinen, Wilhelm/Röver, Wilhelm: 1961; **Ruhr/West N13**
107 **Mark-E, Verwaltungsgebäude; vormals Elektromark;** Hagen; Körnerstraße 40; Bartmann, Heinrich: 1954; **Ruhr/Süd Q14**
108 **Marktschule;** Oberhausen; Lothringer Straße 10; Poelzig, Peter: 1954; **Ruhr/West**
109 **Markuskirche, evang.;** Hagen; Rheinstraße 26; Langmaack, Gerhard: 1965; **Ruhr/Süd**
110 **Marlkasten;** Marl; Creiler Platz 1; Bakema und van den Broek: 1961; **Ruhr/Nord G**
111 **Matthäuskirche, evang.;** Hagen; Lützowstraße 113; Hübotter/Lederboer/Busch: 19 **Ruhr/Süd P15**
112 **Mehrfamilien- und Appartementhaus;** Bochum; Königsallee/Gilsingstraße 62 - 64 Reiser, Roman: 1963; **Ruhr/Süd D13**
113 **Mehrfamilienhaus;** Bochum; Arnikastraße 38; Reiser, Roman: 1964; **Ruhr/Süd D14**
114 **Metallberufsschule;** Gelsenkirchen; Overwegstraße/Grenzstraße 63; Deilmann, Ha 1965; **Ruhr/Nord B16**
115 **Mietwohnungen für Betriebsführer;** Bochum; Arnikastraße 34 - 36; Reiser, Roman: 1957; **Ruhr/Süd D14**
116 **MSA-Siedlung, Bergarbeitersiedlung Kolonie Ebel;** Dortmund; Gleiwitzstraße; Poe Peter/Reitz, Sigfried: 1956; **Ruhr/Ost M8**
117 **Museum am Ostwall (Museum f. Moderne Kunst);** Dortmund; Ostwall 7; Stadt Dortmund; Hochbauamt, städt.: 1956; **Ruhr/Ost R17**
118 **Museum Folkwang;** Essen; Goethestraße 41; Loy, Horst: 1960 Entwurf; Loy, Horst/ Kreutzberger, Werner/Hösterey, Erich: 1960 Ausführung; **Ruhr/Süd J12**

Musiktheater im Revier; Gelsenkirchen; Kennedyplatz; Ruhnau, Werner/Rave, Ortwin/van Hausen, Max: 1959; Ruhnau, Werner/Rave, Ortwin/van Hausen, Max/Deilmann, Harald: 1959 Entwurf; Klein, Yves/Kricke, Norbert/Dierckes, Paul/Adams, Robert/Tinguely, Jean: 1959 Kunst am Bau; **Ruhr/Nord B16**

Muspasch-Siedlung; Moers; Pattbergstraße/Mühlenfeldstraße; Zeche Rheinpreußen; Bauabteilung: 1953; **Ruhr/West L6**

Neue Stadtkernsiedlung; Duisburg; Friedrich-Ebert-Straße/ Stormstraße; Selg, Karl: 1958; **Ruhr/West Q10**

Niederrheinisches Museum, ehem.; Duisburg; Friedrich-Wilhelm-Straße 64; Weimann + Hüsgen + Specht: 1951; **Ruhr/West S2**

Nonnenbusch-Siedlung; Marl; Nonnenbusch; Marschall, Günter; Dr.: 1959; **Ruhr/Nord G10**

Nordstern-Haus; Essen; Rellinghauser Straße/Freiheit; Frank & Baumgartinger: 1959; **Ruhr/Süd I13**

Notkirche, evang.; Bochum; Amtsstraße 4; Bartning, Otto: 1947; **Ruhr/Süd C13**

Otto-Hahn-Gymnasium; Herne; Hölkeskampring 168; Stadt Herne; Stadtbauamt: 1964; **Ruhr/Nord P15**

Paracelsus-Klinik; Marl; Lipper Weg 11; Hebebrandt + Schlempp: 1957; **Ruhr/Nord G9**

Parkhaus, ehem.; heute Restaurant; Hagen; Parkhaus 1; Stadt Hagen; Hochbauamt, städt.: 1956; **Ruhr/Süd Q14**

Paul-Gerhardt-Kirche, evang.; Dortmund; Markgrafenstraße 25; Bartning, Otto: 1950; **Ruhr/Ost T17**

Pestalozzi-Siedlung; Essen; Pestalozziweg/Schlägelstraße; 1953; **Ruhr/Süd J11**

Petruskirche; Gladbeck; Vehrenbergstraße 84; Wimmenauer, Karl: 1965; **Ruhr/Nord P7**

Pflanzenschauhaus mit Café; Dortmund; Mergelteichstraße; Haferkamp; Hochbauamt, städt.: 1958; **Ruhr/Ost Q6**

Planetarium; Bochum; Castroper Straße 67; Stadt Bochum; Planungsamt, städt./Schwarze, K.H.: 1964; **Ruhr/Süd I16**

Postamt Bochum 1; Bochum; Wittener Straße 2; Schmitz, G./Möllenhoff, K.H./Schreier, J.: 1958; **Ruhr/Süd I16**

Pumpwerk Evinger Bach; Dortmund; Beethovenstraße/Schützenstraße; 1953; **Ruhr/Ost N6**

Pumpwerk Gelsenkirchen-Horst im Nordsternpark; Gelsenkirchen; Nordsternstraße/Am Bugapark; 1958; LIT Fischer, Jürgen/Planwerk/Brdenk, Peter: 1997 Anlässlich der Bundesgartenschau mit blauem Glas verkleidet; **Ruhr/Nord Q7**

Pumpwerk Nettebach; Dortmund; Schloss-Westhusener-Straße 75; 1951; **Ruhr/Ost M3**

Rathaus; Marl; Creiler Platz 1; Bakema und van den Broek: 1961; **Ruhr/Nord G8**

Rathaus; Haltern am See; Markt 1; Stadt Haltern; Hochbauamt, städt.: 1952; **Ruhr/Nord B11**

Rathaus Dorsten; Dorsten; Halterner Straße 5; Stapmann, Hein/Schwirtz, K.-H.: 1956; **Ruhr/Nord G3**

Rathaus Herten; Herten; Kurt-Schumacher-Straße 2; Hinderkott + Kamperhoff: 1956; **Ruhr/Nord M11**

Rathaus Moers; Moers; Unterwallstraße/Neuer Wall; Hauschild, Heinrich und Runge: 1953; **Ruhr/West N7**

Rathaus Waltrop; Waltrop; Münsterstraße 1; Seidensticker, Wilhelm; Dr.: 1956; **Ruhr/Ost A5**

Reihenhausgruppe; Bochum; Goerdtstraße 1 - 7; Stumpf, Heido/Voigtländer, Peter: 1961; **Ruhr/Süd J18**

Ricarda-Huch-Schule; Hagen; Voswinckelstraße 1; Stadt Hagen; Hochbauamt, städt.: 1954; Stadt Hagen; Hochbauamt, städt.: 1992 Anbau; **Ruhr/Süd Q14**

Riekenhaus; Mülheim an der Ruhr; Leineweberstraße/Friedrichstraße; Bunse, W.+ F.: 1955; **Ruhr/West S5**

Ruhrschleuse und Ruhrwehr; Duisburg; Pontwert 30; 1948; 1987 Renovierung; **Ruhr/West Q1**

RWE, Verwaltung; Erweiterungsbau; Bochum; Wielandstraße 82; VEW-Bautechnik/Gelis und Meier: 1960er; **Ruhr/Süd H16**

RWE Verwaltungsgebäude; Essen; Kruppstraße 5; Dustmann, Hanns: 1962; **Ruhr/Süd I13**

Schacht 2, Zeche Lohberg 1/2; Dinslaken; Hünxer Straße 380; Schupp, Fritz; Dr.: 1957; **Ruhr/West G14**

Schauspielhaus; Bochum; Königsallee 15; Graubner, Gerhard: 1953; **Ruhr/Süd J16**

Schulzentrum Bochum-Ost, Gymnasium; Bochum; Ottilienstraße 12; Stadt Bochum; Planungsamt, städt./Brosche, W.: 1957; Reiser, Roman: 1980 Ausbau; **Ruhr/Süd C17**

Schürzenfabrik Pongs und Zahn; Bochum; Vierhausstraße 112; Schnell, Heinrich: 1960; **Ruhr/Süd B14**

Schwanentorbrücke; Duisburg; Schwanenstraße/Ruhrorter Straße; Persch, Hans Siegfried: 1950; 1985 Sanierung; 1944 Bau der 1. Brücke, völlig zerstört; **Ruhr/West R1**

Sol- und Thermalbad; Herne; Am Solbad 10; Wallmeier, W.: 1949; **Ruhr/Nord Q12**

156 **St. Agatha; Pfarrkirche;** Dorsten; Recklinghauser Straße 1; Bongartz, Otto: 1952; Ba Ludwig; Künstler: 1952 Kunst am Bau; **Ruhr/Nord G3**

157 **St. Andreas; Kirche, kath.;** Essen; Odastraße 16; Schwarz, Rudolf: 1957; Poensgen, Jochem; Künstler: 1993 Kunst am Bau; **Ruhr/Süd F6**

158 **St. Anna; Pfarrkirche, kath.;** Duisburg; St.-Anna-Weg 5; Schwarz, Rudolf: 1953; Katzgrau, Maria; Künstlerin: 1963 Kunst am Bau; **Ruhr/West S4**

159 **St. Antonius von Padua; Pfarrkirche, kath.;** Essen; Kölner Straße 35; Schwarz, Rudo 1959; **Ruhr/Süd E5**

160 **St. Barbara; Kirche, kath.;** Voerde; Schlesierstraße/Königsberger Straße; Hegge, Norbert: 1963; **Ruhr/West G12**

161 **St. Barbara; Pfarrkirche, kath.;** Duisburg; Klausstraße 1; Hermanns, Toni: 1962; Baur, Ludwig; Künstler: 1959 Kunst am Bau; **Ruhr/West Q10**

162 **St. Barbara; Pfarrkirche, kath.;** Mülheim an der Ruhr; Talstraße/Schildberg; Leitl, Alfons: 1955; **Ruhr/West N16**

163 **St. Christophorus; Kirche, kath.;** Essen; Ernststraße 4; von Chamier, Wolfgang: 1964 Kilian, Claus; Künstler: 1986 Kunst am Bau; **Ruhr/Süd D9**

164 **St. Clemens; Pfarrkirche, kath.;** Duisburg; Klemensstraße 38; Steffann, Emil/Rosiny, Nikolaus: 1961; **Ruhr/West R1**

165 **St. Franziskus; Kirche, kath.;** Essen; Rabenhorst 2; Schwarz, Rudolf: 1958; **Ruhr/Süc**

166 **St. Juliana; Pfarrkirche, kath.;** Duisburg; Unter den Kastanien 32; Haparta, Hel: 196 **Ruhr/West J14**

167 **St. Konrad; Pfarrkirche, kath.;** Marl; Tannenstraße 3; Steffann, Emil/Noeske, W./ Rosiny, N.: 1957; **Ruhr/Nord F9**

168 **St. Konrad; Pfarrkirche, kath.;** Duisburg; Boberstraße 2; Steffann, Emil: 1953; Schmi Steinkrüger, Wilhelm; Künstler: 1954 Kunst am Bau; Stratmann, Egon; Künstler: 198 Kunst am Bau; **Ruhr/West K11**

169 **St. Laurentius; Pfarrkirche, kath.;** Gelsenkirchen; Zum Bauverein 34; Seidensticker, Wilhelm; Dr.: 1954; Baur, Ludwig; Künstler: 1959 Kunst am Bau; **Ruhr/Nord Q7**

170 **St. Ludgerus; Pfarrkirche, kath.;** Duisburg; Ludgerusstraße 8; Buchmann, Heinz: 1962; Dinnendahl-Benning, Trude; Künstlerin: 1959 Kunst am Bau; Katzgrau, Maria; Künstlerin: 1976 Kunst am Bau; **Ruhr/West J13**

171 **St. Marien; Kirche, kath.;** Essen; Meersternweg 16a; Schilling, Hans: 1963; **Ruhr/Süd**

172 **St. Stephanus; Pfarrkirche, kath.;** Duisburg; Am grünen Hang 31; Seidensticker, Wilhelm; Dr.: 1958; Klos, Joachim; Künstler: 1972 Kunst am Bau; **Ruhr/West S11**

173 **St. Theresien; Pfarrkirche;** Gelsenkirchen; Polsumer Straße 108; Band, Karl; Regierungsbaumeister: 1960; **Ruhr/Nord M8**

174 **Stadion-Siedlung;** Duisburg; Im Schlenk 117 - 135, Am Schützenhaus 25 - 31, Sebastianstraße 2 - 16; Poelzig, Peter: 1951; **Ruhr/West Q12**

175 **Stadtbad Haspe, ehem.; heute Wohnstift;** Hagen; Berliner Straße 115; Obersteh-Be haus, Günther: 1952; PASD/Feldmeier + Wrede: 1999 Renovierung und Erweiterur **Ruhr/Süd Q12**

176 **Stadtbibliothek, ehem. Europa-Haus;** Duisburg; Düsseldorfer Straße 19; Schreiterer Below: 1954; **Ruhr/West S2**

177 **Stadthalle (Luise-Alberts-Halle);** Oberhausen; Düppelstraße 1; Stumpf, Heido/ Voigtländer, Peter: 1962; **Ruhr/West N2**

178 **Stadthaus; Verwaltungsgebäude der Stadt Dortmund;** Dortmund; Südwall 2; Gerla Dietrich/Hochbauamt Dortmund; städtisch: 1954; **Ruhr/Ost S17**

179 **Stadtsparkasse;** Duisburg; Königstraße 23 - 25; Dustmann, Hanns: 1961; **Ruhr/Wes**

180 **Stadtwerkehaus, ehem.;** Bochum; Massenbergstraße 15; Keilmann, Ferdinand/ Stadtplanungsamt Bochum: 1955; Geitel, Ignatius; Künstler: 1953 Kunst am Bau; **Ruhr/Süd I16**

181 **Stahlwerk Ruhrort, Thyssen AG;** Duisburg; Vohwinkelstraße; Schupp, Fritz; Dr.: 195 **Ruhr/West N11**

182 **St.-Bonifatius-Kirche;** Dortmund; Eintrachtstraße/Bonifatiusstraße; Steffann, Emil: 1954; Kaiser, Hans; Künstler: 1967 Kunst am Bau; **Ruhr/Ost T17**

183 **STEAG-Hauptverwaltung;** Essen; Rüttenscheider Straße 1 - 3; Eiermann, Egon/Hil Robert: 1960; **Ruhr/Süd J13**

184 **Stephanus-Kirche, evang.;** Herne; Haberstraße 1; Oesterlen, Dieter: 1960; Lander, Helmut: 1960 Fenstergestaltung; Körber, Evelyn; Künstlerin: 2005 Kunst am Bau; **Ruhr/Nord Q13**

185 **St.-Josef-Hospital, Bettenhaus;** Bochum; Gudrunstraße 56; Hellrung, Karl: 1958; **Ruhr/Süd H17**

186 **Studentenwohnheime 1 und 2;** Bochum; Laerholzstraße 80/84; Lambart, Bruno: 1 **Ruhr/Süd E15**

187 **Sultan, Büro- und Geschäftshaus;** Bochum; Südring/Viktoriastraße; Vollmann, Erns 1956; **Ruhr/Süd I16**

188 **Synagoge mit Gemeindezentrum;** Essen; Sedanstraße 46; Knoblauch, Dieter/Heise Heinz: 1959; **Ruhr/Süd J14**

Synagoge und Altenheim; Dortmund; Prinz-Friedrich-Karl-Straße 9; Goldschmidt, Helmut: 1954; **Ruhr/Ost S17**
Tankstelle; Bochum; Rottstraße/Grießenbruchstraße; 1950; **Ruhr/Süd I15**
Technische Unterrichtsanstalten der Stadt Mülheim an der Ruhr; Mülheim an der Ruhr; Kluse 24 - 42; Stadt Mülheim an der Ruhr; Hochbauamt, städt./Thissen, Franz; Oberbaurat: 1951; **Ruhr/West T6**
Theater der Stadt Marl; Marl; Am Theater 3; Kiel, Heinz: 1953; 1990er Modernisierung; **Ruhr/Nord G7**
Thomas-Kirche, evang.; Gelsenkirchen; Surkampstraße 31 - 33; Wittig, Albrecht E./ Janowski, Fred: 1964; **Ruhr/Nord O9**
Thyssen Draht AG; Verwaltungsgebäude; Gelsenkirchen; Kurt-Schumacher-Straße 100; Prinz, Otto: 1952; **Ruhr/Nord Q9**
Thyssen Krupp Verwaltungsgebäude, ehem. Rheinstahl-Haus; Essen; Bismarckstraße/ Kruppstraße; Dustmann, Hanns/Kleinwort, Albert P.: 1961; Dustmann, Hanns/ Kleinwort, Albert P.: 1964 Erweiterung; **Ruhr/Süd I13**
Torgebäude 1; Duisburg; Kruppstraße/Friedrich-Albert-Straße; Neufert, Peter: 1957; **Ruhr/West Q10**
Trabrennbahn; Dinslaken; Bärenkampallee 25; 1954; **Ruhr/West H13**
Trauerhalle; Mülheim an der Ruhr; Zeppelinstraße 132; 1960; Mallon, Kai-Uwe; Architekturbüro: 2005 Sanierung; **Ruhr/West Q17**
Trauerhalle, Hiltrop; Bochum; Frauenlobstraße/Hiltroper Busch; Reiser, Roman: 1962; **Ruhr/Süd A15**
Vehoff, Geschäftshaus; Dortmund; Ostenhellweg 3; Kalmbacher und Rickmeyer: 1962 Wiederaufbau; **Ruhr/Ost R17**
Verkehrspavillion; Hagen; Elberfelder Straße 42; Stadt Hagen; Hochbauamt, städt.: 1954; 1992 Restaurierung; **Ruhr/Süd Q14**
Versöhnungskirche, evang.; Duisburg; Lauenburger Allee/Am Siepenkothen; Oesterlen, Dieter: 1965; **Ruhr/West S12**
Verwaltungs- und Wirtschaftsakademie; Bochum; Wittener Straße 61; Keilmann, Ferdinand/Stadtplanungsamt Bochum: 1955; **Ruhr/Süd J17**
VEW AG, Verwaltungsgebäude; Dortmund; Kleppingstraße/Ostwall; Wragge; Regierungsbaumeister: 1954; **Ruhr/Ost S17**
Volksschule; Gelsenkirchen; Leipziger Straße 1; Schwickert, Ludwig: 1956; **Ruhr/Nord A17**
Wambachsee, Siedlung am ; Duisburg; Neidenburger Straße, Marienburger Straße, Im Licht, Ortelsburger Straße, Insterburger Weg, Riesenburger Straße; Poelzig, Peter: 1951; **Ruhr/West R12**
Warenhaus; Herne; Bahnhofstraße 65 - 71; Fahrenkamp, Emil: 1962; **Ruhr/Nord P14**
Weilenbrinkschule; Bochum; Arndtstraße 21; Oesterlen, Dieter: 1960; **Ruhr/Süd I16**
Westfalenbank; Bochum; Huestraße 21 - 25; Suter, Hans Rudolf/Suter, Peter: 1959 Erweiterungsbau; Völker und Grosse: 1924 Altbau; Volkmann, Gunnar: 1988 Sanierung; **Ruhr/Süd I16**
Westfalenhalle; Dortmund; Rheinlanddamm 200; Höltje, Walter: 1952; **Ruhr/Ost T16**
Wilhelm-Lehmbruck-Museum; Duisburg; Friedrich-Wilhelm-Straße 40; Lehmbruck, Manfred: 1964; 1987 Erweiterung; **Ruhr/West S2**
Wohn- und Bürohaus Paura; Hagen; Emster Straße 94a; Zamel, Adolf: 1969; **Ruhr/Süd Q15**
Wohn- und Geschäftshaus; Bochum; Königsallee/Hattinger Straße; Rathmann, Helmut: 1964; **Ruhr/Süd J16**
Wohn- und Geschäftshaus; Bochum; Kronenstraße/Königsallee; Buderus sen., Louis: 1950; **Ruhr/Süd J16**
Wohn- und Verlagshaus; Hagen; Eduard-Müller-Straße 2; Wenig, Hans: 1964; **Ruhr/Süd P14**
Wohnhaus; Duisburg; Wilhelmshöhe 8; Fahrenkamp, Emil: 1960; **Ruhr/West S4**
Wohnhaus am Böninger Park; Duisburg; Düsseldorfer Straße/Karl-Jarres-Straße 220/ 156 - 178/157 - 193; Conle, Gebrüder: 1950; **Ruhr/West T2**
Wohnhaus Oemberg; Mülheim an der Ruhr; Oemberg 67; Bähr, Rolf/Gansfort, Karl Heinz: 1963; **Ruhr/West R15**
Wohnhaus Sandstraße; Mülheim an der Ruhr; Sandstraße 25; aus der Wiesche, Heinrich: 1960; **Ruhr/West S6**
Wohnhochhaus; Herne; Holsterhauser Straße 347; Kluftinger, A.: 1960; **Ruhr/Nord Q14**
Wohnhochhaus; Herne; Behrensstraße 50 - 52; Gemeinnützige Wohnungsbaugenossenschaft Scholven: 1962; **Ruhr/Nord P14**
Zeche Erin 7; Castrop-Rauxel; Erinplatz; Gelsenkirchener Bergwerks - AG: 1950er; **Ruhr/Nord P17**
Zeche Ewald Fortsetzung 1; Oer-Erkenschwick; Ewaldstraße; Schupp, Fritz; Dr.: 1959; **Ruhr/Nord H14**

224 **Zeche Ewald Fortsetzung 1, Förderturm;** Oer-Erkenschwick; Ewaldstraße; Schupp, F Dr.: 1959; Halfmann,Martin/Köster, Peter: 2002 Umgestaltung; **Ruhr/Nord H14**

225 **Zeche Ewald XII, Doppelbockgerüst;** Herten; Ewaldstraße 261; Walter + Firma Klön 1952; **Ruhr/Nord O11**

226 **Zeche Pluto Wilhelm, Förderturm/Schachtgebäude ;** Herne; Wilhelmstraße 98; Schupp, Fritz; Dr.: 1953; **Ruhr/Nord Q11**

227 **Zeche Zollverein, Schacht I, einfaches Bockgerüst;** Essen; Gelsenkirchener Straße/ Am Kunstschacht; Schupp, Fritz; Dr.: 1958; Fuller, vermutet: 1851 erster Förderturm, abgerissen; **Ruhr/Süd J11**

228 **Zeche Zollverein, Schacht II, Fördertum (ehem. Zeche Friedlicher Nachbar);** Essen; Gelsenkirchener Straße/Am Kunstschacht; Schupp, Fritz; Dr./Kremmer, Martin: 196 Fuller, vermutet: 1852 erster Förderturm, abgerissen; **Ruhr/Süd J11**

229 **Zweigpostamt;** Bochum; Am Heerbusch 2; OPD-Dortmund/Reiser, Roman: 1953; **Ruhr/Süd C17**

230 **Zweigpostamt Langendreer;** Bochum; Wallbaumweg; Maiweg, Günter: 1953; **Ruhr/Süd C17**

1966 - 1988

1 **Aalto-Theater;** Essen; Rolandstraße 10; Aalto, Alvar Hugo: 1959 Entwurf; Aalto, Eliss 1959 Entwurf, 1988 Realisation; Deilmann, Harald: 1988 Realisation; **Ruhr/Süd J13**

2 **Agentur für Arbeit;** Hagen; Körnerstraße 98 - 100; Kraemer, Friedrich Wilhelm/ Sieverts, Ernst + Partner/Kammel; Dr.: 1980; **Ruhr/Süd Q14**

3 **Altenzentrum, evang.;** Oer-Erkenschwick; Halluinstraße 26 - 28; Ludes, Manfred/ Dreischhoff, Karl-Heinz: 1980; **Ruhr/Nord H13**

4 **Altes Amtshaus, Karl-Pollender-Stadtmuseum;** Werne; Kirchhof 13; von Bruchhaus bischöfl. Amtsrentmeister: 1980 Umbau und Sanierung zum Museum; 1862; **Ruhr/Ost F9**

5 **Am Berge, Einfamilienhäuser;** Herdecke; Am Berge; Grüneke, Detlef und Partner: 1988; **Ruhr/Süd N12**

6 **Amts- und Landgericht;** Bochum; Westring 8; Schwarz, Will/Magoley, Hans: 1978; **Ruhr/Süd I16**

7 **Appartementhaus und Hotel Lohring;** Bochum; Lohring/Wittener Straße; Jentzsch Heinz: 1966; **Ruhr/Süd J17**

8 **ARAL Hauptverwaltung, Erweiterung;** Bochum; Wittenerstraße/Akademiestraße; gmp/von Gerkan, Marg und Partner/Sack, A.: 1975; **Ruhr/Süd J17**

9 **Arbeitsamt;** Bochum; Universitätsstraße 66; Kraemer, Friedrich Wilhelm/Sieverts, E + Partner: 1984; **Ruhr/Süd J16**

10 **Arcandor Hauptverwaltung, ehem. Karstadt AG.;** Essen; Theodor-Althoff-Straße 1; Brune, Walter: 1969; **Ruhr/Süd G5**

11 **Atriumhäuser;** Essen; Ruhrstraße 11 - 35; Berning, Erwin: 1971; **Ruhr/Süd J4**

12 **Auf dem Kalwes; Studienkolleg, kath.;** Bochum; Kollegstraße/Auf dem Kalwes; Diözesanbauamt; Kleffner und Stratmann: 1968; **Ruhr/Süd E16**

13 **Autobahnkreuz Duisburg „Spagettiknoten";** Duisburg; Carl-Benz-Straße/Ruhrorter Straße; Land Nordrhein Westfalen: 1977; **Ruhr/West O13**

14 **Baugruppe Eggeling;** Dorsten; Barkenberger Allee/Himmelsberg; Eggeling, Fritz/ Stumpfl, Hans/Broich, Peter: 1972; **Ruhr/Nord C6**

15 **Baugruppe Heyne + Jaenicke;** Dorsten; Am Wall 1 - 31; Heyne + Jaenecke: 1973; **Ruhr/Nord C5**

16 **Baugruppe Poelzig;** Dorsten; Barkenberger Allee/Surick; Poelzig, Peter/Boyer + Wagenfeld: 1968; **Ruhr/Nord C6**

17 **Berger Feld, Erholungs- und Freizeitzentrum;** Gelsenkirchen; Ernst-Kalwitzki-Weg; Limmer, Lutz: 1984; **Ruhr/Nord P9**

18 **Berufsförderungswerk Dortmund-Hacheney;** Dortmund; Hacheneyer Straße 180; Schwarz, Will/Magoley, Hans: 1969; **Ruhr/Ost Q6**

19 **Blaue Schule, Grundschule;** Dorsten; Barkenberger Allee 116; Groth, Heinz: 1967; Weber, Roland: 1967 Landschaftsarchitektur; **Ruhr/Nord C6**

20 **Blue Box, Hochschule Bochum, ehem. Mensa Ruhr-Uni;** Bochum; Universitätsstraß 150; HPP/Hentrich Petschnigg & Partner: 1971; Krenz, Wolfgang; Architekten/ Archwerk Generalplaner: 2010 Umbau und Sanierung; **Ruhr/Süd E15**

21 **Bogestra, Hauptverwaltung;** Bochum; Universitätsstraße 58; Wieschemann, Paul G. 1983; **Ruhr/Süd J16**

22 **Bomin-Hochhaus, Bundesknappschaft;** Bochum; Königsallee 175; Reiser, Roman: 19 **Ruhr/Süd D14**

23 **Botanischer Garten an der Ruhruni Bochum;** Bochum; Universitätsstraße 150; Penk Rosemarie/Penker, Georg: 1970; **Ruhr/Süd E15**

24 **Bürgerhaus Oststadt;** Essen; Schultenweg 37 - 41; Mebes, Friedrich: 1975; **Ruhr/Süc**

1966 - 1988

1 **Aalto-Theater, Essen**

Das Theater als „Fels in der Brandung" schiebt sich in die Landschaft, behauptet sich als markanter Endpunkt des Stadtgartens und komplettiert die architektonische Perlenkette vom Hauptbahnhof bis zum Museum Folkwang. Wie bei vielen anderen Gebäuden nahm Aalto (finnisch für: die Welle) seinen Namen auch hier zum Anlass, wellenförmige Formen zu verwenden und außergewöhnliche Raumfolgen zu realisieren. Das Haus wurde erst dreizehn Jahre nach Aaltos Tod realisiert.

53 **Forum Europaplatz, Castrop-Rauxel**

Das Veranstaltungs- und Kongresszentrum mit Rathaus und Tiefgarage säumt ein 250 Meter langes Forum. Prägend sind die dynamisch geschwungene Dachkonstruktion der Hallen und die Verwendung vorgefertigter vertikaler Elemente. Der Gebäudekomplex ist eines der letzten Werke des international renommierten dänischen Architekten Arne Jacobsen (1902 - 1971) und wurde 1976 nach zehnjähriger Bauzeit fertig gestellt.

132 **Museumszentrum Quadrat Bottrop**

Unter Einbindung einer im Stadtpark gelegenen Amtsrichtervilla von 1913, die ein Museum für Ur- und Frühgeschichte enthält, entwarf der Bottroper Stadtarchitekt und Eiermann-Schüler Bernhard Küppers (1934-2008) 1974 ein Ensemble aus vier aneinander gefügten Quadraten, das den „quadratischen Werken" des Künstlers Josef Albers gewidmet wurde. Der in Bottrop geborene Albers war Bauhausmeister und Mitbegründer der Kunstrichtung „Op Art".

151 **Revierpark Mattlerbusch, Duisburg**

Der Freizeitpark ist eines von fünf Naherholungsgebieten, die in den 70er Jahren geschaffen wurden. Sie stellen die ersten sichtbaren Zeichen des Strukturwandels dar. Das ca. 45 Hektar große Areal umfasst Feuchtbiotope, eine Saline, die Niederrheintherme, einen Veranstaltungspavillon, einen Reiterhof, Gastronomie, einen Natursee, Sportplätze und viele großzügige Freiflächen.

158 **Ruhruniversität Bochum**

Sie war der erste Universitätsneubau im Ruhrgebiet überhaupt und sie war mehr: Mit dem Bau dieser Campus-Universität auf der grünen Wiese realisierte das Land NRW Anfang der 60er Jahre eine Vision, die als „gebaute Demokratie" und mit einer demokratischen Studienordnung von sich Reden machen sollte. Das Ensemble mit klassischem Achsenkreuz, Grünzügen und international bedeutender Kunst am Bau ist ein hervorragendes Zeugnis des sogenannten „Brutalismus".

Aalto-Theater, Essen

Aalto Theatre, Essen

The theatre as 'rock in the surf' pushes itself i the landscape, asserting itself as a striking enc to the Stadtgarten and completing the string architectural pearls running from the Central Station to Museum Folkwang. As with many other buildings, Aalto took his name (Finnish 'wave') as reason enough to use wave forms a to create extraordinary room sequences. The building was only completed thirteen years aft Aalto's death.

Forum Europaplatz, Castrop-Rauxel

Forum Europaplatz, Castrop-Rauxel

The event and congress centre, with the town and parking garage, borders a 250-metre lon forum. The dynamically vaulted roof design of halls and the use of prefabricated vertical elements are distinctive. The building complex is of the last commissions undertaken by renowr Danish architect Arne Jacobsen (1902 - 1971 and was completed in 1976 after a ten-year construction period.

Museumszentrum Quadrat Bottrop

Museum Quadrat Bottrop

Incorporating a district judge's villa dating fro 1913 located in the Stadtpark, housing a Museum for Prehistory and Protohistory, the Bott architect and Eiermann student Bernhard Küp pers (1934-2008) designed a group of four ir connected cubes in 1974 dedicated to the 'squ works' of the artist Josef Albers. Born in Bottr Albers was a Bauhaus master and co-founder the 'Op Art' school.

Revierpark Mattlerbusch, Duisburg

Mattlerbusch district park, Duisburg

The leisure park is one of five recreation areas created in the 1970s. They represent the first visible indication of the structural change. With an area of approximately 45 hectares, the park comprises wetlands, a saltworks, the Niederrheintherme natural spa, an event pav lion, stables, a restaurant, a lake, sports fields and many large open areas.

Ruhruniversität Bochum

Ruhr-Universität Bochum

It was more than just the first new-build unive sity of any kind in the Ruhr district: By buildir this campus university on the green meadows, North Rhine-Westphalia realised a vision in t 1960s, making a name for itself as 'construct democracy' and with democratic study regula ons. With a classical axis, green spaces and in nationally significant art on the buildings, the building complex is a brilliant testament to so-called 'brutalism'.

25 **Burgerspark, Wohnanlage;** Gelsenkirchen; Ravenbusch; Duve/Klement/Kreuz: 1970; **Ruhr/Nord A18**
26 **Bürgerzentrum Recklinghausen Süd;** Recklinghausen; Theodor-Körner-Straße/Körnerplatz; Lambart, Bruno/Sommerfeld, Christa: 1983; **Ruhr/Nord N13**
27 **Büro- und Geschäftshaus;** Gelsenkirchen; Machensplatz; Baumeister, Ewald: 1974; **Ruhr/Nord C17**
28 **BVZ mit Rathaus-Center-Bochum;** Bochum; H.-Böckler-Straße/Windmühlenstraße; Bahlo/Köhnke/Stosberg: 1982; **Ruhr/Süd I16**
29 **C & A; Geschäftshaus;** Dortmund; Ostenhellweg 18; Gärtner + Stiens: 1972; **Ruhr/Ost R17**
30 **Christus König; Gemeindezentrum, kath.;** Essen; Tommesweg 32; Burghartz, E. A./Fuss, Günter: 1977; **Ruhr/Süd G5**
31 **City-Haus;** Gelsenkirchen; Overwegstraße 24 - 32; Ewald; Baumeister: 1977; **Ruhr/Nord B16**
32 **City-See und -Park;** Marl; Josefa-Lazuga-Straße; Eckebrecht, H.H.: 1976; **Ruhr/Nord G8**
33 **Die Arche; Reihenhaussiedlung ;** Hagen; Eppenhausener Straße 161a - p; Grüneke, Detlef und Partner: 1979; **Ruhr/Süd Q15**
34 **Dietrich-Keuning-Haus;** Dortmund; Leopoldstraße/Steinstraße; Menzel, Karl-Heinz/Kopka, Walter: 1982; **Ruhr/Ost O6**
35 **Eichenforst-Siedlung ;** Herne; Emsring; Westfälische Wohnstätten: 1969; **Ruhr/Nord O15**
36 **Eigentumswohnungen;** Bochum; Bergstraße 155 - 157; Forth, Peter: 1973; **Ruhr/Süd B14**
37 **Einfamilienhaus;** Recklinghausen; Am Rosengarten 13; Deilmann, Harald: 1972; **Ruhr/Nord L12**
38 **Einfamilienhaus;** Herne; Magdeburger Straße 99a; Schindler + Wallmeier: 1976; **Ruhr/Nord R12**
39 **Einfamilienhaus;** Dorsten; Barkenberger Allee 162; Börner, Hermann/Börner, Christine: 1971; **Ruhr/Nord C6**
40 **Einfamilienhaus mit Einlieger;** Bochum; Löwenzahnweg 39; Erling, Manfred: 1977; **Ruhr/Süd F14**
41 **Einfamilienhaus mit Einliegerwohnung;** Marl; Unterkamp 5; Flunder, Bernd: 1975; **Ruhr/Nord I6**
42 **Einfamilienreihenhäuser;** Gladbeck; Partnerschaftsweg 11 - 13; Stotz, Martin: 1967; Smolarczik-Kampmann H./Smolarczik J.: 1967 Landschaftsarchitektur; **Ruhr/Nord N5**
43 **Einfamillenhaus;** Bochum; Löwenzahnweg 38; Erling, Manfred: 1969; **Ruhr/Süd F14**
44 **Eissporthalle Revierpark Wischlingen;** Dortmund; Höfkerstraße/Hallery; Aichele, Manfred/Fiedler, Wolfgang/Heller, Wolfgang/Weinmann, Fritz: 1982; **Ruhr/Ost O4**
45 **Emscherpark;** Essen; Lohwiese; 1971; Seelbach/Weber: 2001; **Ruhr/Süd A6**
46 **Erich-Brühmann-Haus; Gemeindezentrum, evang.;** Bochum; Kreyenfeldstraße 32; Gehse, Karl-Friedrich: 1979; **Ruhr/Süd C17**
47 **Erich-Kästner-Gesamtschule;** Bochum; Markstraße 189; Eller, F./Moser, E./Walter, R. + Kiemle, M./Kreidt, H.: 1974; **Ruhr/Süd E14**
48 **Evangelische Fachhochschule Bochum;** Bochum; Immanuel-Kant-Straße 18 - 20; Krug, Manfred/van de Minde, Bernhard: 1986; **Ruhr/Süd J18**
49 **Filial Direktion DKV;** Bochum; Brückstraße 48; DKV-Bauabteilung; Ritter-Wolff/Keull: 1978; **Ruhr/Süd I16**
50 **Finnstadt, Mehrfamilienhäuser;** Dorsten; Surick/Dimker Allee; Korhonen, Toivo/Sorainen, Lauri: 1975; **Ruhr/Nord C6**
51 **Flachglas AG, Hauptverwaltung;** Gelsenkirchen; Auf der Reihe 2; Eggeling, Wilhelm: 1981; **Ruhr/Nord S9**
52 **Flöz Dickebank;** Gelsenkirchen; Virchowstraße/Flöz Sonnenschein; 1880 ab; 1979 Modernisierung; **Ruhr/Nord S10**
53 **Forumplatz;** Castrop-Rauxel; Europaplatz 6; Weitling + Dissing/Jakobsen, Arne: 1984; Jakobsen, Arne/Weitling, Otto: 1965 Entwurf; Schmidt-Petersen, R.: 1984 Projektleitung; **Ruhr/Nord O17**
54 **Freibadanlage;** Herten; Teichstraße 20; Balzer, Willi H.: 1984; Wörner, Gustav/Wörner, Rose: 1984 Außenanlagen; **Ruhr/Nord M11**
55 **Freizeitzentrum Kemnader See;** Bochum; Oveneystraße/Seestraße; Penker, Rosemarie/Penker, Georg: 1980; **Ruhr/Süd M7**
56 **Friedenskirche, evang.;** Bochum; Pinagelstraße/Halbachstraße; Arns, Walter/Buderus, Louis jun./Rupprecht, A.: 1969; **Ruhr/Süd J15**
57 **Friedhof Uemmingen; Kapelle evang.;** Bochum; Auf dem Rüggen; Kremer, Kurt Peter: 1969; **Ruhr/Süd D16**
58 **Galerie M;** Bochum; Schlossstraße 1c; Forth, Peter: 1969; **Ruhr/Süd E13**
59 **Gemeindezentrum, evang.;** Duisburg; Wintgensstraße 70 - 74; Kallmeyer, Lothar: 1971; **Ruhr/West R3**
60 **Gemeindezentrum, evang.;** Dorsten; Talaue 68; Korhonen, Toivo: 1972; **Ruhr/Nord C6**
61 **Gemeindezentrum, evang.;** Essen; Bochumer Landstraße 266 - 268; Possinke, Lothar G./Quarg, Werner P. A.: 1981; **Ruhr/Süd E9**

62 **Gemeindezentrum, kath.**; Dorsten; Barkenberger Allee/Surick; Lackner, Josef: 1973; **Ruhr/Nord C6**

63 **Gemeinschaftsgrundschule**; Marl; Emslandstraße; Thielcke + Burbaum: 1973; **Ruhr/Nord G8**

64 **Gemeinschaftshaus Dorsten-Wulfen**; Dorsten; Wulfener Markt 5; Patschan/Werner/ Winking/Poetter: 1983; **Ruhr/Nord C5**

65 **Gerhard-Mercator-Universität, Gesamthochschule Duisburg**; Duisburg; Mülheimer Straße/Lotharstraße; Poelzig, Peter: 1968 Audimax, Seminargebäude LB; ZPL Architekten: 1982 Bibliothek; Gesamthochschule Duisburg; Architektengruppe: 1991 Rundbauten Mülheimer Straße; **Ruhr/West S4**

66 **Gesamtschule**; Marl; Hervester Straße 1; Bassenge/Puhan-Schulz/Schreck/Hansen/ Koch/Thielcke + Burbaum: 1978; **Ruhr/Nord H8**

67 **Gesamtschule**; Herten; Fritz-Erler-Straße 2 - 4; Bassenge, Jan C./Puhan-Schulz, Kay/ Schreck, Hasso: 1976; **Ruhr/Nord M11**

68 **Gesamtschule**; Gladbeck; Fritz-Erler-Straße 4; Kiemle, Kreidt & Partner: 1974; **Ruhr/Nord N5**

69 **Gesamtschule**; Castrop-Rauxel; Bahnhofstraße 160; Schütz, Paul + Maul, Reiner/ Kleffner, Eberhard: 1982; **Ruhr/Nord O17**

70 **Gesamtschule Kleiststraße**; Mülheim an der Ruhr; Kleiststraße 50 - 52; Riege, Aribert 1982; **Ruhr/West P18**

71 **Gesamtschule Walsum, ehem. Fridtjof-Nansen-Realschule**; Duisburg; Kurze Straße 5 Köster, Eleonore/Köster, Walter: 1969; **Ruhr/West J13**

72 **Gesamtschule Wanne**; Herne; Stöckstraße 41; Lambart + Partner: 1983; **Ruhr/Nord Q**

73 **Gesamtschule Wulfen**; Dorsten; Wulfener Markt 2; Patschan/Werner/Winking: 1976 **Ruhr/Nord C5**

74 **Gesunde Lebensmittel im Seseke Landschaftspark**; Bergkamen; Königslandwehr/ Nördliche Lippestraße; Archplan/Gryczan-Wiese, Willi/Leuters, Bernd: 1988; **Ruhr/Ost G8**

75 **Glaselefant**; Hamm; Grenzweg 76; Rellecke, Horst: 1984; **Ruhr/Ost D17**

76 **Grund- und Hauptschule**; Bochum; Lohackerstraße 15; Wieschemann, Paul G.: 1975; **Ruhr/Süd D11**

77 **Grund- und Hauptschule**; Bochum; Von-Waldthausen-Straße 82; Wieschemann, Paul G.: 1966; **Ruhr/Süd C16**

78 **Grundschule Hustadt**; Bochum; Hufelandstraße 17; Arns, Walter/Buderus, Louis jun.: 1970; **Ruhr/Süd E15**

79 **Halfmannshof, Wohnanlage**; Gelsenkirchen; Hövelmannstraße 3 - 5a; Klement, Hors 1975; **Ruhr/Nord S10**

80 **Hallenbad Dorstfeld**; Dortmund; Kortental; höhe Linkestraße; Klippel, Reinhard: 198 **Ruhr/Ost O4**

81 **Hannibal I**; Dortmund; Bornstraße/Jägerstraße; Odenwaeller, Günther und Spieß, Heinz: 1974; **Ruhr/Ost O6**

82 **Hannibal II**; Dortmund; Vogelpothsweg 12 - 26; Odenwaeller, Günther und Spieß, Heinz: 1975; **Ruhr/Ost P4**

83 **Hauptschule Westfalenstraße**; Marl; Westfalenstraße 68a; Scharoun, Hans: 1964 - 1970; **Ruhr/Nord H8**

84 **Haus am Scharpenberg**; Mülheim an der Ruhr; Scharpenberg 1; Riege, Aribert: 1977; **Ruhr/West T6**

85 **Haus der Erwachsenenbildung**; Essen; Hollestraße 75; Seidenstricker, Wilhelm; Dr./ Spantzel, Willi/Gutsmann, Werner/Jung, Herbert: 1972; 1975; **Ruhr/Süd I14**

86 **Haus der Erwachsenenbildung**; Gelsenkirchen; Ebertstraße 19; Deilmann, Harald: 19 **Ruhr/Nord B16**

87 **Haus der Erwachsenenbildung Heinrich-Thöne-Volkshochschule**; Mülheim an der Ruhr; Bergstraße 1 - 3; Seidensticker-Spantzel-Teich-Budde-Gutsmann-Jung: 1979 Entwurf; Teich, Dietmar: 1979 Bau; **Ruhr/West S5**

88 **Haus Franze**; Duisburg; Auf dem Berg 46; Franze, Heinrich: 1979; **Ruhr/West Q9**

89 **Heilig Geist; Kirche, kath.**; Mülheim an der Ruhr; Zeppelinstraße/Dinnendahls Höhe Steffann, Emil/Hülsmann, Gisbert: 1967; Bienen, Hildegard; Künstlerin: 1981 Kunst a Bau; **Ruhr/West P17**

90 **Heilige Dreifaltigkeit, Gemeindezentrum**; Essen; Albert-Schweitzer-Straße 2; Chamie von, Wolfgang: 1978; **Ruhr/Süd E10**

91 **Heiligegartenstraße, Wohnblock**; Dortmund; Heiligegartenstraße/Krimstraße; Goerner, Stephan: 1981; **Ruhr/Ost R17**

92 **Heinz-Bach-Haus; Wohnanlage und Schulungszentrum**; Dortmund; Eintrachtstraße/ Am Knappenberg; Gerber, Eckhard & Partner: 1986; **Ruhr/Ost T17**

93 **Heizkraftwerk**; Essen; Walpurgisstraße/Wittekindstraße; Koschany, Günter/Mebes, Friedrich: 1978; **Ruhr/Süd F6**

94 **Heizkraftwerk Walsum**; Duisburg; Dr.-Wilhelm-Roelen-Straße 129; STEAG/ Bauabteilung Essen: 1988; **Ruhr/West J12**

95 **Helmut-König-Leichtathletikhalle;** Dortmund; Strobelallee/Turnweg; Stadt Dortmund; Hochbauamt/Klippel+Scheiding+Saitner; Planungsgruppe: 1980; **Ruhr/Ost P6**
96 **Herta KG, Verwaltungsbau;** Herten; Westerholter Straße 750; Ruhnau, Werner: 1967 - 1971; **Ruhr/Nord M10**
97 **Herz Mariä; Kirche, kath.;** Lünen; Preußenstraße 94; 1968; **Ruhr/Ost J6**
98 **Hl.-Kreuz-Kirche mit Pfarrbüro;** Recklinghausen; Feldstraße 32 - 34; Ludes, Manfred: 1968; Gesing, Jupp; Künstler: 1965 Kunst am Bau; **Ruhr/Nord O13**
99 **Hustadt; Gemeindezentrum, evang.;** Bochum; Auf dem Backenberg 6/8; Kremer, Kurt Peter: 1974; **Ruhr/Süd D15**
00 **Hustadtring, Eigentumswohnanlage;** Bochum; Schattbachstraße 11 - 19; Bruens, Heinz/Zeiler, Carl: 1972; **Ruhr/Süd D16**
01 **IBM, Verwaltungsgebäude;** Dortmund; Florianstraße/Flamingoweg; Schulze, Gustav: 1971; **Ruhr/Ost T17**
02 **Iduna-Versicherung;** Gelsenkirchen; Ebertstraße 20; Kraemer, Friedrich Wilhelm/Sieverts, Ernst/Pfennig: 1968; **Ruhr/Nord B17**
03 **Institut für Umwelt- und Zukunftsforschung;** Bochum; Blankensteiner Straße 200; Stadt Bochum; Planungsamt, städt./Schwarze, K.H.: 1967; **Ruhr/Süd F13**
04 **Johanneskirche;** Bochum; Glockengarten 70; Scharoun, Hans: 1967; Bockemühl, Gundolf: 1967; Bruckhoff, Detlev/Gehrke, Andreas: 2014 denkmalgerechte Sanierung; **Ruhr/Süd J17**
05 **Justizakademie NRW „Gustav Heinemann Haus";** Recklinghausen; August-Schmidt-Ring 20; Groth, Hans-Otto/Lehmann, Werner: 1988; **Ruhr/Nord L14**
06 **Kamin-Aggregat, Stadtwerke Duisburg AG;** Duisburg; Bungertstraße/Julius-Weber-Straße 27; Lewenton, Georg: 1967; **Ruhr/West S1**
07 **Kardinal-Jaeger-Haus; Akademie, kath.;** Schwerte; Bergerhofweg 24; Haas, Hans: 1973; **Ruhr/Ost R9**
08 **Kemnader Stausee, Freizeit-Bad Heveney;** Witten; Querenburger Straße 35; Aichele, Manfred/Fiedler, Wolfgang/Weinmann, Fritz: 1986; **Ruhr/Süd M7**
09 **Kettwig Auf der Höhe, Gemeindezentrum;** Essen; Rheinstraße 156; Böhm, Gottfried: 1983; **Ruhr/Süd I4**
10 **Kinderdorf St. Josef;** Werne; Ottostraße 25 - 27; Lom von, Walter & Partner: 1982; **Ruhr/Ost E9**
11 **Kindergarten;** Gladbeck; Schroerstraße 3a; Luggenhölscher, Alfred: 1966; **Ruhr/Nord N6**
12 **Kindergarten, evang.;** Essen; Grevelstraße 30; Müller-Zantop, Wolfgang: 1976; **Ruhr/Süd E5**
13 **Kirchenforum, ökumenisch;** Bochum; Querenburger Höhe 291/295; Eller, F./Moser, E./Walter & Partner: 1975; **Ruhr/Süd E15**
14 **Kolleg Oberhausen;** Oberhausen; Wehrstraße 69; Ungers, Oswald Mathias: 1969; **Ruhr/West M16**
15 **Kreishaus Recklinghausen;** Recklinghausen; Kurt-Schumacher-Allee 1; Beier + Partner: 1980; **Ruhr/Nord M13**
16 **Kulturzentrum;** Herne; Holsterhauserstraße/Berliner Platz; Allerkamp + Niehaus: 1976; **Ruhr/Nord Q14**
17 **Ladenpassage;** Dorsten; Marktallee/Wulfener Markt; Kleihues, Josef Paul/Eckert/Pressel/Jakubik: 1981; **Ruhr/Nord C5**
18 **Leichtathletik-Zentrum;** Bochum; Hollandstraße 95; Krakau, W./Eberlein, K.: 1984; **Ruhr/Süd C10**
19 **Maisonette-Mietswohnhaus;** Bochum; Hustadtring 75; Arns, Walter/Buderus, Louis jun.: 1968; **Ruhr/Süd D15**
20 **Mallinckrodt-Gymnasium;** Dortmund; Südrandweg 2 - 4; Parade Architekten: 1985; **Ruhr/Ost S17**
21 **Marien-Hospital;** Essen; Hospitalstraße 24; Mebes, Friedrich: 1974; **Ruhr/Süd B6**
22 **Marienhospital;** Gelsenkirchen; Virchowstraße 135; Rosiny, Nikolaus: 1977; Welling, Josef; Künstler: 2000 Kunst am Bau; **Ruhr/Nord S10**
23 **Märkisches Museum; Erweiterung;** Witten; Husemannstraße 12; Neuhaus, Rolf G.: 1988; **Ruhr/Süd M9**
24 **Markus-Haus; Gemeindezentrum, evang.;** Bochum; Rosenbergstraße 5 - 9; Wieschemann, Paul G.: 1980; **Ruhr/Süd B15**
25 **Marler Stern;** Marl; Bergstraße 230; Kloss + Kolb: 1974; **Ruhr/Nord G8**
26 **Maximilianpark;** Hamm; Alter Grenzweg 2; Reiner, Martin/Pridik, Wedig: 1984; **Ruhr/Ost D17**
27 **Mehrfamilienhaus;** Herten; Neustraße/In der Feige; Luggenhölscher, Alfred: 1970; **Ruhr/Nord N11**
28 **Mehrfamilienhaus;** Hagen; Zur Höhe 72a; Hoff, Magdalene/Hoff, Peter: 1971; **Ruhr/Süd R14**
29 **Mintarder Ruhrtalbrücke;** Mülheim an der Ruhr; Autobahn A 52; 1966; **Ruhr/West R17**
30 **Museum Bochum;** Bochum; Kortumstraße 147; Bo, Jorgen/Wohlert, Vilhelm: 1983; **Ruhr/Süd I16**

131 **Museum der Stadt Gelsenkirchen;** Gelsenkirchen; Horster Straße 5 - 7; Wittig, Albrecht E.: 1984; **Ruhr/Nord N8**

132 **Museumszentrum Quadrat;** Bottrop; Im Stadtgarten 20; Küppers, Bernhard: 1976; **Ruhr/Nord Q3**

133 **Naturkundemuseum;** Dortmund; Münsterstraße 271; Gastreich-Moritz, Mechthild/Gastreich, Ullrich: 1980; **Ruhr/Ost N6**

134 **Oberpostdirektion, Verwaltungsgebäude;** Dortmund; Florianstraße; HPP/Hentrich Petschnigg & Partner: 1981; **Ruhr/Ost T17**

135 **Ökumenisches Gemeindezentrum Quellberg;** Recklinghausen; Nordseestraße 104; Krug, Manfred/van de Minde, Bernhard/Ludes, Manfred/Dreischhoff, Karl-Heinz: 1981; **Ruhr/Nord L14**

136 **Oxygenstahlwerk Bruckhausen, Thyssen AG;** Duisburg; Kaiser-Wilhelm-Straße; Schupp, Fritz; Dr./Winkhaus, Fritz/Patschul, Günter: 1969; **Ruhr/West L11**

137 **Paketlager und Verteilgebäude;** Herne; Industriegebiet Friedrich der Große; HPP/Hentrich Petschnigg & Partner: 1986; **Ruhr/Nord O15**

138 **Papierlager, Verwaltungsgebäude, Werkswohnungen;** Essen; Landsberger Straße 80; Kölsch, Hans Ulrich/Kölsch, Ursula: 1969; **Ruhr/Süd J3**

139 **Paul-Gerhardt-Gemeindehaus, Erweiterung;** Gelsenkirchen; Industriestraße 38; Krug Manfred/van de Minde, Bernhard: 1974; **Ruhr/Nord Q7**

140 **Pauluskirche;** Mülheim an der Ruhr; Witthausstraße 11; Riege, Aribert: 1975; **Ruhr/West T6**

141 **Postscheckamt Essen;** Essen; Kruppstraße 2; Oberpostdirektion; Bauabteilung: 1968; **Ruhr/Süd I13**

142 **Privatärztliche Verrechnungsstelle;** Mülheim an der Ruhr; Remscheider Straße 16; Timmerbeil, Helmut: 1981; **Ruhr/West R16**

143 **Rathaus;** Castrop-Rauxel; Europaplatz; Weitling + Dissing/Jakobsen, Arne: 1984; Jakobsen, Arne/Weitling, Otto: 1965 Entwurf; Schmidt-Petersen, R.: 1984 Projektleitung; **Ruhr/Nord O17**

144 **Rathaus, ehem.;** Duisburg; Dammstraße 11; 1887; Jording, August; Baurat: 1899 Umbau; **Ruhr/West P1**

145 **Rathaus Essen;** Essen; Porscheplatz; Seifert, Theodor: 1979; **Ruhr/Süd H13**

146 **Reihenhauseigenheime;** Duisburg; An den Buschbänden 21 - 43; Bähr, Rolf/Gansfort Karl Heinz: 1979; **Ruhr/West S11**

147 **Reihenhäuser;** Bochum; Nevelstraße 25 - 29; Forth, Peter: 1976; **Ruhr/Süd E13**

148 **Reihenhäuser;** Dorsten; Braunfelder Allee/Am Gecksbach; Wittig, Albrecht E.: 1973; **Ruhr/Nord C6**

149 **Reihenhäuser;** Dorsten; Am Gecksbach 63 - 68; Bellwinkel, Dirk: 1976; **Ruhr/Nord C**

150 **Revierpark Gysenbergpark;** Herne; Am Revierpark 40; KVR; Kommunalverband Ruhrgebiet: 1970; **Ruhr/Nord Q15**

151 **Revierpark Mattlerbusch;** Duisburg; Wehofer Straße 42; Püschel, Volker: 1979; **Ruhr/West K12**

152 **Revierpark Nienhausen;** Gelsenkirchen; Feldmarkstraße/Nienhausenstraße; 1975; **Ruhr/Nord C15**

153 **Revierpark Vonderort;** Oberhausen; Bottroper Straße 322; Wörner, Gustav: 1969; **Ruhr/West K17**

154 **Revierpark Wischlingen;** Dortmund; Höfkerstraße 12; Aichele, Manfred/Fiedler, Wolfgang/Weinmann, Fritz: 1979; **Ruhr/Ost O4**

155 **Rheinisch-Westfälische Berufsschule für Hörgeschädigte;** Essen; Kerckhoffstraße 100 Dansard - Kaleborn + Partner: 1978; **Ruhr/Süd E5**

156 **Ruderregatta Wedau;** Duisburg; Kruppstraße 30; Volkmann, Walter: 1979; **Ruhr/West Q12**

157 **Ruhr-Stadion Bochum;** Bochum; Castroper Straße 145; Bochum; Hochbauamt: 1979; **Ruhr/Süd H17**

158 **Ruhruniversität Bochum;** Bochum; Universitätsstraße 150; HPP/Hentrich Petschnigg & Partner/Staatshochbauamt: 1984; **Ruhr/Süd E15**

159 **Ruhruniversität Bochum; Auditorium Maximum, Forum, Institut für Medizin, Ingenieur- und Geisteswissenschaften, Mensa, Verkehrsbauten;** Bochum; Universitätsstraße 150; HPP/Hentrich Petschnigg & Partner: 1978; Yaacov/Agam/Vasarely, Victor: 1978 Kunst am Bau; **Ruhr/Süd E15**

160 **Ruhruniversität Bochum; Bibliothek;** Bochum; Universitätsstraße 150; Lambart, Brun 1974; **Ruhr/Süd E15**

161 **Ruhruniversität Bochum; Energiezentrale;** Bochum; Universitätsstraße 150; Döcker, F Brenner, H.: 1972; **Ruhr/Süd E16**

162 **Ruhruniversität Bochum; Hochbauten des Botanischen Gartens;** Bochum; Universitätsstraße 150; Eller, F./Moser, E./Walter & Partner: 1973; **Ruhr/Süd E15**

163 **Ruhruniversität Bochum; Institute für Naturwissenschaften, Isotopenlabor, Hörsaalzentrum Ost;** Bochum; Universitätsstraße 150; Eller, F./Moser, E./Walter & Partner: 1971; **Ruhr/Süd E15**

64 **Ruhruniversität Bochum; Landschafts- und Hofgestaltung;** Bochum; Universitätsstraße 150; Penker, Georg: 1974; **Ruhr/Süd E15**
65 **Ruhruniversität Bochum; Musisches Zentrum, Studentenhaus;** Bochum; Universitätsstraße 150; Lehmann, W. + Partner: 1984; **Ruhr/Süd E15**
66 **Ruhruniversität Bochum, Verwaltung;** Bochum; Universitätsstraße 150; Hennig, Albin/Dietrich, D.: 1981; **Ruhr/Süd E15**
67 **Rundsporthalle;** Bochum; Stadionring; Seltmann, Klaus: 1975; 2005 Sanierung und Umbau des Hallendachs; **Ruhr/Süd H17**
68 **Rundsporthallen;** Hagen; Wachtelweg 19; Flinkerbusch, Georg: 1966; **Ruhr/Süd Q17**
69 **Rundsporthallen;** Hagen; Selbecker Straße 75; Flinkerbusch, Georg: 1971; **Ruhr/Süd R14**
70 **Rundsporthallen;** Hagen; Kölner Straße 50; Flinkerbusch, Georg: 1971; **Ruhr/Süd R12**
71 **Schachtanlage, An der Haard 1;** Datteln; Redder Straße; Henn + Henn, München: 1977 - 1983; **Ruhr/Nord E13**
72 **Schauspielhaus, Kammerspiele;** Bochum; Königsallee 15; Graubner, Gerhard: 1966; **Ruhr/Süd J16**
73 **Schleuse Meiderich;** Duisburg; Kiffward/Pontwert; 1980; **Ruhr/West N12**
74 **Schultenfeld; Friedhofskapelle;** Dorsten; Maiberger Allee; Patschan/Werner/Winking: 1982; **Ruhr/Nord C5**
75 **Schultenfeld; Waldfriedhof;** Dorsten; Maiberger Allee; Heiss, Ernst/Wörner, Rose/Gustav: 1982; **Ruhr/Nord C5**
76 **Schulzentrum;** Haltern am See; Holtwicker Straße 3 - 5; Hansen, Hans: 1975; **Ruhr/Nord C11**
77 **Schulzentrum Gerthe;** Bochum; Heinrichstraße 2; Berg, G./Koehler, H.: 1977; **Ruhr/Süd A15**
78 **Schulzentrum Querenburger Straße;** Bochum; Querenburger Straße 35/45; Hellrung, J./Schwarze, K. H./Stadt Bochum; Planungsamt, städt.: 1971; **Ruhr/Süd D14**
79 **Schulzentrum Sodingen;** Herne; Castroper Straße 251; Lambart + Partner: 1976; **Ruhr/Nord P16**
80 **Silberpalais, ehem. Klöckner-Haus;** Duisburg; Neudorfer Straße 3 - 5; HPP/Hentrich Petschnigg & Partner: 1978; **Ruhr/West S3**
81 **Situation Kunst; Museum;** Bochum; Nevelstraße 29c; Forth, Peter: 1976; **Ruhr/Süd E13**
82 **Sonderschule für geistig behinderte Kinder;** Herten; Hofstraße 26; Bassenge/Puhan-Schulz und Partner: 1982; **Ruhr/Nord L10**
83 **Sozialistisches Bildungszentrum;** Oer-Erkenschwick; Haardgrenzweg 77; Thielcke + Burbaum: 1975; **Ruhr/Nord G13**
84 **Spielbank Hohensyburg;** Dortmund; Hohensyburgstraße 200; Deilmann, Harald: 1985; **Ruhr/Ost T7**
85 **Sport- und Freizeitzentrum Bleichstein;** Herdecke; Bleichstein/Hagener Straße; Menke Stadtplaner: 1980; **Ruhr/Süd O13**
86 **Sporthalle;** Herne; Hauptstraße/Im Sportpark; Harde + Scheele: 1968; **Ruhr/Nord Q12**
87 **St. Augustinus; Propsteikirche/Gemeindezentrum;** Gelsenkirchen; Klosterstraße 12; Schilling, Hans: 1984; Klocke, Walter; Künstler: 1958 Kunst am Bau; **Ruhr/Nord B17**
88 **St. Barbara; Kirche, kath.;** Herne; Hofstraße 1; Legge, S. + U.: 1969; **Ruhr/Nord R12**
89 **St. Benno; Pfarrkirche, kath.;** Dortmund; Benninghofer Straße 168; Schwill, Theo: 1971; Krüger, Rudolf; Künstler: 1972 Kunst am Bau; **Ruhr/Ost Q8**
90 **St. Josef; Gemeindezentrum, kath.;** Oer-Erkenschwick; Otto-Hue-Straße 1; Schürmann, Joachim/Schürmann Margot: 1973; **Ruhr/Nord H13**
91 **St. Josef; Pfarrkirche, kath.;** Duisburg; Rennerstraße 16; Kramreiter, Robert: 1968; **Ruhr/West L12**
92 **St. Josef; Pfarrzentrum;** Oer-Erkenschwick; Otto-Hue-Straße 1; Schürmann, Joachim: 1972; **Ruhr/Nord H13**
93 **St. Marien;** Hamm; Am Kappenbusch 7; Kulka, Peter/Schilling, Hans: 1986; **Ruhr/Ost C15**
94 **St. Markus; Pfarrkirche, kath.;** Recklinghausen; St.-Markus-Platz; Schilling, Hans: 1966; **Ruhr/Nord A13**
95 **St. Norbert; Kirche, kath.;** Lünen; Ahornstraße 15; Ostermann & Droste/Bette: 1967; **Ruhr/Ost H5**
96 **St. Paulus; Pfarrzentrum, kath.;** Bochum; Auf dem Backenberg 32; Leitl, Alfons: 1972; **Ruhr/Süd D15**
97 **St. Suitbert; Kirche, kath.;** Essen; Klapperstraße 72 - 74; Lehmbrock, Josef/Polonyi, Stefan: 1966; **Ruhr/Süd F9**
98 **Stadion Hohenhorst;** Recklinghausen; Am Stadion/Bruchweg; Rose-Herzmann und Partner: 1977; **Ruhr/Nord M13**
99 **Stadtbibliothek;** Mülheim an der Ruhr; Ruhrstraße/Friedrich-Ebert-Straße 43; 1968; **Ruhr/West S5**
00 **Stadthalle;** Hagen; Wasserloses Tal 2; Gerber, Eckhard/Brettschneider, Hartwig/Dechene, Sigrun/Stilljes, Dierk: 1981; **Ruhr/Süd Q14**

201 **Stadthalle;** Unna; Parkstraße 44; Brandt, Andreas/Böttcher, Rudolph: 1983; **Ruhr/Ost M14**

202 **Stadthalle und Kongresshalle;** Castrop-Rauxel; Europaplatz; Weitling + Dissing/Jakobsen, Arne: 1984; Jakobsen, Arne/Weitling, Otto: 1965 Entwurf; Schmidt-Petersen, R.: 1984 Projektleitung; **Ruhr/Nord O17**

203 **Stadthaus;** Rheinberg; Kirchplatz 10; Böhm, Gottfried: 1981; **Ruhr/West I8**

204 **Stadthausensemble;** Duisburg; Reitbahn/Menzelstraße 19 - 29/47 - 53; afa - architektur-fabrik aachen: 1985; **Ruhr/West T2**

205 **Stadthäuser;** Dorsten; Marktallee/Heidbruch; Höfler + Kandel: 1980; **Ruhr/Nord C5**

206 **Stadtkern Wulfen;** Dorsten; Wulfener Markt; Wehberg + Lange + Partner: 1986; **Ruhr/Nord C5**

207 **Stadtkommunikationszentrum;** Gladbeck; Friedrichstraße/Friedrich-Ebert-Straße; Parade Architekten: 1987; **Ruhr/Nord O6**

208 **Stadtsparkasse, Hauptverwaltung ;** Essen; III. Hagen 43; HPP/Hentrich Petschnigg & Partner/Köllges, Hans: 1975 Entwurf; Ossmann, Klaus: 1975 Projektleiter; **Ruhr/Süd H13**

209 **Stadtteilzentrum Überruhr;** Essen; Lehmanns Brink 5 - 7; Koschany, Günter: 1974; **Ruhr/Süd F9**

210 **Stadttheater;** Dortmund; Hansastraße/Hiltropwall; Rosskothen, Heinrich/Tritthard, Edgar: 1966; **Ruhr/Ost S16**

211 **Steeler City-Center;** Essen; Kaiser-Wilhelm-Platz; Brune + Partner: 1980; Lammert, Rolf/Padberg, Günter: 1980; **Ruhr/Süd E9**

212 **Steinkuhl; Terrassenwohnanlage;** Bochum; Schinkelstraße 82 - 150; Bruens, Heinz/Zeiler, Carl: 1981; **Ruhr/Süd D15**

213 **St.-Elisabeth-Hospital, Schwesternwohnheim;** Bochum; Große Beckstraße 12; Reiser, Roman: 1971; Bienen, Hildegard; Künstlerin: 1970 Kunst am Bau; **Ruhr/Süd I16**

214 **Stimbergpark;** Oer-Erkenschwick; Buschstraße/Weidenstraße; Rose, Hans Martin/Rose-Hermann, Helga: 1969 Landschaftsarchitektur und Gesamtplanung; Krieger, Friedhelm: 1969 Architektur, Hochbau; **Ruhr/Nord G13**

215 **Studentenwohnheim „Die Brücke";** Essen; Universitätsstraße 19; Müller-Zantop, Wolfgang/Einsele, Martin: 1982; **Ruhr/Süd H13**

216 **Technologiepark;** Dortmund; Emil-Figge-Straße/Otto-Hahn-Straße/Joseph-von-Frauenhofer-Straße; Kleihues, Josef Paul/Kurtz, Wolf/Saitner, Werner/Schulze, G.: 1984 ab; **Ruhr/Ost P4**

217 **Technologiezentrum;** Dortmund; Emil-Figge-Straße 76; Kurtz, Wolf/Saitner, Werner: 1985; **Ruhr/Ost P4**

218 **Terrassenhaus;** Hagen; An der Egge 16; Zamel, Adolf: 1973; **Ruhr/Süd Q15**

219 **Terrassenhaus „Am Hang";** Mülheim an der Ruhr; Am Hang; Bussmann, Volker: 1980; **Ruhr/West Q15**

220 **Terrassenhaus Girondelle;** Bochum; Girondelle 84 - 90; Hennig, Albin: 1969; **Ruhr/Süd D15**

221 **Terrassenhochhaus 1 im Uni-Center;** Bochum; Querenburger Höhe; Hennig, Albin/Dietrich, D./Guggenberger, G.: 1973; **Ruhr/Süd E15**

222 **Thomas Morus; Pfarrzentrum;** Gelsenkirchen; Holzkamp 40; Böhm, Gottfried: 1966; **Ruhr/Nord S11**

223 **Thomas-Gemeindezentrum, evang.;** Bochum; Girondelle 80/82; Striffler, Helmut: 1971; **Ruhr/Süd D14**

224 **Thyssengas GmbH, Verwaltungsgebäude;** Duisburg; Duisburger Straße 277; Kraemer, Friedrich Wilhelm/Sieverts, Ernst + Partner: 1980; **Ruhr/West L12**

225 **Tönnishof;** Dortmund; Tönnishof 8; Gerber, Eckhard & Partner: 1985; **Ruhr/Ost P2**

226 **Tossehof, Grundschule;** Gelsenkirchen; Dörmannsweg 23; Sittmann, Tassilo: 1972; **Ruhr/Nord A18**

227 **Trauerhalle St. Marien;** Herne; Prälat-Schneider-Straße/Herzogstraße; Weyers, R.: 1986; **Ruhr/Nord R13**

228 **Trauerhalle Überruhr;** Essen; Holthuser Tal 20; Kölsch, Hans Ulrich/Kölsch, Ursula: 1970; **Ruhr/Süd G9**

229 **U-Bahnhof Stadtgarten;** Dortmund; Hansastraße/Südwall; Gerber, Eckhard & Partner: 1982; **Ruhr/Ost S17**

230 **Ümminger Feld; Mietwohnanlage;** Bochum; Sonnenleite 3; Buderus jun., Louis: 1978; **Ruhr/Süd D16**

231 **Uni-Center;** Bochum; Querenburger Höhe 97 - 100; Dietrich, Dieter/Eller, Fritz/Hennig, Albin/Moser, Erich/Walter, Robert: 1973; **Ruhr/Süd E15**

232 **Universität Dortmund;** Dortmund; Vogelpothsweg; Land Nordrhein Westfalen: 1966 ab; **Ruhr/Ost P4**

233 **Universität Dortmund, H-Bahn;** Dortmund; Vogelpothsweg/Uniforum; Marek: 198[illegible]; **Ruhr/Ost P4**

234 **Universität Witten/Herdecke, Neubau;** Witten; Alfred-Herrhausen-Straße 50; Stachowiak und Deterding: 1983; **Ruhr/Süd L10**

35 **Universität-Gesamthochschule;** Essen; Universitätsstraße/Segerothstraße; Kölsch, Hans Ulrich/Morgenroth, Erich/Henn, Walter; Dr./Eller + Moser + Walter/E.A. Gärtner + R. Stiens/Lehmann und Partner: 1976; **Ruhr/Süd D6**

36 **Veba Chemie; Kantine;** Gelsenkirchen; Pawiker Straße; Kraemer, Friedrich Wilhelm/Sieverts, Ernst + Partner: 1972; **Ruhr/Nord M7**

37 **VEBA Oel AG, Hauptverwaltung;** Gelsenkirchen; Alexander-von-Humboldt-Straße 1; Kraemer, Friedrich Wilhelm/Sieverts, Ernst + Partner: 1984; **Ruhr/Nord M8**

38 **Verkehrsknoten B236/Brackeler Straße;** Dortmund; Bundesstraße B 236/Brackeler Straße; Stadt Gelsenkirchen; Landeshochbauamt: 1980; **Ruhr/Ost N8**

39 **VEW AG; Verwaltungsgebäude (2);** Dortmund; Rheinlanddamm 24; Kraemer, Friedrich Wilhelm/Sieverts, Ernst + Partner: 1976; **Ruhr/Ost T18**

40 **Volksbank, Hauptstelle;** Bochum; Universitätsstraße 70; Schulze, R./Krüger-Heyden, K.: 1985; **Ruhr/Süd J16**

41 **Voswinckel; Geschäftshaus;** Dortmund; Westenhellweg 65; Reiser, Roman: 1972; **Ruhr/Ost R16**

42 **Wall- und Grabenanlagen;** Dorsten; Südwall; Stadt Dorsten; Bauabteilung: 1986; **Ruhr/Nord G3**

43 **Walzwerkhalle;** Datteln; Bahnhofstraße 90; Rheinzink GmbH: 1969; **Ruhr/Nord I15**

44 **Wasserhochbehälter;** Gladbeck; Hegestraße 78; Flachglas AG; Zentralabteilung Technik: 1972; **Ruhr/Nord O4**

45 **Westdeutsche Landesbank und Dresdner Bank;** Dortmund; Kampstraße 45; Deilmann, Harald: 1978; **Ruhr/Ost R16**

46 **Westfälisches Freilichtmuseum Hagen;** Hagen; Mäckingerbach; Landschaftsverband Westfalen Lippe; Bauherr: 1973; **Ruhr/Süd S14**

47 **Wohn- und Atelierhaus;** Bochum; Blankensteiner Straße 194; Forth, Peter: 1969; **Ruhr/Süd F13**

48 **Wohn- und Bürogebäude;** Recklinghausen; Bruchweg 108 - 110; Betz, Günter: 1976; **Ruhr/Nord M13**

49 **Wohn- und Geschäftshaus;** Bochum; Propst-Hellmich-Promenade 28; Forth, Peter: 1974; **Ruhr/Süd C10**

50 **Wohnanlage;** Essen; Hildegrimstraße/Dingerkusweg; Abrahamson, Günther; Dr.: 1982; **Ruhr/Süd H6**

51 **Wohnanlage für Landesbedienstete;** Bochum; Auf dem Aspei 53 - 63; Reiser, Roman: 1968; **Ruhr/Süd E15**

52 **Wohnbebauung am Musiktheater;** Gelsenkirchen; Kurt-Schumacher-Straße 1 - 15; BDA Arbeitsgruppe Gelsenkirchen/Drengwitz/Eising/Glasmeier/Halfmann/Wittig: 1984; **Ruhr/Nord B17**

53 **Wohnen-West;** Marl; Hervester Straße/Marler Stern; Kloss + Kolb: 1975; **Ruhr/Nord G8**

54 **Wohnhaus;** Essen; Effmannstraße 5; Possinke, Lothar G./Quarg, Werner P. A.: 1980; **Ruhr/Süd I6**

55 **Wohnhaus am Schultenberg;** Mülheim an der Ruhr; Schultenberg 52 - 54; Bagusat, Hans Jürgen; Bauherr: 1970er; **Ruhr/West Q16**

56 **Wohnhausgruppe;** Bochum; Hülsbergstraße 61 - 63; Schmiedeknecht, Wulf: 1973; **Ruhr/Süd F14**

57 **Wohnhochhaus;** Herne; Hölkeskampring 100; Stemmermann, W.: 1980; **Ruhr/Nord Q14**

58 **Wohnhochhäuser;** Herne; Scharpwinkelring; Müller, B./Möller, R.: 1975; **Ruhr/Nord P12**

59 **Wohnhügelhaus 1;** Marl; Kreuzstraße 301 - 343; Frey, Roland/Schröder, Hermann/Faller, Peter/Schmidt, Claus: 1968; **Ruhr/Nord H8**

60 **Wohnhügelhaus 2+3;** Marl; Kreuzstraße 1; Schröder, Hermann/Faller, Peter: 1968; **Ruhr/Nord H8**

61 **Zeche Auguste Victoria 3/7, Rohkohlenmischhalle;** Marl; Carl-Duisberg-Straße/Marter Straße; Bauabteilung, Gewerkschaft Auguste Viktoria: 1980; **Ruhr/Nord E8**

62 **Zeche Auguste Victoria 8, Schachtgerüst;** Haltern am See; Feldmarkstraße; Zeche Auguste Victoria/Gute Hoffnungs Hütte; Bauabteilung: 1982; **Ruhr/Nord D8**

63 **Zentralbad;** Gelsenkirchen; Wilhelminenstraße 24; Schneider, Peter Friedrich: 1971; **Ruhr/Nord B16**

64 **Zentralfriedhof Freigrafendamm, Trauerhalle Ost;** Bochum; Feldmark 107; Keilmann, Ferdinand/Stadtplanungsamt Bochum: 1968; **Ruhr/Süd C15**

65 **Zentralfriedhof Mühlenberg, Einsegnungshalle;** Duisburg; Kaldenhauser Straße 2 - 4; Kalenborn, Heinz: 1969; **Ruhr/West R9**

66 **Zentrum der kath. Studentengemeinde Dortmund;** Dortmund; Ostenbergstraße 107; Baumewerd, D. G./Hannich, Triet + Braun: 1982; **Ruhr/Ost P5**

67 **Zweifamilienhaus;** Herne; Jobststraße 83; Frebel, W.: 1976; **Ruhr/Nord O14**

68 **Zweifamilienhaus in der Reihe;** Dorsten; Barkenberger Allee 162; Börner, Hermann/Börner, Christine: 1971; **Ruhr/Nord C6**

69 **4 Wohnhäuser;** Hagen; Hördenstraße 42 - 44; Steinhäusel, Ludwig Franz: 1987; **Ruhr/Süd R13**

1989 - 1999

1 **Abfallentsorgungszentrum Asdonkshof;** Kamp-Lintfort; Graftstraße 25; Kreis Wesel; Abfallgesellschaft: 1996; **Ruhr/West K5**
2 **Agiplan, Hauptverwaltung;** Mülheim an der Ruhr; Zeppelinstraße 301; Foster, Norma Lord & Partner: 1996; **Ruhr/West Q18**
3 **Akademie Mont Cenis;** Herne; Mont-Cenis-Platz 1; Jourda et Perraudin: 1999; **Ruhr/Nord P15**
4 **Allo Pro, Verwaltungs- und Lagergebäude;** Gelsenkirchen; Karl-Schwesig-Straße 25; Hansen, Jürgen/Petersen, Ralf: 1990; **Ruhr/Nord N8**
5 **Alte Post; Hotel;** Dortmund; Königswall 1; WLP/Lehmann, Werner + Partner: 1992; **Ruhr/Ost R16**
6 **Altenberg, Kulturzentrum; Platzgestaltung;** Oberhausen; Altenberger Straße; Planergruppe Oberhausen: 1997; Vieille Montagne S.A.; Bauherr: 1853 ursprünglich Lagerfläche zwischen den Hallen; **Ruhr/West N1**
7 **Alteneinrichtung;** Hamm; Im Josefswinkel 2; Heinrich & Wörner & Vedder: 1998; **Ruhr/Ost E14**
8 **Altenheim;** Dortmund; Am Zehnthof 119; Gerber, Eckhard & Partner: 1993; **Ruhr/Ost O7**
9 **Alternatives Wohnen Recklinghausen-Süd;** Recklinghausen; Bochumer Straße 36 - 42 Ringleben, Ursula/Reicher, Christa: 1999; **Ruhr/Nord N14**
10 **Antennenträger;** Dortmund; Am Stuckenrodt 2; Bofinger, Helge: 1992 Architektur; Polonyi, Stefan; Dr./Kleinschmidt, Ernst: 1992 Tragwerksplanung; **Ruhr/Ost M8**
11 **Arbeitsamt Dortmund;** Dortmund; Steinstraße 39; Gerber, Eckhard & Partner: 1998; **Ruhr/Ost R16**
12 **Arenberg, Gründerzentrum und Gewerbestandort;** Bottrop; Horster Straße 297; Biefang, Hans A.: 1996; **Ruhr/Nord Q5**
13 **Audi-Zentrum;** Dortmund; Körner Hellweg 12; Pleiss - Dierenberg - Domnik: 1999; **Ruhr/Ost O7**
14 **Backstube Peter;** Essen; Zur Schmiede 13; Reichardt, Jürgen: 1999; **Ruhr/Süd C6**
15 **Backumer Tal, Wohnungsbau;** Herten; Löwenzahnweg/Malvenplatz; 1999; **Ruhr/Nord M11**
16 **Bergarena Halde Haniel;** Bottrop; Halde Haniel; DSK AG/Büro Hermanns: 1998; **Ruhr/Nord P2**
17 **Betriebshof Westfalenpark;** Dortmund; An der Buschmühle 3; Klapp, Eberhard Carl/ Brüning, Ernst: 1991; **Ruhr/Ost P6**
18 **Bildungszentrum für die Entsorgungs- und Wasserwirtschaft;** Duisburg; Rohwedderstraße 1; Heuer - Faust: 1999; **Ruhr/West P9**
19 **Bladenhorst, Landschaft;** Castrop-Rauxel; Westring/A42; Martin; Planungsgesellscha 1996; Bauer, Elke/Cramer, Margret/Gärtner, Klaus/Günther, Monika/Kahlhofer, Karin/Kassel, Hermann/Niehusmann, Frank/Banf, Gudrun/Schläger, Christoph: 199 Kunst am Bau; **Ruhr/Nord N17**
20 **Brauck; Gewerbefläche;** Gladbeck; Europastraße 26; 1999; **Ruhr/Nord P6**
21 **Bredeneyer Tor;** Essen; Bredeneyerstraße 2 - 8; nattler architekten: 1999; **Ruhr/Süd F6**
22 **Bundesgartenschau 1991, Freizeitbauten;** Dortmund; An der Buschmühle 3; Forthmann-Drühe, Nicola; Meißner, Harald: 1991; **Ruhr/Ost T17**
23 **Bürgerhaus;** Selm; Botzlarstraße 2; Böhm, Peter: 1993; **Ruhr/Ost D3**
24 **Bürogebäude am Musiktheater;** Gelsenkirchen; Rolandstraße 14; Hansen & Petersen 1999; **Ruhr/Nord B16**
25 **Car-Tower;** Duisburg; Bergheimerstraße 115; Hetschold, Heinz: 1998; **Ruhr/West P9**
26 **CEAG Verwaltungsgebäude; Umnutzung;** Dortmund; Münsterstraße 231; Miksch Rücker; Architekten: 1999; **Ruhr/Ost N6**
27 **CEAG-Gelände;** Dortmund; Ebertstraße; Brosk, Rüdiger: 1998; **Ruhr/Ost N6**
28 **Chinesischer Garten;** Bochum; Universitätsstraße/auf dem Gelände der Ruhruniversität; Zhen, Zhang: 1990; **Ruhr/Süd E15**
29 **Christenstift; Altenwohnheim;** Dortmund; Eisenmark/Silberstraße; Schwill und Bergstermann: 1991; **Ruhr/Ost R16**
30 **CONVENIO Altenzentrum;** Gelsenkirchen; Bulmker Straße 117; Christfreund und Mihsler; Architekten: 1995; **Ruhr/Nord B18**
31 **Das Dorf, Siedlung;** Mülheim an der Ruhr; Am Mühlenhof/Fliednerstraße/Lintorfer Straße; Krier, Rob/Kohl, Christoph: 1993; **Ruhr/West S15**
32 **Das Dorf, Siedlung;** Mülheim an der Ruhr; Am Mühlenhof/Fliednerstraße/Lintorfer Straße; Baller, Inken: 1993; **Ruhr/West S15**
33 **Das Dorf, Siedlung;** Mülheim an der Ruhr; Am Mühlenhof/Fliednerstraße/Lintorfer Straße; Feddersen, Eckhard: 1989; **Ruhr/West S15**
34 **Das Dorf, Siedlung;** Mülheim an der Ruhr; Am Mühlenhof/Fliednerstraße/Lintorfer Straße; von Lom, Walter & Partner: 1993; **Ruhr/West S15**

Akademie Mont Cenis, Herne

Das Tagungs- und Verwaltungszentrum ist in eine gläserne Hülle als künstliche Klimazone integriert. Das „Haus-im-Haus"-Konzept mit Grubengas-Verwertung und integriertem Solardach stellt einen frühen Beitrag der nachhaltigen, ökologischen Bauweise mit großer symbolischer Bedeutung für den Struktur- und Energiewandel im Ruhrgebiet dar. Die Holzkonstruktion und der ästhetische Einsatz der Solarpaneele vermitteln bei Sonnenschein das Durchschreiten eines künstlichen Walds.

„Das Dorf", Mülheim

„Das Dorf" der Theodor-Fliedner-Stiftung in Selbeck verwirklicht integrative Wohnkonzepte für Menschen mit Behinderungen und Nichtbehinderte jeden Alters. An seiner Errichtung waren namhafte Architekten beteiligt, deren individuelle Handschriften bauliche Vielfalt entstehen ließen. Beachtenswert sind der pastellfarbene Dorfteil, in dem ältere Menschen leben und bei Bedarf dort auch betreut werden, sowie der „Turm für verwaiste Glocken" mit seiner textilen Fassade.

Landschaftspark Duisburg Nord

Das 200 Hektar große Gelände des 1902 gegründeten Hochofenwerks Meiderich wurde nach Stilllegung 1985 als IBA-Emscher-Park-Projekt zum Landschaftspark umgestaltet. Die Relikte der Stahl- und Eisen-Produktion wurden in einen weitläufigen Landschaftsgarten mit wilden und kultivierten Bereichen einbezogen, während die Hochöfen, Hallen und der Gasometer erlebnisorientiert mit Klettergarten, Tauchturm und nächtlicher Illumination von Jonathan Park genutzt werden.

Schüngelberg-Siedlung, Gelsenkirchen

Die 1897 bis 1916 erbaute denkmalgeschützte Arbeitersiedlung der ehemaligen Zeche Hugo mit über 300 Wohnungen wurde im Rahmen eines IBA-Wettbewerbs um 200 Wohnungen erweitert. Die auf drei Seiten von Bergehalden umschlossene Siedlung wurde mit Bürgerengagement saniert. Die weiße, strahlenförmige Anlage setzt die Baustruktur der alten Gartenstadt-Idee mit modernen Mitteln fort und bezieht die vorhandene Topografie als sogenanntes „Haldenerlebnis" ein.

Zentrum für Information und Bildung, Unna

Für das einzige Museum, das sich ausschließlich der Lichtkunst widmet, wurden die alten labyrinthischen Gär- und Eiskellerräume der stillgelegten Lindenbrauerei ca. 10 Meter unter der Erde genutzt. Die Ausstellung verwendet Licht nicht als Mittel zum Zweck, sondern betrachtet das Licht selbst als Kunst. Der Umbau von Weicken Architekten fand gemeinsam mit den Künstlern statt, die sich selbst den Ort ihres Kunstwerks aussuchten.

Akademie Mont Cenis, Herne

Mont Cenis Academy, Herne

The conference and administrative centre has been integrated into a glass capsule which provi des an artificial climatic zone. The 'building wit hin a building' concept, featuring the utilisation of methane gas and an integrated solar roof, re presents an early contribution to sustainable, er vironmentally sound architecture and is of great significance to structural and energy changes in the Ruhr district. Combining timber constructio with the aesthetic use of the solar panels has created the effect of an artificial forest.

„Das Dorf", Mülheim

'The Village', Mülheim

'The Village', established in Selbeck by the Thec dor-Fliedner Foundation, realises integrated livi concepts for people with disabilities and the ab bodied of all ages. Several renowned architects were involved in its construction, with their indi dual styles giving rise to architectural diversity. particular note is the pastel-coloured section of the village, in which older people live and, wher necessary, are also cared for, as well as the 'Tow for orphaned bells' with its textile façade.

Landschaftspark Duisburg Nord

Duisburg-Nord Landscape Park

Following its closure in 1985, the 200-hectare s of the Meiderich blast furnace works, establishe in 1902, was transformed into a landscape parl as a project for the IBA-Emscher-Park. Relics of steel and iron production were incorporated intc an extensive landscape garden with wild and cu vated areas, while the blast furnaces, halls and gasometer were converted to provide adventure the form of climbing gardens, a diving tower an night-time illumination by Jonathan Park.

Schüngelberg-Siedlung, Gelsenkirchen

Schüngelberg Estate, Gelsenkirchen

The 300 homes on the listed worker's estate of t former Hugo mine, built between 1897 and 191 were added to by a further 200 residences as pa of an IBA competition. Surrounded on three side by slag heaps, the estate was renovated with inv vement from locals. The white, radial complex co tinues the building structure of the old garden vi lage concept with modern means and incorporat the existing topography as a 'slag heap adventu

Zentrum für Information und Bildung, Unna

Centre for International Light Art, Unna

The only museum devoted exclusively to light a is housed in the maze of former cold storage ar fermenting cellars approximately 10 metres be ath the disused Linden Brewery. The exhibition uses light not as a means to an end, but insteac considers the light itself as art. The conversion Weicken Architekten (Unna) took place in collc boration with the artists who themselves select the sites for their art installations.

35 **Das Dorf, Siedlung;** Mülheim an der Ruhr; Am Mühlenhof/Fliednerstraße/Lintorfer Straße; Riege, Aribert: 1989; **Ruhr/West S15**

36 **Das Dorf, Siedlung;** Mülheim an der Ruhr; Am Mühlenhof/Fliednerstraße/Lintorfer Straße; Kulka, Peter: 1993; **Ruhr/West S15**

37 **Decathlon;** Herne; Holsterhauser Straße 200; Hansen & Petersen: 1996; **Ruhr/Nord Q13**

38 **Deutsche Arbeitsschutzausstellung (DASA-Gebäude);** Dortmund; Friedrich-Henkel-Weg 1 - 25; Stadt Dortmund; Finanzbauamt, städt.: 1992; **Ruhr/Ost P4**

39 **Dialysezentrum „Jakob-Henle-Haus";** Lünen; Cappenberger Straße 90; Gerber, Eckhard & Partner: 1991; **Ruhr/Ost H5**

40 **Dienstleistungs- und Gewerbepark Erin;** Castrop-Rauxel; Erinstraße; Pridik, Wedig: 1998; **Ruhr/Nord P17**

41 **Dieze; Dienstleistungszentrum;** Castrop-Rauxel; Erinstraße 6; Bolles + Wilson: 1997; **Ruhr/Nord P17**

42 **Dr.-C.-Otto-Gelände;** Bochum; Dr.-C.-Otto-Straße 222; Planergruppe Oberhausen: 1997; **Ruhr/Süd F11**

43 **Ebertbad, Umbau zur multifunktionalen Spielstätte;** Oberhausen; Ebertplatz 4; Ruhnau, Werner/Grunauer, Hans/Saxe, Hans: 1989; **Ruhr/West N2**

44 **EBFIZ;** Bochum; Springorumallee; fsw/Fenner, Thomas/Weisser, Jörg/Steinhauer, Klaus: 1997; **Ruhr/Süd E13**

45 **Einfach selber bauen – Siedlung Rosenhügel;** Gladbeck; Am Bergerot; 1999; **Ruhr/Nord P7**

46 **Einfach und Selber bauen;** Herten; Feldstraße 156; 3Pass Architekten: 1999; **Ruhr/Nord M11**

47 **Einfach und Selber bauen;** Bergkamen; Hubert-Biernat-Straße 3 - 11; Post + Welters; Architekten und Stadtplaner: 1999; **Ruhr/Ost H8**

48 **Einfach und selber bauen, Am Calversbach Partizipation;** Lünen; Am Calversbach; 1997; **Ruhr/Ost J2**

49 **Ellipson; Bürohochhaus;** Dortmund; Ruhrallee/Gutenbergstraße; Schulze, G. und Partner: 1999; **Ruhr/Ost S17**

50 **Erweiterung eines Bürogebäudes;** Dortmund; Märkische Straße 212 - 218; Echtermeyer, Bernd: 1995; **Ruhr/Ost T18**

51 **Europäisches Bildungszentrum;** Bochum; Springorumallee 20; von Lom, Walter & Partner: 1998; **Ruhr/Süd E13**

52 **Fachhochschule Gelsenkirchen;** Gelsenkirchen; Neidenburger Straße 10; Christian Schramm + Uwe Schramm: 1998; **Ruhr/Nord N7**

53 **Fertigungstechnik Quante;** Hattingen; Ruhrallee 1a; Gatermann, Dörte/Schossig, Elmar: 1993; **Ruhr/Süd O3**

54 **Forschungs- und Entwicklungszentrums (FEZ), Neubau;** Witten; Alfred-Herrhausen-Straße 44; Stachowiak und Deterding: 1996; **Ruhr/Süd L10**

55 **Franz-Haniel-Akademie;** Duisburg; Franz-Haniel-Platz 1; Eller - Maier - Walter + Partner: 1993; **Ruhr/West P2**

56 **Frauen planen Wohnungen;** Bergkamen; Hubert-Biernat-Straße 22; Töpper, Heinke/Melchior, Monika: 1993; **Ruhr/Ost H9**

57 **Frauenförderprojekt „Frieda";** Oberhausen; Ottilienstraße 32; afa - architektur-fabrik aachen: 1999; **Ruhr/West M14**

58 **Fürst Hardenberg;** Dortmund; Evinger Berg; Krysta, Gerald: 1997; **Ruhr/Ost M5**

59 **Fußgängerbrücke;** Duisburg; Yitzhak-Rabin-Platz; Schlaich, Jörg: 1999; **Ruhr/West R2**

60 **Fußgängerbrücke Ripshorst;** Oberhausen; Ripshorster Straße/Rhein-Herne-Kanal; Schlaich, Bergermann und Partner: 1997; **Ruhr/West L16**

61 **Galeria Duisburg;** Duisburg; Kuhstraße 33; gmp/von Gerkan, Marg und Partner: 1994; **Ruhr/West S2**

62 **Garten der Erinnerung;** Duisburg; Philosophenweg; Karavan, Dani: 1999; **Ruhr/West R2**

63 **Gehölzgarten Ripshorst;** Oberhausen; Ripshorster Straße 106; Lohhaus/Dieckmann: 1999; **Ruhr/West L16**

64 **Gelsenwasser AG, Hauptverwaltung ;** Gelsenkirchen; Willy-Brandt-Allee 26; Deilmann, Harald: 1979 - 1989; Brandi, Ahlbrecht: 1960er Hauptverwaltung, heute völlig umgebaut; **Ruhr/Nord P9**

65 **Gesamtschule, evang.;** Gelsenkirchen; Laarstraße 41; plus+/Hübner, Peter: 1998; **Ruhr/Nord Q10**

66 **Gesundheitshaus Quellenbusch;** Bottrop; Osterfelder Straße 157; KZA; Koschany, Zimmer & Assoziierte: 1999; **Ruhr/Nord R3**

67 **Gesundheitspark Quellenbusch;** Bottrop; Osterfelder Straße 159; Drecker, Peter/Koschany: 1993; **Ruhr/Nord R3**

68 **Gewerbepark Nordstern;** Gelsenkirchen; Nordsternstraße 1; Wolfgang Felder: 1999; **Ruhr/Nord Q7**

69 **Glashaus Herten, Stadtbibliothek und Kulturtreff;** Herten; Hermannstraße 16; Schempp, Dieter: 1999; **Ruhr/Nord M11**

70 **Gründer- und Technologiezentrum;** Hamm; Münsterstraße 1 - 5; LEG NRW: 1995; Freudenthal, Peter: 1995; **Ruhr/Ost D15**

71 **Gründerzentrum;** Hamm; Sachsenweg 9; HHS/Hegger Hegger Schleiff: 1998; **Ruhr/Ost C15**

72 **Grüner Pfad;** Oberhausen; Radweg-Nord (Emscher Park); Stadt Oberhausen: 1990; **Ruhr/West M12**

73 **Gustav-Lübcke-Museum;** Hamm; Neue Bahnhofstraße 9; Bo, Jorgen/Wohlert, Vilhelm: 1993; **Ruhr/Ost E15**

74 **Hafenforum;** Duisburg; Philosophenweg 19; Foster, Norman; Lord & Partner: 1999; **Ruhr/West R2**

75 **Hafenstadtteil Ruhrort;** Duisburg; Krusestraße/Homberger Straße; Eller - Maier - Walter + Partner: 1990; **Ruhr/West P2**

76 **Hagenshof, IBA-Projekt;** Duisburg; Berliner Straße; afa - architektur-fabrik aachen: 1994; **Ruhr/West M13**

77 **Halde Brockenscheidt/Spurwerkturm;** Waltrop; Hiberniastraße; Bormann, Jan: 2000; **Ruhr/Ost B6**

78 **Halde Hoppenbruch;** Herten; Ewaldstraße/Im Emscherbruch; Pridik, Wedig/Freese, Andreas: 1992; **Ruhr/Nord O12**

79 **Halde Lothringen;** Bochum; Kirchharpener Straße/An der Halde; Kaiser, Kirsten: 1999 Kunst am Bau; **Ruhr/Süd A16**

80 **Halde Rheinelbe und Skulpturenwald;** Gelsenkirchen; Leithestraße 35; Prigann, Hermann: 1990 Kunst am Bau; **Ruhr/Nord S10**

81 **Halde Schwerin;** Castrop-Rauxel; Bodelschwingher Straße/Funkestraße; Bormann, Jar 1993 Kunst am Bau; **Ruhr/Nord P18**

82 **Hansaplatz;** Dortmund; Hansaplatz; Forthmann-Drühe, Nicola; Meißner, Harald: 199C **Ruhr/Ost R16**

83 **Hansesaal; Veranstaltungszentrum;** Lünen; Kurt-Schumacher-Straße; Gegus und Hellenkemper: 1991; **Ruhr/Ost I5**

84 **Harenberg City-Center;** Dortmund; Königswall 21; Gerber, Eckhard & Partner: 1994; **Ruhr/Ost R16**

85 **Hauptbahnhof Bottrop;** Bottrop; Am Hauptbahnhof 1; Lange - Ulrich und Partner: 1999; **Ruhr/Nord R4**

86 **Hauptbahnhof Lünen, Vorplatz;** Lünen; Kurt-Schumacher-Straße/Münsterstraße/ Engelstraße; Brackhagen/Pohl, Strey, Rogge: 1999; **Ruhr/Ost H5**

87 **Hauptbahnhofsplatz Recklinghausen;** Recklinghausen; Grafenwall/Martinistraße; LUDES Architekten und Ingenieure: 1999; **Ruhr/Nord A14**

88 **Haus der Wirtschaftsförderung;** Duisburg; Mülheimer Straße 100; Foster, Norman; Lord & Partner: 1992; **Ruhr/West S3**

89 **Haus Hagen;** Marl; Kreuzstraße 21; Hagen + Stadler; Architekten: 1999; **Ruhr/Nord H8**

90 **Haus Köster, Mehrfamilienwohnhaus;** Dortmund; Hülsenbuschstraße 21; Hanewinke Jochem: 1992; **Ruhr/Ost R6**

91 **Haus Rodenberg;** Dortmund; Rodenbergstraße 6; Regiebetrieb Grün: 1996; **Ruhr/Ost P9**

92 **Haus Witten;** Witten; Ruhrstraße 86; von Busse, Hans-Busso/Klapp, Eberhard Carl; heute BKR Architekten: 1996 Umbau und Revitalisierung; **Ruhr/Süd M9**

93 **Heilig-Kreuz-Kirche;** Dortmund; Jungferntalstraße 49; Infra Umweltplanung: 1998; Pauli, Anna; Künstlerin: 2000 Kunst am Bau; **Ruhr/Ost N3**

94 **Hörsaalgebäude der Universität;** Dortmund; Vogelpothsweg 87; Heinrich & Wörner & Vedder: 1994; **Ruhr/Ost P4**

95 **Industrieallee Herten-Süd;** Herten; Im Emscherbruch; 1996; **Ruhr/Nord O12**

96 **Industriehalle mit Büros;** Essen; Tenderweg 13; Reichardt, Jürgen: 1999; **Ruhr/Süd C**

97 **Informationspavillon der „Werkstatt Innenstadt";** Essen; Universitätsstraße/Segerot straße; Herting, Willem/Wittfeld, Gerhard: 1994; **Ruhr/Süd D6**

98 **Innenhafen Duisburg, Masterplan;** Duisburg; Philosophenweg; Foster, Norman; Lord & Partner: 1998; **Ruhr/West R2**

99 **Innovationszentrum Herne;** Herne; Robert-Bosch-Straße/Westring; Nikolic + Partne 1996; **Ruhr/Nord O13**

100 **Innovationszentrum Wiesenbusch;** Gladbeck; Am Wiesenbusch 2; Parade Architekte 1999; **Ruhr/Nord O4**

101 **Institut zur Erforschung der Kanalisationstechnik;** Gelsenkirchen; Exterbruch 1; LEG NRW/Freudenthal/Bisewski: 1994; **Ruhr/Nord R11**

102 **Intückenweg, Wohnsiedlung;** Dortmund; Intückenweg/Lavendelweg; Inbo Architekten/Woudenberg Ingenieure: 1997; **Ruhr/Ost Q11**

103 **Josef-Batoldus-Kindergarten, kath.;** Dortmund; Beuthstraße 25; Doulis, D.: 1996; **Ruhr/Ost O5**

104 **Jüdisches Gemeindezentrum;** Duisburg; Yitzhak-Rabin-Platz/Springwall 16; Hecker, Zvi: 1999; **Ruhr/West R2**

105 **Kaufhaus Boecker ;** Dortmund; Kampstraße/Hansastraße; gibbins european architects: 1998; **Ruhr/Ost R16**

106 **Kindergarten;** Gelsenkirchen; Hertastraße 38; Goedeking und Schmidt: 1999; **Ruhr/Nord B18**

107 **Kindergarten;** Dortmund; Ligusterweg 4; Hanke, Andreas: 1998; **Ruhr/Ost Q11**

108 **Kindergarten;** Dortmund; Olpketalstraße 85; Dutczak, Marian/Horstthemke, Dieter/ Stadt Dortmund; Hochbauamt, städt.: 1998; **Ruhr/Ost R6**

109 **Kindergarten am Wissenschaftspark Rheinelbe;** Gelsenkirchen; Munscheidstraße 14; Kiessler + Partner: 1994; **Ruhr/Nord S10**

110 **Kindergarten Huckarde, evang.;** Dortmund; Erpinghofstraße 68; Doulis, D.: 1996; **Ruhr/Ost N4**

111 **Kläranlage Bottrop;** Bottrop; In der Welheimer Mark 158; 1996; **Ruhr/Nord R6**

112 **Kläranlage Dortmund-Deusen;** Dortmund; Deusener Straße 128; 1994; **Ruhr/Ost N5**

113 **Klärwerk Emschermündung, Faulbehälter ;** Dinslaken; Turmstraße 44a; Ed. Züblin AG: 1995; Emschergenossenschaft: 1995; **Ruhr/West J15**

114 **Kloster Kamp, Terrassengarten ;** Kamp-Lintfort; Abteiplatz; Klinkhammer, Werner: 1990 Revitalisierung der Gebäude; **Ruhr/West L3**

115 **Kontorhaus Innenhafen; Lehnkering-Speicher, ehem.;** Duisburg; Schifferstraße 22 - 24; Braun, Voigt und Partner: 1994 Umnutzung und Sanierung; 1913; **Ruhr/West R1**

116 **Kultur- und Stadthistorisches Museum;** Duisburg; Johannes-Corputius-Platz 1; afa - architektur-fabrik aachen: 1991; **Ruhr/West R1**

117 **Kundenservicezentrum DB Cargo;** Duisburg; Masurenallee 33; RKW/Rhode Kellermann Wawrowsky: 1998; **Ruhr/West Q13**

118 **Küppersbusch Siedlung;** Gelsenkirchen; Küppersbuschstraße; Kowalski, Karla/ Szyszkowitz, Michael: 1996; **Ruhr/Nord B16**

119 **Küppersmühle, Museum;** Duisburg; Philosophenweg 55; Herzog und de Meuron: 1999 Sanierung und Umbau zum Museum; 1908; 1934 Erweiterung Stahlsilo; **Ruhr/West R2**

120 **Ladenzeile an der Ruhr-Universität;** Bochum; Universitätsstraße 150; DEGENER Architekten: 1998; **Ruhr/Süd E15**

121 **Lager-, Versand- und Verwaltungsgebäude;** Hagen; Rohrstraße 16; Achtel, Achim/ Bergmann, Horst: 1993; **Ruhr/Süd P15**

122 **Landesgartenschau Mülheim; MüGa;** Mülheim an der Ruhr; Am Schloss Broich; Wagenfeld, Horst/Müller, Wolfgang: 1992; **Ruhr/West S5**

123 **Landesgartenschau Olga/Garten Osterfeld;** Oberhausen; Scheuerstraße/Wethfeldstraße; Planergruppe Oberhausen/Ditthus/Drecker, Peter: 1999; **Ruhr/West L15**

124 **Landesschule der Kleingärtner;** Lünen; Breiter Weg 21 - 23; Gerber, Eckhard & Partner: 1999; **Ruhr/Ost I6**

125 **Landmarke Rheinorange;** Duisburg; Am Bört; Fritsch, Lutz: 1992 Kunstwerk; **Ruhr/West Q1**

126 **Landschaftspark „Alte Körne";** Dortmund; Werzenkamp/Alte Körne; Landschaft planen und bauen: 1996; **Ruhr/Ost M9**

127 **Landschaftspark Duisburg Nord;** Duisburg; Lösorter Straße/Emscher Straße; Latz und Partner/Latz, Peter: 1998; **Ruhr/West M12**

128 **Landschaftspark Henrichshütte;** Hattingen; Werksstraße 31; Heimer/Herbstreit, Ernst: 1990; **Ruhr/Süd N4**

129 **Leopoldstraße; Wohnquartier;** Dortmund; Mallinckrodtstraße/Münsterstraße/ Heckenstraße; Tonon, Benedict: 1997; **Ruhr/Ost N6**

130 **Look Up Design Agentur;** Gelsenkirchen; Willy-Brandt-Allee 320; AJF/Anin, Jeromin, Fitilidis & Partner: 1999; **Ruhr/Nord P10**

131 **Ludwig-Galerie, Schloss Oberhausen;** Oberhausen; Konrad-Adenauer-Allee 46; Eller + Eller Architekten: 1999; **Ruhr/West L15**

132 **Marktplatz Bergkamen;** Bergkamen; Marktplatz; Gerber, Eckhard & Partner: 1999; **Ruhr/Ost H9**

133 **Marktplatz Bergkamen; Stadtmittebildung;** Bergkamen; Marktplatz; Gerber, Eckhard & Partner: 1999; **Ruhr/Ost H9**

134 **Max-Planck-Institut für molekulare Physiologie;** Dortmund; Otto-Hahn-Straße 11; Heinrich & Wörner & Vedder: 1999; **Ruhr/Ost P4**

135 **Mechtenberg, Landschaftspark;** Gelsenkirchen; Halterner Straße/A40; 1999; **Ruhr/Nord T10**

136 **Mehrfamilienwohnhaus;** Mülheim an der Ruhr; Aktienstraße/Eppinghofer Straße; Skornia & Skornia Recke: 1992; **Ruhr/West O16**

137 **Mehrgenerationen-Wohnen-Siedlung ;** Neukirchen-Vluyn; Andreas-Bräm-Straße 68 - 108; Thesing, Hermann Willi: 1999; **Ruhr/West N5**

138 **Meitnerweg, Wohnanlage;** Dortmund; Meitnerweg 3 - 16; Husemann, Walter/ Wiechmann, Claus: 1992; **Ruhr/Ost P4**

139 **Micro Electronic Centrum;** Duisburg; Bismarckstraße 142; Foster, Norman; Lord & Partner: 1997; **Ruhr/West S3**

140 **Mietwohnungen;** Dortmund; Jungferntalstraße 151 - 153; Basta: 1998; **Ruhr/Ost N3**

141 **Möbelhaus Hensel;** Essen; Johanniskirchstraße 20; Klapp & Brüning; heute BKR Architekten; Brüning, Klapp, Rein: 1998; **Ruhr/Süd B6**

142 **Musicaltheater;** Duisburg; Plessingstraße 20; Kohl : Fromme: 1997; Kohl, Christian; Projektpartner: 1997; **Ruhr/West S1**

143 **Neue Evinger Mitte;** Dortmund; Evinger Straße/Deutsche Straße; Zlonicky/Wachten, Ebert: 1996; **Ruhr/Ost M6**

144 **Neuer Stadtteil Prosper 3;** Bottrop; Kardinal-Hengsbach-Straße/Am Skipschacht; Vandkunsten, C./Trojan und Trojan/Oswald und Schneiter/Wrede, Stefan/Rode/ Kellermann/Wawrowsky und Partner: 1997; **Ruhr/Nord Q4**

145 **Nordsternpark;** Gelsenkirchen; Am Bugapark 1; Pridik, Wedig/Freese, Andreas: 1997; **Ruhr/Nord Q7**

146 **Ökologiestation „Schulze-Heil";** Bergkamen; Westenhellweg 110; Archplan/Gryczan-Wiese, Willi/Leuters, Bernd: 1993; **Ruhr/Ost G8**

147 **Park Henrichenburg;** Castrop-Rauxel; Wartburgstraße/Henrichenburg; Heining und Kierschner: 1999; **Ruhr/Nord M17**

148 **Plus Endoprothetics;** Marl; Mainstraße 2; Hansen & Petersen: 1997; **Ruhr/Nord G6**

149 **Postbank;** Dortmund; Hiltropwall/Poststraße; Heinrich & Wörner & Vedder: 1994; **Ruhr/Ost S16**

150 **Preußen-Museum, ehem. Getreidespeicher;** Wesel; An der Zitadelle 14 - 20; 1998 Umbau und Sanierung zum Museum; **Ruhr/West C9**

151 **Produktions- und Bürogebäude;** Herdecke; Gahlenfeldstraße 45; Hanses, Thomas: 1999; **Ruhr/Süd M13**

152 **Projekt am Loerweg;** Unna; Am Loerweg 17a; Sarnes, Adrian: 1998; **Ruhr/Ost N15**

153 **Propsteiarkaden am Hansaplatz;** Dortmund; Hansaplatz; Schwill und Bergstermann: 1992; **Ruhr/Ost R16**

154 **Prosper III, Gründerzentrum;** Bottrop; Kardinal-Hengsbach-Straße 2 - 4; Trojan/Troja + Neu/Fein, Raimund: 1994; **Ruhr/Nord Q4**

155 **Pylon der Haltestelle „Reinoldikirche";** Dortmund; Reinoldikirchplatz; von Lom, Walte & Partner: 1991; **Ruhr/Ost R17**

156 **RAG-Haus;** Essen; Rellinghauser Straße/Frau-Bertha-Krupp-Straße/Gärtnerstraße; Chapmann & Tyler/Brune: 1999; **Ruhr/Süd I13**

157 **Rathaus Dortmund;** Dortmund; Friedensplatz 1; Kälberer, Dieter: 1989; **Ruhr/Ost S16**

158 **Red Dot Design Museum;** Essen; Gelsenkirchener Straße 181; Foster, Norman; Lord & Partner: 1996; Böll, Heinrich/Krabel, Hans: 1996 Umnutzung und Sanierung; Schupp, Fritz; Dr./Kremmer, Martin: 1932; **Ruhr/Süd J11**

159 **REFA-Informatikcenter;** Dortmund; Emil-Frigge-Straße 43; Schulze, G. und Partner: 1994; **Ruhr/Ost P5**

160 **Rheinbrücke BAB A42;** Duisburg; BAB A42, Rheinstraße/Hegentweg; Ruhrberg und Schumann: 1991 Entwurf; Hecking, Karl: 1991 architektonische Beratung; **Ruhr/West M9**

161 **Rotes Haus auf dem Hügel; Verwaltungsgebäude;** Lünen; Pierbusch 15; Schulz, Gernot: 1995; Hillebrandt, Annette: 1995; **Ruhr/Ost I3**

162 **Ruhr-Lippe, Verwaltungsgebäude;** Dortmund; Karl-Harr-Straße 1; Hansen & Petersen 1999; **Ruhr/Ost P7**

163 **Ruhruniversität Bochum; Technologiezentrum Ruhr;** Bochum; Universitätsstraße 150 SCHÜRMANNSPANNEL/Tönnes, Rainer: 1996 Dachaufbau auf der Ruhruniversität; **Ruhr/Süd E15**

164 **RWE-Turm;** Essen; Opernplatz 1; Ingenhoven, Overdiek und Partner: 1996; **Ruhr/Süd I13**

165 **RWE-Turm, Blockrandbebauung;** Essen; Opernplatz 1; HPP/Hentrich Petschnigg & Partner: 1997; **Ruhr/Süd J13**

166 **Sauerfeld, Siedlung;** Waltrop; Tinkhöfe; 1996; **Ruhr/Ost B6**

167 **Schleusenpark Waltrop;** Waltrop; Am Hebewerk 2; Lohhaus/Dieckmann: 1999; **Ruhr/Ost B3**

168 **Schloss Horst, Umbau und Erweiterung;** Gelsenkirchen; Turfstraße 21; Jourdan und Müller: 1999 Umbau und Erweiterung; **Ruhr/Nord Q7**

169 **Schulungsgebäude in Holzbauweise;** Hamm; Sachsenweg 8; HHS/Hegger Hegger Schleiff: 1996; **Ruhr/Ost C15**

170 **Schulzentrum, Erweiterung;** Voerde; Steinstraße; Schuster Architekten: 1996; **Ruhr/West F11**

171 **Schüngelberg-Siedlung, Ergänzung;** Gelsenkirchen; Schüngelbergstraße/Holthauser Straße; Keller, Rolf: 1990; **Ruhr/Nord O8**

172 **Schurenbachhalde;** Essen; Emscherstraße/Nordsternstraße; Serra, Richard: 1998 Kuns am Bau; **Ruhr/Süd A7**

173 **Seepark Lünen/LaGaLü;** Lünen; Schwansbeller Weg; Schupp und Thiel: 1996; **Ruhr/Ost I6**

174 **Seniorenzentrum;** Duisburg; Philosophenweg 15; Kohl : Fromme: 1998; Kohl, Christian; Projektpartner: 1998; **Ruhr/West R2**

175 **Showroom, Büro, Schreinerei;** Dortmund; Alter Hellweg 36; DEGENER Architekten: 1999; **Ruhr/Ost P3**

176 **Siedlung;** Gelsenkirchen; Laarstrasse/Sellmannsbachstraße; plus+: 1996; **Ruhr/Nord Q10**

177 **Skulpturenpark Rheinelbe;** Gelsenkirchen; Virchowstraße; Prigann, Hermann: 1999; **Ruhr/Nord S10**

178 **St. Monika; postmoderner Kirchenbau;** Schwerte; Am Kleinenberg 5; Triet - Hannich - Braun/Assoziierte Architekten: 1989; **Ruhr/Ost T10**

179 **Stadt- und Landesbibliothek;** Dortmund; Königswall 14; Botta, Mario: 1999; **Ruhr/Ost R16**

180 **Stadtbauraum; ehem. Zeche;** Gelsenkirchen; Boniverstraße 30; Pfeiffer, Herbert/Ellermann, Christoph: 1996; **Ruhr/Nord B16**

181 **Stadtmuseum;** Hattingen; Marktplatz 1 - 3; 1994 Umbau; 19. Jhd. Erbaut; **Ruhr/Süd N5**

182 **Stadtpark Rolandhalde;** Oberhausen; Rolanddamm/Bauerfeld; Dtp Landschaftsarchitekten/Davids, Peter/Terfrüchte, Friedhelm: 1998; **Ruhr/West N16**

183 **Stadtteil Duisburg-Marxloh;** Duisburg; Weseler Straße/Kaiser-Wilhelm-Straße/Feldstraße; 1996; **Ruhr/West L11**

184 **Stadtteil Recklinghausen-Süd;** Recklinghausen; Neißestraße/Bochumer Straße; 1989, ab; **Ruhr/Nord N14**

185 **Stadtwerke Witten, Hauptverwaltung;** Witten; Westfalenstraße 18 - 20; Friedrich, Jörg: 1993; **Ruhr/Süd L10**

186 **Steiger Schwanentor (Anlegestelle);** Duisburg; Münzstraße/Calaisplatz 56; Foster, Norman; Lord & Partner: 1995; **Ruhr/West R1**

187 **Sud- und Treberhaus, Umnutzung und Sanierung;** Herne; Eickeler Markt 1; Lewandowski, Annette: 1999; **Ruhr/Nord R12**

188 **Tagesklinik für Erwachsenenpsychiatrie;** Witten; Pferdebachstraße 51; Gegus und Hellenkemper: 1999; **Ruhr/Süd L9**

89 **Tanzschule, Umbau/Erweiterung;** Gelsenkirchen; Springemarkt 3; Hansen & Petersen: 1993; **Ruhr/Nord N8**

90 **Technologiezentrum;** Duisburg; Bismarckstraße; Foster, Norman; Lord & Partner: 1995; **Ruhr/West S3**

91 **Technologiezentrum Eco Textil, Umnutzung;** Bochum; Lyrenstraße 13; Kemper und Steiner: 1999; **Ruhr/Süd C10**

92 **Technologiezentrum Umweltschutz;** Oberhausen; Essener Straße 3; Reichen, Bernhard/Robert, Philippe/Dratz, Uli: 1993; Reichen, Bernhard/Robert, Philippe: 1997 Erweiterung TZU IV; **Ruhr/West L15**

93 **Technologiezentrum Umweltschutz, zweiter Bauabschnitt;** Oberhausen; Essener Straße/Sterkrader Straße; Reichen, Bernhard/Robert, Philippe: 1993; **Ruhr/West L15**

94 **Technologiezentrum 3;** Dortmund; Emil-Figge-Straße 80; Kleihues, Josef Paul/Schulze, Gustav: 1991; **Ruhr/Ost P4**

95 **Tetraeder;** Bottrop; Beckstraße; Drecker, Peter: 1995; **Ruhr/Nord Q5**

96 **Tetraeder, „Haldenereignis Emscherblick";** Bottrop; Beckstraße/Gabelsbergerstraße/Batenbrockstraße; Christ, Wolfgang: 1996; **Ruhr/Nord Q5**

97 **Theodor-Fliedner-Stiftung;** Mülheim an der Ruhr; Lahnstraße 42 - 44; Schneider und Schumacher: 2002; **Ruhr/West O15**

98 **Thermo-Insel;** Duisburg; In den Groonlanden 25 - 27; Thyssen bauen und wohnen: 1991; **Ruhr/West N13**

99 **Thermoinsel;** Essen; Erasmusstraße 2; Dtp Landschaftsarchitekten/Davids, Peter/Terfrüchte, Friedhelm: 1998; **Ruhr/Süd E10**

00 **Traumhaus;** Oberhausen; Am Grafenbusch 65 - 69; Baufrösche: 1997; **Ruhr/West L15**

01 **VEBA Brücke über die A2;** Gelsenkirchen; BAB A2 Streckenkilometer 495,31 ; Gerber, Eckhard & Partner: 1989; **Ruhr/Nord O7**

02 **Verdichtung, Wohnungsbaukonzepte;** Bergkamen; An den Stapeläckern 2; Hansen & Petersen: 1999; **Ruhr/Ost H7**

03 **Versöhnungskirche, evang., Glockenturm;** Marl; Georg-Herwegh-Straße 101; Pfeiffer, Herbert/Ellermann, Christoph: 1991; **Ruhr/Nord G10**

04 **Verteilerstation;** Dortmund; Höchstener Straße/Ackerstraße; Wagner, Wolfgang; Hochbauabteilung DEW/DSW Dortmund: 1996; **Ruhr/Ost R8**

05 **Verwaltungsbau;** Hagen; Spannstiftstraße 1; Baldus, Martin: 1998; **Ruhr/Süd P16**

06 **Verwaltungsgebäude;** Duisburg; Düsseldorfer Straße 42; Overdiek, Jürgen/Petzinka, Karl Heinz/Pink, Thomas: 1992; **Ruhr/West S2**

07 **Verwaltungsgebäude der Wohnungsbaugenossenschaft;** Lünen; Kurt-Schumacher-Straße 11; Gerber, Eckhard & Partner: 1989; **Ruhr/Ost H5**

08 **Volksgolfplatz Jacobi;** Bottrop; Jacobistraße; Drecker, Peter: 1998; **Ruhr/Nord Q2**

209 **Voswinckelshof, Museum;** Dinslaken; Elmar-Sierp-Platz 6; Angelis, Reinhard: 1999; 15. Jhd. Altbau; **Ruhr/West H13**

210 **Wasser- und Stadtteilpark Bergkamen;** Bergkamen; Louis-Schröder-Straße; Landschaft planen und bauen: 1999; **Ruhr/Ost H8**

211 **Wertstoffannahmestelle;** Dortmund; Wittbräucker Straße 46; planungsgruppe dortmund/Schröder - Schulte-Ladbeck - Strothmann: 1995; **Ruhr/Ost P9**

212 **Westfalenhallen, Stadtbahnhaltestelle;** Dortmund; Maurice-Vast-Straße/Ardeystraße; LTK Architekten/Kafka, K./Roehder + Partner: 1998; **Ruhr/Ost T16**

213 **Westpol/Landmarke;** Kamp-Lintfort; Rheinberger Straße/Krummensteg; Fischer-Essen Alfred: 20. Jh. Anfang; Kuball, Mischa; Künstler: 1999 Kunst am Bau; **Ruhr/West K5**

214 **Wiegand, Bauunternehmen; Bürogebäude;** Dortmund; An der Goymark 23; Pape, Thomas: 1994; **Ruhr/Ost Q7**

215 **Wissenschaftspark;** Gelsenkirchen; Munscheidstraße 14; Kiessler + Partner: 1995; **Ruhr/Nord S10**

216 **Wohn- und Bürohaus;** Recklinghausen; Cäcilienhöhe 104; Klapheck, Hermann; Dr. + Partner: 1999; **Ruhr/Nord L13**

217 **Wohn- und Geschäftshaus;** Mülheim an der Ruhr; Düsseldorfer Straße 81; Harsveldt, Ralf: 1998; **Ruhr/West Q16**

218 **Wohn- und Geschäftshaus;** Essen; Limbecker Straße 20; Schaller Theodor; Architekter 1997; **Ruhr/Süd H13**

219 **Wohnanlage Fredenbaum;** Dortmund; Immermannstraße/Schützenstraße; Steidle & Schmitz Architekten: 1999; **Ruhr/Ost N5**

220 **Wohnanlage Immermannstraße, Außenanlagen ;** Dortmund; Immermannstraße 35; Latz-Riehl/Latz, Peter: 1999; **Ruhr/Ost N5**

221 **Wohnbebauung Bottrop-Kirchhellen;** Bottrop; Schulze-Delitzsch-Straße 4 - 14; Schalle Theodor; Architekten: 1996; **Ruhr/Nord M4**

222 **Wohnbebauung, öffentlich gefördert;** Bochum; Dr.-C.-Otto-Straße 174 - 180; Meyer, Karin: 1998; **Ruhr/Süd F11**

223 **Wohnbebauung Rittergasse;** Essen; Rittergasse 4; Wbp Landschaftsarchitekten/Wolf, Christine/Junge, Rebekka: 1999; **Ruhr/Süd H6**

224 **Wohnhaus;** Waltrop; Dortmunder Straße 63; Corneliussen, Andreas: 1998 Umbau unc Sanierung; 1780; **Ruhr/Ost A6**

225 **Wohnhaus;** Recklinghausen; Josef-Wulff-Straße 66; Pillich, H.-J.: 1997; **Ruhr/Nord L12**

226 **Wohnhaus Dr. Wolff;** Hagen; Zur Höhe 67a; Olgiati, Rudolf: 1990 Entwurf; Olgiati, Rudolf: 1993 Ausführung; **Ruhr/Süd R14**

227 **Wohnhaus Hanewinkel;** Dortmund; Hülsenbuschstraße 19; Hanewinkel, Jochem: 199 **Ruhr/Ost R6**

228 **Wohnhaus Markmeyer;** Hagen; Im Wiesengrund 8; PASD/Feldmeier + Wrede: 1996; **Ruhr/Süd Q15**

229 **Wohnhaus Oydrot;** Oberhausen; Martin-Heix-Platz 9a; Lipkowsky, Günther: 1998; **Ruhr/West O1**

230 **Wohnhaus Siebner;** Dortmund; Tiefenweg 11; Hanewinkel, Jochem: 1997; **Ruhr/Ost S8**

231 **Wohnungen, altengerecht mit Gemeinschaftsraum;** Dortmund; Markscheider Straße 14; Meyer/Uhr: 1999; **Ruhr/Ost P9**

232 **Wohnungen, öffentlich gefördert;** Hamm; Hohenhöveler Straße 40 - 48; Larsen, H./ Meyer, Karin/Ringleben, Ursula/Schwering, Leo: 1998; **Ruhr/Ost D13**

233 **Wohnungsbau;** Duisburg; Hansegracht 12; Auer & Weber: 1998; **Ruhr/West R2**

234 **Wohnungsbau, öffentlich gefördert;** Bochum; Wattenscheider Hellweg 104 - 122; Kremer, Kurt Peter und Partner: 1999; **Ruhr/Süd D11**

235 **Zeche Arenberg, Lohnhalle/Waschkaue; Umbau;** Bottrop; Im Blankenfeld 4; Biefang, Hans A.: 1999; **Ruhr/Nord Q5**

236 **Zeche Fritz Heinrich, Umbau zum Büro- und Ateliergebäude;** Essen; Nordsternstraße 65; Schupp, Fritz; Dr./Kremmer, Martin: 1940; Böll, Heinrich/Krabel, Hans: 1997 Umnutzung und Sanierung; **Ruhr/Süd B6**

237 **Zeche Hasenwinkel; Maschinenhalle, ehem.; Restaurierung;** Bochum; Polterberg 10; architektur anders: 1999; **Ruhr/Süd F12**

238 **Zeche Minister Achenbach, Schacht 4, LÜNTEC-Tower;** Lünen; Heinrichstraße 51; Colani, Luigi; Designer: 1995; 1897 Errichtung der Zechenanlage; **Ruhr/Ost I2**

239 **Zeche Zollverein, Skulpturenpark;** Essen; Gelsenkirchener Straße 181; Rückriem, Ulrich; Künstler: 1998; **Ruhr/Süd J10**

240 **Zentraldeponie Emscherbruch;** Gelsenkirchen; Wiedehopfstraße 30; Gerber, Eckhard & Partner: 1999; **Ruhr/Nord P11**

241 **Zinkwalzwerk Altenberg, Umbau;** Oberhausen; Hansastraße 20; Angelis, Reinhard: 1994; **Ruhr/West N1**

242 **Zukunftszentrum;** Herten; Konrad-Adenauer-Straße 9 - 13; Kramm und Strigl: 1995; **Ruhr/Nord M11**

Emscherbruch, Landschaftspark Recklinghausen

Nach der Stilllegung des Bergwerks Ewald im Jahre 2000 wurde auf dem 7,5 qkm großen Gelände der ehemaligen Industrieflächen und Berghalden des Steinkohlebergbaus ein Verbund von verschiedenen Erholungslandschaften neu gestaltet. Der Masterplan „Neue Horizonte" von Agence Ter/Henri Bava basiert auf der Idee, auf der größten Berghalde Europas (Halde Hoheward) Himmel und Erde erlebbar werden zu lassen.

Innenhafen Duisburg

Als IBA-Projekt startete Mitte der 90er Jahre die Revitalisierung des ehemaligen Kornhafens, dem „Brotkorb" des Ruhrgebiets. Ein Mix aus Wohnen, Arbeiten, Gastronomie, Kultur und ansprechenden Freiräumen ist das Erfolgsrezept für das erste Projekt im Ruhrgebiet, das die Qualitäten wassernaher Areale thematisiert. Norman Foster hat neben der Erstellung des städtebaulichen Masterplans vier seiner insgesamt zehn Ruhrgebietsprojekte im Innenhafen realisiert.

Gelsenwasser Verwaltungsgebäude, Gelsenkirchen

In Sichtweite der Schalke Arena wurde der gläserne Kubus als exaktes Spiegelbild des weißen Verwaltungsbaus von Harald Deilmann aus den 60er Jahren gestaltet. Das über einem künstlichen See „schwebende" Haus geht mit seiner innovativen Gebäudetechnik, die mit natürlicher Belüftung, Nachtauskühlung, Gartenhöfen und intelligenten Verschattungen arbeitet, weit über bisher bekannte Beispiele nachhaltigen Bauens im Verwaltungsbau hinaus.

Jahrhunderthalle Bochum

Das Gebäude hatte als Messehalle in Düsseldorf gedient, bevor es beim Bochumer Verein seine Bestimmung als Maschinenhalle fand. Zu diesem Zweck wurde das genietete Stahltragwerk zerlegt und nach Bochum geschafft. Nach der Schließung in den 80er Jahren wurde die Halle während der IBA restauriert und später zu einer Multifunktionshalle mit Foyer umgebaut. Die Herausforderung bestand darin, die komplexe Technik unter Erhaltung der inneren Authentizität zu integrieren.

Porsche-Zentrum, Dortmund

Das parallel zur Autobahn gelegene, signifikante Gebäude besteht aus einer 130 Meter langen Halle mit einer markanten elliptischen Metall-Dachkonstruktion, die auf schräg stehenden, in drei Richtungen gekrümmten Beton-Stützen ruht. Die Silhouette erinnert an ein Aluminium-Strangpressprofil – symbolhaft für die hohen technischen Qualitäten der Automarke.

109

Emscherbruch, Landschaftspark Recklinghausen

Emscherbruch Landscape Park, Recklinghausen

Following the closure of the Ewald mine in 2000, the former industrial sites and slag heaps of this coal mine, totalling an area of 7.5 km2, were transformed into a network of different recreational landscapes. The master plan 'New Horizons' drawn up by Agence Ter / Henri Bava is based or the idea of enabling heaven and earth to be expe rienced on the largest slag heap in Europe (Hohe ward slag heap).

116

Innenhafen Duisburg

Duisburg Inner Harbour

The regeneration of the former grain harbour, 'th breadbasket of the Ruhrgebiet', began in the mid 1990s as an IBA project. A blend of residential areas, commerce, restaurants, culture and attractive open spaces has been the recipe for success for this first project in the Ruhr district to focus or the qualities of waterfront areas. In addition to creating the urban development master plan, Norman Foster realised four of his total of ten Ruhr district projects here in the Inner Harbour.

142

Gelsenwasser Verwaltungsgebäude, Gelsenkirchen

Gelsenwasser Administration Building, Gelsenkirchen

Within sight of Schalke Arena, the glass cube wa planned as an exact reflection of the white administration building designed by Harald Deilmanr in the 1960s. With its innovative building service engineering, which utilises natural ventilation, night-time cooling, garden courtyards and intelli gent shading, this building 'floating' on an artificial lake far exceeds previous examples of sustainable construction in administration buildings

188

Jahrhunderthalle Bochum

Bochum Century Hall

The building had been used as an exhibition pav lion in Düsseldorf, before it found its purpose as machinery hall for the Bochumer Verein [Bochur Association for Mining and Cast Steel Manufacture]. For this purpose, the riveted steel framework was dismantled and transported to Bochur After its closure in the 1980s, the hall was restored during the IBA and later remodelled as a multifunctional hall with a foyer. The challenge was to integrate the complex technology while retaining its interior authenticity.

273

Porsche-Zentrum, Dortmund

Porsche Centre, Dortmund

Situated parallel to the motorway, this impressiv building comprises a 130-metre long hall with a striking, elliptical, metal roof construction, whicl rests on sloping concrete supports curving in thr directions. The silhouette is reminiscent of an extruded aluminium sheath – symbolic of the superior technological characteristics of the car marque.

2000 - 2010

1 **ADAC Hauptverwaltung Westfalen;** Dortmund; Freie-Vogel-Straße 393; stegepartner: 2006; **Ruhr/Ost O8**

2 **Aeterno, christliches Trauerhaus;** Marl; Brassertstraße 44; Rainer Steinke; Architekturbüro: 2008; **Ruhr/Nord G7**

3 **Alexandrine-Hegemann-Schule, Umbau und Erweiterung;** Recklinghausen; Werkstättenstraße 16 - 18; Krail, Thomas: 2000; **Ruhr/Nord M13**

4 **alltours flugreisen, Verwaltungsgebäude ;** Duisburg; Am Innenhafen 8 - 10; gmp/von Gerkan, Marg und Partner: 2001; **Ruhr/West R2**

5 **Alte Reithalle;** Mülheim an der Ruhr; Georgstraße/Auerstraße; 2000; **Ruhr/West S5**

6 **Altenheim der Diakonie Gladbeck Bottrop Dorsten;** Bottrop; Neustraße 25; Zamel, Krug; Architekten: 2003; **Ruhr/Nord R4**

7 **Altenzentrum St. Hildegard;** Dortmund; Selzerstraße 23; Kreitschmann, Susanne: 2008; **Ruhr/Ost Q8**

8 **Am Gardenkamp, Wohnpark;** Dortmund; Henriettenweg; Bolle & Licker: 2001; **Ruhr/Ost Q4**

9 **Amtsgericht Aplerbeck;** Dortmund; Aplerbacker Marktplatz 21; Schamp & Schmalöer; Architektur + Städtebau: 2006; **Ruhr/Ost P9**

10 **Amtsgericht Dortmund;** Dortmund; Gerichtsstraße 22; Pridik, Wedig/Freese, Andreas: 2004; **Ruhr/Ost R17**

11 **Apartment Building;** Dortmund; Wellinghoferstraße 175; Archifactory.de: 2005; **Ruhr/Ost Q7**

12 **Arcadeon;** Hagen; Lennestraße 91; Birker und Wurster/Baumewerd, D.G./Gantert, R.: 2000; **Ruhr/Süd P15**

13 **Archilab;** Dortmund; Olpe 39; Hansen & Petersen: 2002; **Ruhr/Ost R17**

14 **Ardey-Quelle;** Dortmund; Flautweg 4; Ingenieurbüro Kaiser: 2001; **Ruhr/Ost L7**

15 **Arena auf Schalke;** Gelsenkirchen; Berger Feld/Kurt-Schumacher-Straße 284a; HPP/Hentrich Petschnigg & Partner: 2001; Pelle, Klemens; Dr./Weyer Beratende Ingenieure: 2001 Tragwerksplanung; **Ruhr/Nord P9**

16 **Artrion Dortmund;** Dortmund; Rheinlanddamm 207 - 209; Drahtler, Ulrich: 2003; **Ruhr/Ost T16**

17 **Audi-Zentrum;** Essen; Altendorfer Straße 50; Schormann, Ralf Arno: 2006; **Ruhr/Süd H12**

18 **August-Lenz-Haus; Geschäftshaus (Gastronomie und Fanshop);** Dortmund; Strobelallee 50; Drahtler, Ulrich/Architekt: 2007; **Ruhr/Ost P6**

19 **Ausstellungs- und Bürogebäudes, Neubau;** Bochum; Hiltroper Straße 260a; Ramsfjell Architekten: 2010; **Ruhr/Süd B14**

20 **Bahnhof Gelsenkirchen, Umbau;** Gelsenkirchen; Bahnhofsvorplatz 10; Peters, B.U./Pfarr, S./Krampe, Ulrich/Reiter, Peter; Architekten: 2007; **Ruhr/Nord C17**

21 **Bahnhofsvorplatz;** Gelsenkirchen; Bahnhofsvorplatz; Wbp Landschaftsarchitekten/Wolf, Christine/Junge, Rebekka: 2007; **Ruhr/Nord C17**

22 **Balkonpromenade Halde Hoheward;** Herten; Ewaldstraße; Pridik, Wedig/Freese, Andreas: 2008; **Ruhr/Nord O12**

23 **Bausemshorst, Quartier/barrierefreies Wohnen;** Essen; Johanniskirchstraße/Bausemshort; Famulicki, Michel-Raimo: 2009; **Ruhr/Süd B6**

24 **Bergsmannsheil, Neubau des Bettenhauses;** Bochum; Bürkle-de-la-Champ-Platz 1; LUDES Architekten und Ingenieure: 2007; **Ruhr/Süd D13**

25 **Betenhof-Platz;** Dortmund; Betenhof; Gerber, Eckhard & Partner: 2006; **Ruhr/Ost R17**

26 **Betreutes Wohnen im Alter;** Witten; Elberfelder Straße 16 - 18; Goerner/Goerdt/Schwarz: 2000; **Ruhr/Süd N9**

27 **Betreutes Wohnen in Welper;** Hattingen; Marxstraße 66; RDS Partner: 2008; **Ruhr/Süd N5**

28 **Betriebskantine;** Mülheim an der Ruhr; Rheinstraße 100; Schramm, Christian; Dr.: 2004; **Ruhr/West O15**

29 **Bezirksverwaltungsstelle;** Dortmund; Hörder Bahnhofstraße 16; Drahtler, Ulrich/Architekt: 2004; **Ruhr/Ost P7**

30 **Bibliothek/Gastronomie/Dienstleistung; Bahnhofgebäude, ehem.;** Wetter (Ruhr); Bahnhofstraße 17 - 19; Pesch & Partner: 2008; 1905 Bahnhofsgebäude; **Ruhr/Süd O11**

31 **Bildungszentrum des Handels;** Recklinghausen; Wickingplatz 2 - 4; Feja + Kemper: 2007; **Ruhr/Nord A14**

32 **BP-Zentrale Bochum;** Bochum; Wittener Straße 45; BRT/Bothe Richter Teherani; Architekten: 2005; **Ruhr/Süd J16**

33 **Brauerei-Museum;** Dortmund; Steigerstraße 16; Steiner, Jürg: 2007; **Ruhr/Ost N6**

34 **Brückenkindertagesstätte; jüd. Kultusgemeinde;** Dortmund; Arndtstraße/Heiliger Weg; Drahtler, Ulrich/Architekt: 2000; **Ruhr/Ost R17**

35 **Brückenplatz;** Duisburg; Heerstraße; Danielzik, Karl Heinz/Leuchter, Reiner: 2004; **Ruhr/West T1**

36 **Brückner Grundbau GmbH, Hauptverwaltung;** Essen; Am Lichtbogen 8; nattler architekten: 2002; **Ruhr/Süd C5**
37 **Bürgerbad Elsetal;** Schwerte; Am Winkelstück 113; Meyer-Wolters & Yeger: 2001; **Ruhr/Ost T10**
38 **Bürgerpark Altenessen;** Essen; Kuhlhoffstraße; Treder/Tegtmeier, Marita/Müller, Ralf: 2003; **Ruhr/Süd B7**
39 **Büro- und Geschäftshaus;** Dortmund; Hermannstraße 2 - 4; DEGENER Architekten: 2006; **Ruhr/Ost P7**
40 **Büro- und Werkstattgebäude;** Bochum; Auf dem Kalwes 14; Schmidt, Thomas: 2000; **Ruhr/Süd E16**
41 **Bürogebäude;** Bochum; Lise-Meitner-Allee 6; Schmidt, Thomas: 2003; **Ruhr/Süd E16**
42 **Bürogebäude;** Hamm; Gabelsbergerstraße 1a; NOWECK + PAHMEYER; Architekten: 2006; **Ruhr/Ost H16**
43 **Bürogebäude;** Bochum; Konrad-Zuse-Straße 14; Schmidt, Thomas: 2005; **Ruhr/Süd E16**
44 **Bürogebäude;** Hamm; Auf den Kämpen 16; NOWECK + PAHMEYER; Architekten: 2008; **Ruhr/Ost A18**
45 **Bürogebäude;** Dortmund; Lütge Heidestraße 79 - 81; Schulze Gronover & Galert: 2001; **Ruhr/Ost M5**
46 **Bürogebäude;** Essen; Veronikastraße 36; Lüke Schmitz Artz; Architekten + Generalplaner: 2002; **Ruhr/Süd F6**
47 **Bürogebäude;** Unna; Ostring; Deterding; Architekturbüro: 2007; **Ruhr/Ost M14**
48 **Bürogebäude;** Bochum; Amtmann-Ibing-Straße 10; Rübsamen + Partner: 2008; **Ruhr/Süd A16**
49 **Bürogebäude;** Bochum; Konrad-Zuse-Straße 12; Schmidt, Thomas: 2001; **Ruhr/Süd E16**
50 **Bürogebäude SCHÜRMANNSPANNEL AG;** Bochum; Lise-Meitner-Allee 6; Schmidt, Thomas: 2002; **Ruhr/Süd E16**
51 **Bürohaus Fa. itb;** Kamp-Lintfort; Carl-Friedrich-Gauß-Straße 30; Streiter, Wolfgang: 2005; **Ruhr/West M4**
52 **Bürohaus für DB Services Objektmanagement;** Duisburg; Königsberger Allee 28; Reiser & Partner; Architekten: 2003; **Ruhr/West S3**
53 **Bürohaus Innenhafen;** Duisburg; Schifferstraße 210; Bahl & Partner: 2002; **Ruhr/West R2**
54 **Büropark an der Gruga;** Essen; Alfredstraße 236; Kaspar Kraemer; Architekten: 2004; **Ruhr/Süd F6**
55 **Buschey Friedhof; Andachtshalle;** Hagen; Bergischer Ring/Grünstraße; Steinborn, Simone: 2003; Halm, Peter: 2003 Realisation; **Ruhr/Süd Q14**
56 **Business Center Ruhrort;** Duisburg; Dr.-Hammacher-Straße 49; Eller + Eller Architekten: 2006; **Ruhr/West P2**
57 **Businesspark Niederrhein;** Duisburg; Dr.-Alfred-Herrhausen-Allee; Boyer und Schulze Landschaftsarchitekten/Schulze, Klaus: 2000; **Ruhr/West P10**
58 **CityPalais;** Duisburg; König-Heinrich-Platz; von Salm, Yvonne/Taylor, Chapman: 2007; Graubner, Gerhard/Stumpf/Voigtländer: 1962 denkmalgeschützte Mercatorhalle an gleicher Stelle; Abriss im Jahre 2005; **Ruhr/West S2**
59 **Clubhaus für einen Golf-Club;** Bochum; Im Mailand 127; Freie Planungsgruppe: 2001; **Ruhr/Süd F15**
60 **ComIn;** Essen; Karolingerstraße 96; Wbp Landschaftsarchitekten/Wolf, Christine/Junge, Rebekka: 2005; **Ruhr/Süd D7**
61 **ComIn Zentrum;** Essen; Karolingerstraße 96; Schröder + Kamm Architekten: 2006; **Ruhr/Süd D7**
62 **Consol Park;** Gelsenkirchen; Kanalstraße/Consolstraße; Dtp Landschaftsarchitekten/Davids, Peter/Terfrüchte, Friedhelm: 2004; **Ruhr/Nord Q10**
63 **Consol 4, Umbau zum Musikprobenzentrum;** Gelsenkirchen; Consolstraße 3; Tor 5 Architekten: 2006; **Ruhr/Nord Q10**
64 **Designstadt Nr1;** Essen; Martin-Kremmer-Straße 1; Schürmann, Andreas; Unternehmer: 2006; **Ruhr/Süd J11**
65 **Deutsches Bergbaumuseum, Erweiterungsbau;** Bochum; Am Bergbaumuseum 28; Benthem & Crouwel/Benthem, Jan/Crouwel, Mels: 2010; **Ruhr/Süd H16**
66 **Deutsches Bergbaumuseum, Landschaftsgestaltung;** Bochum; Am Bergbaumuseum 28; greenbox/Schäfer, Hubertus und Tuczek, Rudolf: 2010; **Ruhr/Süd H16**
67 **Dienstleistungszentrum Minister Stein;** Dortmund; Deutsche Straße 5; Bahl & Partner: 2000; **Ruhr/Ost M6**
68 **Dilldorfer Höhe;** Essen; Dilldorfer Straße; Damagnier: 2000; **Ruhr/Süd I9**
69 **Diyanet-Moschee;** Moers; Römerstraße/Trajanstraße; Lorber + Paul: 2008; **Ruhr/West N8**
70 **DKM Museum;** Duisburg; Güntherstraße 13 - 15; Egli, Rohr und Partner: 2009; **Ruhr/West S2**
71 **Doppel-Berufskolleg;** Recklinghausen; Ossenbergweg; Scholl Architekten: 2009; **Ruhr/Nord L13**

72 **Doppelhaus, Modernisierung und Erweiterung;** Dortmund; Liboristraße 16; BATHE + REBER; Architekten: 2007; **Ruhr/Ost O8**

73 **Dorma Hauptverwaltung, Aufstockung;** Ennepetal; Breckerfelder Straße 42 - 48; KSP; Engel und Zimmermann; Architekten: 2005; **Ruhr/Süd Q4**

74 **Douglas Holding AG, Hauptverwaltung;** Hagen; Kabeler Straße 4; RKW/Rhode Kellermann Wawrowsky: 2000; **Ruhr/Süd N14**

75 **Dr.-Helene-Kuhlmann-Park;** Recklinghausen; Erlbruch/Kaiserbruch; Herbstreit, Ernst: 2004; **Ruhr/Nord A14**

76 **Edmund-Körner-Platz;** Essen; Edmund-Körner-Platz; Wbp Landschaftsarchitekten/Wolf, Christine/Junge, Rebekka: 2010; **Ruhr/Süd I13**

77 **Eickhoff-Forum, Umbau;** Bochum; Hunscheidtstraße 176; Knebel + von Wedemeyer: 2006; **Ruhr/Süd D14**

78 **Ein schöner Pfad, Einfamilienhaus;** Dortmund; Schöner Pfad 57; dreibund architekten: 2008; **Ruhr/Ost Q9**

79 **Einfamilienhaus;** Dortmund; Corvarastraße 13; Kohorst, Gertrud/Schamp und Schmalöer: 2006; **Ruhr/Ost R6**

80 **Einfamilienhaus;** Lünen; Milanweg 18; Lepper, Marc/3plus1 Architekten: 2007; **Ruhr/Ost G5**

81 **Einfamilienhaus;** Bochum; Akazienweg 39; Archifactory.de: 2009; **Ruhr/Süd E14**

82 **Einfamilienhaus;** Dortmund; Alte Teichstraße 19; Schamp & Schmalöer; Architektur + Städtebau: 2002; **Ruhr/Ost R5**

83 **Einfamilienhaus;** Dortmund; Schützengrund 20; Grüneke Architektur Stadtplanung: 2004; **Ruhr/Ost S5**

84 **Einfamilienhaus;** Dortmund; Corvarastraße 5; Schamp & Schmalöer; Architektur + Städtebau: 2007; **Ruhr/Ost R6**

85 **Einfamilienhaus;** Duisburg; Ortelsburger Ring 11; Keuper, Oliver: 2007; **Ruhr/West R13**

86 **Einfamilienhaus Ebeling;** Dortmund; Kuntzestraße 71; Archifactory.de: 2002; **Ruhr/Ost Q5**

87 **Einfamilienhaus, Erweiterung;** Oberhausen; Girondelle 63; Planwerk; Brdenk, Peter: 2006; **Ruhr/West M14**

88 **Einfamilienhaus, Erweiterung;** Essen; Scheppener Weg 66; KenChiku: 2004; **Ruhr/Süd H7**

89 **Einfamilienhaus, Erweiterung;** Dortmund; Hagenerstraße 296; Schmidt, Thomas: 2005; **Ruhr/Ost R6**

90 **Einfamilienhaus im Denkmalbereich;** Mülheim an der Ruhr; Otto-Pankok-Straße 49; Schnatmann, Peter: 2003; **Ruhr/West Q16**

91 **Einfamilienhaus mit Einliegerwohnung;** Dortmund; Auf dem Mühlenhofe 67; Schamp & Schmalöer; Architektur + Städtebau: 2003; **Ruhr/Ost Q8**

92 **Einfamilienhaus, Umbau;** Mülheim an der Ruhr; Hantenweg 10; pier7architekten; Pier, Alexander: 2007; **Ruhr/West S15**

93 **Einfamilienhaus, Umbau;** Kamen; Hilisingstraße 67; Theißen, Joachim; Architekturbüro: 2005; **Ruhr/Ost J8**

94 **Einfamilienhaus, Umbau;** Dortmund; Weidenbohrerweg 18; Godau, Dirk: 2004; **Ruhr/Ost Q8**

95 **Einfamilienhauses; Neubau;** Witten; Universitätsstraße 83; Kallinowski, Edgar: 2002; **Ruhr/Süd M8**

96 **Einfamilienwohnhaus;** Dortmund; Baroper Straße 298; Schmidt, Thomas: 2000; **Ruhr/Ost Q4**

97 **Einfamilienwohnhaus;** Dortmund; Prager Weg 6; BauWerk Architekten: 2006; **Ruhr/Ost P8**

98 **Einfamilienwohnhaus;** Wesel; Am Moorbusch 5; Ebbert, Ludger: 2004; **Ruhr/West C10**

99 **Einfamilienwohnhaus;** Recklinghausen; Lessingstraße 29a; Kuscheid + Partner; Architekten: 2006; **Ruhr/Nord A13**

00 **Einfamilienwohnhaus;** Essen; Rossstraße 41; KenChiku: 2006; **Ruhr/Süd D3**

01 **Einfamilienwohnhaus;** Marl; Im Heiken 9; Huster, Ansgar: 2006; **Ruhr/Nord I6**

02 **Einfamilienwohnhaus mit Einliegerwohnung;** Herdecke; Grünstraße 31; Hippenstiel, Ralf: 2000; **Ruhr/Süd M13**

03 **Einfamilienwohnhaus, Umbau und Erweiterung;** Dortmund; Durchstraße 42; Gauselmann - Richter; Architekten: 2001; **Ruhr/Ost R7**

04 **Einfamillienhaus;** Essen; Zur alten Fähre 12; A + W Planungsgruppe/Schulze-Finkenbrink, A./Kühlkamp, W.: 2005; **Ruhr/Süd J4**

05 **Einkaufshof in Mülheim-Saarn;** Mülheim an der Ruhr; Düsseldorfer Straße 31; Blanck, Gunvar: 2003; **Ruhr/West Q15**

06 **Elisabethplatz;** Gelsenkirchen; Elisabethplatz; Wbp Landschaftsarchitekten/Wolf, Christine/Junge, Rebekka: 2006; **Ruhr/Nord B17**

07 **Elmos AG, Außenanlagen;** Dortmund; Emil-Figge-Straße/Heinrich-Hertz-Straße; Bimberg: 2002; **Ruhr/Ost P4**

108 **Emil-Schumacher-Museum;** Hagen; Hochstraße 71; Lindemann und Lindner: 2009; LichtKunstLicht: 2009 Lichttechnik; **Ruhr/Süd Q14**

109 **Emscherbruch, Landschaftspark;** Herten; Ewaldstraße 273; Arbos Landschaftsarchitekten/Bava, H., Pridik und Freese: 2008; **Ruhr/Nord O11**

110 **Emscherquelle;** Holzwickede; Quellenstraße/Luftschachtweg; Landschaft planen und bauen: 2001; **Ruhr/Ost P11**

111 **E.ON Ruhrgas, Hauptverwaltung;** Essen; Moritzstraße/Messeallee; JSK Architekten: 2009; **Ruhr/Süd F6**

112 **Erich-Kästner-Gesamtschule, Neubau;** Bochum; Markstraße 189; Röwekamp, Ralf/ Rheinpark Architekten: 2010; **Ruhr/Süd E14**

113 **Erweiterungsbau Folkwang;** Essen; Goethestraße 41; Chipperfield, David: 2010; **Ruhr/Süd J13**

114 **Erzbahnschwinge;** Bochum; Gahlensche Straße; gmp/von Gerkan, Marg und Partner: 2003 Entwurf; Schlaich, Bergermann und Partner: 2003 Tragwerksplanung; **Ruhr/Süd C13**

115 **Ethno Art Ruhr;** Essen; Katernberger Straße 145; 2000; **Ruhr/Süd B8**

116 **Eurogate;** Duisburg; Schifferstraße; Foster, Norman; Lord & Partner: 2010; **Ruhr/West R2**

117 **Ev. Kirche Hattingen, Umgestaltung des Innenraumes;** Hattingen; Schützstraße 4; soan - architekten: 2002; **Ruhr/Süd N3**

118 **Ewaldpromenade;** Herten; Ewaldstraße 296; Arbos Landschaftsarchitekten/Greis, Günter/Köster, Peter/Metzger, Kai: 2006; **Ruhr/Nord O11**

119 **Exenterhochhaus;** Bochum; Universitätsstraße/Oskar-Hoffmann-Straße; Spangenberg, Gerhard; Dr.: 2009; Kirchmeier, Friedrich: 1942 Luftschutzbunker; Nutzung als Sockel; **Ruhr/Süd J16**

120 **Existenzgründerzentrum Dieprahm;** Kamp-Lintfort; Marie-Curie-Straße 6; Hülsdonk + Partner: 2001; **Ruhr/West M4**

121 **Fachhochschule Bochum, Mensa ;** Bochum; Lennershofstraße 140; Krampe, Ulrich u. Reiter, Peter; Architekten: 2007; **Ruhr/Süd E15**

122 **Fachhochschule Gelsenkirchen, Abt. Recklinghausen;** Recklinghausen; August-Schmidt-Ring 10; Gerber, Eckhard & Partner: 2001; **Ruhr/Nord L14**

123 **Fachwerkhaus, Erweiterung;** Mülheim an der Ruhr; Rembergstraße 41; Funke Architekten: 2000; **Ruhr/West P17**

124 **Feuer- und Rettungswache;** Gelsenkirchen; Seestraße 3; Böge Lindner Architekten: 2006; **Ruhr/Nord O9**

125 **Feuer- und Rettungswache;** Hagen; Florianstraße 2; Mendel und Partner: 2004; **Ruhr/Süd P16**

126 **Feuer- und Rettungswache;** Recklinghausen; Kurt-Schumacher-Allee/Dordrechtring; Mendel und Partner: 2002; **Ruhr/Nord M13**

127 **Folkwangbrücke;** Essen; Bismarckstraße 56; STEAG; Planungsabteilung: 2000; **Ruhr/Süd J13**

128 **Folkwangschule Bibliothek Erweiterung;** Essen; Klemensborn 39; Dudler, Max: 2010; **Ruhr/Süd H6**

129 **Forum Duisburg;** Duisburg; König-Heinrich-Platz/Königstraße; Ortner & Ortner Baukunst: 2008; **Ruhr/West S2**

130 **Franz-Haniel-Platz;** Duisburg; Franz-Haniel-Platz; RMP Landschaftsarchitekten: 2000; **Ruhr/West P2**

131 **Franz-Sales-Haus;** Essen; Steeler Straße 259; nattler architekten: 2009; **Ruhr/Süd E7**

132 **Franz-Sales-Haus, Außenanlagen;** Essen; Steeler Straße 261; AGL-Krefeld: 2005; **Ruhr/Süd E7**

133 **Freiherr-vom-Stein-Gymnasium, Erweiterung;** Lünen; Friedenstraße 12; Marek, Karl: 2000; **Ruhr/Ost I5**

134 **Freizeitbad Maritimo im Stimbergpark;** Oer-Erkenschwick; Am Stirnbergpark 80; fsw, Fenner, Thomas/Weisser, Jörg/Steinhauer, Klaus: 2004; **Ruhr/Nord G13**

135 **Früh-Rehabilitationszentrum;** Herdecke; Gerhard-Kienle-Weg 4; Gegus und Hellenkemper: 2000; **Ruhr/Süd N11**

136 **Fuß- und Radwegbrücke Mechtenberg;** Gelsenkirchen; Hattinger Straße; Otto, Frei Atelier: 2003 Entwurf; Hilbers Ingenieurgesellschaft/Hilbers, F.-J./Happold Ingenieurbüro: 2003 Tragwerksplanung; **Ruhr/Nord S10**

137 **Fußgängerbrücke;** Dortmund; Ardeystraße/Ruhrallee B54; Sobeck, Werner; Dr.: 2006 **Ruhr/Ost P6**

138 **Fußgängerzone Bahnhofstraße;** Gelsenkirchen; Bahnhofstraße; Wbp Landschaftsarchitekten/Wolf, Christine/Junge, Rebekka: 2007; **Ruhr/Nord C17**

139 **Fußgängerzone Kamen;** Kamen; Weerenstraße; Scape; Landschaftsarchitekten: 2007; **Ruhr/Ost I10**

140 **Ganztagsschule, offen, Erweiterung;** Dortmund; Sendstraße 100 - 102; büsing van wickeren architekten: 2008; **Ruhr/Ost N8**

141 **Gartensiedlung Herdecke;** Herdecke; Westender Weg 112 - 130; Brosk, Rüdiger/ Post, Norbert/Welters, Hartmut: 2002; **Ruhr/Süd N12**

142 **Gelsenwasser AG, Hauptverwaltung**; Gelsenkirchen; Willy-Brandt-Allee 26; AJF/ Anin, Jeromin, Fitilidis & Partner: 2006; **Ruhr/Nord P9**

143 **Gelsenwasser AG, Hauptverwaltung**; Gelsenkirchen; Willy-Brandt-Allee 26; WKM; Weber, Klein, Maas: 2004; **Ruhr/Nord P9**

144 **Gemeindehaus Altenhof, Umbau**; Mülheim an der Ruhr; Althofstraße 9; Ahlbrecht - Felix - Schröer; Architekten-ARGE: 2005; **Ruhr/West S6**

145 **Gemeindehaus, evang.-freik.**; Wetter (Ruhr); Grundschötteler Straße 50; Zamel, Krug; Architekten: 2000; **Ruhr/Süd P10**

146 **Gemeindehaus, evang.-luth.**; Wetter (Ruhr); Bismarckstraße 38; Schmidt/Schmersahl & Partner: 2005; **Ruhr/Süd O11**

147 **Gemeindehaus mit Kirchsaal**; Duisburg; Wildstraße 31; Heinze, Jutta: 2006; **Ruhr/West T3**

148 **Gesundheitszentrum Kaiserberg, Revitalisierung und Erweiterung einer denkmalgeschützten Textilfabrik**; Duisburg; Schweizer Straße 80; Kohl : Fromme: 2006 Erweiterung und Sanierung; 1878 Textilfabrik; **Ruhr/West R4**

149 **Gewerbepark Hibernia**; Herne; Holsterhauser Straße/Lindenallee; Danielzik, Karl Heinz/Leuchter, Reiner: 2005; **Ruhr/Nord Q13**

150 **Gleispark Frintrop**; Essen; Ripshorster Straße/Dellwiger Straße; Dtp Landschaftsarchitekten/Davids, Peter/Terfrüchte, Friedhelm: 2000; Dtp Landschaftsarchitekten/ Davids, Peter/Terfrüchte, Friedhelm: 2007 Erweiterung; **Ruhr/Süd C3**

151 **Glockenturm**; Mülheim an der Ruhr; Lintorfer Straße; Blanck, Gunvar: 2007; **Ruhr/West S15**

152 **Glockenturm**; Schwerte; Alter Dortmunder Weg 38; bhp/Brüchner-Hüttemann-Pasch; Architekten + Ingenieure: 2003; **Ruhr/Ost R10**

153 **Goetheschule, Erweiterung**; Essen; Ruschenstraße 1; Jeromin, Lothar: 2006; **Ruhr/Süd G6**

154 **Goetheschule, Erweiterung**; Bochum; Goethestraße 3; Klein + Neubürger: 2003; **Ruhr/Süd I16**

155 **GrugaCarree; Wohnbebauung**; Essen; Moritzstraße 1; Petzinka Pink Architekten: 2006; **Ruhr/Süd F6**

156 **Gründerzentrum**; Kamen; Herbert-Wehner-Straße 2; NOWECK + PAHMEYER; Architekten: 2004; **Ruhr/Ost J9**

157 **Gymnasium Josef Albers, Erweiterung**; Bottrop; Zeppelinstraße/Schützenstraße 20; RMP Landschaftsarchitekten: 2002; **Ruhr/Nord R3**

158 **Gymnasium Phönix, Sanierung**; Dortmund; Seekante 12; Krüger + Patrias; Architekten: 2006; **Ruhr/Ost P7**

159 **Halde Rungenberg**; Gelsenkirchen; Horster Straße/Heinz-Günter-Breuker-Weg; Keller, Rolf/Drecker, Peter; Planungsbüro: 2001; EsRichter, Hermann/Noculak, Klaus: 2001 Kunst; **Ruhr/Nord O8**

160 **Hauptbahnhof Bochum, Platzgestaltung**; Bochum; Kurt-Schuhmacher-Platz; Böll, Heinrich: 2008; **Ruhr/Süd I16**

161 **Hauptfeuerwache, Erweiterung**; Essen; Eiserne Hand 45; Schröder + Kamm Architekten: 2008; **Ruhr/Süd H14**

162 **Hauptschalthaus, Umnutzung**; Duisburg; Schürmannshof/Ecke Emscherstraße; afa - architektur-fabrik aachen: 2002; **Ruhr/West M12**

163 **Haus am See**; Dortmund; Corvarastraße 9; SHA/Scheffler Helbich Architekten: 2008; **Ruhr/Ost R6**

164 **Haus B.**; Hünxe; Dinslakener Straße 39; Thesing & Thesing: 2005; **Ruhr/West D14**

165 **Haus B., Erweiterung**; Essen; Brosweg 13; Post + Welters; Architekten und Stadtplaner: 2006; **Ruhr/Süd H7**

166 **Haus Beckmann-Mebus**; Bochum; Haarstraße 201a; Tor 5 Architekten: 2006; **Ruhr/Süd E15**

167 **Haus der Essener Geschichte**; Essen; Bismarckstraße 10; Ahlbrecht, Frank/Scheidt Architekten: 2010; **Ruhr/Süd I13**

168 **Haus der Siedler, Erweiterung**; Dortmund; Himpendahlweg 2; Büro für Architektur und Form: 2004; **Ruhr/Ost T18**

169 **Haus M.**; Dortmund; Kreigershofstraße 8; Schamp & Schmalöer; Architektur + Städtebau: 2007; **Ruhr/Ost R6**

170 **Haus Rheinlanddamm**; Dortmund; Josef-Scherer-Straße 3; Strauma: 2003; **Ruhr/Ost T16**

171 **Haus Ripshorst**; Oberhausen; Ripshorster Straße 306; Schaluda, Werner: 2000; Planwerk/Brdenk, Peter: 2000 Ausstellungsgestaltung; **Ruhr/West L16**

172 **Haus Spohr**; Bochum; Im Pastoratsbusch 88; HEIDERICH HUMMERT KLEIN; Partnerschaft, Architekten: 2005; **Ruhr/Süd F14**

173 **Haus Villigst**; Schwerte; Iserlohner Straße 25; Dtp Landschaftsarchitekten/Davids, Peter/Terfrüchte, Friedhelm: 2007; **Ruhr/Ost S11**

174 **Henrichshütte, Gebläsehalle; Umbau**; Hattingen; Werksstraße 25; A + W Planungsgruppe/Schulze-Finkenbrink, A./Kühlkamp, W.: 2005; **Ruhr/Süd N4**

175 **Hitachi Power Europe; Bürogebäude;** Duisburg; Schifferstraße 80; Bahl & Partner: 2007; **Ruhr/West R2**
176 **Horizontobservatorium, Freianlagen;** Herten; Ewaldstraße; Pridik, Wedig/Freese, Andreas: 2008; **Ruhr/Nord O12**
177 **Horstmann-Haus;** Duisburg; Dr.-Hammacher-Straße/Carpstraße; RMP Landschaftsarchitekten/Lenzen, Stephan: 2006; **Ruhr/West P2**
178 **Horstmann-Haus Ruhrort; Seniorenstift und Kindergarten;** Duisburg; Dr.-Hammacher-Straße 41; Eller + Eller Architekten: 2006; **Ruhr/West P2**
179 **Hotel Aleppo;** Bochum; Nordring 30; Reiser & Partner; Architekten: 2006; **Ruhr/Süd I16**
180 **Hotel „Schützenbahn", Außenanlagen;** Essen; Schützenbahn 58; Wbp Landschaftsarchitekten/Wolf, Christine/Junge, Rebekka: 2002; **Ruhr/Süd H13**
181 **H2 Office;** Duisburg; Schifferstraße 200; BRT/Bothe Richter Teherani; Architekten: 2004; **Ruhr/West R2**
182 **Icecube; Wasserdruck-Anpassungsanlage;** Bochum; Königsallee/Wasserstraße; Archifactory.de: 2007; **Ruhr/Süd D14**
183 **Immanuel-Kant-Straße; Wohnbebauung;** Bochum; Immanuel-Kant-Straße 21 - 25; Rübsamen + Partner: 2007; **Ruhr/Süd J18**
184 **Industrieplatz Waltrop;** Waltrop; Hiberniastraße 5; Dtp Landschaftsarchitekten/Davids, Peter/Terfrüchte, Friedhelm: 2007; **Ruhr/Ost B6**
185 **Infineon Development Center;** Duisburg; Düsseldorfer Landstraße 401; GTL; Gnüchtel Triebs-Wetter; Landschaftsarchitekten: 2005; **Ruhr/West T11**
186 **Institut Adolf Grimme, Umbau und Instandsetzung;** Marl; Eduard-Weitsch-Weg 25; 2006; Spital-Frenking + Schwarz: 2006 Sanierung; **Ruhr/Nord G8**
187 **integriertes Wohnen „Straße des Bohrhammers";** Herne; Straße des Bohrhammers; Gegus und Hellenkemper: 2000; **Ruhr/Nord Q14**
188 **Jahrhunderthalle, Erweiterung;** Bochum; Gahlensche Straße 15; Petzinka Pink Architekten: 2003; Petzinka Pink Architekten: 2003 Umbau; licht raum stadt: 2003 Kunst am Bau; **Ruhr/Süd I15**
189 **Jahrhunderthaus;** Bochum; Alleestraße 80; Krenz, Wolfgang; Architekten/Archwerk Generalplaner: 2006; **Ruhr/Süd I15**
190 **J-House;** Dortmund; Benninghofer Mark 10 - 12; Archifactory.de: 2008; **Ruhr/Ost R8**
191 **Johanneskirche, evang., Gemeindehaus;** Dorsten; Südwall 5; Figgener, Ellmar: 2006; **Ruhr/Nord G3**
192 **Johanniskirche, evang.-Luth; Gemeindezentrum;** Witten; Bonhoefferstraße 10; Gerber, Eckhard & Partner: 2003; **Ruhr/Süd L9**
193 **Jugendbildungsstätte St. Alfried, Parkanlage ;** Essen; Charlottenhofstraße/Oefte; Dtp Landschaftsarchitekten/Davids, Peter/Terfrüchte, Friedhelm: 2005; **Ruhr/Süd J4**
194 **Kabakov Ausstellung;** Essen; Arendahls Wiese; Böll, Heinrich/Krabel, Hans: 2001; **Ruhr/Süd J10**
195 **Karl-Pollender-Heimatmuseum; Erweiterung ;** Werne; Kirchhof 12; Jardin, Michael: 2002; **Ruhr/Ost F9**
196 **Kaufhaus Ansons;** Dortmund; Westenhellweg 75 - 79; Bergstermann + Dutzak; Architekten Stadtplaner: 2006; **Ruhr/Ost R16**
197 **Kautsky-Grundschule, Erweiterung;** Dortmund; Kautskystraße 23 - 25; Krüger + Patrias; Architekten: 2008; **Ruhr/Ost M9**
198 **Kinder- und Rehaklinik Bergmannsheil, Außenanlagen;** Gelsenkirchen; Adenauerallee Scherner Weg; Kipar Landschaftsarchitekten: 2007; **Ruhr/Nord O8**
199 **Kindertagesstätte;** Bochum; Wasserstraße 435; BATHE + REBER; Architekten: 2004; **Ruhr/Süd E13**
200 **Kirchschemmsbach, Umbau;** Bottrop; Aegidistraße/Bannizahstraße; Planergruppe Oberhausen: 2007; **Ruhr/Nord P4**
201 **Kläranlage Läppkes Mühlenbach, ehem.;** Oberhausen; Sühlstraße 8; Heimer/Herbstreit, Ernst: 2004; **Ruhr/West L17**
202 **Klärwerktransformation zum Bürogebäude;** Oberhausen; Sühlstraße 6; SCHÜRMANN-SPANNEL/Schmidt, Thomas: 2006; **Ruhr/West L17**
203 **Kleine Wohnanlage;** Moers; Schulstraße; Fistera, Detlev: 2008; **Ruhr/West Q6**
204 **Klinik am Rathauspark;** Recklinghausen; Erlbruch 34 - 36; Klapheck, Hermann; Dr. + Partner: 2002; **Ruhr/Nord A14**
205 **Klinik für Naturheilkunde und integrative Medizin, Erweiterung;** Essen; Am Deimelsber 34a; Thiede - Messthaler - Klösges: 2002; 2. Erweiterung; **Ruhr/Süd E8**
206 **Klinikum Bergmannsheil; Anbindung an den ÖPNV;** Bochum; Hattinger Straße/Bürkle-de-la-Campa-Platz; LUDES Architekten und Ingenieure: 2001; **Ruhr/Süd D13**
207 **Klöcknerhaus;** Duisburg; Am Silberpalais 5; clubL94: 2004; **Ruhr/West S3**
208 **Kokerei Hansa;** Dortmund; Emscherallee 11; Dtp Landschaftsarchitekten/Davids, Peter/Terfrüchte, Friedhelm: 2006; **Ruhr/Ost M4**
209 **Kokerei Hansa, Freiflächenkonzept ;** Dortmund; Emscherallee/Lindberghstraße; Dtp Landschaftsarchitekten/Davids, Peter/Terfrüchte, Friedhelm: 2006; **Ruhr/Ost M**

0 **Kommunikationszentrum;** Bochum; Lise-Meitner-Allee 1; agiplan; integrale Bauplanung: 2003; **Ruhr/Süd E16**

11 **König-Heinrich-Platz;** Duisburg; König-Heinrich-Platz; Agence Ter/Bava, Henri: 2007; **Ruhr/West S2**

2 **Konrad-Adenauer-Realschule Hamm;** Hamm; Heideweg 4; Wulf & Partner Architekten: 2002; **Ruhr/Ost F16**

3 **Konzerthaus Dortmund Philharmonie;** Dortmund; Brückstraße 21; schröder schulte-ladbeck architekten: 2002; **Ruhr/Ost R17**

4 **Kreishandwerkerschaft;** Bochum; Springorumallee 10; Krampe, Ulrich u. Reiter, Peter; Architekten: 2005; **Ruhr/Süd E13**

5 **Kreishaus Unna, Erweiterung und Sanierung;** Unna; Friedrich-Ebert-Straße 17; agn/Niederberghaus, Paul und Partner: 2006; **Ruhr/Ost M14**

6 **Krematorium Waldfriedhof;** Duisburg; Düsseldorfer Straße 601; Heinze, Jutta: 2002; **Ruhr/West R12**

7 **Krupp-Gürtel-Park;** Essen; Berthold-Beitz-Boulevard; Kipar Landschaftsarchitekten: 2008; **Ruhr/Süd D5**

8 **Kulturzentrum Bad Hamm;** Hamm; Ostenallee 86; Kehrbaum Architekten: 2002 Umbau und Sanierung; 1875 ca.; **Ruhr/Ost D16**

9 **Labor, Umbau zu einem Büro;** Dortmund; Konrad-Adenauer-Allee 10; Schamp & Schmalöer; Architektur + Städtebau: 2008; **Ruhr/Ost P7**

0 **Lagergebäude „Museum Ruhr";** Essen; Fritz-Schupp-Allee; Ahlbrecht, Frank: 2009; **Ruhr/Süd J10**

1 **Lagerhalle;** Lünen; Preußenstraße 2; Gauselmann - Richter; Architekten: 2005; **Ruhr/Ost J5**

2 **Landesumweltamt, Laborgebäude ;** Essen; Wallneyer Straße 6; KZA; Koschany, Zimmer & Assoziierte: 2005; **Ruhr/Süd G5**

3 **Landmarke, Halde Haniel;** Bottrop; Fernewaldstraße/Kirchhellener Straße; Hermanns, Josef: 2004 Bergplateau; Ibarrola, Agustín: 2002 Entwurf Totems; Hermanns, Josef: 1999 Theaterarena; **Ruhr/Nord P2**

4 **Landmarke, Halde Hohenward;** Herten; Cranger Straße/Am Handweiser; Steinrücken, Burkhard; Dr. & Brown, Daniel: 2008; **Ruhr/Nord O12**

5 **Landmarke, Halde Rheinpreußen;** Moers; Römerstraße; Piene, Otto: 2007; **Ruhr/West M8**

6 **Landschaftspark Emscherbruch/Halde Hoheward;** Herten; Ewaldstraße/Industriestraße; Agence Ter/Bava, Henri/Pridik, Wedig/Freese, Andreas/arbos: 2008; **Ruhr/Nord O12**

7 **Lebensmittelgroßhandel De Pastre, Umbau und Erweiterung;** Essen; Lützowstraße 24; ROBERTNEUN/Baecker Buschmann Friedrich; Architektengemeinschaft: 2006; **Ruhr/Süd D7**

8 **LichtKunstTor 2;** Bochum; Maximilian-Kolbe-Straße/nähe Humboldtstraße; City in Action/Bruckhoff, Detlev/Büttner, Lars/Gehrke, Dirk/Kuklinski, Kerstin/Kuklinski, Niki/Pasalk, Julia/Schlecht, Sebastian/Steinborn, Simone/Weissenberg, Jens: 2006 Entwurf und Bürgerbeteiligung; Bruckhoff, Detlev/Schlecht, Sebastian: 2009 Planung und Realisation; Schlecht, Sebastian/Bruckhoff, Detlev: 2009 Planung und Realisation; **Ruhr/Süd J15**

9 **Liebfrauen; Pfarrheim, Erweiterung;** Holzwickede; Hauptstraße 51; Heinrich & Wörner & Partner: 2001 Erweiterung; 1897; **Ruhr/Ost P11**

0 **Liebfrauen; Pfarrkirche, kath.;** Duisburg; Ottostraße 85; Hermanns, H.: 2006 Umbau; **Ruhr/West K11**

1 **Lindenhofsiedlung, Wohnumfeldverbesserung ;** Gelsenkirchen; Lindenhof 2; Dtp Landschaftsarchitekten/Davids, Peter/Terfrüchte, Friedhelm: 2003; **Ruhr/Nord P10**

2 **Lofts, Umbau einer Kfz-Halle;** Mülheim an der Ruhr; Liverpoolstraße 1 - 31; Ahlbrecht, Frank: 2003; **Ruhr/West Q17**

3 **Mariengymnasium;** Essen; Brückstraße 108; Hahn Helten + Ass. Architekten GmbH: 2007; **Ruhr/Süd H6**

4 **Maschinenhalle Zweckel, Freianlagen ;** Gladbeck; Frentroper Straße; Dtp Landschaftsarchitekten/Davids, Peter/Terfrüchte, Friedhelm: 2007; **Ruhr/Nord M5**

5 **Max-Planck Institut; Hörsaalgebäude;** Mülheim an der Ruhr; Lembkestraße/Leonard-Stinnes-Straße; HPP/Hentrich Petschnigg & Partner: 2010; **Ruhr/West T6**

6 **Medienzentrum Dortmund der ems ag; Bürogebäude;** Dortmund; Schleefstraße 3; Drahtler, Ulrich/Architekt: 2000; **Ruhr/Ost P10**

7 **Mehrfamilienhaus; Erweiterung;** Oberhausen; Liricher Straße 138; stufe 4 - frank zeising, architekt dipl.-ing: 2003; **Ruhr/West M14**

8 **Mehrfamilienhäuser;** Hagen; Böhmerstraße 68 - 68b; Zamel, Krug; Architekten: 2001; **Ruhr/Süd Q14**

9 **Mont-Cenis-Park;** Herne; Mont-Cenis-Straße; Latz-Riehl/Latz, Peter: 2002; clubL94: 2007; **Ruhr/Nord P15**

240 **Mont-Cenis-Platz;** Herne; Mont-Cenis-Platz; Latz-Riehl/Latz, Peter: 2002; clubL94: 2007; **Ruhr/Nord P15**

241 **MST.factory;** Dortmund; Konrad-Adenauer-Allee 11; Husemann, Walter/Wiechmann Claus: 2006; **Ruhr/Ost Q7**

242 **Multifunktionale Gebäude in der Erlebniswelt Fredenbaum;** Dortmund; Lindenhorst Straße 6; Kledtke Architekten: 2008; **Ruhr/Ost N6**

243 **Museum Folkwang, Landschaftsgestaltung;** Essen; Goethestraße 19; Schweingruber Zulauf; Landschaftsarchitekten: 2009; **Ruhr/Süd J12**

244 **Musikschule;** Essen; Weststadthalle 57; Kohl : Fromme: 2003 Umbau und Sanierung; Kruppsche Gußstahlfabrikation; Bauabteilung: 1911 Ursprungsbau; insgesamt 3 Bauabschnitte bis 1958; **Ruhr/Süd H12**

245 **Mustergärten im Grugapark, Eingang ;** Essen; Külshammerweg/Lührmannstraße; Dt Landschaftsarchitekten/Davids, Peter/Terfrüchte, Friedhelm: 2007; **Ruhr/Süd F5**

246 **Nachbarschaftshaus Schüngelberg;** Gelsenkirchen; Schüngelbergstraße 97; Becker, Rolf/Harth, Silvia - Architektur und Stadtplanung: 2005; **Ruhr/Nord O8**

247 **Neue Synagoge;** Bochum; Erich-Mendel-Platz 1; Schmitz, Peter: 2008; **Ruhr/Süd I16**

248 **Neue Synagoge; Außenanlagen;** Bochum; Erich-Mendel-Platz 1; Planergruppe Oberhausen: 2007; **Ruhr/Süd I16**

249 **Nordstern, Verwaltungsgebäude; Zeche Nordstern, ehem.;** Gelsenkirchen; Nordsternstraße/Am Bugapark; PASD/Feldmeier + Wrede: 2006 Rekonstruktion; Schupp, Fritz; Dr.: 1953 Grunderneuerung der historischen Zeche; **Ruhr/Nord Q7**

250 **Obelisk, Freianlagen;** Herten; Ewaldstraße; Pridik, Wedig/Freese, Andreas: 2007; **Ruhr/Nord O12**

251 **Ökologische Siedlung, Freiraumgestaltung;** Schwerte; In den Gärten; Schamp & Schmalöer; Architektur + Städtebau: 2002; **Ruhr/Ost R11**

252 **Ökologische Siedlung in Holzbauweise;** Schwerte; In den Gärten 3 - 5; Schamp & Schmalöer; Architektur + Städtebau: 2002; **Ruhr/Ost R11**

253 **Optadata, Bürogebäude; Umbau;** Essen; Bamlerstraße 112; Klapp & Brüning; heute BKR Architekten; Brüning, Klapp, Rein: 2005; **Ruhr/Süd D6**

254 **Otto-Hahn-Gymnasium;** Dinslaken; Hagenstraße 12; Hülsdonk + Partner: 2005 Erweiterung; **Ruhr/West H13**

255 **Otto-Wels-Platz;** Herten; Otto-Wels-Platz; Wbp Landschaftsarchitekten/Wolf, Christine/Junge, Rebekka: 2006; **Ruhr/Nord M11**

256 **Paracelsusklinik, Parkanlage;** Marl; Lipper Weg 11; Pridik, Wedig/Freese, Andreas: 2007; **Ruhr/Nord G9**

257 **Pauluskirchplatz;** Duisburg; Paulusstraße; Danielzik, Karl Heinz/Leuchter, Reiner: 20(**Ruhr/West T1**

258 **Pavillon;** Essen; Fritz-Schupp-Allee 181; Observatorium: 2006; **Ruhr/Süd J10**

259 **Penthouse auf dem Hochbunker;** Hamm; Rothebach 2; Amort, Mick: 2007; **Ruhr/Ost E15**

260 **Pfarrheim, Erweiterung;** Witten; Herbeder Straße 55; Anding Architekten: 2007; **Ruhr/Süd M9**

261 **Philharmonie Saalbau;** Essen; Huyssenallee 53; Kipar Landschaftsarchitekten: 2004; **Ruhr/Süd J13**

262 **Philipp-Nicolai-Kirche, Umbau;** Hagen; Schwerter Straße 122; BATHE + REBER; Architekten: 2008; **Ruhr/Süd O14**

263 **Phoenix West;** Dortmund; Konrad-Adenauer-Allee; Lohrer/Hochrein: 2006; **Ruhr/Ost P6**

264 **Phoenix-See;** Dortmund; Hermannstraße; PHOENIX See Entwicklungsgesellschaft mbH/Landschaft planen und bauen: 2010; **Ruhr/Ost P8**

265 **Phönix West;** Dortmund; Konrad-Adenauer-Allee/Nortkirchenstraße; stegepartner: 2006; **Ruhr/Ost Q6**

266 **Platz an der alten Feuerwache;** Duisburg; Friedenstraße; Danielzik, Karl Heinz/Leuchter, Reiner: 2007; **Ruhr/West T1**

267 **Platz des europäischen Versprechens;** Bochum; Platz des europäischen Versprechens Gertz Jochen; Künstler: 2010; **Ruhr/Süd I15**

268 **Platz von Amiens;** Dortmund; Freistuhl; Lohrberg: 2005; **Ruhr/Ost R16**

269 **Polizeipräsidium, Erweiterung;** Essen; Büscherstraße 2 - 6; Ahlbrecht, Frank: 2007; **Ruhr/Süd F6**

270 **Polizeitechnische Dienste;** Duisburg; Schifferstraße 10; Schuster Architekten: 2002; **Ruhr/West R1**

271 **Polytec Thelen;** Bochum; Am Vorort 27; Archifactory.de: 2008; **Ruhr/Süd D16**

272 **Porsche-Zentrum;** Essen; Altendorfer Straße 52; Schormann Architekten: 2007; **Ruhr/Süd H12**

273 **Porsche-Zentrum Dortmund;** Holzwickede; Ferdinand-Porsche-Straße 4; Hansen & Petersen: 2003; **Ruhr/Ost O11**

274 **Preußenhafen;** Lünen; Hafenstraße; Skribbe/Jansen: 2005; **Ruhr/Ost I5**

275 **QAB - Quartier;** Bochum; Kreuzkamp; Kipar Landschaftsarchitekten: 2004; **Ruhr/Süd**

6 **Radstation Duisburg;** Duisburg; Kammerstraße 3; Druschke + Grosser; Architektur: 2008; **Ruhr/West S3**

7 **Raphaelschule;** Recklinghausen; Börster Weg 13; Pfeiffer, Herbert/Ellermann, Christoph/Preckel: 2001; **Ruhr/Nord L13**

8 **Rathaus;** Hagen; Rathausstraße 1; RKW/Rhode Kellermann Wawrowsky: 2004; **Ruhr/Süd Q14**

9 **Rathausplatz Bergkamen; Platz der Partnerstädte;** Bergkamen; Rathausplatz; Tamkus, Christiane: 2002; **Ruhr/Ost H9**

0 **Realschule Ernst Immanuel Kant;** Marl; Droste-Hülshoff-Straße 36; Spital-Frenking + Schwarz: 2006; **Ruhr/Nord G9**

1 **Reinoldikirche, Umbau und Erweiterung;** Dortmund; Ostenhellweg 2; schröder schulte-ladbeck architekten: 2006; **Ruhr/Ost R17**

2 **Rhein-Ruhr-Sporthalle;** Mülheim an der Ruhr; An den Sportstätten 6; AFS/Ahlbrecht Felix Scheidt: 2004; **Ruhr/West T6**

3 **Riehlpark;** Essen; Am Riehlpark/Riehlstraße; Fox, Helmut: 2004; **Ruhr/Süd E5**

4 **Römermuseum;** Xanten; Orwatersweg; GATERMANN + SCHOSSIG; Architekten: 2008; **Ruhr/West B3**

5 **Rügenstraße, Wohnumfeldverbesserung;** Duisburg; Rügenstraße 46; Kipar Landschaftsarchitekten: 2007; **Ruhr/West L13**

6 **Ruhrbania;** Mülheim an der Ruhr; Ruhrstraße; RKW/Rhode Kellermann Wawrowsky: 2008 Grundsteinlegung; GTL; Gnüchtel-Triebs-Wetter; Landschaftsarchitekten: 2008 Landschaftsarchitektur; **Ruhr/West S5**

7 **RuhrCongress Bochum;** Bochum; Stadionring 20; Drahtler, Ulrich: 2003; **Ruhr/Süd H17**

8 **RWE Hauptverwaltung, Parkanlage;** Essen; Opernplatz 1; WKM; Weber, Klein, Maas: 2000; **Ruhr/Süd I13**

9 **RWE Tower;** Dortmund; Freistuhl 7; Gerber, Eckhard & Partner: 2006; **Ruhr/Ost R16**

0 **Saarner Äu;** Mülheim an der Ruhr; Mintarder Straße 18a; Blanck, Gunvar: 2002; **Ruhr/West Q15**

1 **Schalker Verein; Masterplan;** Gelsenkirchen; Wildenbruchstraße/Hohenzollernstraße; Latz und Partner/Latz, Peter: 2008; **Ruhr/Nord B18**

2 **Schiller-Oberschule, Erweiterung;** Bochum; Waldring 71; Klein + Neubürger: 2003; **Ruhr/Süd D14**

3 **Schillerpark, Wohnumfeldverbesserung ;** Oer-Erkenschwick; Halluinstraße/Am Schillerpark; Reck, Joachim: 2007; **Ruhr/Nord H13**

4 **Schloss Borbeck; Umbau;** Essen; Schlossstraße 101; BKR Architekten; Brüning, Klapp, Rein: 2006 Umbau und Sanierung; **Ruhr/Süd D4**

5 **Schlossmühle Buddenberg, Sanierung;** Lünen; Mühlenweg 1; Marek & Schreiter Architekten: 2007 Sanierung; **Ruhr/Ost H3**

6 **Schulneubauten;** Wesel; Rheinbabenstraße 2; Spital-Frenking + Schwarz: 2004; **Ruhr/West C9**

7 **Schulungs- und Seminargebäude;** Essen; Sigsfeldstraße 5; KZA; Koschany, Zimmer & Assoziierte: 2001; **Ruhr/Süd D6**

8 **Schupp und Kremmer Platz;** Essen; Fritz-Schupp-Allee 181; Agence Ter/Bava, Henri: 2006; **Ruhr/Süd J10**

9 **Seniorenresidenz;** Hagen; Thünenstraße 31; Kowalski, Rainer: 2005; **Ruhr/Süd Q14**

0 **Seniorenwohnanlage St. Bonifatius;** Hamm; Barbarossastraße 55; Fritzen + Müller - Giebele: 2001; **Ruhr/Ost E14**

1 **Siemens Technopark;** Mülheim an der Ruhr; Mellinghofer Straße 77; J-Z Architekten: 2007; **Ruhr/West O16**

2 **Smith & Nephew, Verwaltung;** Marl; Mainstraße 2; Hansen & Petersen: 2004; **Ruhr/Nord G6**

3 **Sozialmedizinisches Aus- und Weiterbildungszentrum;** Oberhausen; Max-Planck-Ring 66a; Dratz; Planungsbüro: 2002; **Ruhr/West L15**

4 **Sparkasse Huckingen;** Duisburg; Düsseldorfer Landstraße 300; Druschke + Grosser; Architektur: 2006; **Ruhr/West S11**

5 **Sparkasse Oberhausen, Hauptstelle;** Oberhausen; Wörthstraße 12; Sauerbruch & Hutton: 2008; **Ruhr/West O1**

6 **Sparkasse Oberhausen, Landschaftsgestaltung;** Oberhausen; Wörthstraße 12; Weidinger Landschaftarchiektur: 2008; **Ruhr/West O1**

7 **Sparkasse Recklinghausen, Erweiterung;** Recklinghausen; Herzogswall 1; Feja + Kemper: 2002; **Ruhr/Nord A14**

8 **Sparkasse Rheinhausen Oestrum;** Duisburg; Moerser Straße 292; Kohl : Fromme: 2002; Kohl, Christian; Projektpartner: 2002; **Ruhr/West P9**

9 **Sparkasse Voerde;** Voerde; Rathausplatz 22; Hülsdonk, Karl-Heinz: 2006; **Ruhr/West F11**

0 **Spielpark Dilldorfer Höhe;** Essen; Am Wieselbach/Frauenstein; Allbau AG: 2004; **Ruhr/Süd H8**

1 **Sporthalle Konrad Adenauer;** Hamm; Heideweg 4; Wulf & Partner Architekten: 2006; **Ruhr/Ost F16**

312 **Sportpark;** Essen; Raumerstraße/Lepsiusweg; Tegtmeier, Marita/Müller, Ralf: 2006; **Ruhr/Süd E4**

313 **St. Barbara; Altenheim und Kapelle;** Herten; Barbara-Kirchplatz; Feja + Kemper: 200 **Ruhr/Nord M11**

314 **St. Josef, Pfarrheim;** Herten; Herseln 24; Bastian, Peter; Architekten: 2006; **Ruhr/Nord N11**

315 **St. Lambertus; Altenpflegezentrum;** Essen; Am Glockenberg 36; nattler architekten: 2007; **Ruhr/Süd F7**

316 **St. Laurentius; Pfarrkirche, Umgestaltung;** Dorsten; Bahnhofstraße/Schulstraße; Badura, Ralf; Architekturbüro: 2008; **Ruhr/Nord B4**

317 **Staatsanwaltschaft und Amtsgericht;** Dortmund; Gerichtsplatz 1; Gerber, Eckhard & Partner: 2000; **Ruhr/Ost R17**

318 **Stadtbahnhaltestelle Evinger Strasse;** Dortmund; Evinger Straße/Bergstraße; Scham & Schmalöer; Architektur + Städtebau: 2000; **Ruhr/Ost M6**

319 **Stadtbahnhaltestellen Dortmund;** Dortmund; Grothenbachstraße und Harkortstraß schröder schulte-ladbeck architekten: 2004; **Ruhr/Ost Q5**

320 **Stadtbibliothek, Umbau;** Essen; Hollestraße 3; von Lom, Walter & Partner: 2000 Umbau; Altbau; **Ruhr/Süd I13**

321 **Stadthaus Rüttenhaus;** Essen; Rosastraße 40 - 42; Raderschall Architekten: 2006; **Ruhr/Süd F6**

322 **Stadthaus, Umbau und Neuordnung;** Bochum; Klinikstraße 60; Tor 5 Architekten: 2008; **Ruhr/Süd B14**

323 **Stadthäuser;** Bochum; Im Hole 10 - 14; Tor 5 Architekten: 2007; **Ruhr/Süd C15**

324 **Stadtkrone Ost;** Dortmund; Am Rosenplätzchen 29; Menke Stadtplaner: 2001; WES und Partner: 2001 Rahmenplan; **Ruhr/Ost O8**

325 **Stadtsparkasse Hagen, Schalterhalle;** Hagen; Sparkassen-Karree 1 1; bkp Planung: 2006; **Ruhr/Süd Q14**

326 **Stadtsparkasse Oberhausen; Umbau;** Oberhausen; Markstraße 97; Sauerbruch & Hutton: 2007; bkp Planung: 2007 Inneneinrichtung Restaurant Opgen-Rhein; **Ruhr/West O1**

327 **Stadtteilhaus Vorhalle;** Hagen; Vorhaller Straße 36; Birker und Wurster: 2003; **Ruhr/Süd P12**

328 **Stadtteilpark Gneisenau;** Dortmund; Altenderner Straße 18; Dtp Landschaftsarchitekten/Davids, Peter/Terfrüchte, Friedhelm: 2008; **Ruhr/Ost L8**

329 **Stadtteilpark Recklinghausen II;** Recklinghausen; Karlstraße/Cranger Straße; 2002; **Ruhr/Nord O12**

330 **Stadtteilpark Suderwich;** Recklinghausen; Maria-May-Straße/Katharinenstraße; Me Stadtplaner: 2001; **Ruhr/Nord M15**

331 **Stadtwerke;** Bochum; Ostring 28; GATERMANN + SCHOSSIG; Architekten: 2005; **Ruhr/Süd I16**

332 **Stadtwohnungen;** Hattingen; Gumperzweg 1; Rauh Damm Stiller Partner; Architekt 2003; **Ruhr/Süd O4**

333 **Straßenverkehrsamt, Erweiterung;** Bochum; Bulksmühle 17; Reiser & Partner; Architekten: 2006; **Ruhr/Süd B13**

334 **Studentenherberge, Fernuniversität;** Hagen; Roggenkamp 10; Kuhn - Buhlke - Kubc 2003; **Ruhr/Süd Q15**

335 **Suite Beam;** Bochum; Am Dieckmannshof 20; Archifactory.de: 2007; **Ruhr/Süd E13**

336 **Synagoge;** Gelsenkirchen; Georgstraße 2; Christfreund und Mihsler; Architekten: 20 **Ruhr/Nord B17**

337 **Tanz- und Musikhaus, ehem. Bahnhof;** Essen; Im Löwental 15; Ahlbrecht, Frank: 20C **Ruhr/Süd I6**

338 **Tausendfüßler Marina-Brücke;** Oberhausen; A42/Rhein Herne Kanal Emscher; netzwerk-architekten: 1999; **Ruhr/West L16**

339 **Technologie- und Gründerzentrum;** Hagen; Feithstraße 142; Grüttner Architekten: 2000; **Ruhr/Süd P15**

340 **Thyssen Krupp Hauptverwaltung;** Essen; Altendorfer Straße 120; Chaix et Morel/ JSWD Architekten: 2009; **Ruhr/Süd H12**

341 **Tiefgarageneingang;** Dortmund; Südwall 2; DEGENER Architekten: 2007; **Ruhr/Ost**

342 **Tiefgaragentreppenhaus, Überdachung;** Witten; Rathausplatz; Sebralla, Thomas: 2C **Ruhr/Süd L9**

343 **Tippelsberg;** Bochum; Hiltroper Straße/Zillertalstraße; Emkes Landschaftsarchitekte 2007; **Ruhr/Süd B14**

344 **Trainingszentrum;** Dortmund; Heßlingsweg 141; SHA/Scheffler Helbich Architekte 2006; **Ruhr/Ost N9**

345 **U-Bahnhof Altenessen Mitte;** Essen; Rüttenscheider Straße 144; KZA; Koschany, Zimmer & Assoziierte: 2003; **Ruhr/Süd B6**

346 **U-Bahnhof Bochumer Verein;** Bochum; Alleestraße/Bessemer Straße; Krampe, Ulri u. Reiter, Peter; Architekten: 2006; **Ruhr/Süd I15**

7 **U-Bahnhof Lohring;** Bochum; Lohring/Wittener Straße; Rübsamen + Partner: 2006; **Ruhr/Süd J17**

8 **U-Bahnhof Rathaus Süd;** Bochum; Willy-Brandt-Platz/Viktoriastraße; Pahl + Weber-Pahl; Architekten: 2006; **Ruhr/Süd I16**

9 **Überdachung, mobil;** Duisburg; Emscherstraße 71; planinghaus architekten/daube seegräber: 2004; **Ruhr/West M12**

0 **Uhlandpark;** Oberhausen; Uhlandstraße/Pothmannsweg; ST-freiraum: 2005; **Ruhr/West M16**

1 **Umnutzung des Maschinenhauses zum Museum und Transportzentrum;** Recklinghausen; Karlstraße 75; Böll, Heinrich/Krabel, Hans/Lottermoser, D: 2000 Umbau; **Ruhr/Nord O12**

2 **Universität Dortmund, Modellbauwerkstatt ;** Dortmund; August-Schmidt-Straße 4a; Lindner Lohse; Architekten: 2006; **Ruhr/Ost Q4**

3 **Universitätsklinikum Essen, Innenhof;** Essen; Hufelandstraße 55; clubL94: 2004; **Ruhr/Süd F6**

4 **Unser Fritz 2/3, Künstlerzeche;** Herne; Alleestraße 60; Blome, Jens: 2002; 1880 erbaut; **Ruhr/Nord P11**

5 **Verwaltungs- und Lagerbau;** Bochum; Seilfahrt 105; Hippenstiel, Ralf: 2001; **Ruhr/Süd C13**

6 **Verwaltungsgebäude;** Duisburg; Schifferstraße 96; Bahl & Partner: 2006; Grimshaw, Nicolas; Sir: 2006 Entwurf; **Ruhr/West R2**

7 **Verwaltungsgebäude;** Fröndenberg; Hans-Böckler-Straße 2; Simon, Hans-Georg: 2000; **Ruhr/Ost Q18**

8 **Villa;** Recklinghausen; Am Rosengarten 3; Döring: 2001; **Ruhr/Nord L12**

9 **Villa M.;** Bochum; Roggenkamp 14c; Neubig + Hubacher/Büder + Menze: 2005; **Ruhr/Süd G14**

0 **Villa 57+;** Dortmund; Liesemorgen 12; Archifactory.de: 2004; **Ruhr/Ost R6**

1 **VKU Kamen, Erweiterung und Sanierung;** Kamen; Lünener Straße 13; Abdelkader, Magdi: 2001; **Ruhr/Ost I9**

2 **Volksbank;** Unna; Nordring 4; HPP/Hentrich Petschnigg & Partner: 2005; **Ruhr/Ost M14**

3 **Volksbank Dortmund;** Dortmund; Betenstraße 10; Gerber, Eckhard & Partner: 2002; **Ruhr/Ost R17**

4 **Volksbank Haltern eG, Hauptstelle;** Haltern am See; Münsterstraße 1; Bukowski, Manfred; Architekturbüro: 2003; **Ruhr/Nord B11**

5 **Volkshochschule Essen;** Essen; Burgplatz 1; Miksch Rücker; Architekten: 2005; **Ruhr/Süd I13**

6 **Waschkaue, Erweiterung;** Kamen; Westicker Straße 53; Bücker & Gussek: 2002; **Ruhr/Ost J9**

7 **Wasserturm, Umbau;** Dorsten; Am Wasserturm 20; Frodermann, Eckhard: 2000; **Ruhr/Nord G3**

8 **Wasserturm, Umnutzung;** Essen; Walter-Sachse-Weg 17; Marré-Dahms-Koch Architekten Ingenieure Consulting: 2003; **Ruhr/Süd G6**

9 **Weiße Villen im Park;** Recklinghausen; Eduard-Pape-Straße 1 - 23; Bernards, Siegfried/Borss, Peter/Klapheck, Hermann; Dr. + Partner/Leder, Jürgen/Borss, Peter/PRO FUTURE Jansen, Oliver/Sauer Scholta, Annette/Soltau Architekten/Sommer, Ursula/Walter, Michael/Wende,Bernd: 2008; RWTH Aachen, Fakultät für Architektur, van den Bergh, Wim/Krämer, K./Kruska, A./Martenson, B.: 2008; **Ruhr/Nord L12**

Werkstatt für geistig Behinderte; Dortmund; Osterfeldstraße 45; Lindner Lohse; Architekten: 2001; **Ruhr/Ost M6**

Westfälisches Industriemuseum Zeche Hannover, Freianlagen ; Bochum; Günnigfelder Straße/Hannoverstraße; Bosch und Partner: 1993 - 2004; **Ruhr/Süd B12**

Westfälisches Museum für Archäologie; Herne; Europaplatz 1; von Busse, Hans-Busso/Klapp/Brüning; Architekten; heute BKR Architekten: 2003; **Ruhr/Nord P14**

Westpark; Bochum; Alleestraße/Gahlensche Straße; S. K. T. umbaukultur Architekten Stadtplaner/herbstreit landschaftsarchitekten/Danielzik + Leuchter Landschaftsarchitekten: 2006; licht raum stadt: 2008 Wasserwelten; **Ruhr/Süd C13**

Willy-Brandt-Platz; Hamm; Willy-Brandt-Platz; Quick - Bäckmann - Quick/Kossel, Hannelore: 2000; **Ruhr/Ost E15**

Wilo SE, Eingangsbereich; Dortmund; Nortkirchenstraße 100; Gerber, Eckhard & Partner: 2008; **Ruhr/Ost Q7**

Wilo SE, Elektronikfertigungshalle; Dortmund; Nortkirchenstraße 102; Gerber, Eckhard & Partner: 2001; **Ruhr/Ost Q6**

Wohn- und Bürohaus; Bochum; Hugo-Schultz-Straße 13; Beilmann + Seitz Architekten: 2007; **Ruhr/Süd J16**

Wohn- und Bürohaus; Unna; Hainbuchenweg 15; stadtmüller.architektur: 2002; **Ruhr/Ost M14**

379 **Wohn- und Geschäftshaus;** Bochum; Wittenerstraße 242 - 244; DEGENER Architekten: 2007; **Ruhr/Süd J18**
380 **Wohn- und Geschäftshaus;** Recklinghausen; Kunibertistraße 13; Feja + Kemper: 200(**Ruhr/Nord A14**
381 **Wohn- und Geschäftshaus;** Moers; Hülsdonker Straße 227/229; Tusch, M.; atelier baukunst: 2000; **Ruhr/West O6**
382 **Wohn- und Pflegezentrum „St. Josef", Außenanlagen;** Dortmund; Altenderner Stra 73; Bimberg: 2003; **Ruhr/Ost L8**
383 **Wohn- und Verwaltungsgebäude;** Duisburg; Pollerbruchstraße 56 - 58; Schröder + Stell Architekten: 2004; **Ruhr/West K12**
384 **Wohnanlage;** Duisburg; Philosophenweg 46; Schmitz, Peter: 2000; **Ruhr/West R2**
385 **Wohnanlage;** Duisburg; Speichergracht und Hansegracht; Ingenhoven, Overdiek unc Partner: 2000; **Ruhr/West R2**
386 **Wohnanlage am Heilkenbach;** Wetter (Ruhr); Grundschötteler Straße 42 - 46; Grüneke Architektur Stadtplanung: 2004; **Ruhr/Süd P10**
387 **Wohnanlage im Schlosspark, Umbau;** Herten; Wohnanlage im Schlosspark 4; Steink Rainer: 2001; **Ruhr/Nord M11**
388 **Wohnanlage mit 10 WE (Haus Vier Jahreszeiten, Abendsonne e.V.);** Wetter (Ruhr); Wilhelmstraße 48; Hippenstiel, Ralf: 2003; **Ruhr/Süd O11**
389 **Wohnanlage, temporär;** Dortmund; Hacheneyer Straße 180; gaa Goebel; Architekte Assoziierte: 2003; **Ruhr/Ost Q6**
390 **Wohnaus Marek, Anbau;** Dortmund; Frankfurter Straße 36; BATHE + REBER; Architekten: 2006; **Ruhr/Ost O7**
391 **Wohnbebauung;** Duisburg; Duisburger Straße 100 - 108; Planwerk Architekten, Dortmund: 2000; **Ruhr/West L12**
392 **Wohnbebauung;** Marl; Von-Gahlen-Straße 1; Hansen & Petersen: 2003; **Ruhr/Nord G8**
393 **Wohnbebauung;** Hagen; Wesselbachstraße 43 - 47a; Miele und Rabe: 2000; **Ruhr/Süd R17**
394 **Wohnbebauung Albermannstraße;** Essen; Albertmannstraße 10 - 12; Gerber, Eckha & Partner: 2006; **Ruhr/Süd H6**
395 **Wohnbebauung am Riehlpark;** Essen; Am Riehlpark 3; Wbp Landschaftsarchitekten Wolf, Christine/Junge, Rebekka: 2006; **Ruhr/Süd E5**
396 **Wohnbebauung am Tremoniapark, Außenanlagen;** Dortmund; Am Tremoniapark; Brosk, Rüdiger/Post, Norbert/Welters, Hartmut: 2006; **Ruhr/Ost T15**
397 **Wohnbebauung am Tremoniapark, Außenanlagen;** Dortmund; Am Tremoniapark; Tegtmeier, Marita/Müller, Ralf: 2007; **Ruhr/Ost T15**
398 **Wohnbebauung Dinnendahlstraße;** Essen; Dinnendahlstraße 98; Gerber, Eckhard & Partner: 2008; **Ruhr/Süd E8**
399 **Wohnbebauung „Mont Cenis";** Herne; Jürgen-von-Manger-Straße; 2001; **Ruhr/Nord P15**
400 **Wohnen mit Service;** Essen; Huffmannstraße 53; Gerber, Eckhard & Partner: 2001; **Ruhr/Süd H6**
401 **Wohngebäude;** Dortmund; Korneliusstraße 8; Heinrich & Wörner & Partner: 2001 **Ruhr/Ost S18**
402 **Wohnhaus;** Hagen; Emster Siepen 2b; Zamel, Krug; Architekten: 2001; **Ruhr/Süd C**
403 **Wohnhaus;** Recklinghausen; Sieben Quellen 12; Huster, Ansgar: 2007; **Ruhr/Nord I**
404 **Wohnhaus;** Sprockhövel; Hombergstraße 7a; Rauh Damm Stiller Partner; Architekte 2005; **Ruhr/Süd Q6**
405 **Wohnhaus, Modernisierung;** Bochum; Im Hole/Elbestraße 1/18 - 20; Tor 5 Archite ten: 2006; **Ruhr/Süd C15**
406 **Wohnhaus, Umbau;** Bochum; Wohlfahrtstraße 176; Köster, Anja: 2003; **Ruhr/Süd E**
407 **Wohnhaus Welcker;** Hamminkeln; Zum Weißenstein 37; Ebbert, Ludger: 2001; **Ruhr/West I1**
408 **WohnreWIR Tremonia;** Dortmund; Am Tremoniapark 15 - 17; Post + Welters; Architekten und Stadtplaner: 2006; **Ruhr/Ost T15**
409 **Wohnungsbau;** Duisburg; Speichergracht; gmp/von Gerkan, Marg und Partner: 20 **Ruhr/West R2**
410 **Wohnungsbau;** Duisburg; Philosophenweg 50; RKW/Rhode Kellermann Wawrowsk 2004; **Ruhr/West R2**
411 **Wohnungsbau THS;** Duisburg; Philosophenweg 30; Foster, Norman; Lord & Partne 2001; **Ruhr/West R2**
412 **Wohnungserweiterung in Bochum;** Bochum; Uhlandstraße 87; Reiser & Partner; Architekten: 2003; **Ruhr/Süd H16**
413 **Zahnmedizinisch-biowissenschaftliches Forschungs- und Entwicklungszentrum;** Wi Alfred-Herrhausen-Straße 45; Heinle, Wischer und Partner: 2008; **Ruhr/Süd L10**
414 **ZBT Zentrum für Brennstoffzellentechnologie; Labor- und Bürogebäude;** Duisbur Carl-Benz-Straße 201; Drahtler, Ulrich/Architekt: 2003; **Ruhr/West S4**

5 **Zeche Arenberg Fortsetzung; Gründerzentrum und Gewerbestandort, Erweiterung;** Bottrop; Im Blankenfeld 6; PASD/Feldmeier + Wrede: 2003; 1910; **Ruhr/Nord Q5**

6 **Zeche Hermann, Verwaltungsgebäude;** Selm; Am Buddenberg 18; Schulze, Dietrich/Schulze, Karl: 1909; Miksch Rücker; Architekten: 2002 Sanierung; **Ruhr/Ost D3**

7 **Zeche Holland, Gewerbe- und Wohnpark;** Bochum; Weststraße/Lohrheidestraße; 2002; **Ruhr/Süd C10**

8 **Zeche Ickern; Kultur-Café und Amphitheater;** Castrop-Rauxel; Zechenstraße 2A; 3Pass Architekten: 2000; 1908; **Ruhr/Nord M18**

9 **Zeche Zollverein, Masterplan Landschaft;** Essen; Fritz-Schupp-Allee 181; Agence Ter/Bava, Henri: 2010; Planergruppe Oberhausen: 2010 Realisation; **Ruhr/Süd J10**

0 **Zeche Zollverein, Masterplan Städtebau;** Essen; Fritz-Schupp-Allee 181; OMA/Koolhaas, Rem/Alkemade, Floris: 2006; **Ruhr/Süd J10**

1 **Zeche Zollverein Schacht 12, Kohlenwäsche;** Essen; Gelsenkirchener Straße 181; Böll, Heinrich/Krabel, Hans: 2007 Umnutzung und Sanierung; OMA/Koolhaas, Rem/Alkemade, Floris: 2007 Umnutzung und Sanierung; Schupp, Fritz; Dr./Kremmer, Martin: 1932; **Ruhr/Süd J10**

2 **Zentraler Omnibusbahnhof;** Herne; Konrad-Adenauer-Platz; HEIDERICH HUMMERT KLEIN; Partnerschaft, Architekten: 2005; **Ruhr/Nord P14**

3 **Zentraler Omnibusbahnhof;** Bergkamen; Rathausplatz 1; ZSP Architekten/Scheffler Vorbeck + Partner: 2001; **Ruhr/Ost H9**

4 **Zentrum für Information und Bildung;** Unna; Lindenplatz 1; Weicken Architekten: 2005; **Ruhr/Ost N14**

5 **Zentrum für Kurzzeit- und Tagespflege;** Herne; Laurentiusstraße 10; Wallmeier und Stummbillig: 2001; **Ruhr/Nord P12**

6 **Ziegelgrund, Siedlung;** Recklinghausen; Ziegelgrund/Dortmunder Straße; 2004; **Ruhr/Nord L14**

7 **Zimmermanns Wäldchen;** Schwerte; Am Zimmermanns Wäldchen; Pesch & Partner/Brosk, Rüdiger: 2000; **Ruhr/Ost S9**

8 **Zollverein School;** Essen; Gelsenkirchener Straße 209; SANAA/Sejima & Nishizawa: 2005 Entwurf; Böll, Heinrich/Krabel, Hans: 2007 Realisation; **Ruhr/Süd J11**

9 **Zweifamilienhaus;** Castrop-Rauxel; Westhofenstraße 57; stadtmüller.architektur: 2007; **Ruhr/Nord P18**

0 **Zweifamilienhaus;** Essen; Hatzper Straße 235; Kleine-Allekotte, Hermann/Dunker, Martina: 2000; **Ruhr/Süd G4**

1 **Zweifamilienhaus;** Essen; Überruhrstraße 510; Kamieth, Wolfgang: 2001; **Ruhr/Süd G9**

2 **100 Jahre Wohnen, Umbau und Erweiterung;** Wesel; Gindericher Straße 17; Quernhorst, Eva: 2008; **Ruhr/West D7**

3 **27 Wohnhäuser mit Gemeinschaftshaus;** Recklinghausen; An der Sandkuhle; Feja + Kemper: 2000; **Ruhr/Nord M12**

4 **@55;** Dortmund; Stockholmer Allee 55; Hansen & Petersen: 2004; **Ruhr/Ost O8**

Wohngebäude, Wohnanlagen, Wohnheime/
Residential Buildings, Housing Developments, Hoste

Ackerbürgerhaus; 1803; 2; Ruhr/Nord A14
Alte Apotheke; 1750; 3; Ruhr/Nord A14
Alteneinrichtung; Heinrich & Wörner & Vedder: 1998; 7; Ruhr/Ost E14
Alternatives Wohnen Recklinghausen-Süd; Ringleben, Ursula/Reicher, Christa: 199
9; Ruhr/Nord N14
Am Berge, Einfamilienhäuser; Grüneke, Detlef und Partner: 1988; 5; Ruhr/Süd N1
Apartment Building; Archifactory.de: 2005; 11; Ruhr/Ost Q7
Appartementhaus und Hotel Lohring; Jentzsch, Heinz: 1966; 7; Ruhr/Süd J17
Arztvilla mit Praxisräumen; Binnehauch: 1908; 22; Ruhr/Ost A6
Atriumhäuser; Berning, Erwin: 1971; 11; Ruhr/Süd J4
Auf dem Kalwes; Studienkolleg, kath.; Diözesanbauamt; Kleffner und Stratmann: 1
12; Ruhr/Süd E16
Backumer Tal, Wohnungsbau; 1999; 15; Ruhr/Nord M11
Baugruppe Eggeling; Eggeling, Fritz/Stumpfl, Hans/Broich, Peter: 1972; 14;
Ruhr/Nord C6
Baugruppe Heyne + Jaenicke; Heyne + Jaenecke: 1973; 15; Ruhr/Nord C5
Baugruppe Poelzig; Poelzig, Peter/Boyer + Wagenfeld: 1968; 16; Ruhr/Nord C6
Bausemshorst, Quartier/barrierefreies Wohnen; Famulicki, Michel-Raimo: 2009; 2
Ruhr/Süd B6
Bergarbeitersiedlung; Schupp, Fritz; Dr./Kremmer, Martin: 1929; 33; Ruhr/Nord O
Bergbeamtenhaus; Bauabteilung, Zeche Erin: 1910; 36; Ruhr/Nord P18
Betreutes Wohnen in Welper; RDS Partner: 2008; 27; Ruhr/Süd N5
Betriebswohnhäuser; Kanalkommission, königl.; Bauabteilung: 1905; 49; Ruhr/Ost
Borgemeister; Wohn- und Packhaus, ehem.; Borgemeister, Johann Wilhelm: 1787;
Ruhr/West P2
Burgerspark, Wohnanlage; Duve/Klement/Kreuz: 1970; 25; Ruhr/Nord A18
Dahlbusch, Direktorenvilla; 1892; 1989 Restaurierung; 29; Ruhr/Nord S9
Das Dorf, Siedlung; Baller, Inken: 1993; 32; Ruhr/West S15
Das Dorf, Siedlung; Feddersen, Eckhard: 1989; 33; Ruhr/West S15
Das Dorf, Siedlung; von Lom, Walter & Partner: 1993; 34; Ruhr/West S15
Das Dorf, Siedlung; Riege, Aribert: 1989; 35; Ruhr/West S15
Direktorenvilla; van de Sandt, Jäckel: 1910; 92; Ruhr/Ost A6
Doppelhaus; Klement, Horst: 1961; 20; Ruhr/Nord N9
Doppelhaus, Modernisierung und Erweiterung; BATHE + REBER; Architekten: 200
72; Ruhr/Ost O8
Doppelhäuser Altlohweg; Erbe, Otto: 1930; 93; Ruhr/Süd Q15
Dreigiebelhaus; 1536 ca.; 45; Ruhr/West R2
Eigentumswohnungen; Forth, Peter: 1973; 36; Ruhr/Süd B14
Ein schöner Pfad, Einfamilienhaus; dreibund architekten: 2008; 78; Ruhr/Ost Q9
Einfamilienhaus; Kölsch, Hans Ulrich/Kölsch, Ursula: 1962; 24; Ruhr/Süd G7
Einfamilienhaus; Reiser, Roman: 1957; 25; Ruhr/Süd E14
Einfamilienhaus; Junghanns, Hans: 1952; 26; Ruhr/Süd D14
Einfamilienhaus; Keuper, Oliver: 2007; 85; Ruhr/West R13
Einfamilienhaus; Schamp & Schmalöer; Architektur + Städtebau: 2007; 84;
Ruhr/Ost R6
Einfamilienhaus; Grüneke Architektur Stadtplanung: 2004; 83; Ruhr/Ost S5
Einfamilienhaus; Schamp & Schmalöer; Architektur + Städtebau: 2002; 82; Ruhr/Os
Einfamilienhaus; Archifactory.de: 2009; 81; Ruhr/Süd E14
Einfamilienhaus; Lepper, Marc/3plus1 Architekten: 2007; 80; Ruhr/Ost G5
Einfamilienhaus; Kohorst, Gertrud/Schamp und Schmalöer: 2006; 79; Ruhr/Ost R
Einfamilienhaus; Börner, Hermann/Börner, Christine: 1971; 39; Ruhr/Nord C6
Einfamilienhaus; Pfeifer, Arthur/Großmann, Hans: 1928; 106; Ruhr/Nord N8
Einfamilienhaus; Perpeet: 1929; 105; Ruhr/Nord O17
Einfamilienhaus; Schindler + Wallmeier: 1976; 38; Ruhr/Nord R12
Einfamilienhaus; Deilmann, Harald: 1972; 37; Ruhr/Nord L12
Einfamilienhaus; Mebes, Friedrich: 1964; 27; Ruhr/Süd H5
Einfamilienhaus Ebeling; Archifactory.de: 2002; 86; Ruhr/Ost Q5
Einfamilienhaus, Erweiterung; Planwerk; Brdenk, Peter: 2006; 87; Ruhr/West M14
Einfamilienhaus, Erweiterung; Schmidt, Thomas: 2005; 89; Ruhr/Ost R6
Einfamilienhaus, Erweiterung; KenChiku: 2004; 88; Ruhr/Süd H7
Einfamilienhaus im Denkmalbereich; Schnatmann, Peter: 2003; 90; Ruhr/West Q1
Einfamilienhaus mit Einlieger; Reiser, Roman: 1964; 28; Ruhr/Süd D15
Einfamilienhaus mit Einlieger; Erling, Manfred: 1977; 40; Ruhr/Süd F14
Einfamilienhaus mit Einlieger; Reiser, Roman: 1964; 29; Ruhr/Süd D15
Einfamilienhaus mit Einliegerwohnung; Reiser, Roman: 1962; 30; Ruhr/Süd F13

Einfamilienhaus mit Einliegerwohnung; Schamp & Schmalöer; Architektur + Städtebau: 2003; 91; Ruhr/Ost Q8
Einfamilienhaus mit Einliegerwohnung; Flunder, Bernd: 1975; 41; Ruhr/Nord I6
Einfamilienhaus mit Zahnarztpraxis; Brüggemann: 1925; Brüggemann: 1929 Erweiterung; 107; Ruhr/Nord S9
Einfamilienhaus, Umbau; pier7architekten; Pier, Alexander: 2007; 92; Ruhr/West S15
Einfamilienhaus, Umbau; Theißen, Joachim; Architekturbüro: 2005; 93; Ruhr/Ost J8
Einfamilienhaus, Umbau; Godau, Dirk: 2004; 94; Ruhr/Ost Q8
Einfamilienhauses; Neubau; Kallinowski, Edgar: 2002; 95; Ruhr/Süd M8
Einfamilienreihenhäuser; Stotz, Martin: 1967; Smolarczik-Kampmann H./Smolarczik J.: 1967 Landschaftsarchitektur; 42; Ruhr/Nord N5
Einfamilienwohnhaus; Schmidt, Thomas: 2000; 96; Ruhr/Ost Q4
Einfamilienwohnhaus; Huster, Ansgar: 2006; 101; Ruhr/Nord I6
Einfamilienwohnhaus; KenChiku: 2006; 100; Ruhr/Süd D3
Einfamilienwohnhaus; Kuscheid + Partner; Architekten: 2006; 99; Ruhr/Nord A13
Einfamilienwohnhaus; BauWerk Architekten: 2006; 97; Ruhr/Ost P8
Einfamilienwohnhaus; Ebbert, Ludger: 2004; 98; Ruhr/West C10
Einfamilienwohnhaus mit Einliegerwohnung; Hippenstiel, Ralf: 2000; 102; Ruhr/Süd M13
Einfamilienwohnhaus, Umbau und Erweiterung; Gauselmann - Richter; Architekten: 2001; 103; Ruhr/Ost R7
Einfamillenhaus; Erling, Manfred: 1969; 43; Ruhr/Süd F14
Einfamillienhaus; A + W Planungsgruppe/Schulze-Finkenbrink, A./Kühlkamp, W.: 2005; 104; Ruhr/Süd J4
Engelsburg; 1700; 48; Ruhr/Nord A14
Fachwerkbau, ehem. Dienstgebäude; 1850; 34; Ruhr/Ost B3
Fachwerkhaus, Erweiterung; Funke Architekten: 2000; 123; Ruhr/West P17
Finnensiedlung; Siren, Heikki/Siren Kaija: 1963; 45; Ruhr/Süd R11
Finnstadt, Mehrfamilienhäuser; Korhonen, Toivo/Sorainen, Lauri: 1975; 50; Ruhr/Nord C6
Flak-Kaserne, ehem.; 1939; 14; Ruhr/Süd B15
Frauen planen Wohnungen; Töpper, Heinke/Melchior, Monika: 1993; 56; Ruhr/Ost H9
Gademenreihe; 1780; 56; Ruhr/Ost M13
Gemeindezentrum und Altstadthaus, evang.; Kölsch, Hans Ulrich/Kölsch, Ursula: 1962; 54; Ruhr/Süd H13
Gut Herbeck; 1830; 61; Ruhr/Süd P16
Hannibal I; Odenwaeller, Günther und Spieß, Heinz: 1974; 81; Ruhr/Ost O6
Hannibal II; Odenwaeller, Günther und Spieß, Heinz: 1975; 82; Ruhr/Ost P4
Haus am See; SHA/Scheffler Helbich Architekten: 2008; 163; Ruhr/Ost R6
Haus Andreas Wilhelm Ballin; Franke, Josef: 1925; 1950 Fassade verändert; 182; Ruhr/Nord A18
Haus B.; Thesing & Thesing: 2005; 164; Ruhr/West D14
Haus B., Erweiterung; Post + Welters; Architekten und Stadtplaner: 2006; 165; Ruhr/Süd H7
Haus Baukey; 1705; 65; Ruhr/Süd O12
Haus Beckmann-Mebus; Tor 5 Architekten: 2006; 166; Ruhr/Süd E15
Haus Dahl; Gerstein, Friedrich; Bauherr: 1825; 2000 Restaurierung; 71; Ruhr/Süd T16
Haus Ende; Pinno und Bachmann: 1913; 188; Ruhr/Süd M13
Haus Enkling; Schwarz, Rudolf: 1935; 19; Ruhr/West T2
Haus Eugen Hegeler; Franke, Josef: 1912; 190; Ruhr/Nord S10
Haus Flüge; Schwarz, Rudolf: 1937; 20; Ruhr/West Q12
Haus Franze; Franze, Heinrich: 1979; 88; Ruhr/West Q9
Haus Goedecke, ehem.; Behrens, Peter: 1912; 191; Ruhr/Süd Q15
Haus Harkorten; 18. Jhd.; 78; Ruhr/Süd R12
Haus Hartenfels; Wolters, Hermann: 1927; 192; Ruhr/West P13
Haus Köster, Mehrfamilienwohnhaus; Hanewinkel, Jochem: 1992; 90; Ruhr/Ost R6
Haus Ludwig; Ludwig, Alfred: 1956; 77; Ruhr/Ost P8
Haus M.; Schamp & Schmalöer; Architektur + Städtebau: 2007; 169; Ruhr/Ost R6
Haus Max Meyer; Franke, Josef: 1922; 196; Ruhr/Nord C17
Haus Niedernhof; Funcke, Wilhelm; Bauherr: 19. Jhd.; 48; Ruhr/Süd N13
Haus Röchling; Paul, Bruno: 1914; 197; Ruhr/West T2
Haus Schede; 17. Jhd.; Harkort, Peter Nikolaus; Bauherr: 1810 Errichtung neuer Gebäude; Behrens, Peter/van de Velde, Henry: 1904 Innenraumgestaltung; 91; Ruhr/Süd O11
Haus Spohr; HEIDERICH HUMMERT KLEIN; Partnerschaft, Architekten: 2005; 172; Ruhr/Süd F14
Haus Stennert; Fachwerkhaus; 1750; 93; Ruhr/Süd R12
Haus Urge; Hagen, Franz: 1913; ZENIT: 2004 Umbau und Sanierung; 198; Ruhr/West P16

Haus Vogelsang; 1700; 96; Ruhr/Nord E16
Herbede, Fachwerkhäuser; 8. Jhd. ab; 106; Ruhr/Süd M7
Hustadtring, Eigentumswohnanlage; Bruens, Heinz/Zeiler, Carl: 1972; 100; Ruhr/Süd D16
Immanuel-Kant-Straße; Wohnbebauung; Rübsamen + Partner: 2007; 183; Ruhr/Süd .
integriertes Wohnen „Straße des Bohrhammers"; Gegus und Hellenkemper: 2000; 187; Ruhr/Nord Q14
J-House; Archifactory.de: 2008; 190; Ruhr/Ost R8
Jovyvilla; Korn/Brüren/Stadtbauamt Gladbeck: 1927; 220; Ruhr/Nord O6
Kenkmannshof, Fachwerkhaus; 1847; 66; Ruhr/Nord M12
Kleinwohnungen; Klein, Karl: 1929; 239; Ruhr/West N10
Klönne-Stift; Stadt Mülheim an der Ruhr; Hochbauamt, städt./Brocke, Arthur/ Fuck Andreas: 1930; 240; Ruhr/West T5
Kruppsche Beamtenhäuser; 1905; Metzendorf, Georg: 1910 Erweiterung; 262; Ruhr/Süd J12
Landhaus Beuing; Pohle, Emil: 1926; 269; Ruhr/Süd B14
Lange Riege, Fachwerkhäuser; 1665/1666.; 128; Ruhr/Süd R15
Längsdeelen-Haus; 1800; Kremer, Kurt Peter: 1969 Restaurierung; 129; Ruhr/Süd E1
Ledigenheim und Schwesternheim; Conle, Gebrüder: 1953; 102; Ruhr/Nord G9
Lofts, Umbau einer Kfz-Halle; Ahlbrecht, Frank: 2003; 232; Ruhr/West Q17
Luisental; Pfeifer, Arthur/Großmann, Hans: 1928; 283; Ruhr/West T5
Maisonette-Mietswohnhaus; Arns, Walter/Buderus, Louis jun.: 1968; 119; Ruhr/Süd D15
Marktplatz Bergkamen; Stadtmittebildung; Gerber, Eckhard & Partner: 1999; 133; Ruhr/Ost H9
Mehrfamilien- und Appartementhaus; Reiser, Roman: 1963; 112; Ruhr/Süd D13
Mehrfamilienhaus; Reiser, Roman: 1964; 113; Ruhr/Süd D14
Mehrfamilienhaus; Luggenhölscher, Alfred: 1970; 127; Ruhr/Nord N11
Mehrfamilienhaus; Brüren/Kaes/Stadtbauamt Gladbeck: 1924; 294; Ruhr/Nord O
Mehrfamilienhaus; Hoff, Magdalene/Hoff, Peter: 1971; 128; Ruhr/Süd R14
Mehrfamilienhaus; Erweiterung; stufe 4 - frank zeising, architekt dipl.-ing: 2003; 23 Ruhr/West M14
Mehrfamilienhaus-Bebauung mit Büroräumen; Franke, Josef: 1927; 295; Ruhr/Nord
Mehrfamilienhäuser; Zamel, Krug; Architekten: 2001; 238; Ruhr/Süd Q14
Mehrfamilienwohnhaus; Skornia & Skornia Recke: 1992; 136; Ruhr/West O16
Mietwohnungen; Basta: 1998; 140; Ruhr/Ost N3
Mietwohnungen für Betriebsführer; Reiser, Roman: 1957; 115; Ruhr/Süd D14
Penthouse auf dem Hochbunker; Amort, Mick: 2007; 259; Ruhr/Ost E15
Rastebaum, Wohnanlage ; DEWOG Bochum: 1932; 339; Ruhr/Süd P14
Reidemeisterhaus, ehem.; 1747; Stadt Hagen; Hochbauamt, städt.: 2000 Erweiterungsbau; 163; Ruhr/Süd R12
Reihenhauseigenheime; Bähr, Rolf/Gansfort, Karl Heinz: 1979; 146; Ruhr/West S11
Reihenhäuser; Forth, Peter: 1976; 147; Ruhr/Süd E13
Reihenhäuser; Wittig, Albrecht E.: 1973; 148; Ruhr/Nord C6
Reihenhäuser; Bellwinkel, Dirk: 1976; 149; Ruhr/Nord C6
Reihenhausgruppe; Stumpf, Heido/Voigtländer, Peter: 1961; 144; Ruhr/Süd J18
Riekenhaus; Bunse, W.+ F.: 1955; 146; Ruhr/West S5
Saarner Äu; Blanck, Gunvar: 2002; 290; Ruhr/West Q15
Schlaunhaus; Schlaun, Johann Conrad: 1830; 169; Ruhr/Nord M11
Seniorenwohnanlage St. Bonifatius; Fritzen + Müller - Giebele: 2001; 300; Ruhr/Ost
Stadtbad Haspe, ehem.; heute Wohnstift; Obersteh-Berghaus, Günther: 1952; PASI Feldmeier + Wrede: 1999 Renovierung und Erweiterung; 175; Ruhr/Süd Q12
Stadthaus Rüttenhaus; Raderschall Architekten: 2006; 321; Ruhr/Süd F6
Stadthäuser; Höfler + Kandel: 1980; 205; Ruhr/Nord C5
Stadthäuser; Tor 5 Architekten: 2007; 323; Ruhr/Süd C15
Stadtwohnungen; Rauh Damm Stiller Partner; Architekten: 2003; 332; Ruhr/Süd O
Stammhaus Krupp; Kruppsche Gußstahlfabrikation; Bauabteilung: 1819; 258; Ruhr/Süd H12
Steinhof; 1150 ca.; 260; Ruhr/West S11
Steinkuhl; Terrassenwohnanlage; Bruens, Heinz/Zeiler, Carl: 1981; 212; Ruhr/Süd D
Studentenherberge, Fernuniversität; Kuhn - Buhlke - Kuboth: 2003; 334; Ruhr/Süd C
Studentenwohnheim „Die Brücke"; Müller-Zantop, Wolfgang/Einsele, Martin: 198 215; Ruhr/Süd H13
Studentenwohnheime 1 und 2; Lambart, Bruno: 1965; 186; Ruhr/Süd E15
Suite Beam; Archifactory.de: 2007; 335; Ruhr/Süd E13
Terrassenhaus; Zamel, Adolf: 1973; 218; Ruhr/Süd Q15
Terrassenhaus „Am Hang"; Bussmann, Volker: 1980; 219; Ruhr/West Q15
Terrassenhaus Girondelle; Hennig, Albin: 1969; 220; Ruhr/Süd D15

Terrassenhochhaus 1 im Uni-Center; Hennig, Albin/Dietrich, D./Guggenberger, G.: 1973; 221; Ruhr/Süd E15
Theodor-Fliedner-Stiftung; Schneider und Schumacher: 2002; 197; Ruhr/West O15
Tönnishof; Gerber, Eckhard & Partner: 1985; 225; Ruhr/Ost P2
Ümminger Feld; Mietwohnanlage; Buderus jun., Louis: 1978; 230; Ruhr/Süd D16
Unternehmervillen im Ostparkviertel/ Prinz-Friedrich-Karl-Straße und Umgebung; Marx, Ernst: 1900 um; 456; Ruhr/Ost R17
Verdichtung, Wohnungsbaukonzepte; Hansen & Petersen: 1999; 202; Ruhr/Ost H7
Villa; Döring: 2001; 358; Ruhr/Nord L12
Villa; Kemper: 1906; Delius + Kallisch: 1986 Sanierung; 463; Ruhr/Nord Q14
Villa; Greis, Otto/Revermann, Ferdinand: 1931; 465; Ruhr/Nord R12
Villa; Hohmann, Emil: 1930; 464; Ruhr/Nord L15
Villa Albert Lohmann; Lohmann, Albert: 1865; 130; Ruhr/Süd M9
Villa Baare; Bochumer Verein; Bauabteilung: 1888; Baare, Friedrich: 1904 Erweiterung; 131; Ruhr/Süd D12
Villa Bagel; Hagen, Franz: 1912; 466; Ruhr/West T5
Villa Berger; Berger, Carl Ludwig; Stahlunternehmer: 1839; 269; Ruhr/Süd M9
Villa Bönnhof; Plies, Rudolf: 1901; 467; Ruhr/Süd O11
Villa Dickmann; Nebel, Carl: 1903; 468; Ruhr/Nord R4
Villa E.; Bonatz, Paul: 1928; 469; Ruhr/Süd D14
Villa Eugen Coupienne; 1875; 132; Ruhr/West T5
Villa Friedrich Lohmann jun.; Lohmann jr., Friedrich: 1895; 133; Ruhr/Süd M9
Villa Friedrich Lohmann sen.; Lohmann sen., Friedrich: 1868; 134; Ruhr/Süd M9
Villa Fritz Thyssen; Girmes & Oediger: 1912; 470; Ruhr/West R14
Villa Gustav Lohmann; Bovensiepen, Wilhelm: 1865; 135; Ruhr/Süd M9
Villa Hanau; Hagen, Franz: 1902; 471; Ruhr/West T5
Villa Josef Thyssen; Kayser & von Großheim: 1900; 473; Ruhr/West T5
Villa Kerckhoff, ehem.; Ludwigs; Gebrüder: 1922; 475; Ruhr/Süd Q15
Villa M.; Neubig + Hubacher/Büder + Menze: 2005; 359; Ruhr/Süd G14
Villa Marckhoff; 1898; 138; Ruhr/Süd I16
Villa Nora; 1895; 139; Ruhr/Süd I16
Villa Oskar Funcke; Ludwigs; Gebrüder: 1920; 476; Ruhr/Süd Q14
Villa Post; 1892; 140; Ruhr/Süd Q13
Villa Schweitzer; Perret: 1924; 477; Ruhr/West O3
Villa Springmann, ehem.; van de Velde, Henry: 1911; 478; Ruhr/Süd Q14
Villa Steinwender; Villa Vorster, ehem.; Vorster, Hermann; Bauherr: 1855; 2003 Restaurierung; 141; Ruhr/Süd R15
Villa Vorsteher; Wenner, Gustav: 1895; 142; Ruhr/Süd O11
Villa 57+; Archifactory.de: 2004; 360; Ruhr/Ost R6
Wäschehaus Wüller; 1804; 274; Ruhr/Nord A14
Wohn- und Atelierhaus; Forth, Peter: 1969; 247; Ruhr/Süd F13
Wohn- und Bürohaus; Klapheck, Hermann; Dr. + Partner: 1999; 216; Ruhr/Nord L13
Wohn- und Bürohaus; stadtmüller.architektur: 2002; 378; Ruhr/Ost M14
Wohn- und Bürohaus; Beilmann + Seitz Architekten: 2007; 377; Ruhr/Süd J16
Wohn- und Geschäftshaus; Forth, Peter: 1974; 249; Ruhr/Süd C10
Wohn- und Geschäftshaus; Franke, Josef: 1927; 524; Ruhr/Nord B17
Wohn- und Geschäftshaus; Veuhoff, Karl: 1928; 527; Ruhr/Nord P14
Wohn- und Geschäftshaus; Spanier, W.: 1905; 526; Ruhr/Nord Q12
Wohn- und Geschäftshaus; Waßer, Theodor: 1927; 525; Ruhr/Nord B17
Wohn- und Geschäftshaus; Breuer, W.: 1906; 521; Ruhr/Nord P14
Wohn- und Geschäftshaus; DEGENER Architekten: 2007; 379; Ruhr/Süd J18
Wohn- und Geschäftshaus; Tusch, M.; atelier baukunst: 2000; 381; Ruhr/West O6
Wohn- und Geschäftshaus; Feja + Kemper: 2000; 380; Ruhr/Nord A14
Wohnanlage; Abrahamson, Günther; Dr.: 1982; 250; Ruhr/Süd H6
Wohnanlage; Düren, H.: 1929; 528; Ruhr/Süd C13
Wohnanlage; Schmitz, Peter: 2000; 384; Ruhr/West R2
Wohnanlage; Ingenhoven, Overdiek und Partner: 2000; 385; Ruhr/West R2
Wohnanlage Freigrafendamm; Bergmann, F. A./Grothe, F.: 1931; 529; Ruhr/Süd J17
Wohnanlage für Landesbedienstete; Reiser, Roman: 1968; 251; Ruhr/Süd E15
Wohnanlage mit 10 WE (Haus Vier Jahreszeiten - Abendsonne e.V.); Hippenstiel, Ralf: 2003; 388; Ruhr/Süd O11
Wohnanlage, temporär; gaa Goebel; Architekten Assoziierte: 2003; 389; Ruhr/Ost Q6
Wohnaus Marek, Anbau; BATHE + REBER; Architekten: 2006; 390; Ruhr/Ost O7
Wohnbebauung; Planwerk Architekten, Dortmund: 2000; 391; Ruhr/West L12
Wohnbebauung; Hansen & Petersen: 2003; 392; Ruhr/Nord G8
Wohnbebauung; Miele und Rabe: 2000; 393; Ruhr/Süd R17
Wohnbebauung Albermannstraße; Gerber, Eckhard & Partner: 2006; 394; Ruhr/Süd H6

Wohnbebauung am Musiktheater; BDA Arbeitsgruppe Gelsenkirchen/Drengwitz/Eising/Glasmeier/Halfmann/Wittig: 1984; 252; Ruhr/Nord B17
Wohnbebauung Bottrop-Kirchhellen; Schaller Theodor; Architekten: 1996; 221; Ruhr/Nord M4
Wohnbebauung Dinnendahlstraße; Gerber, Eckhard & Partner: 2008; 398; Ruhr/Süd
Wohnbebauung, öffentlich gefördert; Meyer, Karin: 1998; 222; Ruhr/Süd F11
Wohnblock; Oberstеh-Berghaus, Günther: 1933; 52; Ruhr/Süd P13
Wohnen mit Service; Gerber, Eckhard & Partner: 2001; 400; Ruhr/Süd H6
Wohnen-West; Kloss + Kolb: 1975; 253; Ruhr/Nord G8
Wohngebäude; Heinrich & Wörner & Partner: 2001; 401; Ruhr/Ost S18
Wohngebäude Luise-Hensel-Straße; Franke, Josef: 1927; 530; Ruhr/Nord Q4
Wohnhaus; 19. Jhd.; 155; Ruhr/West T9
Wohnhaus; Pillich, H.-J.: 1997; 225; Ruhr/Nord L12
Wohnhaus; Corneliussen, Andreas: 1998 Umbau und Sanierung; 1780; 224; Ruhr/Ost
Wohnhaus; Feldmann, Ludwig: 1928; 534; Ruhr/Süd D14
Wohnhaus; 1930; 533; Ruhr/Süd H16
Wohnhaus; Schmiedeknecht, Heinrich: 1928; 532; Ruhr/Süd B14
Wohnhaus; Kunz, Hans: 1929; 531; Ruhr/Süd I16
Wohnhaus; Rauh Damm Stiller Partner; Architekten: 2005; 404; Ruhr/Süd Q6
Wohnhaus; Huster, Ansgar: 2007; 403; Ruhr/Nord L13
Wohnhaus; Zamel, Krug; Architekten: 2001; 402; Ruhr/Süd Q15
Wohnhaus; 18. Jhd.; 292; Ruhr/West G11
Wohnhaus; 1708; 291; Ruhr/West T9
Wohnhaus; Possinke, Lothar G./Quarg, Werner P. A.: 1980; 254; Ruhr/Süd I6
Wohnhaus; Fahrenkamp, Emil: 1960; 216; Ruhr/West S4
Wohnhaus; 19. Jhd.; 156; Ruhr/West P2
Wohnhaus; Muth, Jacob: 1889 ca.; 157; Ruhr/West S3
Wohnhaus am Böninger Park; Conle, Gebrüder: 1950; 217; Ruhr/West T2
Wohnhaus am Schultenberg; Bagusat, Hans Jürgen; Bauherr: 1970er; 255; Ruhr/West Q16
Wohnhaus Dr. Wolff; Olgiati, Rudolf: 1990 Entwurf; Olgiati, Rudolf: 1993 Ausführun 226; Ruhr/Süd R14
Wohnhaus für Edmund Hellmann; Franke, Josef: 1925; 535; Ruhr/Nord R4
Wohnhaus für Eduard Boch; Franke, Josef: 1925; 536; Ruhr/Nord C16
Wohnhaus für Josef Rosenbaum; Franke, Josef: 1909; 537; Ruhr/Nord C17
Wohnhaus für Otto Schlitt; Franke, Josef: 1924; 538; Ruhr/Nord B16
Wohnhaus Hanewinkel; Hanewinkel, Jochem: 1990; 227; Ruhr/Ost R6
Wohnhaus Markmeyer; PASD/Feldmeier + Wrede: 1996; 228; Ruhr/Süd Q15
Wohnhaus mit Nebengebäude; Franke, Josef: 1913; 539; Ruhr/Süd B11
Wohnhaus, Modernisierung; Tor 5 Architekten: 2006; 405; Ruhr/Süd C15
Wohnhaus Niemeyer; Junghanns, Hans: 1937; 53; Ruhr/Süd H5
Wohnhaus Oemberg; Bähr, Rolf/Gansfort, Karl Heinz: 1963; 218; Ruhr/West R15
Wohnhaus Oydrot; Lipkowsky, Günther: 1998; 229; Ruhr/West O1
Wohnhaus Sandstraße; aus der Wiesche, Heinrich: 1960; 219; Ruhr/West S6
Wohnhaus Schlossberg; 1865; Buchloh, Fritz: 1989 Umbau und Sanierung; 158; Ruhr/West S5
Wohnhaus Siebner; Hanewinkel, Jochem: 1997; 230; Ruhr/Ost S8
Wohnhaus Suhnel; Suhnel, Theodor: 1925; 540; Ruhr/West S6
Wohnhaus, Umbau; Köster, Anja: 2003; 406; Ruhr/Süd E14
Wohnhaus Vedder; Schmidt, Otto: 1903; 541; Ruhr/West S3
Wohnhaus von Edmund Körner, ehem.; Körner, Edmund: 1929; 542; Ruhr/Süd J14
Wohnhaus Welcker; Ebbert, Ludger: 2001; 407; Ruhr/West I1
Wohnhäuser, 2 Gebäude; Stahlherm, Hugo: 1928; 548; Ruhr/Nord L13
Wohnhochhaus; Kluftinger, A.: 1960; 220; Ruhr/Nord Q14
Wohnhochhaus; Stemmermann, W.: 1980; 257; Ruhr/Nord Q14
Wohnhochhaus; Gemeinnützige Wohnungsbaugenossenschaft Scholven: 1962; 221 Ruhr/Nord P14
Wohnhochhäuser; Müller, B./Möller, R.: 1975; 258; Ruhr/Nord P12
Wohnhügelhaus 1; Frey, Roland/Schröder, Hermann/Faller, Peter/Schmidt, Claus: 1968; 259; Ruhr/Nord H8
Wohnhügelhaus 2+3; Schröder, Hermann/Faller, Peter: 1968; 260; Ruhr/Nord H8
WohnreWIR Tremonia; Post + Welters; Architekten und Stadtplaner: 2006; 408; Ruhr/Ost T15
Wohnungen, altengerecht mit Gemeinschaftsraum; Meyer/Uhr: 1999; 231; Ruhr/Ost P9
Wohnungen, öffentlich gefördert; Larsen, H./Meyer, Karin/Ringleben, Ursula/Schwering, Leo: 1998; 232; Ruhr/Ost D13
Wohnungsbau; Auer & Weber: 1998; 233; Ruhr/West R2

Wohnungsbau; gmp/von Gerkan, Marg und Partner: 2007; 409; Ruhr/West R2
Wohnungsbau; RKW/Rhode Kellermann Wawrowsky: 2004; 410; Ruhr/West R2
Wohnungsbau, öffentlich gefördert; Kremer, Kurt Peter und Partner: 1999; 234; Ruhr/Süd D11
Wohnungsbau THS; Foster, Norman; Lord & Partner: 2001; 411; Ruhr/West R2
Wohnungserweiterung in Bochum; Reiser & Partner; Architekten: 2003; 412; Ruhr/Süd H16
Zeche Concordia, Direktorenvilla; Concordia Bergbau AG.: 1897; 166; Ruhr/West N2
Zeilenwohnhaus Keetmanstraße; Wissmann, Hanns/Brenschede, Wilhelm: 1924; 601; Ruhr/West S3
Zweifamilienhaus; Frebel, W.: 1976; 267; Ruhr/Nord O14
Zweifamilienhaus; Kleine-Allekotte, Hermann/Dunker, Martina: 2000; 430; Ruhr/Süd G4
Zweifamilienhaus; stadtmüller.architektur: 2007; 429; Ruhr/Nord P18
Zweifamilienhaus; Kamieth, Wolfgang: 2001; 431; Ruhr/Süd G9
Zweifamilienhaus in der Reihe; Börner, Hermann/Börner, Christine: 1971; 268; Ruhr/Nord C6
100 Jahre Wohnen, Umbau und Erweiterung; Quernhorst, Eva: 2008; 432; Ruhr/West D7
4 Wohnhäuser; Steinhäusel, Ludwig Franz: 1987; 269; Ruhr/Süd R13

Büro-, Verwaltungs- und Dienstleistungsbauten/ *Office, Administration and Service Buildings*

ADAC Hauptverwaltung Westfalen; stegepartner: 2006; 1; Ruhr/Ost O8
Adam Opel AG, Verwaltungsgebäude; Adam Opel AG; Bauabteilung: 1963; 1; Ruhr/Süd D15
AG für Hüttenbetriebe, ehem. Verwaltungsgebäude; Fischer-Essen, Alfred: 1925; 2; Ruhr/West M12
Agentur für Arbeit; Kraemer, Friedrich Wilhelm/Sieverts, Ernst + Partner/Kammel, Dr.: 1980; 2; Ruhr/Süd Q14
Agiplan, Hauptverwaltung; Foster, Norman; Lord & Partner: 1996; 2; Ruhr/West Q18
Allo Pro, Verwaltungs- und Lagergebäude; Hansen, Jürgen/Petersen, Ralf: 1990; 4; Ruhr/Nord N8
alltours flugreisen, Verwaltungsgebäude ; gmp/von Gerkan, Marg und Partner: 2001; 4; Ruhr/West R2
Alte Post (Amt 2); 1891; 4; Ruhr/West S2
Altes Hafenamt; Stadt Dortmund; Hafenverwaltung: 1899; 5; Ruhr/Ost N5
Amtshaus, altes; 1860; 9; Ruhr/Süd J17
Amtshaus Bochum-Nord; Landkreis Bochum; Bauherr: 1881; 10; Ruhr/Süd I16
ARAL Hauptverwaltung, Erweiterung; gmp/von Gerkan, Marg und Partner/Sack, A.: 1975; 8; Ruhr/Süd J17
Arbeitsamt; Kraemer, Friedrich Wilhelm/Sieverts, Ernst + Partner: 1984; 9; Ruhr/Süd J16
Arbeitsamt Dortmund; Gerber, Eckhard & Partner: 1998; 11; Ruhr/Ost R16
Arbeitsamt, ehem.; Freitag, Ludwig: 1929; 20; Ruhr/West N2
Arbeitsgericht Gelsenkirchen; Waßer, Theodor: 1919; 21; Ruhr/Nord S10
Arcandor Hauptverwaltung, ehem. Karstadt AG.; Brune, Walter: 1969; 10; Ruhr/Süd G5
Archilab; Hansen & Petersen: 2002; 13; Ruhr/Ost R17
Arenberg, Gründerzentrum und Gewerbestandort; Biefang, Hans A.: 1996; 12; Ruhr/Nord Q5
Artrion Dortmund; Drahtler, Ulrich: 2003; 16; Ruhr/Ost T16
August Thyssen-Hütte AG, Hauptverwaltung; Weber, Gerhard: 1963; 6; Ruhr/West L11
Ausstellungs- und Bürogebäudes, Neubau; Ramsfjell Architekten: 2010; 19; Ruhr/Süd B14
Bergwerksdirektion, ehem.; Beck: 1907; 45; Ruhr/Nord A13
Bert-Brecht-Haus; Scheib, Otto: 1928; 46; Ruhr/West N1
Betriebshof Westfalenpark; Klapp, Eberhard Carl/Brüning, Ernst: 1991; 17; Ruhr/Ost P6
Betriebskrankenkasse Krupp, ehem.; Franzen, A./Franzen, W.: 1956; 11; Ruhr/Süd J15
Bezirksverwaltungsstelle; Drahtler, Ulrich/Architekt: 2004; 29; Ruhr/Ost P7
Bogestra, Hauptverwaltung; Wieschemann, Paul G.: 1983; 21; Ruhr/Süd J16
Bomin-Hochhaus, Bundesknappschaft; Reiser, Roman: 1975; 22; Ruhr/Süd D14
BP-Zentrale Bochum; BRT/Bothe Richter Teherani; Architekten: 2005; 32; Ruhr/Süd J16
Bredeneyer Tor; nattler architekten: 1999; 21; Ruhr/Süd F6
Breukerhaus; Hochbauamt Recklinghausen, städt.: 1927; 62; Ruhr/Nord L13
Brückner Grundbau GmbH, Hauptverwaltung; nattler architekten: 2002; 36; Ruhr/Süd C5

Bundesknappschaft; Thierbach, D.; Bauinspektor, königl.: 1907; Kaulfuß, Heinrich: 19
Wiederaufbau; 63; Ruhr/Süd J16
Büro- und Geschäftshaus; DEGENER Architekten: 2006; 39; Ruhr/Ost P7
Büro- und Geschäftshaus; Koerfer, Jacob; Dr.: 1929; 65; Ruhr/Süd I13
Büro- und Werkstattgebäude; Schmidt, Thomas: 2000; 40; Ruhr/Süd E16
Bürogebäude; Mewes, Emil Rudolf: 1937; 6; Ruhr/Süd I15
Bürogebäude; Schulze Gronover & Galert: 2001; 45; Ruhr/Ost M5
Bürogebäude; Deterding; Architekturbüro: 2007; 47; Ruhr/Ost M14
Bürogebäude; Schmidt, Thomas: 2001; 49; Ruhr/Süd E16
Bürogebäude; Rübsamen + Partner: 2008; 48; Ruhr/Süd A16
Bürogebäude; Lüke Schmitz Artz; Architekten + Generalplaner: 2002; 46; Ruhr/Süd
Bürogebäude; NOWECK + PAHMEYER; Architekten: 2008; 44; Ruhr/Ost A18
Bürogebäude; Schmidt, Thomas: 2003; 41; Ruhr/Süd E16
Bürogebäude; NOWECK + PAHMEYER; Architekten: 2006; 42; Ruhr/Ost H16
Bürogebäude; Schmidt, Thomas: 2005; 43; Ruhr/Süd E16
Bürogebäude Bungalow/Atelierhaus; Bergmann, Horst: 1963 Altbau; BS Architekten
1999 Neubau; 15; Ruhr/Süd R14
Bürogebäude SCHÜRMANNSPANNEL AG; Schmidt, Thomas: 2002; 50;
Ruhr/Süd E16
Bürohaus; Knoblauch, Ernst: 1928; 66; Ruhr/Süd I12
Bürohaus Fa. itb; Streiter, Wolfgang: 2005; 51; Ruhr/West M4
Bürohaus für DB Services Objektmanagement; Reiser & Partner; Architekten: 2003
52; Ruhr/West S3
Bürohaus Innenhafen; Bahl & Partner: 2002; 53; Ruhr/West R2
Büropark an der Gruga; Kaspar Kraemer; Architekten: 2004; 54; Ruhr/Süd F6
Business Center Ruhrort; Eller + Eller Architekten: 2006; 56; Ruhr/West P2
BVZ mit Rathaus-Center-Bochum; Bahlo/Köhnke/Stosberg: 1982; 28; Ruhr/Süd I1
CEAG Verwaltungsgebäude; Umnutzung; Miksch Rücker; Architekten: 1999; 26;
Ruhr/Ost N6
City-Haus; Ewald; Baumeister: 1977; 31; Ruhr/Nord B16
ComIn Zentrum; Schröder + Kamm Architekten: 2006; 61; Ruhr/Süd D7
Designstadt Nr1; Schürmann, Andreas; Unternehmer: 2006; 64; Ruhr/Süd J11
Deutsche Bank; Zindel, Peter: 1901; Kücker, Wilhelm; Dr.: 1997 Umbau und Sanierun
87; Ruhr/Süd I13
Deutsche Bank; Kuhrt & Hoffmann und Volkenborn; Baufirma: 1920; 88; Ruhr/West
Dienstleistungszentrum Minister Stein; Bahl & Partner: 2000; 67; Ruhr/Ost M6
Dieze; Dienstleistungszentrum; Bolles + Wilson: 1997; 41; Ruhr/Nord P17
Dorma Hauptverwaltung, Aufstockung; KSP; Engel und Zimmermann; Architekten:
2005; 73; Ruhr/Süd Q4
Douglas Holding AG, Hauptverwaltung; RKW/Rhode Kellermann Wawrowsky: 200
74; Ruhr/Süd N14
DVG-Haus; Viertel, Kurt: 1955; 22; Ruhr/West S3
Eickhoff; Verwaltung; Bonatz, Paul: 1939; 12; Ruhr/Süd D14
Eickhoff-Forum, Umbau; Knebel + von Wedemeyer: 2006; 77; Ruhr/Süd D14
Ellipson; Bürohochhaus; Schulze, G. und Partner: 1999; 49; Ruhr/Ost S17
Emschergenossenschaft, Verwaltungsgebäude; Kreis, Wilhelm: 1910; Ahlbrecht, Fra
1996 Umbau; 112; Ruhr/Süd J14
Emschergenossenschaft, Verwaltungsgebäude; Fischer-Essen, Alfred: 1923; 1999 Ba
des Gerätehauses; 113; Ruhr/Ost R16
E.ON Ruhrgas, Hauptverwaltung; JSK Architekten: 2009; 111; Ruhr/Süd F6
Erweiterung eines Bürogebäudes; Echtermeyer, Bernd: 1995; 50; Ruhr/Ost T18
Estel-Hoesch AG, Verwaltungsgebäude; Dengler; Regierungsbaumeister: 1921;
Schulze, Dietrich/Schulze, Karl: 1921 Entwurf; Meyer; Regierungsbaurat: 1921
Vorentwurf; 121; Ruhr/Ost O5
Eurogate; Foster, Norman; Lord & Partner: 2010; 116; Ruhr/West R2
Europahaus; Schwippert, Hans/Schöllgen, Erich: 1957; 35; Ruhr/West N1
Exenterhochhaus; Spangenberg, Gerhard; Dr.: 2009; Kirchmeier, Friedrich: 1942
Luftschutzbunker; Nutzung als Sockel; 119; Ruhr/Süd J16
Existenzgründerzentrum Dieprahm; Hülsdonk + Partner: 2001; 120; Ruhr/West M
Faktorei 21; 1954; Landesentwicklungsgesellschaft NRW: 2000 Umbau; 40;
Ruhr/West R2
Ferrostahl-Hochhaus; Allerkamp, Franz: 1954; 41; Ruhr/Süd I13
Filial Direktion DKV; DKV-Bauabteilung; Ritter-Wolff/Keull: 1978; 49; Ruhr/Süd I16
Finanzamt; Reichsbauamt Dortmund: 1926; 128; Ruhr/Nord P14
Finanzamt; Reischig; Regierungsbaumeister: 1929; 129; Ruhr/Nord C16
Finanzamt Bochum-Süd; Graubner, Gerhard/Topp, E.: 1957; 44; Ruhr/Süd J16
Finanzamt Hagen; Reischig; Regierungsbaumeister: 1926; 132; Ruhr/Süd Q14
Flachglas AG, Hauptverwaltung; Eggeling, Wilhelm: 1981; 51; Ruhr/Nord S9

Gelsenwasser AG, Hauptverwaltung; AJF/Anin, Jeromin, Fitilidis & Partner: 2006; 142; Ruhr/Nord P9
Gelsenwasser AG, Hauptverwaltung ; Deilmann, Harald: 1979 - 1989; Brandi, Ahlbrecht: 1960er Hauptverwaltung, heute völlig umgebaut; 64; Ruhr/Nord P9
Generalvikariat des Bistums Essen; Kleffner, Eberhard Michael/Dohmen, Heinz; Dr./Straetmanns, Hans: 1964; Portten, Wolfgang: 1964 Durchführung und Bauleitung; 55; Ruhr/Süd I13
Gerling Verwaltungsgebäude; Breker, Arno: 1956; 57; Ruhr/Süd Q14
Gewerbepark Nordstern; Wolfgang Felder: 1999; 68; Ruhr/Nord Q7
Glückauf-Haus; Bode, Ernst: 1922; 165; Ruhr/Süd J13
Gründer- und Technologiezentrum; LEG NRW: 1995; Freudenthal, Peter: 1995; 70; Ruhr/Ost D15
Gründerzentrum; HHS/Hegger Hegger Schleiff: 1998; 71; Ruhr/Ost C15
Gründerzentrum; NOWECK + PAHMEYER; Architekten: 2004; 156; Ruhr/Ost J9
Handwerkerpark Zollverein 3/7/10; Stolze: 1911; 174; Ruhr/Süd C8
Hans-Sachs-Haus; Fischer-Essen, Alfred: 1927; gmp/von Gerkan, Marg und Partner: 2010 Umbau und Veränderung; 175; Ruhr/Nord B17
Hauptpost; Hoeltz: 1933; 18; Ruhr/Süd I13
Hauptpost (Amt 1); Lindberg: 1931; 181; Ruhr/West S2
Hauptverwaltung Krupp Stahl AG, ehem.; Seidensticker, Wilhelm; Dr.: 1964; 74; Ruhr/Süd C13
Haus am Kettwiger Tor; Eggeling, Wilhelm: 1954; 75; Ruhr/Süd I13
Haus der Stromwirtschaft; Röver, Wilhelm/Meinen, Wilhelm: 1956; 76; Ruhr/West S5
Haus der Wirtschaft, Sanierung; Engler, Otto: 1911; Bussmann, Volker: 2007 Sanierung; 186; Ruhr/West O16
Haus der Wirtschaftsförderung; Foster, Norman; Lord & Partner: 1992; 88; Ruhr/West S3
Haus des Handwerks; Tidten, Wilhelm: 1926; 187; Ruhr/West S5
Herbert-Wehner-Haus; Schröder, Kreisbaumeister: 1912; 202; Ruhr/Nord L13
HGG-Gebäude, Verwaltungsgebäude der Handwerk, Handel und Gewerbe; Höltje, Walter/Kalmbacher, Walter: 1954; 84; Ruhr/Ost S17
Hirschlandbank; Moritz, Carl: 1910; 206; Ruhr/Süd I13
Hitachi Power Europe; Bürogebäude; Bahl & Partner: 2007; 175; Ruhr/West R2
Hochtief-Haus; Bucerius & Kleemann: 1938; 23; Ruhr/Süd J13
H2 Office; BRT/Bothe Richter Teherani; Architekten: 2004; 181; Ruhr/West R2
IBM, Verwaltungsgebäude; Schulze, Gustav: 1971; 101; Ruhr/Ost T17
Iduna-Versicherung; Kraemer, Friedrich Wilhelm/Sieverts, Ernst/Pfennig: 1968; 102; Ruhr/Nord B17
Industrie- und Handelskammer Dortmund; Pinno, Karl/Grund, Peter: 1930; 216; Ruhr/Ost S18
Innovationszentrum Herne; Nikolic + Partner: 1996; 99; Ruhr/Nord O13
Innovationszentrum Wiesenbusch; Parade Architekten: 1999; 100; Ruhr/Nord O4
Institut Adolf Grimme, Umbau und Instandsetzung; 2006; Spital-Frenking + Schwarz: 2006 Sanierung; 186; Ruhr/Nord G8
Jahrhunderthaus; Krenz, Wolfgang; Architekten/Archwerk Generalplaner: 2006; 189; Ruhr/Süd I15
Justizakademie NRW „Gustav Heinemann Haus"; Groth, Hans-Otto/Lehmann, Werner: 1988; 105; Ruhr/Nord L14
Kantine „Westfalia"; ehem. Betriebsgebäude; Eisenhütte Westfalia; Gewerkschaft: 1870; 64; Ruhr/Ost H6
KBB; Verwaltungsgebäude; Schwickert, Ludwig: 1955; 92; Ruhr/Nord B17
Kindergarten am Wissenschaftspark Rheinelbe; Kiessler + Partner: 1994; 109; Ruhr/Nord S10
Klärwerktransformation zum Bürogebäude; SCHÜRMANNSPANNEL/Schmidt, Thomas: 2006; 202; Ruhr/West L17
Kohlenhandelsgesellschaft „Mark", ehem.; Kohlhage, Ernst: 1926; 242; Ruhr/Süd P14
Kokerei Alma; Schupp, Fritz; Dr./Kremmer, Martin: 1928; 243; Ruhr/Nord R11
Kommunikationszentrum; agiplan; integrale Bauplanung: 2003; 210; Ruhr/Süd E16
Konsumverein Wohlfahrt; Verwaltung; Schmiedeknecht, Heinrich: 1916; 253; Ruhr/Süd D14
Kontorhaus Innenhafen; Lehnkering-Speicher, ehem.; Braun, Voigt und Partner: 1994 Umnutzung und Sanierung; 1913; 115; Ruhr/West R1
Kreishandwerkerschaft; Krampe, Ulrich u. Reiter, Peter; Architekten: 2005; 214; Ruhr/Süd E13
Kreishaus, ehem.; Lübke und Rehning: 1901; 258; Ruhr/Nord A14
Kreishaus Recklinghausen; Beier + Partner: 1980; 115; Ruhr/Nord M13
Kreishaus Unna, Erweiterung und Sanierung; agn/Niederberghaus, Paul und Partner: 2006; 215; Ruhr/Ost M14

Kreissparkasse; Ludes, Manfred: 1964; 98; Ruhr/Nord A14
Kruppsche Hauptverwaltung; Krupp, Friedrich/Becker/Walter: 1961; 99; Ruhr/West Q10
Kulturwerk Lothringen; Zeche Lothringen Schacht 1/2, ehem.; Gewerkschaft Lothringen; Bauabteilung: 1872; Kemper und Steiner: 2006 Umbau und Sanierung; 7 Ruhr/Süd A16
Kundenservicezentrum DB Cargo; RKW/Rhode Kellermann Wawrowsky: 1998; 117; Ruhr/West Q13
Lager-, Versand- und Verwaltungsgebäude; Achtel, Achim/Bergmann, Horst: 1993; 121; Ruhr/Süd P15
Landesbehördenhaus; Fahrenkamp, Emil: 1951; 1955 Dachaufbau; 100; Ruhr/West S
Landesoberbergamt; Claren; Baurat/Behrendt; Regierungsbaumeister: 1910; 267; Ruhr/Ost S18
Landeszentralbank, ehem. Deutsche Reichsbank; Stiller, Hermann: 1897; 79; Ruhr/West S2
Landeszentralbank NRW, Hauptstelle; Kreis, Wilhelm: 1954; 101; Ruhr/Ost S16
Look Up Design Agentur; AJF/Anin, Jeromin, Fitilidis & Partner: 1999; 130; Ruhr/Nord P10
Lueg-Hochhaus; Pohle, Emil: 1925; Reum, L.: 1949 Wiederaufbau; 280; Ruhr/Süd J1
Mark-E, Verwaltungsgebäude; vormals Elektromark; Bartmann, Heinrich: 1954; 107 Ruhr/Süd Q14
Medienzentrum Dortmund der ems ag; Bürogebäude; Drahtler, Ulrich/Architekt: 2000; 236; Ruhr/Ost P10
Micro Electronic Centrum; Foster, Norman; Lord & Partner: 1997; 139; Ruhr/West
Möbelhaus Hensel; Klapp & Brüning; heute BKR Architekten; Brüning, Klapp, Rein: 1998; 141; Ruhr/Süd B6
MST.factory; Husemann, Walter/Wiechmann, Claus: 2006; 241; Ruhr/Ost Q7
Museum für Kunst- und Kulturgeschichte, ehem. Stadtsparkasse; Steinbach, Hugo: 1923; 1983 Umbau und Sanierung; 301; Ruhr/Ost R16
Nordstern, Verwaltungsgebäude; Zeche Nordstern, ehem.; PASD/Feldmeier + Wre 2006 Rekonstruktion; Schupp, Fritz; Dr.: 1953 Grunderneuerung der historischen Zeche; 249; Ruhr/Nord Q7
Nordstern-Haus; Frank & Baumgartinger: 1959; 124; Ruhr/Süd I13
Oberpostdirektion, Verwaltungsgebäude; HPP/Hentrich Petschnigg & Partner: 19 134; Ruhr/Ost T17
Optadata, Bürogebäude; Umbau; Klapp & Brüning; heute BKR Architekten; Brüning Klapp, Rein: 2005; 253; Ruhr/Süd D6
Paket- und Telegrafenamt; Lachmann; Postbaurat: 1914; 312; Ruhr/Nord Q12
Plus Endoprothetics; Hansen & Petersen: 1997; 148; Ruhr/Nord G6
Polizeidirektion; Meyer; Regierungsbaurat: 1926; 322; Ruhr/Nord P14
Polizeipräsidium; Schreibner; Oberbaurat; Stadt Dortmund; Hochbauamt: 1929; 32 Ruhr/Süd H16
Polizeipräsidium; Jünger, Eduard/Jünger, Ludwig: 1927; 325; Ruhr/West N1
Polizeipräsidium, ehem.; heute Wohn- und Geschäftshaus; Ludwigs; Gebrüder: 192 326; Ruhr/Süd Q14
Polizeipräsidium, Erweiterung; Ahlbrecht, Frank: 2007; 269; Ruhr/Süd F6
Polizeitechnische Dienste; Schuster Architekten: 2002; 270; Ruhr/West R1
Pollmann-Haus; Niebel, Fritz: 1901; 328; Ruhr/West L11
Post Wanne; Walter; geh. Baurat/kaiserliche Oberpostdirektion: 1914; 329; Ruhr/Nord Q12
Postamt; 1927; 330; Ruhr/Nord N8
Postamt Bochum 1; Schmitz, G./Möllenhoff, K.H./Schreier, J.: 1958; 134; Ruhr/Süd
Postbank; Heinrich & Wörner & Vedder: 1994; 149; Ruhr/Ost S16
Postscheckamt Essen; Oberpostdirektion; Bauabteilung: 1968; 141; Ruhr/Süd I13
Privatärztliche Verrechnungsstelle; Timmerbeil, Helmut: 1981; 142; Ruhr/West R1
Produktions- und Bürogebäude; Hanses, Thomas: 1999; 151; Ruhr/Süd M13
Prosper III, Gründerzentrum; Trojan/Trojan + Neu/Fein, Raimund: 1994; 154; Ruhr/Nord Q4
RAG-Haus; Chapmann & Tyler/Brune: 1999; 156; Ruhr/Süd I13
REFA-Informatikcenter; Schulze, G. und Partner: 1994; 159; Ruhr/Ost P5
Regionalverband Ruhrgebiet, Verwaltungsgebäude; Fischer-Essen, Alfred: 1929; 35 Ruhr/Süd J14
Rotes Haus auf dem Hügel; Verwaltungsgebäude; Schulz, Gernot: 1995; Hillebrand Annette: 1995; 161; Ruhr/Ost I3
Ruhr-Lippe, Verwaltungsgebäude; Hansen & Petersen: 1999; 162; Ruhr/Ost P7
RWE Tower; Gerber, Eckhard & Partner: 2006; 289; Ruhr/Ost R16
RWE, Verwaltung; Erweiterungsbau; VEW-Bautechnik/Gelis und Meier: 1960er; 14 Ruhr/Süd H16

RWE Verwaltungsgebäude; Dustmann, Hanns: 1962; 149; Ruhr/Süd I13
RWE-Turm; Ingenhoven, Overdiek und Partner: 1996; 164; Ruhr/Süd I13
RWE-Turm, Blockrandbebauung; HPP/Hentrich Petschnigg & Partner: 1997; 165; Ruhr/Süd J13
RWW Verwaltungsgebäude; Pfeifer, Arthur/Großmann, Hans: 1929; Schneider, Markus/Hofstadt, Hans: 1992/Erweiterung durch Umbau des angrenzenden ehem. Wohnhauses; 366; Ruhr/West S5
Schürzenfabrik Pongs und Zahn; Schnell, Heinrich: 1960; 153; Ruhr/Süd B14
Siemens Technopark; J-Z Architekten: 2007; 301; Ruhr/West O16
Siemens-Bürogebäude; Hertlein, Hans; Dr.: 1930; Hertlein, Hans; Dr.: 1946 Wiederaufbau; 387; Ruhr/Süd I13
Silberpalais, ehem. Klöckner-Haus; HPP/Hentrich Petschnigg & Partner: 1978; 180; Ruhr/West S3
Smith & Nephew, Verwaltung; Hansen & Petersen: 2004; 302; Ruhr/Nord G6
Sparkasse; Gobrecht und Revermann: 1928; 391; Ruhr/Nord Q12
Sparkasse Bochum; Kreis, Wilhelm: 1928; Wielers, Bernhard: 1949 Wiederaufbau; schröder schulte-ladbeck architekten: 1999 Erweiterung; 392; Ruhr/Süd I16
Sparkasse Huckingen; Druschke + Grosser; Architektur: 2006; 304; Ruhr/West S11
Sparkasse Oberhausen, Hauptstelle; Sauerbruch & Hutton: 2008; 305; Ruhr/West O1
Sparkasse Recklinghausen, Erweiterung; Feja + Kemper: 2002; 307; Ruhr/Nord A14
Sparkasse Rheinhausen Oestrum; Kohl : Fromme: 2002; Kohl, Christian; Projektpartner: 2002; 308; Ruhr/West P9
Sparkasse Voerde; Hülsdonk, Karl-Heinz: 2006; 309; Ruhr/West F11
Speicher Allgemeine; Allgemeine Speditions Gesellschaft: 1937; Bahl & Partner: 1999 Umbau; 41; Ruhr/West R2
Stadtbauraum; ehem. Zeche; Pfeiffer, Herbert/Ellermann, Christoph: 1996; 180; Ruhr/Nord B16
Stadthaus; Verwaltungsgebäude der Stadt Dortmund; Gerlach, Dietrich/Hochbauamt Dortmund; städtisch: 1954; 178; Ruhr/Ost S17
Stadtsparkasse; Dustmann, Hanns: 1961; 179; Ruhr/West S2
Stadtsparkasse Hagen, Schalterhalle; bkp Planung: 2006; 325; Ruhr/Süd Q14
Stadtsparkasse, Hauptverwaltung ; HPP/Hentrich Petschnigg & Partner/Köllges, Hans: 1975 Entwurf; Ossmann, Klaus: 1975 Projektleiter; 208; Ruhr/Süd H13
Stadtsparkasse Oberhausen; Umbau; Sauerbruch & Hutton: 2007; bkp Planung: 2007 Inneneinrichtung Restaurant Opgen-Rhein; 326; Ruhr/West O1
Stadtwerke; GATERMANN + SCHOSSIG; Architekten: 2005; 331; Ruhr/Süd I16
Stadtwerke Herne, Verwaltungsgebäude ; Stadt Herne; Stadtbauamt: 1936; 47; Ruhr/Nord P13
Stadtwerke Witten, Hauptverwaltung; Friedrich, Jörg: 1993; 185; Ruhr/Süd L10
Stadtwerkehaus, ehem.; Keilmann, Ferdinand/Stadtplanungsamt Bochum: 1955; Geitel, Ignatius; Künstler: 1953 Kunst am Bau; 180; Ruhr/Süd I16
STEAG-Hauptverwaltung; Eiermann, Egon/Hilgers, Robert: 1960; 183; Ruhr/Süd J13
Straßenbahndepot; Schmiedeknecht, Heinrich: 1928; 436; Ruhr/Süd J16
Straßenverkehrsamt, Erweiterung; Reiser & Partner; Architekten: 2006; 333; Ruhr/Süd B13
Sultan, Büro- und Geschäftshaus; Vollmann, Ernst: 1956; 187; Ruhr/Süd I16
Tausendfensterhaus; Blecken, Heinrich: 1923; Deilmann, Harald: 1996 Umbau und Sanierung; 439; Ruhr/West P2
Technologie- und Gründerzentrum; Grüttner Architekten: 2000; 339; Ruhr/Süd P15
Technologiezentrum; Foster, Norman; Lord & Partner: 1995; 190; Ruhr/West S3
Technologiezentrum Eco Textil, Umnutzung; Kemper und Steiner: 1999; 191; Ruhr/Süd C10
Technologiezentrum Umweltschutz; Reichen, Bernhard/Robert, Philippe/Dratz, Uli: 1993; Reichen, Bernhard/Robert, Philippe: 1997 Erweiterung TZU IV; 192; Ruhr/West L15
Technologiezentrum Umweltschutz, zweiter Bauabschnitt; Reichen, Bernhard/Robert, Philippe: 1993; 193; Ruhr/West L15
THS TreuHandStelle GmbH, Verwaltungsgebäude; Mewes, Emil Rudolf: 1931; 444; Ruhr/West L12
Thyssen Draht AG; Verwaltungsgebäude; Prinz, Otto: 1952; 194; Ruhr/Nord Q9
Thyssen Krupp Hauptverwaltung; Chaix et Morel/JSWD Architekten: 2009; 340; Ruhr/Süd H12
Thyssen Krupp Verwaltungsgebäude, ehem. Rheinstahl-Haus; Dustmann, Hanns/Kleinwort, Albert P.: 1961; Dustmann, Hanns/Kleinwort, Albert P.: 1964 Erweiterung; 195; Ruhr/Süd I13
Thyssengas GmbH, Verwaltungsgebäude; Kraemer, Friedrich Wilhelm/Sieverts, Ernst + Partner: 1980; 224; Ruhr/West L12
Thyssen-Hauptverwaltung, alte; 1904; 445; Ruhr/West L11

Thyssen-Schulte; Verwaltungsgebäude (ehem. Stahlhaus); Steinbach, Hugo/Lutter, Paul: 1912; 446; Ruhr/Ost R16
Umbau einer Schule zum Wohngebäude; 1890; Schröer, Ekkehard/Albrecht, Frank, Laber, Ricarda: 2004; 127; Ruhr/Süd H6
VEBA Oel AG, Hauptverwaltung; Kraemer, Friedrich Wilhelm/Sieverts, Ernst + Partner: 1984; 237; Ruhr/Nord M8
Vehoff, Geschäftshaus; Kalmbacher und Rickmeyer: 1962 Wiederaufbau; 200; Ruhr/Ost R17
Verlagshaus; Kraus, Josef/Schnelle, Franz: 1926; 459; Ruhr/Nord P14
Verwaltungs- und Lagerbau; Hippenstiel, Ralf: 2001; 355; Ruhr/Süd C13
Verwaltungs- und Wirtschaftsakademie; Keilmann, Ferdinand/Stadtplanungsamt Bochum: 1955; 203; Ruhr/Süd J17
Verwaltungsbau; Baldus, Martin: 1998; 205; Ruhr/Süd P16
Verwaltungsgebäude; Overdiek, Jürgen/Petzinka, Karl Heinz/Pink, Thomas: 1992; 206; Ruhr/West S2
Verwaltungsgebäude; Bahl & Partner: 2006; Grimshaw, Nicolas; Sir: 2006 Entwurf; 356; Ruhr/West R2
Verwaltungsgebäude; Simon, Hans-Georg: 2000; 357; Ruhr/Ost Q18
Verwaltungsgebäude der Wohnungsbaugenossenschaft; Gerber, Eckhard & Partne 1989; 207; Ruhr/Ost H5
VEW AG, Verwaltungsgebäude; Wragge; Regierungsbaumeister: 1954; 204; Ruhr/Ost S17
VEW AG; Verwaltungsgebäude (2); Kraemer, Friedrich Wilhelm/Sieverts, Ernst + Partner: 1976; 239; Ruhr/Ost T18
VKU Kamen, Erweiterung und Sanierung; Abdelkader, Magdi: 2001; 361; Ruhr/Os
Volksbank; HPP/Hentrich Petschnigg & Partner: 2005; 362; Ruhr/Ost M14
Volksbank Dortmund; Gerber, Eckhard & Partner: 2002; 363; Ruhr/Ost R17
Volksbank Haltern eG, Hauptstelle; Bukowski, Manfred; Architekturbüro: 2003; 36 Ruhr/Nord B11
Volksbank, Hauptstelle; Schulze, R./Krüger-Heyden, K.: 1985; 240; Ruhr/Süd J16
Voswinckel; Geschäftshaus; Reiser, Roman: 1972; 241; Ruhr/Ost R16
Wasserturm, Umnutzung; Marré-Dahms-Koch Architekten Ingenieure Consulting: 2003; 368; Ruhr/Süd G6
Wehrhahnmühle; 1896; Felder, Wolfgang: 1999 Umbau; 151; Ruhr/West R2
Werksgasthaus der GHH; Weigle, Carl: 1913; TZU Umbau berücksichtigen; 515; Ruhr/West L15
Werkstätten für Weichenbau, alte Hauptverwaltung ; Mewes, Emil Rudolf: 1940; 5 Ruhr/Süd C13
Westdeutsche Landesbank und Dresdner Bank; Deilmann, Harald: 1978; 245; Ruhr/Ost R16
Westfalenbank; Suter, Hans Rudolf/Suter, Peter: 1959 Erweiterungsbau; Völker und Grosse: 1924 Altbau; Volkmann, Gunnar: 1988 Sanierung; 209; Ruhr/Süd I16
Wiegand, Bauunternehmen; Bürogebäude; Pape, Thomas: 1994; 214; Ruhr/Ost Q
Wohn- und Bürogebäude; Betz, Günter: 1976; 248; Ruhr/Nord M13
Wohn- und Bürohaus Paura; Zamel, Adolf: 1969; 212; Ruhr/Süd Q15
Wohn- und Geschäftshaus; Rathmann, Helmut: 1964; 213; Ruhr/Süd J16
Wohn- und Geschäftshaus; Schaller Theodor; Architekten: 1997; 218; Ruhr/Süd H
Wohn- und Geschäftshaus; Harsveldt, Ralf: 1998; 217; Ruhr/West Q16
Wohn- und Geschäftshaus; Buderus sen., Louis: 1950; 214; Ruhr/Süd J16
Wohn- und Verlagshaus; Wenig, Hans: 1964; 215; Ruhr/Süd P14
Wohn- und Verwaltungsgebäude; Schröder + Stell Architekten: 2004; 383; Ruhr/West
Zeche Arenberg Fortsetzung; Gründerzentrum und Gewerbestandort, Erweiterur PASD/Feldmeier + Wrede: 2003; 1910; 415; Ruhr/Nord Q5
Zeche Ewald Fortsetzung 1/3, Verwaltungsgebäude; Walter, H.: 1905; 562; Ruhr/Nord H14
Zeche Friedrich der Große; Verwaltungsgebäude, ehem.; Schwer, Oskar: 1914; 563 Ruhr/Nord P14
Zeche Haus Aden; 1938; 56; Ruhr/Ost H9
Zeche Helene-Amalie; Verwaltungsgebäude; Körner, Edmund: 1927; 568; Ruhr/Süc
Zeche Osterfeld, Torgebäude; 1912; 580; Ruhr/West L16
Zeche Zollverein, Verwaltungsgebäude; Stolze: 1906; 597; Ruhr/Süd J11
Zentrum für Information und Bildung; Weicken Architekten: 2005; 424; Ruhr/Ost
Zollverein School; SANAA/Sejima & Nishizawa: 2005 Entwurf; Böll, Heinrich/Kral Hans: 2007 Realisation; 428; Ruhr/Süd J11
Zukunftszentrum; Kramm und Strigl: 1995; 242; Ruhr/Nord M11
Zweigpostamt; OPD-Dortmund/Reiser, Roman: 1953; 229; Ruhr/Süd C17
Zweigpostamt Langendreer; Maiweg, Günter: 1953; 230; Ruhr/Süd C17
@55; Hansen & Petersen: 2004; 434; Ruhr/Ost O8

Regierungsbauten, Rathäuser, Justizgebäude, Burgen und Schlösser / *Government Buildings, Town Halls, Court Houses, Castles and Mansions*

Altes Rathaus; 1567; 6; Ruhr/Nord G3
Altes Rathaus; 1547; 7; Ruhr/Ost S10
Altes Rathaus „Lindenwirtskate"; 1810; 8; Ruhr/West F11
Amts- und Landgericht; Schwarz, Will/Magoley, Hans: 1978; 6; Ruhr/Süd I16
Amtsgericht Aplerbeck; Schamp & Schmalöer; Architektur + Städtebau: 2006; 9; Ruhr/Ost P9
Amtsgericht Dorsten; Wittneben/Neubauamt, preußisch: 1929; 14; Ruhr/Nord G3
Amtsgericht Langendreer; Breidenhoff; Kreisbauinspektion: 1912; 15; Ruhr/Süd D17
Amtsgericht Oberhausen; 1907; 16; Ruhr/West N1
Amtsgericht Recklinghausen; Kreisbauinspektion Recklinghausen, königl.: 1907; 17; Ruhr/Nord A13
Amtshaus, ehem.; 1900 um; 18; Ruhr/Ost M13
Burg Vollmarstein; 1100; 1288 zerstört; 13. Jhd. Wiederaufbau und erneute Zerstörung; 31; Ruhr/Süd P11
Burg Wetter; 1274; 33; Ruhr/Süd O11
Burg Winnenthal; 14. Jhd.; 34; Ruhr/West E4
Bürgermeisterei Heißen, ehem.; 1879; Stadtsparkasse; Bauabteilung/Schlüter, Alfred: 1979 Umbau zur Sparkasse; 25; Ruhr/West O17
Bürgermeisterhaus, ehem.; 1914; 64; Ruhr/West F11
Finanzamt, altes; Reichsbauamt Dortmund: 1927; 130; Ruhr/Nord A14
Finanzamt Gladbeck; Hanke/Stadthochbauamt Gladbeck: 1923; 131; Ruhr/Nord O6
Gut Westhemmerde; 16. Jhd.; 18. Jhd. Erweiterung; 63; Ruhr/Ost M17
Haus Böckum; 17. Jhd.; 66; Ruhr/West T12
Haus Crengeldanz; 1706; 70; Ruhr/Süd L9
Haus Dellwig; 13. Jhd.; 1658 Erweiterung; 72; Ruhr/Ost O2
Haus Esselt; 1482; 17. Jhd. Erweiterung; 74; Ruhr/West I4
Haus Götterswick; 1653; 77; Ruhr/West G11
Haus Horst; 1359; 80; Ruhr/Süd F10
Haus Lüttinghof; 14. Jhd.; 1988 Restaurierung; 82; Ruhr/Nord L8
Haus Martfeld; 14. Jhd.; 84; Ruhr/Süd R1
Haus Ossenberg; 1721; 18.Jhd. Bau der Kapelle; 87; Ruhr/West G8
Haus Rodenberg; Voss, J.D./von Bodelschwingh, S.W.: 1698; 89; Ruhr/Ost P9
Haus Ruhreck; Killing, Casper Diedrich: 1878; 49; Ruhr/Süd O13
Haus Schuir; 1792; 92; Ruhr/Süd H5
Haus Weitmar; 1592; 1943 bombardiert; 98; Ruhr/Süd E13
Haus Wenige; 16. Jhd.; Stadt Dortmund; Bauabteilung: 1966 Restaurierung; 100; Ruhr/Ost J6
Haus Westhusen; 1620; 18. Jhd. Ausbau; 101; Ruhr/Ost M3
Haus Wilbringen; 1606; 102; Ruhr/Ost H2
Herrenhaus Husen; von Husen; Herren: 19. Jhd.; 55; Ruhr/Ost T7
Isenburg; 13. Jhd.; 109; Ruhr/Süd O3
Klinik am Rathauspark; Klapheck, Hermann; Dr. + Partner: 2002; 204; Ruhr/Nord A14
Kloster Saarn; 1214; Stadt Mülheim an der Ruhr; Bauamt, städt.: 1960 Sanierung; 124; Ruhr/West Q16
Land- und Amtsgericht; Thomer, Paul: 1876; 77; Ruhr/West S2
Land- und Amtsgericht, Erweiterung; 1912; 266; Ruhr/West S2
Land- und Kreisgericht, ehem.; Busse, Ferdinand: 1866; 78; Ruhr/Süd Q14
Landgericht/Justizvollzugsanstalt; Vinck; Regierungsbaumeister: 1926; Rauh, Wolfgang: 1982 Erweiterung; 268; Ruhr/Süd Q14
Oberhof; 1665; 147; Ruhr/West M11
Polizeipräsidium; Neubauamt, preußisch: 1927; 323; Ruhr/Nord A13
Preußisches Eichamt, ehem.; Kleinpoppen; Regierungsbaumeister: 1936; 37; Ruhr/Nord A13
Rathaus; Bakema und van den Broek: 1961; 138; Ruhr/Nord G8
Rathaus; 1926; 340; Ruhr/Ost Q17
Rathaus; Ratzel, Friedrich: 1902; Köpke, Ernst Otto; Künstler: 1950 Kunst am Bau; 342; Ruhr/West R1
Rathaus; Jennen, Heinrich/Bewig, Georg: 1926; 341; Ruhr/Süd L9
Rathaus; RKW/Rhode Kellermann Wawrowsky: 2004; 278; Ruhr/Süd Q14
Rathaus; Weitling + Dissing/Jakobsen, Arne: 1984; Jakobsen, Arne/Weitling, Otto: 1965 Entwurf; Schmidt-Petersen, R.: 1984 Projektleitung; 143; Ruhr/Nord O17
Rathaus; Stadt Haltern; Hochbauamt, städt.: 1952; 139; Ruhr/Nord B11
Rathaus Datteln; Förster: 1913; 345; Ruhr/Nord G16

Rathaus Dorsten; Stapmann, Hein/Schwirtz, K.-H.: 1956; 140; Ruhr/Nord G3
Rathaus Dortmund; Kälberer, Dieter: 1989; 157; Ruhr/Ost S16
Rathaus, ehem.; 1914; 346; Ruhr/West F11
Rathaus Essen; Seifert, Theodor: 1979; 145; Ruhr/Süd H13
Rathaus Gladbeck; Müller-Jena, Otto: 1912; 347; Ruhr/Nord O6
Rathaus Herne; Kreis, Wilhelm: 1912; 348; Ruhr/Nord P14
Rathaus Herten; Hinderkott + Kamperhoff: 1956; 141; Ruhr/Nord M11
Rathaus Moers; Hauschild, Heinrich und Runge: 1953; 142; Ruhr/West N7
Rathaus Oberhausen; Freitag, Ludwig: 1930; de Graaff, Wilhelm; Künstler: 1954 Kur am Bau; 349; Ruhr/West N2
Rathaus Recklinghausen; Müller-Jena, Otto: 1898 - 1908; 350; Ruhr/Nord A14
Rathaus Rheinberg; 1449; 1642 Erweiterung; 1855 Umgestaltung; 161; Ruhr/West
Rathaus Stoppenberg; 1878; 1895 Erweiterung; 1924 Erweiterung; 94; Ruhr/Süd D
Rathaus Waltrop; Seidensticker, Wilhelm; Dr.: 1956; 143; Ruhr/Ost A5
Rathaus Wanne-Eickel; Zahn; Amtsbaumeister/Winter, F.; Amtmann: 1904; 351; Ruhr/Nord Q12
Rathaus Wattenscheid; Zindel, Paul: 1884; Wallraven, Peter: 1897 Erweiterung; Wallraven, Peter: 1923 Erweiterung; 95; Ruhr/Süd C11
Rathaus Werne; 1514; 1561 Erweiterung; 1973 Restaurierung; 162; Ruhr/Ost F9
Schloss Beck; 1777; 171; Ruhr/Nord L5
Schloss Berge; 12. Jhd.; von Boenen,Georg: 1530 Umbau; 1924 Erweiterung; 172; Ruhr/Nord O9
Schloss Bladenhorst; 1584; 174; Ruhr/Nord O16
Schloss Bloemersheim; 15./18./19. Jhd.; 1850 Renovierung; 176; Ruhr/West O3
Schloss Borbeck; 15. Jhd.; von Pfalz-Sulzbach, Franziska Christine: 1762 Umbau; Frey Heinrich Theodor: 1842 Neubau; 178; Ruhr/Süd D4
Schloss Borbeck; Umbau; BKR Architekten; Brüning, Klapp, Rein: 2006 Umbau und Sanierung; 294; Ruhr/Süd D4
Schloss Cappenberg, ehem. Probstei; 1684; 1708 Erweiterung; 1848 Erweiterung; 1 Ruhr/Ost F5
Schloss Herten; 1300; von Nesselrode, Bertram: 1560 Ausbau; 1702 Wiederaufbau; 187; Ruhr/Nord M11
Schloss Hohenlimburg; 13 Jhd.; 188; Ruhr/Süd R17
Schloss Horst; Johannsen to Boecop, Arndt/Court de la, Joist: 1578; Jourdan und Müller: 1999 Umnutzung und Erweiterung; 190; Ruhr/Nord Q7
Schloss Horst, Umbau und Erweiterung; Jourdan und Müller: 1999 Umbau und Erweiterung; 168; Ruhr/Nord Q7
Schloss Landsberg; von Berg, Adolph V.: 1276; Lüer, Otto: 1903 Umbau; 194; Ruhr/Süd J3
Schloss Lauersfort; 14. Jhd.; 1716; 195; Ruhr/West Q6
Schloss Lembeck; Schlaun, Johann Conrad: 1650; 196; Ruhr/Nord B4
Schloss Moers; 12. Jhd.; 198; Ruhr/West O7
Schloss Oberhausen; 1814; 1960 Wiederaufbau; 199; Ruhr/West L15
Schloss Schwansbell; Weber, Fritz ; Baumeister: 1875; 104; Ruhr/Ost I5
Schloss Wittringen; Korn/Brüren/Stadtbauamt Gladbeck: 1706; 212; Ruhr/Nord C
Siebenteufelturm; 1502; 217; Ruhr/Nord B11
Staatsanwaltschaft und Amtsgericht; Gerber, Eckhard & Partner: 2000; 317; Ruhr/Ost R17
Stadthaus; Böhm, Gottfried: 1981; 203; Ruhr/West I8
Stadthaus; Pregizer, Karl: 1926; 424; Ruhr/West R2
Vincketurm; 1857; 144; Ruhr/Ost T7
Wasserburg, ehem./Herrenhaus; 16. Jhd.; 18. Jhd. Umbau; 275; Ruhr/Ost Q13
Wasserburg Opherdicke; 17. Jhd.; 277; Ruhr/Ost P12
Wasserschloss Werdringen; Stadt Hagen; Hochbauamt, städt.: 13 Jhd.; Stadt Hagen Hochbauamt, städt.: 1977 Restaurierung; 281; Ruhr/Süd O12
Windenschmiede der Fam. Neuhaus; 1745; 287; Ruhr/Süd M8

Kultur-, Kongress-, Ausstellungsbauten/
Cultural Buildings, Conference and Exhibition Facilit

Aalto-Theater; Aalto, Alvar Hugo: 1959 Entwurf; Aalto, Elissa: 1959 Entwurf, 1988 Realisation; Deilmann, Harald: 1988 Realisation; 1; Ruhr/Süd J13
Alte Post; Kasch; Bauinspektor, kaiserl.: 1897; Meyer, Jochen: 1992 Umbau zum Museum; 3; Ruhr/West S6
Alte Reithalle; 2000; 5; Ruhr/West S5
Altes Amtshaus - Karl-Pollender-Stadtmuseum; von Bruchhausen; bischöfl. Amtsrentmeister: 1980 Umbau und Sanierung zum Museum; 1862; 4; Ruhr/Ost F9

Altes Stadthaus; Kullrich; Stadtbaurat: 1899; 6; Ruhr/Ost S17
Archäologischer Park Xanten (Amphitheater); 98 n. Chr.; 1960 Rekonstruktion; 14; Ruhr/West B3
Bahnhof Kupferdreh; 1897; 13; Ruhr/Süd H9
Brauerei-Museum; Steiner, Jürg: 2007; 33; Ruhr/Ost N6
Burg Altendorf; 12. Jhd.; 27; Ruhr/Süd G10
Burg Blankenstein; von der Mark, Adolf; Graf: 13. Jhd.; 28; Ruhr/Süd N5
Burg Dinslaken; 12. Jhd.; 1420 Ausbau; 1952 Rekonstruktion; 29; Ruhr/West H13
Burg Hörde, ehem.; 1299; Stadt Dortmund; Bauabteilung: 2008 Sanierung; 30; Ruhr/Ost P7
Burg Vondern; 1162; 32; Ruhr/West L17
Bürgerbad Elsetal; Meyer-Wolters & Yeger: 2001; 37; Ruhr/Ost T10
Bürgerhaus; Böhm, Peter: 1993; 23; Ruhr/Ost D3
Bürgerhaus Oststadt; Mebes, Friedrich: 1975; 24; Ruhr/Süd E9
Burgruine Hardenstein; 1354; 15. Jhd. Erweiterung; 36; Ruhr/Süd N8
Burgtheater; 1934; 1939 Bunkernutzung; 1998 Renovierung; 5; Ruhr/West H13
Bürogebäude am Musiktheater; Hansen & Petersen: 1999; 24; Ruhr/Nord B16
Casino; 1842; 26; Ruhr/West S5
Clubhaus TC Rechen; Timmermann, Heinrich: 1929; 78; Ruhr/Süd D13
Colosseum Theater; 1902; Kohl : Fromme: 1995 Umbau zum Theater; Kohl, Christian; Projektpartner: 1995 Umbau zum Theater; 79; Ruhr/Süd H12
Consol 4, Umbau zum Musikprobenzentrum; Tor 5 Architekten: 2006; 63; Ruhr/Nord Q10
Deilbachhammer Kupferdreh, Museumslandschaft Deilbachtal; 1788; 1870 Erweiterung; 40; Ruhr/Süd I10
Depot Immermannstraße; Pinno, Karl: 1916; 1996 Stilllegung; 86; Ruhr/Ost N6
Deutsche Arbeitsschutzausstellung (DASA-Gebäude); Stadt Dortmund; Finanzbauamt, städt.: 1992; 38; Ruhr/Ost P4
Deutsches Bergbaumuseum; Holzapfel, Heinrich: 1940; Schupp, Fritz; Dr./Holzapfel, Heinrich: 1940 Entwurf; Jentzsch, Heinz: 1986 Neubau des Südtrakts; 9; Ruhr/Süd H16
Deutsches Bergbaumuseum, Erweiterungsbau; Benthem & Crouwel/Benthem, Jan/Crouwel, Mels: 2010; 65; Ruhr/Süd H16
Dietrich-Keuning-Haus; Menzel, Karl-Heinz/Kopka, Walter: 1982; 34; Ruhr/Ost O6
DKM Museum; Egli, Rohr und Partner: 2009; 70; Ruhr/West S2
Ebertbad, Umbau zur multifunktionalen Spielstätte; Ruhnau, Werner/Grunauer, Hans/Saxe, Hans: 1989; 43; Ruhr/West N2
Eisenbahnmuseum Bochum-Dahlhausen; Preußische Staatsbahn; Bauabteilung: 1918; DGEG/Deutsche Gesellschaft für Eisenbahngeschichte: 1977 Umbau zum Museum; 110; Ruhr/Süd F10
Emil-Schumacher-Museum; Lindemann und Lindner: 2009; LichtKunstLicht: 2009 Lichttechnik; 108; Ruhr/Süd Q14
Erweiterungsbau Folkwang; Chipperfield, David: 2010; 113; Ruhr/Süd J13
Ethno Art Ruhr; 2000; 115; Ruhr/Süd B8
Europahaus; Reiser, Roman: 1962; 34; Ruhr/Süd I16
Europahaus, Umbau; Gehrig, Hermann: 1952; Ahlbrecht, Frank: 2000 Umbau; 36; Ruhr/Süd I13
Fachwerkbau; 1500; 51; Ruhr/Ost A5
Festspielhaus; Ganteführer und Hannes: 1965; Auer & Weber: 1998 Umbau; 42; Ruhr/Nord L13
Film-Casino, Lichtspieltheater; Wittmann, August: 1956; 43; Ruhr/Ost R17
Flottmann-Hallen; Schmidtmann und Kleny: 1909; 134; Ruhr/Nord Q14
Folkwangschule Bibliothek Erweiterung; Dudler, Max: 2010; 128; Ruhr/Süd H6
Frauenförderprojekt „Frieda"; afa - architektur-fabrik aachen: 1999; 57; Ruhr/West M14
Fritz-Henßler-Haus; Spröde, Fido/Gerlach, Dietrich: 1956; 50; Ruhr/Ost R17
Funckenhof; 1713; 1996 Scheunenteil wurde umgebaut; 54; Ruhr/Süd P13
Galerie M; Forth, Peter: 1969; 58; Ruhr/Süd E13
Glaselefant; Rellecke, Horst: 1984; 75; Ruhr/Ost D17
Glashaus Herten, Stadtbibliothek und Kulturtreff; Schempp, Dieter: 1999; 69; Ruhr/Nord M11
Glückauf-Halle; Oppers, Heinz: 1960; 61; Ruhr/West N9
Grillo-Theater; Dorsch, Johannes/Seidensticker, Wilhelm; Dr.: 1950 veränderter Wiederaufbau; Ruhnau, Werner: 1990 Umbau; Seeling, Heinrich: 1892 Erstes Theater, im Krieg zerstört; 64; Ruhr/Süd I13
Grugahalle; Brockmann, Ernst Friedrich/Lichtenhahn, Gerd: 1958; Rings, Josef: 1927 Erste Ausstellungshalle, völlig zerstört; 65; Ruhr/Süd F6
Gustav-Lübcke-Museum; Bo, Jorgen/Wohlert, Vilhelm: 1993; 73; Ruhr/Ost E15
Hagenshof, IBA-Projekt; afa - architektur-fabrik aachen: 1994; 76; Ruhr/West M13

Hansesaal; Veranstaltungszentrum; Gegus und Hellenkemper: 1991; 83; Ruhr/Ost
Haus der Essener Geschichte; Ahlbrecht, Frank/Scheidt Architekten: 2010; 167; Ruhr/Süd I13
Haus Goldschmieding; 16. Jhd.; 75; Ruhr/Nord P17
Haus Herbede; 1200; 79; Ruhr/Süd M7
Haus Krüger; 1910er; Wenders, Wim: 1974 Schauplatz des Films „Alice in den Städte Krüger; Oma: 1974 fiktiver Wohnort; 194; Ruhr/Nord Q10
Haus Laer; 1243; 81; Ruhr/Süd D15
Haus Noot (Hanielsches Haus), ehem. Wohn- und Packhaus; 1756; 85; Ruhr/West
Haus Reck; 1465; 1715 Erweiterung; 1775 Erweiterung; 88; Ruhr/Ost H11
Haus Ripshorst; Schaluda, Werner: 2000; Planwerk/Brdenk, Peter: 2000 Ausstellungsgestaltung; 171; Ruhr/West L16
Haus Ruhrnatur; Pfeifer, Arthur/Großmann, Hans: 1926; Schneider, Markus/Hofsta Hans: 1992 Umbau; 90; Ruhr/West T5
Haus Schulte-Witten; 1880; 1913 Umbau; 50; Ruhr/Ost O4
Haus Vorschulze; Rademacher, G. B.: 1744; 97; Ruhr/Ost D15
Haus Witten; von Busse, Hans-Busso/Klapp, Eberhard Carl; heute BKR Architekten: 1996 Umbau und Revitalisierung; 92; Ruhr/Süd M9
Haus Witten; 15. Jhd.; von der Recke, Gerhard; Bauherr: 1701 Veränderung im barocken Stil; 1878 Umbauten; 104; Ruhr/Süd M9
Hellweg-Museum Unna, ehem. Burg; von der Mark, Engelbert; Graf: 1380 ab; 1890 Anbau; 105; Ruhr/Ost N14
Henrichshütte, Gebläsehalle; Umbau; A + W Planungsgruppe/Schulze-Finkenbrink, A./Kühlkamp, W.: 2005; 174; Ruhr/Süd N4
HJ-Heim, ehem.; Stadt Herne; Stadtbauamt: 1939; 22; Ruhr/Nord Q14
Hoesch-Museum; Steinbach, Hugo/Lutter, Paul: 1914; 1937 Umbau; 1951 Umgestaltung; 208; Ruhr/Ost N6
Hoeschpark; 1941; 25; Ruhr/Ost N7
Hohenhof; van de Velde, Henry: 1908; 211; Ruhr/Süd Q15
Hohensyburg, Ruine; 775; 1100 Erweiterung; 108; Ruhr/Ost T7
Jahrhunderthalle, Erweiterung; Petzinka Pink Architekten: 2003; Petzinka Pink Architekten: 2003 Umbau; licht raum stadt: 2003 Kunst am Bau; 188; Ruhr/Süd I15
Kabakov Ausstellung; Böll, Heinrich/Krabel, Hans: 2001; 194; Ruhr/Süd J10
Karl-Ernst-Osthaus-Museum; Gerard, Carl: 1902; van de Velde, Henry: 1902 Innenausbau; Claas/Flinkerbusch/Krug/van der Minde, Bernhard/Romberg: 1974 Anbau; 227; Ruhr/Süd Q14
Karl-Pollender-Heimatmuseum; Erweiterung ; Jardin, Michael: 2002; 195; Ruhr/Ost F9
Kastell Holten; von der Mark, Engelbert; Graf: 1307; 15. Jhd. Erweiterung; 113; Ruhr/West J15
Kinopalast, ehem.; 1950er; 93; Ruhr/Süd J16
Kloster Kamp, Terrassengarten ; Klinkhammer, Werner: 1990 Revitalisierung der Gebäude; 114; Ruhr/West L3
Konzerthaus Dortmund Philharmonie; schröder schulte-ladbeck architekten: 2002; 213; Ruhr/Ost R17
Krudenburg; 1890; 72; Ruhr/West C14
Kultur- und Freizeitzentrum „Depot"; Wiemer + Trachte; Ingenieurbüro: 1913; Deli Kallisch: 1985 Umbau zum Kulturzentrum; 263; Ruhr/Nord A14
Kultur- und Stadthistorisches Museum; afa - architektur-fabrik aachen: 1991; 116; Ruhr/West R1
Kulturzentrum; Allerkamp + Niehaus: 1976; 116; Ruhr/Nord Q14
Kulturzentrum Bad Hamm; Kehrbaum Architekten: 2002 Umbau und Sanierung; 18 ca.; 218; Ruhr/Ost D16
Kulturzentrum Schacht III; Waschkaue, ehem.; Gaertner, Peter: 1915; Otte/Gibbels Sturm: 1989 Umnutzung zum Kulturzentrum; 264; Ruhr/Ost G9
Kunsthalle; städt.; Deutsches Reich: 1940; 31; Ruhr/Nord A14
Küppersmühle, Museum; Herzog und de Meuron: 1999 Sanierung und Umbau zum Museum; 1908; 1934 Erweiterung Stahlsilo; 119; Ruhr/West R2
Lagergebäude „Museum Ruhr"; Ahlbrecht, Frank: 2009; 220; Ruhr/Süd J10
Längsdeelen-Haus mit Fleetküche; Heimatmuseum; Damm, Heinrich: 1800; 1974 Restaurierung; 130; Ruhr/Süd D10
Leder- und Gerbermuseum; 1864; 1905 Erweiterung; 2003 Umbau zum Museum; 8 Ruhr/West P15
Lederfabrik Lindgens; Hagen, Franz/Schwer, Otto: 1916; 272; Ruhr/West P15
Lichtburg; Bucerius: 1928; Miksch Rücker; Architekten: 2004 Sanierung; 275; Ruhr/Süd I13
Ludwig-Galerie, Schloss Oberhausen; Eller + Eller Architekten: 1999; 131; Ruhr/West L15

LVR Industriemuseum, Zentrale; Vieille Montagne S.A.; Bauherr: 1853; Gössel, Peter: 1997 Umbau; Innenarchitektur; Stemmrich, Daniel; Dr.: 1997 Ausstellungskonzept; 82; Ruhr/West N1
Märkisches Museum; Franzen, Karl: 1911; 291; Ruhr/Süd M9
Märkisches Museum; Erweiterung; Neuhaus, Rolf G.: 1988; 123; Ruhr/Süd M9
Marlkasten; Bakema und van den Broek: 1961; 110; Ruhr/Nord G8
Museum am Ostwall (Museum f. Moderne Kunst); Stadt Dortmund; Hochbauamt, städt.: 1956; 117; Ruhr/Ost R17
Museum Bochum; Bo, Jorgen/Wohlert, Vilhelm: 1983; 130; Ruhr/Süd I16
Museum der Deutschen Binnenschifffahrt; Jording, August; Baurat: 1908; afa - architektur-fabrik aachen: 1985 Umbau; 300; Ruhr/West N11
Museum der Stadt Gelsenkirchen; Wittig, Albrecht E.: 1984; 131; Ruhr/Nord N8
Museum Folkwang; Loy, Horst: 1960 Entwurf; Loy, Horst/Kreutzberger, Werner/ Hösterey, Erich: 1960 Ausführung; 118; Ruhr/Süd J12
Museumszentrum Quadrat; Küppers, Bernhard: 1976; 132; Ruhr/Nord Q3
Musicaltheater; Kohl : Fromme: 1997; Kohl, Christian; Projektpartner: 1997; 142; Ruhr/West S1
Musikhaus Alter Bahnhof, Umnutzung und Sanierung; 1873; Ahlbrecht, Frank: 2001 Sanierung; 88; Ruhr/Süd J4
Musikschule; Kohl : Fromme: 2003 Umbau und Sanierung; Kruppsche Gußstahlfabrikation; Bauabteilung: 1911 Ursprungsbau; insgesamt 3 Bauabschnitte bis 1958; 244; Ruhr/Süd H12
Musiktheater im Revier; Ruhnau, Werner/Rave, Ortwin/van Hausen, Max: 1959; Ruhnau, Werner/Rave, Ortwin/van Hausen, Max/Deilmann, Harald: 1959 Entwurf; Klein, Yves/Kricke, Norbert/Dierckes, Paul/Adams, Robert/Tinguely, Jean: 1959 Kunst am Bau; 119; Ruhr/Nord B16
Naturkundemuseum; Gastreich-Moritz, Mechthild/Gastreich, Ullrich: 1980; 133; Ruhr/Ost N6
Niederrheinisches Museum, ehem.; Weimann + Hüsgen + Specht: 1951; 122; Ruhr/West S2
Oberschuir, ehem. Zeche; Oberschuir, Johann; Zechenleiter: 1904; 1996 Umnutzung; 309; Ruhr/Nord B16
Pflanzenschauhaus mit Café; Haferkamp; Hochbauamt, städt.: 1958; 132; Ruhr/Ost Q6
Philharmonie, ehem. Saalbau; 1904; Busmann + Haberer: 2005 Umbau und Sanierung; 320; Ruhr/Süd J13
Planetarium; Stadt Bochum; Planungsamt, städt./Schwarze, K.H.: 1964; 133; Ruhr/Süd I16
Preußen-Museum, ehem. Getreidespeicher; 1998 Umbau und Sanierung zum Museum; 150; Ruhr/West C9
Rathaus; Wenner, Gustav: 1909; 343; Ruhr/Süd O11
Rathaus; Pfeifer, Arthur/Großmann, Hans: 1915; 1955 Wiederaufbau; 344; Ruhr/West S5
Rathaus, ehem.; 1887; Jording, August; Baurat: 1899 Umbau; 144; Ruhr/West P1
Red Dot Design Museum; Foster, Norman; Lord & Partner: 1996; Böll, Heinrich/ Krabel, Hans: 1996 Umnutzung und Sanierung; Schupp, Fritz; Dr./Kremmer, Martin: 1932; 158; Ruhr/Süd J11
Ringlokschuppen; 1874; 1992 Umnutzung und Sanierung; 97; Ruhr/West S5
Rohrmeisterei Schwerte; 1890; Bürgerinitiative: 2003 Umbau; 99; Ruhr/Ost S10
Römermuseum; GATERMANN + SCHOSSIG; Architekten: 2008; 284; Ruhr/West B3
RuhrCongress Bochum; Drahtler, Ulrich: 2003; 287; Ruhr/Süd H17
Schauspielhaus; Graubner, Gerhard: 1953; 151; Ruhr/Süd J16
Schauspielhaus, Kammerspiele; Graubner, Gerhard: 1966; 172; Ruhr/Süd J16
Schloss Bodelschwingh; von Bodelschwingh; Familie: 1300; 1618 Erweiterung; 1964 Restaurierung; 177; Ruhr/Ost M2
Schloss Broich; 9. Jhd. Ende; 180; Ruhr/West S5
Schloss Gartrop; von Hüchtenbruck, Albert Gisbert;Graf: 17. Jhd.; 184; Ruhr/West B15
Schloss Heessen; 14. Jhd.; Hensen, Alfred; Regierungsbaumeister: 1908 Umbau; 185; Ruhr/Ost C16
Schloss Hugenpoet; von Nesselrode zu Hugenpoet, Konstantin Erasmus; Freiherr: 1647; Lange, August/Freyse, Heinrich Theodor: 1872 Modernisierung; 192; Ruhr/Süd J3
Schloss Oberwerries; 1284; von Oelde, Ambrosius: 1692 Erweiterung; Schlaun, Johann Conrad: 1735 Erweiterung; 200; Ruhr/Ost C17
Schloss Ringenberg; von Dingden; Herren: 1223; von Spaen, Jacobi; Oberst: 1648 Wiederaufbau; Derik - Baegert; Baugesellschaft: 1995 Sanierung; 201; Ruhr/West H1
Schloss Schellenberg; 14. Jhd.; 17. Jh.Erweiterung; 19. Jhd. Sanierung; 202; Ruhr/Süd F8
Schloss Steinhausen; 13. Jhd.; von Elverfeldt; Fam.: 1810 Umbau; 203; Ruhr/Süd M9
Schloss Strünkede; 1272; 17. Jhd. Erweiterung; Strauß, Wilhelm; Künstler: 1953 Kunst am Bau; 205; Ruhr/Nord P14

Schloss Styrum; 1067 erste Erwähnung; 1930 Direktorenwohnung wird eingerichtet; 208; Ruhr/West O15
Schloss Westerholt; 1833; 1904 Erweiterung; 210; Ruhr/Nord M9
Schultenhof, heute AWO-Begegnungsstätte; 1792; 1986 Umbau; 216; Ruhr/Süd R1
Situation Kunst; Museum; Forth, Peter: 1976; 181; Ruhr/Süd E13
Spielbank Hohensyburg; Deilmann, Harald: 1985; 184; Ruhr/Ost T7
Stadt- und Landesbibliothek; Botta, Mario: 1999; 179; Ruhr/Ost R16
Stadtbad und Museum; Helbing, Karl; Stadtbaumeister: 1912; 1950 veränderter Wiederaufbau; 416; Ruhr/West S5
Stadtbibliothek; 1968; 199; Ruhr/West S5
Stadtbibliothek, ehem. Europa-Haus; Schreiterer & Below: 1954; 176; Ruhr/West S
Stadtbibliothek, Umbau; von Lom, Walter & Partner: 2000 Umbau; Altbau; 320; Ruhr/Süd I13
Stadthalle; Gerber, Eckhard/Brettschneider, Hartwig/Dechene, Sigrun/Stilljes, Dierk 1981; 200; Ruhr/Süd Q14
Stadthalle; Großmann, Hans/Pfeifer, Arthur: 1926; Graubner, Gerhard: 1957 Eingangshalle, Umbauten, Neugestaltung; 423; Ruhr/West S5
Stadthalle; Brandt, Andreas/Böttcher, Rudolph: 1983; 201; Ruhr/Ost M14
Stadthalle (Luise-Alberts-Halle); Stumpf, Heido/Voigtländer, Peter: 1962; 177; Ruhr/West N2
Stadthalle und Kongresshalle; Weitling + Dissing/Jakobsen, Arne: 1984; Jakobsen, Arne/Weitling, Otto: 1965 Entwurf; Schmidt-Petersen, R.: 1984 Projektleitung; 202; Ruhr/Nord O17
Stadthaus, Umbau und Neuordnung; Tor 5 Architekten: 2008; 322; Ruhr/Süd B14
Stadtmuseum; 1994 Umbau; 19. Jhd. Erbaut; 181; Ruhr/Süd N5
Stadtteilbibliothek Essen Werden; 1902; 427; Ruhr/Süd H6
Stadtteilhaus Vorhalle; Birker und Wurster: 2003; 327; Ruhr/Süd P12
Stadtteilzentrum Überruhr; Koschany, Günter: 1974; 209; Ruhr/Süd F9
Stadttheater; Rosskothen, Heinrich/Tritthard, Edgar: 1966; 210; Ruhr/Ost S16
Stadttheater; Dülfer, Martin: 1912; 428; Ruhr/West S2
Stadttheater Hagen; Vetterlein, Ernst: 1911; 429; Ruhr/Süd Q14
Sud- und Treberhaus, Umnutzung und Sanierung; Lewandowski, Annette: 1999; 18 Ruhr/Nord R12
Tanz- und Musikhaus, ehem. Bahnhof; Ahlbrecht, Frank: 2000; 337; Ruhr/Süd I6
Tanzschule, Umbau/Erweiterung; Hansen & Petersen: 1993; 189; Ruhr/Nord N8
Theater der Stadt Marl; Kiel, Heinz: 1953; 1990er Modernisierung; 192; Ruhr/Nord
Tuchfabrik Essen-Kettwig; 1902; 451; Ruhr/Süd J4
Union Brauhaus; Moog, Walter/Moog, Emil: 1927; 455; Ruhr/Ost R16
Unser Fritz 2/3, Künstlerzeche; Blome, Jens: 2002; 1880 erbaut; 354; Ruhr/Nord P
Villa Hügel; Spieker, Paul Emanuel: 1873; Böll, Heinrich: 2007 Sanierung kleines Haus 136; Ruhr/Süd G6
Volkshaus; Fischer-Essen, Alfred: 1920; 485; Ruhr/Nord S9
Voswinckelshof, Museum; Angelis, Reinhard: 1999; 15. Jhd. Altbau; 209; Ruhr/West H
Wachholderhäuschen; Schröder, Heinrich: 1790; 272; Ruhr/Süd Q12
Wasserburg Haus Kemnade; 1100; 276; Ruhr/Süd N6
Wasserinformationszentrum aqua publik; 1930er; 498; Ruhr/Ost R12
Wassermühle/Mühlenmuseum Hiesfeld; 18 Jhd.; 279; Ruhr/West H14
Westfalenhalle; Höltje, Walter: 1952; 210; Ruhr/Ost T16
Westfälisches Freilichtmuseum Hagen; Landschaftsverband Westfalen Lippe; Bauhe 1973; 246; Ruhr/Süd S14
Westfälisches Museum für Archäologie; von Busse, Hans-Busso/Klapp/Brüning; Architekten; heute BKR Architekten: 2003; 372; Ruhr/Nord P14
Wilhelm-Lehmbruck-Museum; Lehmbruck, Manfred: 1964; 1987 Erweiterung; 211; Ruhr/West S2
Zeche Arenberg, Lohnhalle/Waschkaue; Umbau; Biefang, Hans A.: 1999; 235; Ruhr/Nord Q5
Zeche Carl; Fördermaschinenhaus; 1857; Böll, Heinrich/Krabel, Hans/Lüke, Wigber 1996 Umbau und Sanierung; 162; Ruhr/Süd B6
Zeche Carl, Lohnhalle und Kaue; Kulturzentrum; 1857; Krabel, Hans/Lüke, Wigbert 1985 Umbau und Sanierung; 164; Ruhr/Süd B6
Zeche Carl, Malakowturm; Kulturzentrum ; 1857; 1863 Einbau der Dampffördermaschinen; Böll, Heinrich: 2002 Umnutzung und Sanierung; 165; Ruhr/Süd B6
Zeche Fritz Heinrich, Umbau zum Büro- und Ateliergebäude; Schupp, Fritz; Dr./ Kremmer, Martin: 1940; Böll, Heinrich/Krabel, Hans: 1997 Umnutzung und Sanieru 236; Ruhr/Süd B6
Zeche Hermann, Verwaltungsgebäude; Schulze, Dietrich/Schulze, Karl: 1909; Miks Rücker; Architekten: 2002 Sanierung; 416; Ruhr/Ost D3

Zeche Ickern; Kultur-Café und Amphitheater; 3Pass Architekten: 2000; 1908; 418; Ruhr/Nord M18
Zeche Rheinelbe, Sanierung; 1863; Böll, Heinrich/Krabel, Hans: 1999 Umbau und Sanierung; 178; Ruhr/Nord S10
Zeche Sachsen I/II, Maschinenhalle (Alfred-Fischer-Halle); Fischer-Essen, Alfred: 1914; Fischer-Essen, Alfred: 1925 Erweiterung; 587; Ruhr/Ost C15
Zeche Vereinigte Helene-Amalie, ehem.; Waschkaue; 1930er; Ahlbrecht, Frank: 2003 Umbau; 590; Ruhr/Süd D5
Zeche Zollverein Schacht 12, Kohlenwäsche; Böll, Heinrich/Krabel, Hans: 2007 Umnutzung und Sanierung; OMA/Koolhaas, Rem/Alkemade, Floris: 2007 Umnutzung und Sanierung; Schupp, Fritz; Dr./Kremmer, Martin: 1932; 421; Ruhr/Süd J10
Zentrum für internationale Lichtkunst/Lindenbrauerei; 19. Jhd. Ende; 1936 Schornstein; 187; Ruhr/Ost N14
Zinkwalzwerk Altenberg, Umbau; Angelis, Reinhard: 1994; 241; Ruhr/West N1

Schulen und Kindergärten/ *Schools and Nursery Schools*

Alexandrine-Hegemann-Schule, Umbau und Erweiterung; Krail, Thomas: 2000; 3; Ruhr/Nord M13
Aloysiusschule; Hanke/Stadthochbauamt Gladbeck: 1925; 5; Ruhr/Nord O6
Aufbau- und Abendgymnasium; Kraemer, Friedrich Wilhelm: 1959; 4; Ruhr/Ost Q6
August-Döhr-Schule; Schlempp, Walter: 1955; 7; Ruhr/Nord G8
Berufsbildene Schule Duisburg-Nord; Steinhauer, Franz: 1929; 47; Ruhr/West L12
Berufsschule am Ostring; Stadt Bochum; Planungsamt, städt./Knirsch, H.: 1954; 10; Ruhr/Süd I16
Berufsschule, ehem.; Freitag, Ludwig: 1922; 48; Ruhr/West N1
Bildungszentrum des Handels; Feja + Kemper: 2007; 31; Ruhr/Nord A14
Bildungszentrum für die Entsorgungs- und Wasserwirtschaft; Heuer - Faust: 1999; 18; Ruhr/West P9
Blaue Schule, Grundschule; Groth, Heinz: 1967; Weber, Roland: 1967 Landschaftsarchitektur; 19; Ruhr/Nord C6
Brückenkindertagesstätte; jüd. Kultusgemeinde; Drahtler, Ulrich/Architekt: 2000; 34; Ruhr/Ost R17
Charlottenhof; Schultze-Naumburg, Paul: 1933; 7; Ruhr/Süd J4
Christian-Rohlfs-Gymnasium; Obersteh-Berghaus, Günther: 1932; 72; Ruhr/Süd Q12
Comenius-Gymnasium; Wahl und Rödel: 1929; 80; Ruhr/Nord H16
Cuno Berufskolleg II; Zeschke, Edwald/Wiehl, Adam/Bergmann, Horst: 1957; Stadt Hagen; Hochbauamt, städt.: 2006 Erweiterung; 18; Ruhr/Süd Q14
Diesterweg-Schule; 1928; 91; Ruhr/West O4
Doppel-Berufskolleg; Scholl Architekten: 2009; 71; Ruhr/Nord L13
Drusenbergschule; Stadt Bochum; Bauverwaltung, städt.; Elkart, Karl: 1916; 99; Ruhr/Süd D13
Erich-Kästner-Gesamtschule; Eller, F./Moser, E./Walter, R. + Kiemle, M./Kreidt, H.: 1974; 47; Ruhr/Süd E14
Erich-Kästner-Gesamtschule, Neubau; Röwekamp, Ralf/Rheinpark Architekten: 2010; 112; Ruhr/Süd E14
Europäisches Bildungszentrum; von Lom, Walter & Partner: 1998; 51; Ruhr/Süd E13
Ev. Kindergarten; Gottschalk, Paul: 1954; 37; Ruhr/Süd Q14
Freiherr-vom-Stein-Gymnasium; Schulze, Karl: 1931; 137; Ruhr/Ost I5
Freiherr-vom-Stein-Gymnasium, Erweiterung; Marek, Karl: 2000; 133; Ruhr/Ost I5
Freiherr-vom-Stein-Schule; Stadt Bochum; Planungsamt, städt./Knirsch, H.: 1955; 47; Ruhr/Süd B14
Ganztagsschule, offen, Erweiterung; büsing van wickeren architekten: 2008; 140; Ruhr/Ost N8
Gebäude der städtischen Berufsschule; Bottrop, Gemeinde: 1929; 152; Ruhr/Nord Q4
Gemeinschaftsgrundschule; Thielcke + Burbaum: 1973; 63; Ruhr/Nord G8
Gerhart-Hauptmann-Schule; Deilmann, Harald: 1961; 56; Ruhr/Nord F3
Gesamtschule; Bassenge/Puhan-Schulz/Schreck/Hansen/Koch/Thielcke + Burbaum: 1978; 66; Ruhr/Nord H8
Gesamtschule; Bassenge, Jan C./Puhan-Schulz, Kay/Schreck, Hasso: 1976; 67; Ruhr/Nord M11
Gesamtschule; Kiemle, Kreidt & Partner: 1974; 68; Ruhr/Nord N5
Gesamtschule; Schütz, Paul + Maul, Reiner/Kleffner, Eberhard: 1982; 69; Ruhr/Nord O17
Gesamtschule, evang.; plus+/Hübner, Peter: 1998; 65; Ruhr/Nord Q10
Gesamtschule Kleiststraße; Riege, Aribert: 1982; 70; Ruhr/West P18
Gesamtschule Ruhrort; 1907; 156; Ruhr/West P2

Gesamtschule Walsum, ehem. Fridtjof-Nansen-Realschule; Köster, Eleonore/Köster, Walter: 1969; 71; Ruhr/West J13
Gesamtschule Wanne; Lambart + Partner: 1983; 72; Ruhr/Nord Q12
Gesamtschule Wulfen; Patschan/Werner/Winking: 1976; 73; Ruhr/Nord C5
Geschwister-Scholl-Gymnasium; Scharoun, Hans: 1960; 58; Ruhr/Ost I5
Gewerbliche und kaufmännische Berufsschule; Stadt Herne; Stadtbauamt: 1955; 60; Ruhr/Nord P14
Goethe-Gymnasium; 1898; Planungsamt; städt./Knirsch, H.: 1964 Renovierung und Erweitertung; 40; Ruhr/Süd I16
Goethe-Gymnasium; Groth, Hans-Otto/Lehmann, Werner/Schlote, Wolfram: 1958; 62; Ruhr/Ost T18
Goetheschule; Seitz, Paul: 1964; 63; Ruhr/Nord G7
Goetheschule, Altbau; 1899; 41; Ruhr/Süd G6
Goetheschule, Erweiterung; Jeromin, Lothar: 2006; 153; Ruhr/Süd G6
Goetheschule, Erweiterung; Klein + Neubürger: 2003; 154; Ruhr/Süd I16
Grashof-Gymnasium; Fischer-Essen, Alfred: 1930; 169; Ruhr/Süd G6
Grund- und Hauptschule; Wieschemann, Paul G.: 1975; 76; Ruhr/Süd D11
Grund- und Hauptschule; Wieschemann, Paul G.: 1966; 77; Ruhr/Süd C16
Grundschule Hustadt; Arns, Walter/Buderus, Louis jun.: 1970; 78; Ruhr/Süd E15
Gymnasium Josef Albers, Erweiterung; RMP Landschaftsarchitekten: 2002; 157; Ruhr/Nord R3
Gymnasium Phönix, Sanierung; Krüger + Patrias; Architekten: 2006; 158; Ruhr/Ost
Gymnasium Schalke; Glasmeier, Ernst Otto/Drengwitz, Egbert/Halfmann, Hubert: 1965; 66; Ruhr/Nord A17
Hauptbad; Schneider, Peter Friedrich: 1958; 69; Ruhr/Süd I13
Hauptschule Vorhalle, Erweiterung ; 1960; PASD/Feldmeier + Wrede: 2003 Erweiterung; 73; Ruhr/Süd P12
Hauptschule Westfalenstraße; Scharoun, Hans: 1964 - 1970; 83; Ruhr/Nord H8
Haus Cuno; Behrens, Peter: 1908; Gropius, Walter: 1908 Bauleitung als Mitarbeiter in Atelier Peter Behrens; 183; Ruhr/Süd Q15
Haus der Erwachsenenbildung; Seidenstricker, Wilhelm; Dr./Spantzel, Willi/ Gutsmann, Werner/Jung, Herbert: 1972; 1975; 85; Ruhr/Süd I14
Haus der Erwachsenenbildung; Deilmann, Harald: 1972; 86; Ruhr/Nord B16
Haus der Erwachsenenbildung Heinrich-Thöne-Volkshochschule; Seidensticker-Spantzel-Teich-Budde-Gutsmann-Jung: 1979 Entwurf; Teich, Dietmar: 1979 Bau; 87; Ruhr/West S5
Haus der Technik; Körner, Edmund: 1924; Pegels, Alfred: 1953 Wiederaufbau nach Kriegszerstörung; 185; Ruhr/Süd I13
Hibernia-Schule; Bockemühl, Gundolf: 1963; 85; Ruhr/Nord Q13
Hittorf-Gymnasium; 1908; 207; Ruhr/Nord L13
Hohe Bürgerschule, ehem.; Nohl, Maximilian: 1859; 58; Ruhr/West P2
Josef-Batoldus-Kindergarten, kath.; Doulis, D.: 1996; 103; Ruhr/Ost O5
Karl-Lehr-Realschule; Pregizer, Karl/Bräuhäuser, Hermann/Bähr, Heinrich: 1929; 228 Ruhr/West Q12
Kautsky-Grundschule, Erweiterung; Krüger + Patrias; Architekten: 2008; 197; Ruhr/Ost M9
Kinderdorf St. Josef; Lom von, Walter & Partner: 1982; 110; Ruhr/Ost E9
Kindergarten; Goedeking und Schmidt: 1999; 106; Ruhr/Nord B18
Kindergarten; Luggenhölscher, Alfred: 1966; 111; Ruhr/Nord N6
Kindergarten; Dutczak, Marian/Horstthemke, Dieter/Stadt Dortmund; Hochbauamt städt.: 1998; 108; Ruhr/Ost R6
Kindergarten; Hanke, Andreas: 1998; 107; Ruhr/Ost Q11
Kindergarten, evang.; Müller-Zantop, Wolfgang: 1976; 112; Ruhr/Süd E5
Kindergarten Huckarde, evang.; Doulis, D.: 1996; 110; Ruhr/Ost N4
Kindergarten Villa Laufenberg; 1885; Laufenberg; Bauherr: 1935 Erweiterung; Stadt Hagen; Hochbauamt, städt.: 1985 Renovierung; 67; Ruhr/Süd Q14
Kindertagesstätte; BATHE + REBER; Architekten: 2004; 199; Ruhr/Süd E13
Kindertagesstätte Hansegracht; 1912; GEBAG; Baugesellschaft: 1998 Umbau; 235; Ruhr/West R2
Kolleg Oberhausen; Ungers, Oswald Mathias: 1969; 114; Ruhr/West M16
Königliche Baugewerkschule; Körner, Edmund: 1908; 250; Ruhr/Süd J14
Königlich-Preußische Maschinenbau-Schule; 1911; Umnutzung durch die Universität Duisburg-Essen; 251; Ruhr/Süd H13
Konrad-Adenauer-Realschule Hamm; Wulf & Partner Architekten: 2002; 212; Ruhr/Ost F16
Landesschule der Kleingärtner; Gerber, Eckhard & Partner: 1999; 124; Ruhr/Ost I6
Lehrerseminar, evang.; Körner, Edmund: 1914; 273; Ruhr/Süd E7
Mallinckrodt-Gymnasium; Parade Architekten: 1985; 120; Ruhr/Ost S17

Mariengymnasium; Hahn Helten + Ass. Architekten GmbH: 2007; 233; Ruhr/Süd H6
Marktschule; Poelzig, Peter: 1954; 108; Ruhr/West O1
Metallberufsschule; Deilmann, Harald: 1965; 114; Ruhr/Nord B16
Musikhochschule; Schreiterer & Below: 1905; 302; Ruhr/West S2
Otto-Hahn-Gymnasium; Stadt Herne; Stadtbauamt: 1964; 126; Ruhr/Nord P15
Otto-Hahn-Gymnasium; Hülsdonk + Partner: 2005 Erweiterung; 254; Ruhr/West H13
Polizeischule; Kleinpoppen; Regierungsbaumeister: 1934; 36; Ruhr/Süd G5
Raphaelschule; Pfeiffer, Herbert/Ellermann, Christoph/Preckel: 2001; 277; Ruhr/Nord L13
Rayener Schule, ehem.; 1920 um; 353; Ruhr/West M3
Realschule Ernst Immanuel Kant; Spital-Frenking + Schwarz: 2006; 280; Ruhr/Nord G9
Rheinisch-Westfälische Berufsschule für Hörgeschädigte; Dansard - Kaleborn + Partner: 1978; 155; Ruhr/Süd E5
Ricarda-Huch-Gymnasium; Franke, Josef: 1930; 360; Ruhr/Nord B17
Ricarda-Huch-Schule; Stadt Hagen; Hochbauamt, städt.: 1954; Stadt Hagen; Hochbauamt, städt.: 1992 Anbau; 145; Ruhr/Süd Q14
Schiller-Oberschule; Sohm, Theodor/Stadtbaumeister Bochum: 1930; 371; Ruhr/Süd D14
Schiller-Oberschule, Erweiterung; Klein + Neubürger: 2003; 292; Ruhr/Süd D14
Schule und Saalbau am Mengeder Markt; Schulze, Karl: 1918; 378; Ruhr/Ost L3
Schulgebäude; Stadt Herne; Stadtbauamt: 1909; 379; Ruhr/Nord Q14
Schulgebäude, Sanierung und Umbau; Stadt Bochum: 1890er; vermutlich; Schöttler & Palotz: 2001 Umbau und Sanierung; 106; Ruhr/Süd I15
Schulneubauten; Spital-Frenking + Schwarz: 2004; 296; Ruhr/West C9
Schulungs- und Seminargebäude; KZA; Koschany, Zimmer & Assoziierte: 2001; 297; Ruhr/Süd D6
Schulzentrum; Hansen, Hans: 1975; 176; Ruhr/Nord C11
Schulzentrum Bochum-Ost, Gymnasium; Stadt Bochum; Planungsamt, städt./Brosche, W.: 1957; Reiser, Roman: 1980 Ausbau; 152; Ruhr/Süd C17
Schulzentrum, Erweiterung; Schuster Architekten: 1996; 170; Ruhr/West F11
Schulzentrum Gerthe; Berg, G./Koehler, H.: 1977; 177; Ruhr/Süd A15
Schulzentrum Querenburger Straße; Hellrung, J./Schwarze, K. H./Stadt Bochum; Planungsamt, städt.: 1971; 178; Ruhr/Süd D14
Schulzentrum Sodingen; Lambart + Partner: 1976; 179; Ruhr/Nord P16
Sonderschule für geistig behinderte Kinder; Bassenge/Puhan-Schulz und Partner: 1982; 182; Ruhr/Nord L10
Sozialistisches Bildungszentrum; Thielcke + Burbaum: 1975; 183; Ruhr/Nord G13
Sozialmedizinisches Aus- und Weiterbildungszentrum; Dratz; Planungsbüro: 2002; 303; Ruhr/West L15
Sportschule Wedau, Alte Turnhalle; Hitzbleck, Fritz: 1928 um; 395; Ruhr/West Q12
Städtische Realschule; Stadt Mülheim an der Ruhr; Hochbauamt, städt./Brocke, Arthur/ Kesseler, Rudolf: 1928; 425; Ruhr/West S6
Technische Unterrichtsanstalten der Stadt Mülheim an der Ruhr; Stadt Mülheim an der Ruhr; Hochbauamt, städt./Thissen, Franz; Oberbaurat: 1951; 191; Ruhr/West T6
Tossehof, Grundschule; Sittmann, Tassilo: 1972; 226; Ruhr/Nord A18
Volkshochschule Essen; Miksch Rücker; Architekten: 2005; 365; Ruhr/Süd I13
Volksschule; Schwickert, Ludwig: 1956; 205; Ruhr/Nord A17
Volksschule; Bochum; Bauverwaltung, städt./Spannmacher, Sepp: 1928; 488; Ruhr/Süd B13
Volksschule Ickern; Fischer-Essen, Alfred: 1926; 489; Ruhr/Nord M18
Weilenbrinkschule; Oesterlen, Dieter: 1960; 208; Ruhr/Süd I16
Zeche Brassert; Verwaltungsgebäude, ehem. ; Erfurth, Friedrich/Bauabteilung Rheinische Stahlwerke: 1929; 559; Ruhr/Nord G7

Universitäten, Bauten für Forschung und Fortbildung/*Universities, Research and Education Facilities*

Akademie Mont Cenis; Jourda et Perraudin: 1999; 3; Ruhr/Nord P15
Berufsförderungswerk Dortmund-Hacheney; Schwarz, Will/Magoley, Hans: 1969; 18; Ruhr/Ost Q6
Blue Box, Hochschule Bochum, ehem. Mensa Ruhr-Uni; HPP/Hentrich Petschnigg & Partner: 1971; Krenz, Wolfgang; Architekten/Archwerk Generalplaner: 2010 Umbau und Sanierung; 20; Ruhr/Süd E15
Evang. Pädagogische Akademie, ehem.; Fehmer; Regierungsbaumeister: 1930; 123; Ruhr/Ost T16
Evangelische Fachhochschule Bochum; Krug, Manfred/van de Minde, Bernhard: 1986; 48; Ruhr/Süd J18

Fachhochschule Bergbau; Behrens, Ludwig: 1962 Wiederaufbau; Bantzky, Franz/Renges, Martin: 1897 zerstörter Ursprungsbau; 38; Ruhr/Süd H15
Fachhochschule Bochum, Mensa ; Krampe, Ulrich u. Reiter, Peter; Architekten: 2007; 121; Ruhr/Süd E15
Fachhochschule Gelsenkirchen; Christian Schramm + Uwe Schramm: 1998; 52; Ruhr/Nord N7
Fachhochschule Gelsenkirchen, Abt. Recklinghausen; Gerber, Eckhard & Partner: 2001; 122; Ruhr/Nord L14
Fachhochschule Südwestfalen; Tritthart/Rosskothen; Dr.: 1961; 39; Ruhr/Süd P15
Franz-Haniel-Akademie; Eller - Maier - Walter + Partner: 1993; 55; Ruhr/West P2
Gerhard-Mercator-Universität - Gesamthochschule Duisburg; Poelzig, Peter: 1968 Audimax, Seminargebäude LB; ZPL Architekten: 1982 Bibliothek; Gesamthochschule Duisburg; Architektengruppe: 1991 Rundbauten Mülheimer Straße; 65; Ruhr/West S
Haus Busch, heute Journalistenzentrum; von Syburg, Diederich; Bauherr: 17./18.Jhd Stadt Hagen; Hochbauamt, städt.: 1994 Erweiterung; 69; Ruhr/Süd O15
Haus der Technik; Körner, Edmund: 1925; 184; Ruhr/Süd I13
Haus Villigst; Kleinhanz zu Elberfeld, Engelbert: 1819; 94; Ruhr/Ost S11
Hörsaalgebäude der Universität; Heinrich & Wörner & Vedder: 1994; 94; Ruhr/Ost
Kardinal-Jaeger-Haus; Akademie, kath.; Haas, Hans: 1973; 107; Ruhr/Ost R9
Max-Planck Institut; Hörsaalgebäude; HPP/Hentrich Petschnigg & Partner: 2010; 235; Ruhr/West T6
Ruhruniversität Bochum; HPP/Hentrich Petschnigg & Partner/Staatshochbauamt: 1984; 158; Ruhr/Süd E15
Ruhruniversität Bochum; Auditorium Maximum, Forum, Institut für Medizin, Ingenieur- und Geisteswissenschaften, Mensa, Verkehrsbauten; HPP/Hentrich Petschnigg & Partner: 1978; Yaacov/Agam/Vasarely, Victor: 1978 Kunst am Bau; 159 Ruhr/Süd E15
Ruhruniversität Bochum; Bibliothek; Lambart, Bruno: 1974; 160; Ruhr/Süd E15
Ruhruniversität Bochum; Energiezentrale; Döcker, R./Brenner, H.: 1972; 161; Ruhr/Süd E16
Ruhruniversität Bochum; Hochbauten des Botanischen Gartens; Eller, F./Moser, E./Walter & Partner: 1973; 162; Ruhr/Süd E15
Ruhruniversität Bochum; Institute für Naturwissenschaften, Isotopenlabor, Hörsaalzentrum Ost; Eller, F./Moser, E./Walter & Partner: 1971; 163; Ruhr/Süd E15
Ruhruniversität Bochum; Musisches Zentrum, Studentenhaus; Lehmann, W. + Partner: 1984; 165; Ruhr/Süd E15
Ruhruniversität Bochum; Technologiezentrum Ruhr; SCHÜRMANNSPANNEL/Tönnes, Rainer: 1996 Dachaufbau auf der Ruhruniversität; 163; Ruhr/Süd E15
Ruhruniversität Bochum, Verwaltung; Hennig, Albin/Dietrich, D.: 1981; 166; Ruhr/Süd E15
Schulungsgebäude in Holzbauweise; HHS/Hegger Hegger Schleiff: 1996; 169; Ruhr/Ost C15
Universität Dortmund, Modellbauwerkstatt ; Lindner Lohse; Architekten: 2006; 352 Ruhr/Ost Q4
Universität Witten/Herdecke, Neubau; Stachowiak und Deterding: 1983; 234; Ruhr/Süd L10

Hotels, Gastronomie und Kaufhäuser/ *Hotels, Catering Trade, Department Stores*

Adler-Apotheke; Niebel, Fritz: 1885; 1; Ruhr/West M11
Alte Post; Hotel; WLP/Lehmann, Werner + Partner: 1992; 5; Ruhr/Ost R16
Arcadeon; Birker und Wurster/Baumewerd, D.G./Gantert, R.: 2000; 12; Ruhr/Süd P15
Audi-Zentrum; Pleiss - Dierenberg - Domnik: 1999; 13; Ruhr/Ost O7
Audi-Zentrum; Schormann, Ralf Arno: 2006; 17; Ruhr/Süd H12
August-Lenz-Haus; Geschäftshaus (Gastronomie und Fanshop); Drahtler, Ulrich/Architekt: 2007; 18; Ruhr/Ost P6
Backstube Peter; Reichardt, Jürgen: 1999; 14; Ruhr/Süd C6
Baedekerhaus; Bode, Ernst: 1929; 25; Ruhr/Süd I13
Betriebskantine; Schramm, Christian; Dr.: 2004; 28; Ruhr/West O15
Blumhaus; Bode, Ernst: 1925; 57; Ruhr/Süd I13
Brauhaus Rietkötter; 1777; 25; Ruhr/Süd I16
Büro- und Geschäftshaus; Baumeister, Ewald: 1974; 27; Ruhr/Nord C17
Buschmühle; Restaurant; Groth, Hans-Otto/Lehmann, Werner/Schlote, Wolfram: 1959; 16; Ruhr/Ost P6
C & A; Geschäftshaus; Gärtner + Stiens: 1972; 29; Ruhr/Ost R17

CityPalais; von Salm, Yvonne/Taylor, Chapman: 2007; Graubner, Gerhard/Stumpf/Voigtländer: 1962 denkmalgeschützte Mercatorhalle an gleicher Stelle; Abriss im Jahre 2005; 58; Ruhr/West S2
Decathlon; Hansen & Petersen: 1996; 37; Ruhr/Nord Q13
Deutschlandhaus; Koerfer, Jacob; Dr.: 1929; 89; Ruhr/Süd I13
Dortberghaus; Mewes, Emil Rudolf: 1938; 11; Ruhr/Ost R16
Duisburger Hof; Hotel; Pfeifer, Arthur/Großmann, Hans/Brocker, Carl: 1927; 100; Ruhr/West S2
Eickhaus, heute Modehaus Ansons; Metzendorf, Georg: 1915; 104; Ruhr/Süd I13
Einkaufshof in Mülheim-Saarn; Blanck, Gunvar: 2003; 105; Ruhr/West Q15
Forum Duisburg; Ortner & Ortner Baukunst: 2008; 129; Ruhr/West S2
Galeria Duisburg; gmp/von Gerkan, Marg und Partner: 1994; 61; Ruhr/West S2
Geschäftshaus; Fahrenkamp, Emil: 1913; 157; Ruhr/Nord O6
Geschäftshaus; Spenhoff, Heinrich/Strunk, Otto: 1912; 160; Ruhr/Nord P17
Geschäftshaus; Heimann + Hommel: 1910; 158; Ruhr/Nord O6
Geschäftshaus; Henneke, Carlheinz: 1929; Groote, Kurt: 1936 Umbau; 159; Ruhr/Nord P17
Geschäftshaus für Anton Bomers; Franke, Josef: 1906; 161; Ruhr/Süd C11
Geschäftshaus Viehoff; Krusemark, Max: 1927; 162; Ruhr/Ost D15
Geschäftshausgruppe; Franke, Josef: 1907; 163; Ruhr/Nord B17
Hafenforum; Foster, Norman; Lord & Partner: 1999; 74; Ruhr/West R2
Handelshof; Moritz, Carl/Stahl, Werner: 1912; 173; Ruhr/Süd I13
Harenberg City-Center; Gerber, Eckhard & Partner: 1994; 84; Ruhr/Ost R16
Hauptschalthaus, Umnutzung; afa - architektur-fabrik aachen: 2002; 162; Ruhr/West M12
Haus Küchen; Tillessen, Rudolf: 1913; 195; Ruhr/West Q14
Hoeschwerke; Gästehaus; Steinbach, Hugo/Lutter, Paul: 1910; 210; Ruhr/Ost N7
Hotel Aleppo; Reiser & Partner; Architekten: 2006; 179; Ruhr/Süd I16
Informationspavillon der „Werkstatt Innenstadt"; Herting, Willem/Wittfeld, Gerhard: 1994; 97; Ruhr/Süd D6
Kaufhaus Althoff; Niebel, Fritz: 1911; 230; Ruhr/Nord A14
Kaufhaus Ansons; Bergstermann + Dutzak; Architekten Stadtplaner: 2006; 196; Ruhr/Ost R16
Kaufhaus Boecker ; gibbins european architects: 1998; 105; Ruhr/Ost R16
Kaufhaus Hermann Kornblum, ehem.; Umbau; Weinert, Jochen: 1905; Schmahl und Gerigk: 1950er Erweiterung; 1994 Umbau; 231; Ruhr/Süd Q14
Kaufhaus Hettlage und Fischer; 1911; 232; Ruhr/Nord A14
Kaufhaus Karstadt; Schäfer, Phillip; Bauabteilung: 1950; 90; Ruhr/Nord O6
Kaufhaus Karstadt; Schäfer, Phillip; Bauabteilung: 1930; 233; Ruhr/Nord A14
Kaufhaus Sinn, ehem.; Paul, Bruno: 1928; 234; Ruhr/Nord B17
Ladenpassage; Kleihues, Josef Paul/Eckert/Pressel/Jakubik: 1981; 117; Ruhr/Nord C5
Ladenzeile an der Ruhr-Universität; DEGENER Architekten: 1998; 120; Ruhr/Süd E15
Lebensmittelgroßhandel De Pastre, Umbau und Erweiterung; ROBERTNEUN/Baecker Buschmann Friedrich; Architektengemeinschaft: 2006; 227; Ruhr/Süd D7
Lindenwirtin, Gasthaus; 1760 ca.; 131; Ruhr/West S4
Margarethenhöhe, Gasthaus; Metzendorf, Georg: 1900 um; 1955 Wiederaufbau; 289; Ruhr/Süd F5
Marler Stern; Kloss + Kolb: 1974; 125; Ruhr/Nord G8
Pollmann, Warenhaus/Büro- und Hotelgebäude; Czajerek, Viktor/Schnaare, Ewald: 1931; 327; Ruhr/West L11
Porsche-Zentrum; Schormann Architekten: 2007; 272; Ruhr/Süd H12
Porsche-Zentrum Dortmund; Hansen & Petersen: 2003; 273; Ruhr/Ost O11
Propsteiarkaden am Hansaplatz; Schwill und Bergstermann: 1992; 153; Ruhr/Ost R16
Shopping Mall; Stiller, Hermann: 1900; 386; Ruhr/West S2
Showroom, Büro, Schreinerei; DEGENER Architekten: 1999; 175; Ruhr/Ost P3
Steeler City-Center; Brune + Partner: 1980; Lammert, Rolf/Padberg, Günter: 1980; 211; Ruhr/Süd E9
Straßenbahndepot Speldorf; 1914; 1967 Stilllegung; 1995 Umnutzung zur „Depot-Passage"; 438; Ruhr/West P14
Teehaus; Gebrüder Krämer: 1927; 440; Ruhr/West P16
Theaterpassage und Geschäftshaus „Theaterplatz" mit Kabarett „Casa Nova"; Stadtsparkasse Essen, ehem.; Metzendorf, Georg/Schneider, Jacob: 1930; 442; Ruhr/Süd I13
Uni-Center; Dietrich, Dieter/Eller, Fritz/Hennig, Albin/Moser, Erich/Walter, Robert: 1973; 231; Ruhr/Süd E15
Veba Chemie; Kantine; Kraemer, Friedrich Wilhelm/Sieverts, Ernst + Partner: 1972; 236; Ruhr/Nord M7
Verkaufsanstalt IV; Stephany: 1910; 458; Ruhr/West L17

Warenhaus; Fahrenkamp, Emil: 1962; 207; Ruhr/Nord P14
Warenhaus Tietz, ehem. ; Falck, Georg: 1929; 494; Ruhr/West L12
Wasserbahnhof; Pfeifer, Arthur/Großmann, Hans: 1933; 1958 Generalinstandsetzun
Schnatmann, Peter: 1991 Umbau und Erweiterung; 50; Ruhr/West T5
Weiser, Kaufhaus; Weber und Heide: 1925; 513; Ruhr/Nord N8
Westfalenhaus; Koerfer, Jacob; Dr.: 1929; Koerfer, Hans: 1950er Wiederaufbau; 516; Ruhr/Ost R16
Westfalenkaufhaus (ehem. WEKA); Schäfer, Georg: 1928; 518; Ruhr/Nord C17
Wohn- und Geschäftshaus; Lauterjung, Adolf: 1928; 522; Ruhr/Nord B17
Wohn- und Geschäftshaus; Waßer, Theodor: 1928; 523; Ruhr/Nord C17
Woolworth, ehem. Kaufhaus Othegraven; Fahrenkamp, Emil: 1930er; 555; Ruhr/West S5
Zum Markgrafen; Gaststätte; 18 Jhd.; 296; Ruhr/Ost Q16

Krankenhäuser, Gesundheitshäuser, Pflegeheime
Hospitals, Health Clinics, Nursing Homes

Altenheim; Gerber, Eckhard & Partner: 1993; 8; Ruhr/Ost O7
Altenheim der Diakonie Gladbeck Bottrop Dorsten; Zamel, Krug; Architekten: 2003
6; Ruhr/Nord R4
Altenzentrum St. Hildegard; Kreitschmann, Susanne: 2008; 7; Ruhr/Ost Q8
Bergsmannsheil, Neubau des Bettenhauses; LUDES Architekten und Ingenieure: 200
24; Ruhr/Süd D13
Betreutes Wohnen im Alter; Goerner/Goerdt/Schwarz: 2000; 26; Ruhr/Süd N9
Christenstift; Altenwohnheim; Schwill und Bergstermann: 1991; 29; Ruhr/Ost R16
CONVENIO Altenzentrum; Christfreund und Mihsler; Architekten: 1995; 30; Ruhr/Nord B18
Dialysezentrum „Jakob-Henle-Haus"; Gerber, Eckhard & Partner: 1991; 39; Ruhr/Ost H5
Franz-Sales-Haus; nattler architekten: 2009; 131; Ruhr/Süd E7
Früh-Rehabilitationszentrum; Gegus und Hellenkemper: 2000; 135; Ruhr/Süd N11
Gesundheitshaus; Schwarz, Will: 1959; 59; Ruhr/Ost R16
Gesundheitshaus Quellenbusch; KZA; Koschany, Zimmer & Assoziierte: 1999; 66; Ruhr/Nord R3
Gesundheitszentrum Kaiserberg, Revitalisierung und Erweiterung einer denkmalgeschützten Textilfabrik; Kohl : Fromme: 2006 Erweiterung und Sanierung; 1878 Textilfabrik; 148; Ruhr/West R4
Haus am Scharpenberg; Riege, Aribert: 1977; 84; Ruhr/West T6
Horstmann-Haus Ruhrort; Seniorenstift und Kindergarten; Eller + Eller Architekten: 2006; 178; Ruhr/West P2
Huyssen-Stiftung; Evangelisches Krankenhaus; Conradi, Carl; Regierungsbaumeister 1937; 27; Ruhr/Süd J14
Klinik für Naturheilkunde und integrative Medizin, Erweiterung; Thiede - Messthal - Klösges: 2002; 2. Erweiterung; 205; Ruhr/Süd E8
Knappschaftskrankenhaus, altes; Blohm: 1906; 241; Ruhr/Nord A13
Krankenkasse; Gobrecht und Revermann: 1927; 257; Ruhr/Nord Q12
Kurhaus Bad Hamm; Leppin, G.: 1898; Kehrbaum Architekten: 2003 Neubau; 74; Ruhr/Ost D16
Liebfrauenstift; Colombo, Karl: 1914; 278; Ruhr/Nord B17
Marien-Hospital; Mebes, Friedrich: 1974; 121; Ruhr/Süd B6
Marienhospital; Rosiny, Nikolaus: 1977; Welling, Josef; Künstler: 2000 Kunst am Bau
122; Ruhr/Nord S10
Martaheim; Korn/Brüren/Kaes/Stadtbauamt Gladbeck: 1910; 292; Ruhr/Nord N6
Paracelsus-Klinik; Hebebrandt + Schlempp: 1957; 127; Ruhr/Nord G9
Seniorenresidenz; Kowalski, Rainer: 2005; 299; Ruhr/Süd Q14
Seniorenzentrum; Kohl : Fromme: 1998; Kohl, Christian; Projektpartner: 1998; 174; Ruhr/West R2
Sol- und Thermalbad; Wallmeier, W.: 1949; 155; Ruhr/Nord Q12
Solbad Raffelberg; Helbing, Karl; Stadtbaumeister: 1909; Schnatmann, Peter/Münke & Wüsthoff: 1996 Umbau zum Theater an der Ruhr; 388; Ruhr/West O14
Sport- und Gesundheitshaus; Körner, Edmund: 1927; Ahlbrecht, Frank: 1998 Umbau und Sanierung; 394; Ruhr/Süd C7
St. Barbara; Altenheim und Kapelle; Feja + Kemper: 2008; 313; Ruhr/Nord M11
St. Lambertus; Altenpflegezentrum; nattler architekten: 2007; 315; Ruhr/Süd F7
St.-Elisabeth-Hospital, Schwesternwohnheim; Reiser, Roman: 1971; Bienen, Hildega
Künstlerin: 1970 Kunst am Bau; 213; Ruhr/Süd I16
St.-Josef-Hospital, Bettenhaus; Hellrung, Karl: 1958; 185; Ruhr/Süd H17

Tagesklinik für Erwachsenenpsychiatrie; Gegus und Hellenkemper: 1999; 188; Ruhr/Süd L9
Zentrum für Kurzzeit- und Tagespflege; Wallmeier und Stummbillig: 2001; 425; Ruhr/Nord P12

Industrie-, Technologie- und Laborbauten/ *Industrial Buildings, Technology and Laboratory Facilities*

Abfallentsorgungszentrum Asdonkshof; Kreis Wesel; Abfallgesellschaft: 1996; 1; Ruhr/West K5
Alte Bergheimer Mühle; 1794; 4; Ruhr/West Q9
Alte Kornmühle und Turbinenanlage; 18 Jhd.; 1870 Umbau zu Wohnzwecken; 1991 Restaurierung; 5; Ruhr/Süd M7
Altes Wasserwerk Wesel; 1886; 1956 Stilllegung; 1986 Museum; 7; Ruhr/West C10
Antennenträger; Bofinger, Helge: 1992 Architektur; Polonyi, Stefan; Dr./Kleinschmidt, Ernst: 1992 Tragwerksplanung; 10; Ruhr/Ost M8
Bergwerk Auguste Victoria, Schacht 1/2; 1907; 41; Ruhr/Nord G9
Bergwerk Auguste Victoria, Schacht 3/7; 1960; 8; Ruhr/Nord F8
Bergwerk Friedrich Heinrich; 1908; 42; Ruhr/West L4
Bergwerk Monopol, Schacht Grimberg 1/2; 1894; 1980 Modernisierung; 16; Ruhr/Ost H9
Bergwerk Ost, Schächte Heinrich Robert; Les Petit Fils de Francois de Wendel; Eisengesellschaft: 1904; 43; Ruhr/Ost F13
Bergwerk Walsum; 20. Jhd. Mitte; 9; Ruhr/West J12
Bergwerk Westerholt; 1907; Hibernia; Bergwerksgesellschaft: 1950er Modernisierung; 44; Ruhr/Nord M9
Binder_1; 19. Jhd.; 17; Ruhr/Süd F14
Birschelsmühle; Birschel; Familie: 1902; 1904 Erweiterung; 1999 Umbau und Sanierung; 50; Ruhr/Süd O3
Brauerei Schwelm; 1722; 18. Jhd. Umgestaltung; 19. Jhd. Erweiterung; 24; Ruhr/Süd R1
Brennerei Eikelberg; Eickelberg, Dietrich; Bauherr: 1866; 1996 Westfälischer Denkmalpreis; 22; Ruhr/Süd C17
Brennerei Saure; 1843 Wirtshaus; 1888 Produktionsgebäude; 1889 Pferdestall; 23; Ruhr/Süd S9
Buschmühle; 1700 ca.; 1901 Wiederaufbau nach Brand; 1980 Umbau; 38; Ruhr/Süd N15
Car-Tower; Hetschold, Heinz: 1998; 25; Ruhr/West P9
Chemiepark Marl; Chemische Werke Hüls; Bauabteilung: 1938; 8; Ruhr/Nord F8
Cuno-Kraftwerk; Cuno, Willy; Bauherr: 1908; 83; Ruhr/Süd N12
Deutsche Edelstahlwerke; Seidensticker, Wilhelm; Dr.: 1956; 19; Ruhr/Süd J15
Deutsches Bergbaumuseum, Fördergerüst; Schupp, Fritz; Dr./Kremmer, Martin: 1935 gebaut auf Zeche Germania; Schupp, Fritz; Dr.: 1973 Einfügung in Ort; 10; Ruhr/Süd H16
Dinnendahlsche Fabrik; Dinnendahl, Franz; Bauherr: 1820; 1925 Wiederaufbau; 42; Ruhr/Süd F8
Dong; alte Mühle; 19 Jhd.; 30; Ruhr/West N5
Doppel-Hochbehälter; 1920; 94; Ruhr/Ost O4
Doppelwasserturm; Rank; Gebrüder: 1916; 95; Ruhr/West S9
Dortmunder Actien-Brauerei; Dietrich & Schulze, Karl: 1911 Sudhaus; 97; Ruhr/Ost N6
Druckgasbehälter; 1955; LIT Fischer, Jürgen/Planwerk/Brdenk, Peter: 1999 Lichtkunst-Installation; Polonyi, Stefan; Dr.: 1999 Tragwerksplanung; 21; Ruhr/Nord S10
Emscher Pumpenhaus Huckarde; 1926; 111; Ruhr/Ost N4
Fabrik Wippermann; Post, C: 1903; 125; Ruhr/Süd R16
Fertigungstechnik Quante; Gatermann, Dörte/Schossig, Elmar: 1993; 53; Ruhr/Süd O3
Feuerwehrgeräte- und Mannschaftshaus; Obersteh-Berghaus, Günther: 1929; 126; Ruhr/Süd R12
Firma Underberg; Giese, Ernst: 1846; 35; Ruhr/West I8
Forschungs- und Entwicklungszentrums (FEZ), Neubau; Stachowiak und Deterding: 1996; 54; Ruhr/Süd L10
Gasometer; 1900; 149; Ruhr/West H13
Gasometer; GHH - Gute Hoffnungshütte: 1929; Steiner, Jürg: 1994 Umbau zur Ausstellungshalle; Kubisch, Christina; Künstlerin: 1994 Kunst am Bau; 150; Ruhr/West L15
Gasometer; Günther, Frank: 1927; 151; Ruhr/Nord Q13
Gemeinschaftswasserwerk Volmarstein, Seilhängebrücke; 1893; 39; Ruhr/Süd P11
GHH-Archiv; ehem. St.-Antony-Hütte; 1758; 58; Ruhr/West K15
Gutehoffnungshütte, Zentrallager und Verwaltung 3; Behrens, Peter: 1925; 172; Ruhr/West L15
Harkort'sche Fabrik; 1830 ca.; 64; Ruhr/Süd R12
Heizkraftwerk; Koschany, Günter/Mebes, Friedrich: 1978; 93; Ruhr/Süd F6

Heizkraftwerk Walsum; STEAG/Bauabteilung Essen: 1988; 94; Ruhr/West J12
Henrichshütte; 1854; 54; Ruhr/Süd N4
Herta KG, Verwaltungsbau; Ruhnau, Werner: 1967 - 1971; 96; Ruhr/Nord M10
Hochofenwerk Phoenix West; 1855; 1960 Erweiterung um Gasometer; 56; Ruhr/Ost
Hoesch-Gasometer; 1871; 2002 Denkmalschutz; 57; Ruhr/Ost Q7
Hüls AG, chemische Werke; Hüls AG: 1940; 26; Ruhr/Nord F8
Industriehalle mit Büros; Reichardt, Jürgen: 1999; 96; Ruhr/Süd C6
Institut für Umwelt- und Zukunftsforschung; Stadt Bochum; Planungsamt, städt./Schwarze, K.H.: 1967; 103; Ruhr/Süd F13
Institut zur Erforschung der Kanalisationstechnik; LEG NRW/Freudenthal/Bisewski 1994; 101; Ruhr/Nord R11
Jahrhunderthalle, ursprünglicher Bau; Schumacher, Heinrich: 1902; 217; Ruhr/Süd I
Kamin-Aggregat, Stadtwerke Duisburg AG; Lewenton, Georg: 1967; 106; Ruhr/West
Kläranlage Bottrop; 1996; 111; Ruhr/Nord R6
Kläranlage Dortmund-Deusen; 1994; 112; Ruhr/Ost N5
Kläranlage Kaßlerfeld; Wernitz & Wernitz: 1954; 95; Ruhr/West Q1
Klärwerk Emschermündung, Faulbehälter ; Ed. Züblin AG: 1995; Emschergenossenschaft: 1995; 113; Ruhr/West J15
Klostermühle Pohl; 1880; 1913 Wohnhaus; 1927 Lagerhaus; 69; Ruhr/Ost D15
Koepchenwerk, Pumpspeicherkraftwerk; Koepchen, Arthur: 1939; 29; Ruhr/Süd N1
Kokerei Hansa; Dtp Landschaftsarchitekten/Davids, Peter/Terfrüchte, Friedhelm: 2006; 208; Ruhr/Ost M4
Kokerei Zollverein; Schupp, Fritz; Dr.: 1961; 96; Ruhr/Süd J10
Kornbrennerei Niedernberg und Krüner, ehem. und Villa Niederberg; Niedernberg,Caspar Heinrich/Krüner, Julius; Bauherren: 1888; Niedernberg,Caspar Heinrich; Bauherr: 1904 Villa; 1910 Erweiterung Brennerei; 70; Ruhr/Süd R10
Kraftwerk Dortmund; 19. Jhd. Ende; 71; Ruhr/Ost R17
Kraftwerk Harkort; Taut, Bruno: 1931; 254; Ruhr/Süd P11
Kraftwerk Hohenstein; Körner, Edmund: 1929; 255; Ruhr/Süd M9
Kraftwerk Kahlenberg; Pfeifer, Arthur/Großmann, Hans: 1925; 1989 Renovierung be gleichzeitiger Erneuerung der Technik; 256; Ruhr/West T5
Kriemhildmühle; 18. Jhd.; 127; Ruhr/West B3
Labor, Umbau zu einem Büro; Schamp & Schmalöer; Architektur + Städtebau: 2008, 219; Ruhr/Ost P7
Lagerhalle; Gauselmann - Richter; Architekten: 2005; 221; Ruhr/Ost J5
Landesumweltamt, Laborgebäude ; KZA; Koschany, Zimmer & Assoziierte: 2005; 22 Ruhr/Süd G5
Laufwasserkraftwerk Hengstey; 1929; 271; Ruhr/Süd O13
Loemühle; 1230; 132; Ruhr/Nord G9
Lohmann-Mühle; 1805; 133; Ruhr/West L8
Lohnheider Mühle; 1834; 134; Ruhr/West K8
Luftschacht Rote Fuhr; Franz Schlüter AG: 1928; 281; Ruhr/Ost L9
Max-Planck-Institut für Kohleforschung; Helbing, Karl; Stadtbaumeister: 1914; 293; Ruhr/West T6
Max-Planck-Institut für molekulare Physiologie; Heinrich & Wörner & Vedder: 19 134; Ruhr/Ost P4
Mechanische Werkstätten; Mewes, Emil Rudolf: 1936; 32; Ruhr/Süd C13
Monopol-Schleppdienst, Schleppamt Duisburg; 1920er; 297; Ruhr/West R1
Mühle im Schlosspark Moers; 16 Jhd.; 1981 Rekonstruktion/Restauration; 144; Ruhr/West O6
Mühlenhof Breckerfeld; Brandenburg: 1846 Brandenburg; 1996 Wiederaufbau nach Standortwechsel; 87; Ruhr/Süd S6
Mühlenturm; 1838; 145; Ruhr/West P5
Mühlenturm auf dem Rayener Berg; 18 Jhd.; 146; Ruhr/West N4
Nordhafen Walsum; 1936; 35; Ruhr/West J12
Ökologiestation „Schulze-Heil"; Archplan/Gryczan-Wiese, Willi/Leuters, Bernd: 19 146; Ruhr/Ost G8
Oxygenstahlwerk Bruckhausen, Thyssen AG; Schupp, Fritz; Dr./Winkhaus, Fritz/Patschul, Günter: 1969; 136; Ruhr/West L11
Paketlager und Verteilgebäude; HPP/Hentrich Petschnigg & Partner: 1986; 137; Ruhr/Nord O15
Papierlager, Verwaltungsgebäude, Werkswohnungen; Kölsch, Hans Ulrich/Kölsch, Ursula: 1969; 138; Ruhr/Süd J3
Plangemühle; Küppers, Johann; Bauherr: 1874; 1951 neues Gebäude mit modernem Mahlsystem; 93; Ruhr/West O10
Polytec Thelen; Archifactory.de: 2008; 271; Ruhr/Süd D16
Privatbrennerei Sonnenschein; 1800 ca.; 158; Ruhr/Süd M7
Pumpwerk Alte Emscher; Fischer-Essen, Alfred: 1914; 333; Ruhr/West M10

Pumpwerk Evinger Bach; 1953; 135; Ruhr/Ost N6
Pumpwerk Gelsenkirchen-Horst im Nordsternpark; 1958; LIT Fischer, Jürgen/Planwerk/Brdenk, Peter: 1997 Anlässlich der Bundesgartenschau mit blauem Glas verkleidet; 136; Ruhr/Nord Q7
Pumpwerk Nettebach; 1951; 137; Ruhr/Ost M3
Pumpwerk Schmidthorst; Fischer-Essen, Alfred: 1929; 334; Ruhr/West L12
Pumpwerk Schwelgern; Fischer-Essen, Alfred: 1927; 335; Ruhr/West K11
Pumpwerk Westhofen; 1922; 336; Ruhr/Ost T8
Raffelberg; Wasserkraftwerk; Pfeifer, Arthur/Großmann, Hans: 1925; 337; Ruhr/West O14
RWSG-Speicher, zukünftiges NRW-Staatsarchiv; 1934; Ortner & Ortner Baukunst: 2010 NRW Staatsarchiv, geplant; 39; Ruhr/West R1
Salzbergwerk Borth; 1924, ab; 368; Ruhr/West E6
Schacht 1, Zeche Lohberg 1/2; 1912; 369; Ruhr/West G14
Schacht 2, Zeche Lohberg 1/2; Schupp, Fritz; Dr.: 1957; 150; Ruhr/West G14
Schachtanlage, An der Haard 1; Henn + Henn, München: 1977 - 1983; 171; Ruhr/Nord E13
Schleuse; 1829; 1995 Sanierung; 170; Ruhr/Süd F11
Schleusengruppe Dorsten; 1931; 1970 weitere Schleuse; 374; Ruhr/Nord G4
Schleusengruppe Friedrichsfeld; 1930; 1964 weitere Schleuse; 375; Ruhr/West D9
Schlossmühle Buddenberg, Sanierung; Marek & Schreiter Architekten: 2007 Sanierung; 295; Ruhr/Ost H3
Schmiede, ehem.; 18. Jhd.; 214; Ruhr/West N5
Schornsteinbehälter Bahnbetriebsgelände Dahlhausen; 1900; 377; Ruhr/Süd F10
Spedition Lehnkering, ehem; Gebrüder Ludwigs: 1912; 393; Ruhr/Süd Q13
Stahlhandel Thyssen-Schulte; Wahl und Rödel: 1925; 431; Ruhr/Süd B6
Stahltrichter, Hochleistungstrichterstoffänger (Industriedenkmal); 1925; 432; Ruhr/Ost Q17
Stahlwerk Ruhrort, Thyssen AG; Schupp, Fritz; Dr.: 1959; 181; Ruhr/West N11
Stellwerkhäuschen ehem.Talbahn; 19. Jhd.; 123; Ruhr/Süd R12
Straßenbahndepot; Franke, Josef: 1925 um; 437; Ruhr/Nord B17
Technologiezentrum; Kurtz, Wolf/Saitner, Werner: 1985; 217; Ruhr/Ost P4
Technologiezentrum 3; Kleihues, Josef Paul/Schulze, Gustav: 1991; 194; Ruhr/Ost P4
Textilfabrik Elbers; 1860; 1906 Erweiterung; 1910 Erweiterung; 125; Ruhr/Süd Q14
Thermo-Insel; Thyssen bauen und wohnen: 1991; 198; Ruhr/West N13
Toms Hof; 266; Ruhr/West O3
Tüshaus-Mühle; 1615; 1982 Restaurierung; 267; Ruhr/Nord D3
Umnutzung des Maschinenhauses zum Museum und Transportzentrum; Böll, Heinrich/Krabel, Hans/Lottermoser, D: 2000 Umbau; 351; Ruhr/Nord O12
Umspannwerk, ehem. „Schützenhof"; Günther, Kurt: 1928; 453; Ruhr/Süd R12
Umspannwerk Recklinghausen; Lill, Carl: 1928; 1994 Umbau und Sanierung zum Museum; 454; Ruhr/Nord O13
Varta-Betriebe „Die Akku"; Winckler, A.: 1913; 457; Ruhr/Süd Q13
Verbund-Wasserwerk Witten; 1880; 129; Ruhr/Süd M9
Verteilerstation; Wagner, Wolfgang; Hochbauabteilung DEW/DSW Dortmund: 1996; 204; Ruhr/Ost R8
Wacholderbrennerei Claus; 1715; 1890 Wiederaufbau nach Brand; 273; Ruhr/West J12
Wagenhalle der Hagener Straßenbahn AG, ehem.; Schluckebier und Langensiepen: 1928; Brettschneider, Hartwig: 1990er Restaurierung; 491; Ruhr/Süd P13
Walzwerkhalle; Rheinzink GmbH: 1969; 243; Ruhr/Nord I15
Waschkaue, Erweiterung; Bücker & Gussek: 2002; 366; Ruhr/Ost J9
Wasser- und Aussichtsturm; Fischer, A.; Regierungsbaurat: 1913; 495; Ruhr/Nord P16
Wasserhochbehälter; Flachglas AG; Zentralabteilung Technik: 1972; 244; Ruhr/Nord O4
Wasserhochbehälter; 1903; 1959 Stillegung; 1983 Komplettsanierung; 496; Ruhr/Süd E13
Wasserhochbehälter an der Jahrhunderthalle; Bochumer Verein; Bauabteilung: 1903; 497; Ruhr/Süd C13
Wassermühle; 1300; 278; Ruhr/Nord A12
Wasserturm; Klönne, Fa.: 1908; 499; Ruhr/West Q9
Wasserturm; Körner, Edmund: 1925; 500; Ruhr/Süd D8
Wasserturm Bommerholz; Simons; Wasserwerksbau: 1910; Stadtwerke Witten; Bauabteilung: 1978 Umbau; 501; Ruhr/Süd N9
Wasserturm der GHH; Intze, Otto: 1897; 145; Ruhr/West L15
Wasserturm Dortmund Südbahnhof; Lehmann, H./Venner, M.: 1927; schröder schulte-ladbeck architekten: 2000 Umbau zum Bürohaus; 502; Ruhr/Ost S17
Wasserturm Essen; Intze, Otto: 1884; 146; Ruhr/Süd I14
Wasserturm Hochfeld; 1917; Akkurt, Mevlüt/Akkurt, Mustafa: 2007 Umbau; 503; Ruhr/West Q12

Wasserturm Hohenlimburg; 1885; 147; Ruhr/Süd Q17
Wasserturm Lanstroper Ei; August Klönne; Fa.: 1905; 504; Ruhr/Ost L9
Wasserturm Loh; Barmer Wasserwerk; Bauabteilung: 1900; 505; Ruhr/Süd Q10
Wasserturm „Speldorf"; 1904; 1992 Umbau zum Restaurant und „Camera Obskura"; 506; Ruhr/West S5
Wasserturm Styrum; 1892; Schneider, Markus/Hofstadt, Hans: 1992 Umbau zum Museum; 148; Ruhr/West O15
Wasserturm, Umbau; Frodermann, Eckhard: 2000; 367; Ruhr/Nord G3
Wasserturm Wesel; Intze, Otto: 1886; 1945 Zerstörung durch Brand; 149; Ruhr/West C9
Wassertürme am Hellweg; 1907; 1915 zweiter Wasserturm; 1948 Wiederaufbau nach Zerstörung beider Türme; 507; Ruhr/Ost F15
Wassertürme West 1 und West 2; Vereinigte Kesselwerke AG: 1909 + 1939; Aicher, Otl; Künstler: Farbgestaltung; 508; Ruhr/Nord L12
Wasserwerk Haltern; Bauabteilung, Gelsenwasser: 1907; 509; Ruhr/Nord C11
Wasserwerk Hengstey; 1887; 150; Ruhr/Süd O13
Wasserwerk Wolfsbachtal; 1901; 510; Ruhr/Süd I5
Werkstatt für geistig Behinderte; Lindner Lohse; Architekten: 2001; 370; Ruhr/Ost M6
Wertstoffannahmestelle; planungsgruppe dortmund/Schröder - Schulte-Ladbeck - Strothmann: 1995; 211; Ruhr/Ost P9
Westfalenhütte; Steinbach, Hugo/Lutter, Paul: 1914; 1938 Umbau; 1950er Umgestaltung; 517; Ruhr/Ost N7
Wetterkamin Buchholz; Zeche Geschwind: 1856; 153; Ruhr/Süd O6
Wilo SE, Eingangsbereich; Gerber, Eckhard & Partner: 2008; 375; Ruhr/Ost Q7
Wilo SE, Elektronikfertigungshalle; Gerber, Eckhard & Partner: 2001; 376; Ruhr/Ost Q
Windmühle; Brahm/Baumeister: 1822; 1953 Wiederaufbau; 288; Ruhr/West H14
Windmühle Marl; 1850; 154; Ruhr/Nord H8
Windpumpe, ehem.; Pumpwerk der Solequelle Friedrichsborn, ehem.; 1750; 289; Ruhr/Ost M13
Wissenschaftspark; Kiessler + Partner: 1995; 215; Ruhr/Nord S10
Zahnmedizinisch-biowissenschaftliches Forschungs- und Entwicklungszentrum; Heinle, Wischer und Partner: 2008; 413; Ruhr/Süd L10
ZBT Zentrum für Brennstoffzellentechnologie; Labor- und Bürogebäude; Drahtler, Ulrich/Architekt: 2003; 414; Ruhr/West S4
Zeche Adolf von Hansemann; Schulze, Dietrich: 1899; 159; Ruhr/Ost L3
Zeche Alte Haase; 1880er; 160; Ruhr/Süd P6
Zeche Auguste Victoria, Schacht 4/5; 1928; 1930 Fördergerüst; Bürgerinitiative: 2005 Umbau zum Museum; 556; Ruhr/Nord G8
Zeche Auguste Victoria 1/2, Materiallagerhalle; Zeche Auguste Victoria/Gute Hoffnungs Hütte; Bauabteilung: 1910; 557; Ruhr/Nord G9
Zeche Auguste Victoria 3/7, Rohkohlenmischhalle; Bauabteilung, Gewerkschaft Auguste Viktoria: 1980; 261; Ruhr/Nord E8
Zeche Auguste Victoria 8, Schachtgerüst; Zeche Auguste Victoria/Gute Hoffnungs Hütte; Bauabteilung: 1982; 262; Ruhr/Nord D8
Zeche Bonifacius; Bongard/Zechenbaumeister: 1905; 1974 Stilllegung; 558; Ruhr/Süd D9
Zeche Bonifatius; Schupp, Fritz; Dr./Kremmer, Martin: 1940; 54; Ruhr/Süd D9
Zeche Brockhauser Tiefbau, ehem.; Malakowturm; 1874; 161; Ruhr/Süd F13
Zeche Carl Funke, Fördermaschinenhaus; 1880; 1973 Stilllegung; 163; Ruhr/Süd G8
Zeche Consolidation 3/4/9, Doppelstrebengerüst; 1922; 1871 Anfänge der Zeche; 1997 Stilllegung; 560; Ruhr/Nord Q10
Zeche Erin 3, Hammerkopfturm ; 1921; Stadt Castrop Rauxel; Bauabteilung: 1993 Sanierung; 561; Ruhr/Nord P18
Zeche Erin 7; Gelsenkirchener Bergwerks-AG: 1950er; 222; Ruhr/Nord P17
Zeche Ewald Fortsetzung 1; Schupp, Fritz; Dr.: 1959; 223; Ruhr/Nord H14
Zeche Ewald Fortsetzung 1, Förderturm; Schupp, Fritz; Dr.: 1959; Halfmann,Martin/Köster, Peter: 2002 Umgestaltung; 224; Ruhr/Nord H14
Zeche Ewald I, Malakowturm ; Zeche Ewald; Bauabteilung: 1872; 168; Ruhr/Nord O1
Zeche Ewald XII, Doppelbockgerüst; Walter + Firma Klönne: 1952; 225; Ruhr/Nord O
Zeche Ewald 1/2/7, ehem.; 1872; 169; Ruhr/Nord O11
Zeche Friedlicher Nachbar; 1868 ab; 170; Ruhr/Süd F12
Zeche Friedrich Thyssen, Schacht 6; 1908; 564; Ruhr/West L12
Zeche Fürst Hardenberg Schacht 1, Malakowturm; 1874; 171; Ruhr/Ost M5
Zeche Fürst Leopold; 1916; 565; Ruhr/Nord F4
Zeche Fürst Leopold, Lohnhalle; Bauabteilung, Zeche Fürst Leopold: 1916; 566; Ruhr/Nord F4
Zeche Fürst Leopold, Maschinenhaus; Bauabteilung, Zeche Fürst Leopold: 1912; 567; Ruhr/Nord F4
Zeche Gneisenau; Harpener Bergbau; AG: 1886; 172; Ruhr/Ost L8

Zeche Gneissenau Schacht 4, Doppelbockfördergerüst; Dortmunder Union Brückenbau: 1939; 55; Ruhr/Ost L8
Zeche Hannover I; 1857; 173; Ruhr/Süd B12
Zeche Hasenwinkel; Maschinenhalle, ehem.; Restaurierung; architektur anders: 1999; 237; Ruhr/Süd F12
Zeche Holland, Gewerbe- und Wohnpark; 2002; 417; Ruhr/Süd C10
Zeche Holland 1/2; 1856; Schupp, Fritz; Dr./Kremmer, Martin: 1925 Erweiterung; 174; Ruhr/Nord S11
Zeche Holland 3/4/6, Eingang und Verwaltungsgebäude, Lohnhalle; Schupp, Fritz; Dr./Kremmer, Martin: 1921; 569; Ruhr/Süd C10
Zeche Hugo; Hugo; Gewerkschaft: 1873; Schupp, Fritz; Dr.: 1955 Erweiterung; 175; Ruhr/Nord O7
Zeche Julius Philipp, Medizinmuseum im Malakowturm; 1878; 176; Ruhr/Süd E14
Zeche Königin Elisabeth, Schacht Emil; 1910; 570; Ruhr/Süd D7
Zeche Königsborn 2/5, Pförtnerhaus ; 1910; 571; Ruhr/Ost J11
Zeche Matthias Stinnes 3/4; Blum: 1905; 572; Ruhr/Nord P6
Zeche Minister Achenbach, Schacht 4, LÜNTEC-Tower; Colani, Luigi; Designer: 1995; 1897 Errichtung der Zechenanlage; 238; Ruhr/Ost I2
Zeche Monopol, Schacht Grillo; Grillo; Gewerkschaft: 20. Jhd. Erste Hälfte; 574; Ruhr/Ost J9
Zeche Nachtigall; 1832; Dünkelberg; Ziegelei: 1892 Erweiterung durch 2 Ringöfen; 294; Ruhr/Süd M8
Zeche Niederberg, Fördergerüst 1; 1923; 575; Ruhr/West O4
Zeche Niederberg, Fördergerüst 2; 1921; 576; Ruhr/West O4
Zeche Niederberg, Schacht 1/2; 1917 - 1938; 577; Ruhr/West O4
Zeche Osterfeld; Kaue, Verwaltung; 1913; 1950 Fördergerüst; Planergruppe Oberhausen: 1999 Nutzung für Bundesgartenschau (OLGA); 578; Ruhr/West L16
Zeche Osterfeld, Schacht 4; Turm; GHH - Gute Hoffnungshütte/Schwingen, Toni: 1924; 579; Ruhr/West K15
Zeche Pattberg, Maschinenhalle; Zeche Pattberg; Bauabteilung: 1932; 1993 Stilllegung; 581; Ruhr/West L6
Zeche Prosper 2, Malakowturm; 1875; Denkmalpflege Bottrop; Stiftung: 2001 Umbau; 177; Ruhr/Nord R5
Zeche Radbod; 1906; 582; Ruhr/Ost D13
Zeche Recklinghausen I; 1901; 1931 Stilllegung; 583; Ruhr/Nord O13
Zeche Recklinghausen II; 1901; 2002 Umnutzung als Stadtteilpark; 584; Ruhr/Nord O12
Zeche Rheinpreußen Schacht 1/2; 1876; 179; Ruhr/West O10
Zeche Rheinpreußen 4; Zeche Rheinpreußen; Bauabteilung: 1905; 1962 Stilllegung; Eicken, Heinz Helmut: 1990 Umnutzung Kulturzentrum; 585; Ruhr/West N8
Zeche Rheinpreußen 5/9, Eurotec Technologiepark; 1884, ab; Buß und Klein und Partner: 1992 Umnutzung; 180; Ruhr/West M7
Zeche Robert Müser, Schacht Arnold; Dörnen: 1928 Förderturm; 586; Ruhr/Süd C16
Zeche Schlägel + Eisen 3/4/7; Schupp, Fritz; Dr./Kremmer, Martin: 1937; 57; Ruhr/Nord M10
Zeche Schlägel & Eisen 5/6; Hibernia; Bergwerksgesellschaft: 1899; Hibernia; Bergwerksgesellschaft: 1901 Erweiterung; 182; Ruhr/Nord L11
Zeche Sterkrade; 1897, ab; 183; Ruhr/West K14
Zeche Teutoburgia; Teutoburgia Bochumer Verein, Gewerkschaft: 1909; 588; Ruhr/Nord P16
Zeche Unser Fritz 1/4; Grillo, Friedrich/von Born, Ludwig/Hagedorn, Wilhelm; Bauherren: 1871; 184; Ruhr/Nord P11
Zeche Vereinigte Carolinenglück, Fördergerüst Schacht 3; 1912; 589; Ruhr/Süd B12
Zeche Waltrop, Tagesbauten; Sandt, van de, Jäckel: 1910; 591; Ruhr/Ost B6
Zeche Westhausen; GEBAG; Bauherr: 1873; Knobbe, Paul: 1906 Erweiterung; 185; Ruhr/Ost M3
Zeche Wohlverwahrt; 1910; 592; Ruhr/Süd F10
Zeche Zollern 2/4; Knobbe, Paul: 1904; Möhring, Bruno: 1906 Maschinenhaus; 593; Ruhr/Ost O1
Zeche Zollern 2/4, Maschinenhalle; Möhring, Bruno: 1903; 594; Ruhr/Ost O1
Zeche Zollverein, Doppelbockgerüst; Schupp, Fritz; Dr./Kremmer, Martin: 1931; 595; Ruhr/Süd J11
Zeche Zollverein, Schacht I, einfaches Bockgerüst; Schupp, Fritz; Dr.: 1958; Fuller, vermutet: 1851 erster Förderturm, abgerissen; 227; Ruhr/Süd J11
Zeche Zollverein, Schacht II, Fördertum (ehem. Zeche Friedlicher Nachbar); Schupp, Fritz; Dr./Kremmer, Martin: 1964; Fuller, vermutet: 1852 erster Förderturm, abgerissen; 228; Ruhr/Süd J11
Zeche Zollverein Schacht 12; Schupp, Fritz; Dr./Kremmer, Martin: 1932; Böll, Heinrich/Krabel, Hans: 1998 Sanierung; 596; Ruhr/Süd J11

Zeche Zollverein Schacht 1/2/8; Fuller und Stolze: 1847; Schupp, Fritz; Dr.: 1961 Umbau Erneuerung der Fördertürme; Mäckler, Christoph: 2002 Umbau zum Tanztheater; 186; Ruhr/Süd J11
Zeche Zweckel, Machinenhalle; Bellmann; Bauabteilung: 1910; 598; Ruhr/Nord M5
Ziegelei Siegeroth, Zick-Zack-Ofen; 1930; 1995 Einstellung; 1996 nach Brand museal erhalten; 602; Ruhr/Ost H6

Sakralbauten, Gemeindehäuser, religiöse Gedenkstätten/*Religious Buildings, Community Centres, Religious Memorials*

Abtei Werden; 18. Jhd.; 1; Ruhr/Süd H6
Aeterno, christliches Trauerhaus; Rainer Steinke; Architekturbüro: 2008; 2; Ruhr/Nord G7
Allbauhaus; Knoblauch, Ernst: 1928; 4; Ruhr/Süd H13
Alte Synagoge; Körner, Edmund: 1913; Derix, Hein; Künstler: 1988 Kunst am Bau; 7; Ruhr/Süd I13
Antoniuskirche, kath.; Fischer-Essen, Alfred: 1925; 19; Ruhr/Nord M18
Aplerbeck; Pfarrkirche, evang.; 13. Jhd.; 13; Ruhr/Ost P9
Auferstehungskirche; Boniver, Denis: 1961; 5; Ruhr/Nord G8
Auferstehungskirche, evang.; Bartning, Otto: 1930; 1955 Wiederaufbau; Prikker, Jan Thorn; Künstler: 1930 Kunst am Bau; 23; Ruhr/Süd I14
Auferstehungskirche (Neustadtkirche); Fritsche, Arno Eugen: 1911; 24; Ruhr/Nord C1
Bausenhagen; Kirche, evang.; 12. Jhd.; 15; Ruhr/Ost O18
Blankenstein; Kirche, evang.; 1775; 18; Ruhr/Süd N5
Bodelschwingh; Pfarrkirche, evang.; 14. Jhd.; Hoffmann-Schulte, Hilde; Künstlerin: 1977 Kunst am Bau; 20; Ruhr/Ost M2
Bommern; Kirche, evang.; 1893; 18; Ruhr/Süd N9
Brackel; Pfarrkirche, evang.; 13. Jhd.; 23; Ruhr/Ost N9
Brechten; Pfarrkirche, evang.; 13. Jhd.; 26; Ruhr/Ost J3
Buschey Friedhof; Andachtshalle; Steinborn, Simone: 2003; Halm, Peter: 2003 Realisation; 55; Ruhr/Süd Q14
Carolinenhof (heute: Clubhaus); Breuhaus, Fritz August: 1924; 69; Ruhr/Süd B14
Christ König; Pfarrkirche, kath.; Wiehl, Peter: 1927; 71; Ruhr/Süd P14
Christ-König-Kirche, kath.; Schneider, Franz: 1932; 73; Ruhr/Süd J17
Christus König; Gemeindezentrum, kath.; Burghartz, E. A./Fuss, Günter: 1977; 30; Ruhr/Süd G5
Christus König; Pfarrkirche, kath. mit Pfarrhaus; Franke, Josef: 1928; Balke, Klaus; Künstler: 1996 Kunst am Bau; 74; Ruhr/Nord N5
Christuskirche, evang.; Oesterlen, Dieter: 1959 Erweiterung; Hartel + Quester: 1879 neugotische Basilika, Turm erhalten; 17; Ruhr/Süd I16
Christuskirche, evang.; Siebold, Karl H. F.: 1910; Thol, Paul; Künstler: 1955 Kunst am Bau; 76; Ruhr/Süd A16
Christuskirche, evang.; Fritsche, Arno Eugen: 1911; 75; Ruhr/Nord A13
Christuskirche, evang.; Bovensiepen; Baumeister: 1893; Graeff-Hirsch, Ursula; Künstlerin: 1962 Kunst am Bau; 28; Ruhr/Süd H9
Christuskirche, evang.; 1849; Bürgerinitiative: 1968 Wiederaufbau; Kirchdächer; 27; Ruhr/Süd R1
Christus-König-Kirche; Franke, Josef: 1929; 77; Ruhr/Nord H13
Cunosiedlung; Wiehl/Balser/Woltmann/Wachenfeld/Günther und Büchsenschütz/Figge, E; Stadtbaurat: 1928; 84; Ruhr/Süd Q13
Dellwig; Kirche, evang.; 13. Jhd.; 41; Ruhr/Ost Q14
Dionysiuskapelle; 1723; 43; Ruhr/West T10
Diyanet-Moschee; Lorber + Paul: 2008; 69; Ruhr/West N8
Dorfkirche, evang.; 17 Jhd.; 1848 grundlegende Erneuerungen; 44; Ruhr/West N5
Eichlinghofen; Pfarrkirche, evang.; 13. Jhd.; 1899 Erweiterung; 46; Ruhr/Ost Q4
Ende; Dorfkirche, evang.; 1759; 47; Ruhr/Süd N12
Epiphaniaskirche, evang.-luth.; Tiefenbach, W.: 1930; 115; Ruhr/Süd B12
Erich-Brühmann-Haus; Gemeindezentrum, evang.; Gehse, Karl-Friedrich: 1979; 46; Ruhr/Süd C17
Erlöserkirche; Ufer, Wilhelm: 1959; Köpke, Ernst Otto; Künstler: 1958 Kunst am Bau; 31; Ruhr/West G13
Erlöserkirche; Schwechten, Franz: 1909; Reihardt, E. A.: 1952 Wiederaufbau; Kükelhau Hugo; Künstler: 1957 Kunst am Bau; 117; Ruhr/Süd J13
Erlöserkirche Annen, evang.; Ellinghaus, Friedrich/Baumeister: 1874; Mannewitz, Frit Künstler/Meienbrock, Hanns; Künstler: 1954 Kunst am Bau; 33; Ruhr/Süd L10

Erlöserkirche, evang.; Esch, Rudolf: 1960; 32; Ruhr/West Q10
Erlöserkirche; Kirchengemeinde, evang.; Bartning, Otto/Dörzbach, Otto: 1957; 33; Ruhr/Nord G7
Essener Dom; Äbtissin Mathilde II; Bauherrin: 1001; Kesseler, Thomas; Bildhauer: 2004 Einrichtung der Nikolaus Großkapelle; Hillebrand, Elmar; Künstler: 1958 Errichtung des Hauptaltars; 49; Ruhr/Süd I13
Ev. Kirche Hattingen, Umgestaltung des Innenraumes; soan - architekten: 2002; 117; Ruhr/Süd N3
Ev. Pfarrkirche Elsey/Stift; Fischer, Gustav Adolf/Barmer: 13 Jhd.; Fischer, Gustav Adolf: 1882 Erweiterung; 50; Ruhr/Süd Q17
Friedenskirche; Boniver, Denis: 1959; 48; Ruhr/Nord A16
Friedenskirche, altkath.; Erbe, Albert; Dr.: 1916; Prikker, Jan Thorn; Künstler: 1916 Innenraum Mosaik; Planwerk/Brdenk, Peter: 2006 Restauration Innenraum; 140; Ruhr/Süd I13
Friedenskirche, evang.; Arns, Walter/Buderus, Louis jun./Rupprecht, A.: 1969; 56; Ruhr/Süd J15
Friedhof Delstern, Krematorium; Behrens, Peter: 1907; 142; Ruhr/Süd R15
Friedhof Langendreer, Kapelle; Kremer, Kurt Peter: 1961; Geitel, Ignatius; Künstler: 1958 Kunst am Bau; 49; Ruhr/Süd D17
Friedhof Uemmingen; Kapelle evang.; Kremer, Kurt Peter: 1969; 57; Ruhr/Süd D16
Frömern; Kirche, evang.; 12. Jhd.; Hartmann, A./Bauinspektor: 1876 Neubau des Kirchenschiffs; 53; Ruhr/Ost O16
Fürstin-Franziska-Christine-Stiftung; Judas, Joseph: 1769; Gesing, Jupp; Künstler: 1983 Kunst am Bau; 55; Ruhr/Süd E8
Gemeindegasthaus; Witt: 1914; 153; Ruhr/Nord H13
Gemeindehaus Altenhof, Umbau; Ahlbrecht - Felix - Schröer; Architekten-ARGE: 2005; 144; Ruhr/West S6
Gemeindehaus, evang.; Anstalt Bethel; Baubüro: 1905; 154; Ruhr/West P2
Gemeindehaus, evang.-freik.; Zamel, Krug; Architekten: 2000; 145; Ruhr/Süd P10
Gemeindehaus, evang.-luth.; Schmidt/Schmersahl & Partner: 2005; 146; Ruhr/Süd O11
Gemeindehaus Hofstede; Schmiedeknecht, Heinrich: 1929; 155; Ruhr/Süd B13
Gemeindehaus mit Kirchsaal; Heinze, Jutta: 2006; 147; Ruhr/West T3
Gemeindehaus St. Gertrudis; von Lom, Walter & Partner: 1879; 38; Ruhr/Süd C10
Gemeindezentrum, evang.; Kallmeyer, Lothar: 1971; 59; Ruhr/West R3
Gemeindezentrum, evang.; Korhonen, Toivo: 1972; 60; Ruhr/Nord C6
Gemeindezentrum, evang.; Possinke, Lothar G./Quarg, Werner P. A.: 1981; 61; Ruhr/Süd E9
Gemeindezentrum, kath.; Lackner, Josef: 1973; 62; Ruhr/Nord C6
Gemeinschaftshaus Dorsten-Wulfen; Patschan/Werner/Winking/Poetter: 1983; 64; Ruhr/Nord C5
Glockenturm; Blanck, Gunvar: 2007; 151; Ruhr/West S15
Glockenturm; bhp/Brüchner-Hüttemann-Pasch; Architekten + Ingenieure: 2003; 152; Ruhr/Ost R10
Götterswickerhamm; Kirche, evang.; 12. Jhd.; 59; Ruhr/West G10
Grünstraße; Kirche, evang.; von Syberg, Genoveva Maria: 1704; 1859 Neubau; 1863 Neues Pfarrhaus; 60; Ruhr/West F11
Hauptfriedhof, Eingangshalle; Suhnel, Theodor: 1928; 178; Ruhr/West P17
Hauptfriedhof, Kapelle; Stadt Herne; Stadtbauamt: 1909; 179; Ruhr/Nord Q15
Hauptfriedhof, Trauerhalle und Krematorium; Allinger, Gustav: 1926; 180; Ruhr/Ost O8
Haus der Siedler, Erweiterung; Büro für Architektur und Form: 2004; 168; Ruhr/Ost T18
Haus Hagen; Hagen + Stadler; Architekten: 1999; 89; Ruhr/Nord H8
Haus Königsberg, ehem.; 1871; 47; Ruhr/West S3
Haus Voerde; 12. Jhd.; 95; Ruhr/West F11
Haus Wischlingen, Kapelle ; 1783; 1974 Restauriert; 103; Ruhr/Ost O4
Heilig Geist; Kirche, kath.; Böhm, Gottfried: 1957; 78; Ruhr/Süd I11
Heilig Geist; Kirche, kath.; Buchmann, Heinz: 1960; Klos, Joachim; Künstler: 1963 Kunst am Bau; 79; Ruhr/West H14
Heilig Geist; Kirche, kath.; Steffann, Emil/Hülsmann, Gisbert: 1967; Bienen, Hildegard; Künstlerin: 1981 Kunst am Bau; 89; Ruhr/West P17
Heilige Dreifaltigkeit, Gemeindezentrum; Chamier von, Wolfgang: 1978; 90; Ruhr/Süd E10
Heilige Familie; Kirche, kath.; Vieth, Kurt Hubert/Grosseck, Friedrich: 1958; de Graaff, Wilhelm; Künstler: 1959 Kunst am Bau; Bette, Nikolaus; Künstler: 1974 Kunst am Bau; 80; Ruhr/Süd E13
Heilig-Geist-Kirche, kath.; Böhm, Dominikus: 1955; 81; Ruhr/Süd Q15
Heilig-Kreuz-Kirche; Infra Umweltplanung: 1998; Pauli, Anna; Künstlerin: 2000 Kunst am Bau; 93; Ruhr/Ost N3

Heilig-Kreuz-Kirche; Franke, Josef: 1929; Kadow, Gerhard; Künstler: 1966 Kunst am Bau; 200; Ruhr/Nord S10
Heilig-Kreuz-Kirche; Müller-Jena, Otto: 1914; 199; Ruhr/Nord O6
Heilig-Kreuz-Kirche, kath.; Schwarz, Rudolf: 1955; 82; Ruhr/Nord Q4
Herz Jesu; Kirche, kath.; von Fisenne, Lambert: 1900; 1913 Nordturm; 203; Ruhr/Süd G10
Herz Jesu; Pfarrkirche, kath.; Kleffner, Eberhard Michael: 1959; Kaiser, Hans; Künstler: 1965 Kunst am Bau; 83; Ruhr/Nord G9
Herz Mariä; Kirche, kath.; 1968; 97; Ruhr/Ost J6
Herz-Jesu-Kirche; Böhm, Dominikus: 1942; 21; Ruhr/Nord D3
Herz-Jesu-Kirche; Franke, Josef: 1910; 204; Ruhr/Süd C16
Herz-Jesu-Kirche, kath.; Franke, Josef: 1929; 205; Ruhr/Nord R4
Hl.-Kreuz-Kirche mit Pfarrbüro; Ludes, Manfred: 1968; Gesing, Jupp; Künstler: 1965 Kunst am Bau; 98; Ruhr/Nord O13
Hohenlimburg; Pfarrkirche, evang.-reform. ; 1751; Kohlhage, Ernst Ulrich/Pickenhan, Gerd: 1987 Gemeindehaus; 107; Ruhr/Süd Q17
Hustadt; Gemeindezentrum, evang.; Kremer, Kurt Peter: 1974; 99; Ruhr/Süd D15
Jakobuskirche, evang.; 1842; 60; Ruhr/West P2
Johanneskirche; Scharoun, Hans: 1967; Bockemühl, Gundolf: 1967; Bruckhoff, Detlev/Gehrke, Andreas: 2014 denkmalgerechte Sanierung; 104; Ruhr/Süd J17
Johanneskirche, evang., Gemeindehaus; Figgener, Ellmar: 2006; 191; Ruhr/Nord G3
Johanniskirche; Stumpf, Heido: 1965; 88; Ruhr/West O16
Johanniskirche, evang.; Eggert, Georg: 1750; Harder und Pöpsel: 2001 Turmsanierung, 110; Ruhr/Süd Q14
Johanniskirche, evang.; 1752; 1856 Erweiterung im gleichen Stil; 111; Ruhr/Süd L9
Johanniskirche, evang.-Luth; Gemeindezentrum; Gerber, Eckhard & Partner: 2003; 192; Ruhr/Süd L9
Jüdisches Gemeindezentrum; Hecker, Zvi: 1999; 104; Ruhr/West R2
Kapelle Kleinbarop; 1829; 112; Ruhr/Ost P5
Karmel „Maria in der Not"; 12. Jhd.; Steffann, Emil/Bienefeld, Heinz: 1965 Erweiterung durch Kloster; 89; Ruhr/Süd C7
Katharinen-Kapelle; 1000; 114; Ruhr/Nord C11
Katharinenkirche Unna; Flerus und Konert: 1934; 28; Ruhr/Ost M14
Kettwig Auf der Höhe, Gemeindezentrum; Böhm, Gottfried: 1983; 109; Ruhr/Süd I4
Kirchderne; Pfarrkirche, evang.; 13. Jhd.; 115; Ruhr/Ost M7
Kirche Alstaden, evang.; vom Endt, Hermann: 1904; Vogel, H. O.: 1967 Umbau Innenraum; Lammers, Egbert; Künstler: 1950 Kunst am Bau; 236; Ruhr/West N14
Kirche am Markt, evang.; 14. Jhd.; 1661 Neubau von Langhaus und Chor; Fischer, August: 1890 Neugestaltung der Westfassade; 116; Ruhr/Süd J4
Kirche Beeck, evang.; 15. Jhd.; 117; Ruhr/West M11
Kirche Berchum; 1731; 118; Ruhr/Süd P15
Kirche Herbede, evang.; 15. Jhd.; 18. Jhd. Um- und Ausbau; 119; Ruhr/Süd N7
Kirche und Kloster der Karmelitinnen; Dietrich, Aloys: 1957; 1989 umgestaltung des Chorraums; 94; Ruhr/Süd M10
Kirche Werden, evang.; Senz, August: 1900; Sonder & Kokott; Künstler: 1948 Kunst am Bau; Derix, Hein; Künstler: 1996 Kunst am Bau; 237; Ruhr/Süd H6
Kirchenforum, ökumenisch; Eller, F./Moser, E./Walter & Partner: 1975; 113; Ruhr/Süd E15
Kirchhörde; Pfarrkirche, evang.; 12. Jhd.; 1807 Nachfolgebau; 121; Ruhr/Ost R6
Kloster Kamp; 1415; 17. Jhd. Erweiterung; 123; Ruhr/West L3
Klosterkirche/Stiftskirche; 13. Jhd. - 16 Jhd.; Langenberg, Franz: 1902 Westturm; 126, Ruhr/Ost Q16
Königsborn Christuskirche; Fritsche, Arno Eugen: 1905; Bürgerinitiative; unterschiedliche Architekten: 1981 denkmalgerechte Sanierung; 252; Ruhr/Ost M13
Krematorium Waldfriedhof; Heinze, Jutta: 2002; 216; Ruhr/West R12
Kreuzkirche; Homann, Hans: 1915; 259; Ruhr/Ost S16
Kreuzkirche, evang.; Fischer-Essen, Alfred: 1903; 260; Ruhr/Süd P12
Liebfrauen; Pfarrheim, Erweiterung; Heinrich & Wörner & Partner: 2001 Erweiterung; 1897; 229; Ruhr/Ost P11
Liebfrauen; Pfarrkirche, kath.; Hermanns, Toni: 1961; 1958 Einbau der Glasfenster vom „Vatikanpavillon" der Weltausstellung in Brüssel; 1896 Erbauung der 1. Kirche; im 2. Weltkrieg zerstört; 103; Ruhr/West S2
Liebfrauen; Pfarrkirche, kath.; Hermanns, H.: 2006 Umbau; 230; Ruhr/West K11
Liebfrauenkirche, kath.; Fischer, Gerhard August: 1866; Hertel, Hilger: 1901 Erweiterung; Hertel und Lersch: 1901; 81; Ruhr/Süd F12
Liebfrauenkirche, kath.; Pinnekamp, Carl: 1912; 1924 Erweiterung durch Turm; 277; Ruhr/Süd P12

Liebfrauenkirche, kath.; Böll, Aloys: 1915; Funke, Werner/Craemer, Ernst: 1991 Umbau; Lardeur, Gérard; Künstler: 1958 Kunst am Bau; 276; Ruhr/West L11
Lucaskirche; Marschall, Günter; Dr./Janowski, Fred: 1960; McLean, Harry; Künstler: 1964 Kunst am Bau; 104; Ruhr/Nord M8
Lutherkirche, evang.; Langmaack, Gerhard: 1962; Langmaack, Gerhard: 1998 Umbauten; 105; Ruhr/Süd Q14
Lutherkirche, evang.; Fritsche, Arno Eugen: 1911; Mannewitz, Fritz; Künstler: 1956 Kunst am Bau; 284; Ruhr/Süd I17
Lutherkirche, evang.; Marx, Ernst: 1906; 285; Ruhr/Süd O11
Lutherkirche, evang.; Hutze, Heinrich: 1912; 286; Ruhr/Süd F11
Maria Königin; Pfarrkirche, kath., Kirchturm; Meinen, Wilhelm/Röver, Wilhelm: 1961; 106; Ruhr/West N13
Marienkirche, evang.; 1154; 1800 um; 135; Ruhr/West S1
Marienkirche, evang.; 1200; 14. Jhd. erweitert; Schreiter, Johannes; Künstler: 1970 Kunst am Bau; 136; Ruhr/Ost R17
Marienkirche; Pfarrkirche, kath.; 1848; Buschulte, Wilhelm; Künstler: 1958 Kunst am Bau; 83; Ruhr/Süd L9
Marien-Wallfahrtskirche Stiepel, ehem.; Pfarrkirche, evang.; 1008; 12. Jhd. Erweiterung; 13. Jhd. Erweiterung; 137; Ruhr/Süd G14
Marktkirche; 15. Jhd.; 1952; Gerber, Eckhard & Partner: 2003; 138; Ruhr/Süd H13
Markus-Haus; Gemeindezentrum, evang.; Wieschemann, Paul G.: 1980; 124; Ruhr/Süd B15
Markuskirche, evang.; Langmaack, Gerhard: 1965; 109; Ruhr/Süd P14
Matthäuskirche, evang.; Hübotter/Lederboer/Busch: 1965; 111; Ruhr/Süd P15
Meiderich; Kirche, evang.; 1502 ca.; 141; Ruhr/West N12
Meiderich; Kirchengemeinde, evang.; 1863; 85; Ruhr/West R10
Mengede; Pfarrkirche, evang.; 13. Jhd.; 142; Ruhr/Ost L3
Michael-Kirche, evang.; Arns, Walter/Buderus, Louis jun./Rupprecht, A.: 1068; 143; Ruhr/Süd D17
Neue Synagoge; Schmitz, Peter: 2008; 247; Ruhr/Süd I16
Nicolaikirche; Pinno, Karl/Grund, Peter: 1929; Stork, Johann August; Künstler: 1929; von Stockhausen, Hans Gottfried; Künstler: 1963 Kunst am Bau; 306; Ruhr/Ost T16
Niederwenigen; Kirche, evang.; 1875; 89; Ruhr/Süd N2
Nierenhof; Kirche, evang.; Wach, Karl: 1934; 34; Ruhr/Süd P2
Notkirche, evang.; Bartning, Otto: 1947; 125; Ruhr/Süd C13
Ökumenisches Gemeindezentrum Quellberg; Krug, Manfred/van de Minde, Bernhard/Ludes, Manfred/Dreischhoff, Karl-Heinz: 1981; 135; Ruhr/Nord L14
Orsoy-Kirche, evang.; 15. Jhd.; 148; Ruhr/West J11
Paul-Gerhardt-Gemeindehaus, Erweiterung; Krug, Manfred/van de Minde, Bernhard: 1974; 139; Ruhr/Nord Q7
Paul-Gerhardt-Gemeindehaus, evang.; Düren, H./Revermann, F.: 1930; 318; Ruhr/Süd D14
Paul-Gerhardt-Kirche, evang.; Bartning, Otto: 1950; 129; Ruhr/Ost T17
Pauluskirche; Riege, Aribert: 1975; 140; Ruhr/West T6
Pauluskirche, evang.; 1687; 1950 modernisierter Wiederaufbau; Heyer, Willy; Künstler: 1950 Kunst am Bau; 150; Ruhr/Süd I16
Pauluskirche, evang.; Behrens, Heinrich: 1906; 319; Ruhr/West M14
Pauluskirche evang.; 13. Jhd.; 14. Jh. Umbau; 1741 Umbau; 151; Ruhr/Ost D15
Peterskirche Hohensyburg, evang.; 12. Jhd.; 152; Ruhr/Ost T7
Petrikirche, evang.; 15./16. Jhd.; Flügge, Julius: 1871 Umbau; Boniver, Denis: 1958 Wiederaufbau; 153; Ruhr/West S6
Petrikirche, evang.; 1353; 1523 Erweiterung; 1954 Wiederaufbau; 154; Ruhr/Ost R16
Petruskirche; Wimmenauer, Karl: 1965; 131; Ruhr/Nord P7
Pfarrhaus, evang.; 1863; 92; Ruhr/West F11
Pfarrheim, Erweiterung; Anding Architekten: 2007; 260; Ruhr/Süd M9
Pfarrkirche, evang.; 12. Jhd.; 155; Ruhr/West L9
Pfarrkirche, evang.; 1662; 156; Ruhr/West B3
Pfarrkirche, evang.; ehem. St. Jakobus; Pfarrkirche, kath.; 14. Jhd.; 157; Ruhr/Süd S7
Philipp-Nicolai-Kirche, Umbau; BATHE + REBER; Architekten: 2008; 262; Ruhr/Süd O14
Probsteikirche, kath., ehem. St.Ludger; Benediktiner-Abteikirche; 943; 1275 Erweiterung; 159; Ruhr/Süd H6
Reformierte Kirche, evang.; Otzsen, Johannes: 1893; 96; Ruhr/Süd O11
Reinoldikirche, evang.; 1280; Roseer; Baumeister: 1450 Erweiterung; Degener, J.: 1701 Erweiterung; 164; Ruhr/Ost R17
Reinoldikirche, Umbau und Erweiterung; schröder schulte-ladbeck architekten: 2006; 281; Ruhr/Ost R17
Rochuskapelle; 1746; 165; Ruhr/West S11

Saarner Dorfkirche; 1775; 1851 Erbauung des Turms; Boniver, Denis: 1963 Erweiterung um Sakristei; 167; Ruhr/West Q16
Salvatorkirche, evang.; 1415; 168; Ruhr/West R1
Schloss Steinhausen, Kapelle; Stael, Robert; Schlossherr: 1648; 204; Ruhr/Süd M9
Schloss Strünkede, Kapelle; 1272; 206; Ruhr/Nord P14
Schultenfeld; Friedhofskapelle; Patschan/Werner/Winking: 1982; 174; Ruhr/Nord C5
Schutzengel-Kirche, kath.; Körner, Edmund: 1928; 382; Ruhr/Süd D8
Spellen; Kirche, evang.; 1696; 1880 Restauriert; 218; Ruhr/West E9
St. Agatha; Pfarrkirche; Bongartz, Otto: 1952; Baur, Ludwig; Künstler: 1952 Kunst am Bau; **156**; Ruhr/Nord G3
St. Agnes; Kirche, kath.; Fischer, Gerhard August: 1875; **107**; Ruhr/Ost O18
St. Agnes; Pfarrkirche, kath.; 1507; 1945 Wiederaufbau; verändert; 1978 Restauriert; 219; Ruhr/Ost D15
St. Albertus Magnus; Kirche, kath.; Böhm, Gottfried: 1064; 220; Ruhr/Süd D14
St. Amandus; 1147; 1949 Wiederaufbau; 1981 Restaurierung; 221; Ruhr/Nord G16
St. Andreas; Kirche, kath.; Schwarz, Rudolf: 1957; Poensgen, Jochem; Künstler: 1993 Kunst am Bau; **157**; Ruhr/Süd F6
St. Anna; Pfarrkirche, kath.; Schwarz, Rudolf: 1953; Katzgrau, Maria; Künstlerin: 1963 Kunst am Bau; **158**; Ruhr/West S4
St. Antonius; Pfarrkirche; Franke, Josef: 1928; 1945 Kirche zerstört, Doppelturm erhalten; Klocke, Walter; Künstler: 1953 Kunst am Bau; 396; Ruhr/Nord B15
St. Antonius; Pfarrkirche, Umgestaltung; Franke, Josef: 1935; Feja + Kemper: 2000 Umgestaltung und Sanierung; Franke, Margarete; Künstler: 1962 Kunst am Bau; **42**; Ruhr/Nord N14
St. Antonius von Padua; Kirche kath.; Krings, Heinrich/Boegershausen, J. Franz: 1897; **108**; Ruhr/West N14
St. Antonius von Padua; Pfarrkirche, kath.; Schwarz, Rudolf: 1959; **159**; Ruhr/Süd E5
St. Augustinus; Propsteikirche/Gemeindezentrum; Schilling, Hans: 1984; Klocke, Walter; Künstler: 1958 Kunst am Bau; 187; Ruhr/Nord B17
St. Barbara; Kirche, kath.; Hegge, Norbert: 1963; **160**; Ruhr/West G12
St. Barbara; Kirche, kath.; Legge, S. + U.: 1969; 188; Ruhr/Nord R12
St. Barbara; Pfarrkirche, kath.; Hermanns, Toni: 1962; Baur, Ludwig; Künstler: 1959 Kunst am Bau; **161**; Ruhr/West Q10
St. Barbara; Pfarrkirche, kath.; Leitl, Alfons: 1955; **162**; Ruhr/West N16
St. Bartholomäus; Pilgerkapelle; 1661; 1972 Restaurierung zur Autofahrerkapelle; 222; Ruhr/Süd D10
St. Benno; Pfarrkirche, kath.; Schwill, Theo: 1971; Krüger, Rudolf; Künstler: 1972 Kunst am Bau; 189; Ruhr/Ost Q8
St. Christophorus; Kirche, kath.; von Chamier, Wolfgang: 1964; Kilian, Claus; Künstler: 1986 Kunst am Bau; **163**; Ruhr/Süd D9
St. Christophorus; Pfarrkirche, kath.; Roseer; Baumeister: 1450; 1500 Erweiterung; 223; Ruhr/Ost F9
St. Clemens; Pfarrkirche, kath.; Steffann, Emil/Rosiny, Nikolaus: 1961; **164**; Ruhr/West R
St. Cyriacus; Kirche, evang.; 12. Jhd.; 14. Jhd. Erweiterung; 224; Ruhr/West H14
St. Dionysius; Pfarrkirche, kath.; 1221; de Graaff, Wilhelm; Künstler: 1956 Kunst am Bau; 225; Ruhr/West T9
St. Elisabeth; Pfarrkirche, kath. mit Pfarrhaus; Kremer, Walter: 1934; **43**; Ruhr/Nord L13
St. Engelbert; Kirche, kath.; Sültenfuß, Wilhelm: 1906; Schwippert, Hans: 1954 Veränderungen; 397; Ruhr/West O16
St. Engelbert; Kirche, kath. mit Pfarrhaus; Wassermann, Heinrich: 1900; Wassermann, Heinrich: 1900 Pfarrhaus; 398; Ruhr/Süd P2
St. Engelbert; Pfarrkirche, kath.; Böhm, Dominikus: 1936; 1951 Wiederaufbau; **44**; Ruhr/Süd J13
St. Franziskus; Kirche, kath.; Schwarz, Rudolf: 1958; **165**; Ruhr/Süd D4
St. Georg; 1155; Klos, Joachim; Künstler: 2000 Kunst am Bau; 226; Ruhr/Nord I6
St. Georg; Pfarrkirche, evang.; 13. Jhd.; 1450; 1810 Umbau; 227; Ruhr/Süd O4
St. Gertrudis; Probsteikirche; Terhoeven, Alo/Mauring, Manfred: 1100; Spierling, Hubert; Künstler: 1955 Kunst am Bau; 228; Ruhr/Süd C11
St. Johann Baptist; Pfarrkirche, kath. (ehem. Prämenstratenser-Abteikirche); 900 ca.; 229; Ruhr/West L12
St. Johann der Täufer; Pfarrkirche, kath.; 1733; 230; Ruhr/Ost M10
St. Johannes Baptist; Kirche, kath.; 1801; Metzendorf, Georg: 1929 Anbau; 231; Ruhr/Süd N5
St. Johannes Baptist; Pfarrkirche, kath., Erweiterung; Meister, Anton: 1931; Sögtrop, Albert; Künstler: 1973 Kunst am Bau; 399; Ruhr/Süd E14
St. Johannes Baptist; Propsteikirche, kath.; 1353; 1458 Erweiterung; 1964 Wiederaufbau; 232; Ruhr/Ost R16

St. Johannes, evang.; 1450; 1928 Erweiterung; Lammers, Egbert; Künstler: 1959 Kunst am Bau; 233; Ruhr/West H12
St. Johannes; Kirche, kath.; Franke, Josef: 1915; Gesing, Jupp; Künstler: 1957 Kunst am Bau; Spierling, Hubert; Künstler: 1954 Kunst am Bau; 400; Ruhr/Süd C10
St. Johannes-Baptist; Pfarrkirche, kath.; Fischer, Gerhard August/Barmen: 1889; Architekturatelier 13: 1992 Gemeindehaus; 109; Ruhr/Süd O14
St. Josef; Gemeindezentrum, kath.; Schürmann, Joachim/Schürmann Margot: 1973; 190; Ruhr/Nord H13
St. Josef; Kirche; Franke, Josef: 1930; Schmitz-Steinkrüger, Wilhelm; Künstler: 1930 Kunst am Bau; Gesing, Jupp; Künstler: 1967 Kunst am Bau; 401; Ruhr/Nord F4
St. Josef; Kirche mit Pfarrhaus und Gemeindehaus; Franke, Josef: 1915; 402; Ruhr/West K11
St. Josef, Pfarrheim; Bastian, Peter; Architekten: 2006; 314; Ruhr/Nord N11
St. Josef; Pfarrkirche; Franke, Josef: 1935; Gömmer, Margarete; Künstlerin: 1951 Kunst am Bau; Rasche, Ernst; Künstler: 1997 Kunst am Bau; 45; Ruhr/Nord O5
St. Josef; Pfarrkirche, kath.; Wiethase, Heinrich: 1874; 110; Ruhr/West S1
St. Josef; Pfarrkirche, kath.; Kramreiter, Robert: 1968; 191; Ruhr/West L12
St. Josef; Pfarrkirche, kath.; Pinnekamp, Carl: 1909; 403; Ruhr/Nord Q12
St. Josef; Pfarrzentrum; Schürmann, Joachim: 1972; 192; Ruhr/Nord H13
St. Joseph; Kirche, kath.; Wielers, Hermann: 1903; 404; Ruhr/Süd F9
St. Joseph; Kirche, kath.; Franke, Josef: 1919; 405; Ruhr/Nord Q4
St. Joseph; Pfarrkirche, kath.; 13. Jhd.; 234; Ruhr/Ost N3
St. Juliana; Pfarrkirche, kath.; Haparta, Hel: 1965; 166; Ruhr/West J14
St. Konrad; Pfarrkirche, kath.; Steffann, Emil/Noeske, W./Rosiny, N.: 1957; 167; Ruhr/Nord F9
St. Konrad; Pfarrkirche, kath.; Steffann, Emil: 1953; Schmitz-Steinkrüger, Wilhelm; Künstler: 1954 Kunst am Bau; Stratmann, Egon; Künstler: 1989 Kunst am Bau; 168; Ruhr/West K11
St. Lambertus; 1000; Gesing, Jupp; Künstler: 1983 Kunst am Bau; 235; Ruhr/Nord M17
St. Laurentius; Kirsten, Alfred: 1661; 1988 denkmalgerechte Sanierung; Rexhausen, Robert; Künstler: 1987 Kunst am Bau; 236; Ruhr/West S17
St. Laurentius; Kirche, kath.; Schmidt, Friedrich: 1873; 111; Ruhr/Süd E9
St. Laurentius; Pfarrkirche, kath.; Seidensticker, Wilhelm; Dr.: 1954; Baur, Ludwig; Künstler: 1959 Kunst am Bau; 169; Ruhr/Nord Q7
St. Laurentius; Pfarrkirche, Umgestaltung; Badura, Ralf; Architekturbüro: 2008; 316; Ruhr/Nord B4
St. Lucius; Kirche, kath.; 1721; 1749 Einbauten; 13. Jhd. Turm; 237; Ruhr/Süd H6
St. Ludgerus; Pfarrkirche; Franke, Josef: 1929; Baur, Ludwig; Künstler: 1965 Kunst am Bau; 406; Ruhr/Nord Q3
St. Ludgerus; Pfarrkirche, kath.; Buchmann, Heinz: 1962; Dinnendahl-Benning, Trude; Künstlerin: 1959 Kunst am Bau; Katzgrau, Maria; Künstlerin: 1976 Kunst am Bau; 170; Ruhr/West J13
St. Magdalena; 1166; 238; Ruhr/Nord D12
St. Margaretha; Pfarrkirche, evang.; 13. Jhd.; 239; Ruhr/Ost J8
St. Mariä Geburt; Kirche; Fahrenkamp, Emil: 1929; 1949 Wiederaufbau; Dohmen, Heinz; Dombaumeister: 1958 Umbau; 407; Ruhr/West S6
St. Maria Heimsuchung; Pfarrkirche; 1911; von Lom, Walter & Partner: 1977 Umbau und Sanierung; Buschulte, Wilhelm; Künstler: 1981 Kunst am Bau; 408; Ruhr/Nord L10
St. Mariä Himmelfahrt; Pfarrkirche Ginderich, kath.; 1330; 14. Jhd. Erweiterung; Wiethase, Heinrich: 1870; 240; Ruhr/West C6
St. Maria Magdalena; Kirche, kath.; Becker, Ludwig: 1927; Rengshausen, Wilhelm; Künstler: 1957 Kunst am Bau; 409; Ruhr/Süd D11
St. Mariae Rosenkranz; Kirche, kath.; Pickel, Caspar C./von Schmidts, Friedrich: 1894; Poensgen, Jochem; Künstler: 1963 Kunst am Bau; 112; Ruhr/West O15
St. Marien; Kulka, Peter/Schilling, Hans: 1986; 193; Ruhr/Ost C15
St. Marien; Kirche, kath.; Schilling, Hans: 1963; 171; Ruhr/Süd A6
St. Marien; Kirche, kath.; Wielers, Hermann: 1908; 410; Ruhr/Nord P13
St. Marien; Kirche mit Pfarrhaus; Franke, Josef: 1933; Klocke, Walter; Künstler: 1933 Kunst am Bau; 46; Ruhr/Ost A6
St. Marien; Pfarrkirche; 1895; 113; Ruhr/Süd Q14
St. Marien; Stiftskirche, evang.; 13. Jhd.; Fischer, August: 1902 Bau des Westturms; Petermeise, Paul: 1939 Restaurierung; 241; Ruhr/Süd O12
St. Marienkirche, kath., Restauration; Langenberg, Franz: 1896; Simon, Hans-Georg: 2007 Restauration; 114; Ruhr/Ost Q16
St. Markus; Pfarrkirche, kath.; Schilling, Hans: 1966; 194; Ruhr/Nord A13
St. Matthäus, ehem.; Pfarrkirche, evang.; 13 Jhd./1730; Mataré, Ewald; Künstler: 1959 Kunst am Bau; Harder und Pöpsel: 1996 Anbau; 242; Ruhr/Süd T16

St. Mauritius; Kirche, kath.; 1147; von Schmidt, Friedrich: 1859 Erweiterung; de Graaff, Wilhelm; Künstler: 1959 Kunst am Bau; 243; Ruhr/Süd O2
St. Meinolphus Maritius; Kirche, kath.; 1929; 1946 Wiederaufbau; 411; Ruhr/Süd C12
St. Michael; Pfarrkirche und Leohaus; Franke, Josef: 1926; 412; Ruhr/Ost O6
St. Monika; postmoderner Kirchenbau; Triet - Hannich - Braun/Assoziierte Architekten: 1989; 178; Ruhr/Ost T10
St. Nikolaus; Pfarrkirche, kath.; Körner, Edmund: 1907; Bette, Nikolaus; Künstler: 1975 Kunst am Bau; 413; Ruhr/Süd C7
St. Nikolausburg; Schifferkinderheim m. Kapelle; von Cube, Gustav/Buchloh, Arthur: 1927; 414; Ruhr/West P2
St. Norbert; Kirche, kath.; Ostermann & Droste/Bette: 1967; 195; Ruhr/Ost H5
St. Pankratius; Pfarrkirche, evang.; 12. Jhd.; 244; Ruhr/Ost D16
St. Paulus; Pfarrzentrum, kath.; Leitl, Alfons: 1972; 196; Ruhr/Süd D15
St. Peter; 1247; Buschulte, Wilhelm; Künstler: 1986 Kunst am Bau; 245; Ruhr/Nord A1
St. Peter; Kirche, kath.; von Vagedes, Adolph/Schinkel, Karl Friedrich: 1830; Fischer, Gerhard August: 1886 neubarocke Zwiebelhaube auf unvollendeten Turm; 246; Ruhr/Süd J4
St. Peter; Pfarrkirche, kath.; 15. Jhd.; 1890 Umbau; 1908 Anbau Sakristei; 247; Ruhr/West E9
St Peter, Pfarrkirche kath.; 12. Jhd.; 15. Jhd. Ende Erweiterung; 248; Ruhr/West I8
St. Peter und Paul; 1647; Matschinski, Julius; Künstler: 1933 Kunst am Bau; 249; Ruhr/Nord H13
St. Peter und Paul; Kirche, kath.; Güldenpfennig, Arnold: 1890; 115; Ruhr/Süd O11
St. Peter und Paul; Kirche, kath.; Fischer, Gerhard August: 1870; 1810 Umbau; 1989 Sanierung; 116; Ruhr/Süd O4
St. Peter und Paul; Probsteikirche; de Suyr, Henrik + Sohn/Pothast, Bernd: 1524; Wilthelm, Heinrich; Künstler/Lammers, Egbert; Künstler/Baur, Ludwig; Künstler/Rengshausen, Wilhelm; Künstler: 1964 Kunst am Bau; Lammers, Egbert; Künstler: 196 Kunst am Bau; 250; Ruhr/Süd I16
St. Petrus; 950; 251; Ruhr/Ost A5
St. Petrus und Paulus; Kapuzinerklosterkirche; von Oelde, Ambrosius: 1680; 252; Ruhr/Ost F9
St. Philippus und Jakobus; Kirche, kath.; Schmidt, Friedrich/Fischer, Gerhard August: 1864; 1969 Umgestaltung des Altarraums; 117; Ruhr/Süd O12
St. Stephanus; Pfarrkirche, kath.; Seidensticker, Wilhelm; Dr.: 1958; Klos, Joachim; Künstler: 1972 Kunst am Bau; 172; Ruhr/West S11
St. Suitbert; Kirche, kath.; Lehmbrock, Josef/Polonyi, Stefan: 1966; 197; Ruhr/Süd F9
St. Theresien; Pfarrkirche; Band, Karl; Regierungsbaumeister: 1960; 173; Ruhr/Nord M
St. Urbanus; Pfarrkirche, kath.; 13. Jhd.; Geitel, Ignatius; Künstler: 1959 Kunst am Bau 253; Ruhr/Ost N4
St. Vinzenz; Pfarrkirche, kath.; 15 Jhd.; Bongartz, Otto: 1951 Wiederaufbau; 254; Ruhr/West H13
Stadtkirche, evang.; 1723; Persy, Werner; Künstler: 1980 Kunst am Bau; 255; Ruhr/West H13
St.-Bonifatius-Kirche; Steffann, Emil: 1954; Kaiser, Hans; Künstler: 1967 Kunst am Bau 182; Ruhr/Ost T17
Stephanus-Kirche, evang.; Oesterlen, Dieter: 1960; Lander, Helmut: 1960 Fenstergestaltung; Körber, Evelyn; Künstlerin: 2005 Kunst am Bau; 184; Ruhr/Nord Q1
Stiftsamtmannshaus; 1780; 261; Ruhr/Süd S9
Stiftsgebäude/ehem. Äbtissinnengebäude; 1661; 262; Ruhr/Ost Q16
St.-Johannes-Hospital; Brocker, Wilhelm: 1928; 435; Ruhr/West L12
St.-Lambertus-Kirche; 13. Jhd.; Güldenpfennig, Arnold: 1890 Erweiterung; 263; Ruhr/Nord P17
St.-Laurentius-Kapelle Leveringhausen; 1300; Stummel, Friedrich; Künstler: 1906 Kur am Bau; 264; Ruhr/Ost C5
St.-Vinzentius-Kirche, evang.; 1100; Wieschemann, Paul G.: 1979 Restaurierung; Starc Helene; Künstlerin: 1942 Kunst am Bau; 265; Ruhr/Süd B16
Synagoge; Christfreund und Mihsler; Architekten: 2007; 336; Ruhr/Nord B17
Synagoge, ehem.; heute Mahn- und Gedenkstätte; Liesenhoff: 1870; Pickenhan, Ger 1986 Restaurierung; 124; Ruhr/Süd Q17
Synagoge mit Gemeindezentrum; Knoblauch, Dieter/Heise, Heinz: 1959; 188; Ruhr/Süd J14
Synagoge und Altenheim; Goldschmidt, Helmut: 1954; 189; Ruhr/Ost S17
Thomas Morus; Pfarrzentrum; Böhm, Gottfried: 1966; 222; Ruhr/Nord S11
Thomas-Gemeindezentrum, evang.; Striffler, Helmut: 1971; 223; Ruhr/Süd D14
Thomas-Kirche, evang.; Wittig, Albrecht E./Janowski, Fred: 1964; 193; Ruhr/Nord O
Trauerhalle; 1960; Mallon, Kai-Uwe; Architekturbüro: 2005 Sanierung; 198; Ruhr/West Q17

Trauerhalle, Hiltrop; Reiser, Roman: 1962; 199; Ruhr/Süd A15
Trauerhalle jüdischer Friedhof; Sohm, Theodor/Stadtbaumeister Bochum: 1928; 448; Ruhr/Süd D14
Trauerhalle St. Marien; Weyers, R.: 1986; 227; Ruhr/Nord R13
Trauerhalle Überruhr; Kölsch, Hans Ulrich/Kölsch, Ursula: 1970; 228; Ruhr/Süd G9
Unna; Stadtkirche, evang.; 1322 ab; 1467 1. Erweiterung; 1863 2. Erweiterung; 268; Ruhr/Ost N14
Unsere Lieb Frau; Klosterkirche; Böhm, Gottfried: 1957; 128; Ruhr/West O2
Versöhnungskirche, evang.; Oesterlen, Dieter: 1965; 202; Ruhr/West S12
Versöhnungskirche, evang.; Glockenturm; Pfeiffer, Herbert/Ellermann, Christoph: 1991; 203; Ruhr/Nord G10
Vluyn; Dorfkirche, evang.; 15. Jhd.; 1715 Saalkirche/Chor; 270; Ruhr/West O4
Volmarstein; Dorfkirche, evang.; 11. Jhd., ab; 1792 Renovierung/für Turm erhöhten Spitzhelm Kreuz und Hahn; 271; Ruhr/Süd P11
Wellinghofen; Pfarrkirche, evang.; 1230; 282; Ruhr/Ost Q7
Wengern; Dorfkirche, evang.; 1264; 18. Jhd. Erneuerung des Turms; 283; Ruhr/Süd O9
Wickede Pfarrkirche, evang.; 13. Jhd.; 285; Ruhr/Ost N11
Willibrordikirche/Dom; von Langenberg, Johann: 1589; 1896 Umgestaltung; 286; Ruhr/West C9
Xantener Dom; 1213; 293; Ruhr/West B3
Zentralfriedhof Freigrafendamm, Trauerhalle Ost; Keilmann, Ferdinand/Stadtplanungsamt Bochum: 1968; 264; Ruhr/Süd C15
Zentralfriedhof Mühlenberg, Einsegnungshalle; Kalenborn, Heinz: 1969; 265; Ruhr/West R9
Zentrum der kath. Studentengemeinde Dortmund; Baumewerd, D. G./Hannich, Triet + Braun: 1982; 266; Ruhr/Ost P5

Verkehrsbauten, Brücken und Stadttechnik/ *Transport Buildings, Bridges and Municipal Engineering*

Aakerfährbrücke; Möhring, Bruno: 1904; 1; Ruhr/West N13
Autobahnkreuz Duisburg „Spagettiknoten"; Land Nordrhein Westfalen: 1977; 13; Ruhr/West O13
Bahnhof Dorsten; 1879; 11; Ruhr/Nord G3
Bahnhof Gelsenkirchen, Umbau; Peters, B.U./Pfarr, S./Krampe, Ulrich/Reiter, Peter; Architekten: 2007; 20; Ruhr/Nord C17
Bahnhof Hamm; Preußische Eisenbahndirektion; königliche: 1920; 26; Ruhr/Ost E15
Bahnhof Hattingen; 1868; 12; Ruhr/Süd O3
Bahnhof Herne; 1914; 1970er Neugestaltung; 27; Ruhr/Nord P14
Bahnhof Moers; 1904; Reese, Frank/Ecker, Rolf: 2006 Sanierung und Fassadenrekonstruktion; 28; Ruhr/West O7
Berliner Tor; de Bodt, Jan: 1722; 17; Ruhr/West C9
Betriebswerk Dortmund Betriebsbahnhof; 1943; 4; Ruhr/Ost N7
Bibliothek/Gastronomie/Dienstleistung; Bahnhofgebäude, ehem.; Pesch & Partner: 2008; 1905 Bahnhofsgebäude; 30; Ruhr/Süd O11
Blankensteiner Ruhrschleuse; Amt für Wasser und Abfallwirtschaft; staatl.: 1806; 19; Ruhr/Süd N5
Brückenlandschaft Ruhraue; verschiedene Architekten: 1892, ab; 24; Ruhr/West O13
Eisenbahnbrücke Kettwig; 1876; 31; Ruhr/Süd J4
Eisenbahnviadukt; 1934; 13; Ruhr/Süd O9
Ennepetalsperre; Intze, Otto: 1904; 114; Ruhr/Süd T5
Erzbahnbrücke 10; 1914; 118; Ruhr/Nord R11
Erzbahnbrücke 11; 1914; 119; Ruhr/Nord B16
Erzbahnbrücke 14; 1914; 120; Ruhr/Nord Q11
Erzbahnschwinge; gmp/von Gerkan, Marg und Partner: 2003 Entwurf; Schlaich, Bergermann und Partner: 2003 Tragwerksplanung; 114; Ruhr/Süd C13
Feuer- und Rettungswache; Böge Lindner Architekten: 2006; 124; Ruhr/Nord O9
Feuer- und Rettungswache; Mendel und Partner: 2004; 125; Ruhr/Süd P16
Feuer- und Rettungswache; Mendel und Partner: 2002; 126; Ruhr/Nord M13
Feuerwehrgerätehaus; Amt Wanne: 1906; 127; Ruhr/Nord Q12
Flora-Brücke; Pfeifer, Arthur/Großmann, Hans: 1926; 133; Ruhr/West P16
Florian, Fernsehturm; Schwarz, Will: 1959; 46; Ruhr/Ost T17
Folkwangbrücke; STEAG; Planungsabteilung: 2000; 127; Ruhr/Süd J13
Friedrich-Ebert-Brücke; Billing, Hermann: 1907; 1953 Wiederaufbau; 143; Ruhr/West P1
Friedrich-Ebert-Brücke, Brückentürme ; Billing, Hermann: 1907; 144; Ruhr/West P1

Fuß- und Radwegbrücke Mechtenberg; Otto, Frei Atelier: 2003 Entwurf; Hilbers Ingenieurgesellschaft/Hilbers, F.-J./Happold Ingenieurbüro: 2003 Tragwerksplanung; 136; Ruhr/Nord S10
Fußgängerbrücke; Eiermann, Egon: 1958; Ruf, Sep: 1958 Gesamtkonzeption; 51; Ruhr/West S4
Fußgängerbrücke; Sobeck, Werner; Dr.: 2006; 137; Ruhr/Ost P6
Fußgängerbrücke; Schlaich, Jörg: 1999; 59; Ruhr/West R2
Fußgängerbrücke Ripshorst; Schlaich, Bergermann und Partner: 1997; 60; Ruhr/West L1
Fußgängerbrücke über die A40; Stadtbauamt Essen: 1950er; 52; Ruhr/Süd E8
Glörtalsperre; Intze, Otto: 1904; 164; Ruhr/Süd T8
Gut Niederhofen, Torturm ; 1748; 62; Ruhr/Ost R7
Hakortturm; Schmitz, Bruno: 1884; 43; Ruhr/Süd O11
Hasper Talsperre; Stadt Haspe; Bauabteilung: 1904; 176; Ruhr/Süd T12
Hauptbahnhof Bochum; Ruhl, Heinz: 1957; Krampe, Ulrich u. Reiter, Peter; Architekten 2006 Umbau und Sanierung; 70; Ruhr/Süd I16
Hauptbahnhof Bottrop; Lange - Ulrich und Partner: 1999; 85; Ruhr/Nord R4
Hauptbahnhof, ehem., temporär; 1949; 71; Ruhr/Süd J16
Hauptbahnhof, Empfangsgebäude; Wehner, Eduard Lyonel: 1934; 16; Ruhr/West S2
Hauptbahnhof Hagen; Morin; Regierungsbaumeister: 1910 Empfangsgebäude; 45; Ruhr/Süd Q13
Hauptbahnhof Lünen, Vorplatz; Brackhagen/Pohl, Strey, Rogge: 1999; 86; Ruhr/Ost H.
Hauptbahnhof Oberhausen; Herrmann, Paul: 1934; 17; Ruhr/West N1
Hauptbahnhof Wanne-Eickel; Waßmann, Hochbauabteilung königl. Eisenbahn/Schultze, Regierungsbauführer: 1872; 46; Ruhr/Nord Q12
Hauptfeuerwache, Erweiterung; Schröder + Kamm Architekten: 2008; 161; Ruhr/Süd H14
Haus Brünninghausen, Torhaus; Romberg, Conrad Philipp: 1681; 68; Ruhr/Ost Q6
Haus Knipp, Eisenbahnbrücke; 1912; 193; Ruhr/West M9
Heilenbecker Talsperre; Intze, Otto: 1896; 52; Ruhr/Süd T4
Hochwasserschutztor (Rheintor); Hentrich, Helmut/Heuser, Hans: 1937; 24; Ruhr/West J11
Icecube; Wasserdruck-Anpassungsanlage; Archifactory.de: 2007; 182; Ruhr/Süd D14
IKEA-Parkhaus, ehem. Preß- und Hammerwerk Ost; 1917; 1992 Umbau zum Parkhau 214; Ruhr/Süd H12
Kanalbrücke Alte Fahrt; 1895; 63; Ruhr/Nord F17
Klever Tor; 1393; 122; Ruhr/West B3
Klinikum Bergmannsheil; Anbindung an den ÖPNV; LUDES Architekten und Ingenieure: 2001; 206; Ruhr/Süd D13
Krefeld-Uerdinger Brücke; 1936; 1950 Wiederaufbau; 30; Ruhr/West T8
Mintarder Ruhrtalbrücke; 1966; 129; Ruhr/West R17
Nordbahnhof, ehem.; Rheinische Eisenbahngesellschaft: 1874; 90; Ruhr/Süd I16
Parkhaus, ehem.; heute Restaurant; Stadt Hagen; Hochbauamt, städt.: 1956; 128; Ruhr/Süd Q14
Parkwächterhaus und Kortum-Klo; 1926; 317; Ruhr/Süd H16
Pulverturm mit Stadtbefestigung; 17. Jhd.; 160; Ruhr/West K9
Pylon der Haltestelle „Reinoldikirche"; von Lom, Walter & Partner: 1991; 155; Ruhr/Ost R17
Radstation Duisburg; Druschke + Grosser; Architektur: 2008; 276; Ruhr/West S3
Rangierbahnhof und Eisenbahnausbesserungswerk Wedau; 1914; 2000 Stilllegung; 338; Ruhr/West Q13
Rheinbrücke BAB A42; Ruhrberg und Schumann: 1991 Entwurf; Hecking, Karl: 1991 architektonische Beratung; 160; Ruhr/West M9
Rheinpreußen-Hafen; 1908; 357; Ruhr/West N10
Rosenhof; 1768; 1963 Abbruch des Stallteils; 166; Ruhr/West P17
Ruhrbrücke mit Bahnbögen; Hartwich; Geheimer Oberbaurat: 1866; 100; Ruhr/West S
Ruhrflutbrücke; Preußische Staatsbahn; Bauabteilung: 1910; 363; Ruhr/Ost T10
Ruhrschleuse und Ruhrwehr; 1948; 1987 Renovierung; 147; Ruhr/West Q1
Ruhrviadukt; August Klönne; Fa.: 1916; 364; Ruhr/Süd M9
Ruhrviadukt Herdecke; 1878, ab; 101; Ruhr/Süd O12
Schachtschleuse Henrichenburg; Kanalkommission, königl.; Bauabteilung: 1908 - 1917 370; Ruhr/Ost B3
Schiffshebewerk Henrichenburg; Haniel + Lueg: 1894 - 1899; 102; Ruhr/Ost B3
Schleuse Meiderich; 1980; 173; Ruhr/West N12
Schleusengruppe Datteln-Natrop; 1931; 1970 Erweiterung; 373; Ruhr/Nord F17
Schoppenturm; Wehrturm; 15. Jhd.; 215; Ruhr/Ost Q14
Schulweg-Steg; Hängebrücke; 1915; 380; Ruhr/Ost D17
Schwanentorbrücke; Persch, Hans Siegfried: 1950; 1985 Sanierung; 1944 Bau der 1. Brücke, völlig zerstört; 154; Ruhr/West R1

Stadtbahnhaltestelle Evinger Strasse; Schamp & Schmalöer; Architektur + Städtebau: 2000; 318; Ruhr/Ost M6
Stadtbahnhaltestellen Dortmund; schröder schulte-ladbeck architekten: 2004; 319; Ruhr/Ost Q5
Stadtmauer; 1296; 1345 Ausbau; 256; Ruhr/Nord A14
Stadtmauer; 1130; 13. Jhd. Erhöhung und Erweiterung durch Tortürme; 257; Ruhr/West R2
Stauwehr Essen-Baldeney; Spetzler, Oskar; Dr: 1933; 48; Ruhr/Süd H6
Stefansturm; 1200; 259; Ruhr/Nord A13
Steiger Schwanentor (Anlegestelle); Foster, Norman; Lord & Partner: 1995; 186; Ruhr/West R1
Tankstelle; 1950; 190; Ruhr/Süd I15
Tausendfüßler Marina-Brücke; netzwerk-architekten: 1999; 338; Ruhr/West L16
Tiefgarageneingang; DEGENER Architekten: 2007; 341; Ruhr/Ost S17
Tor 16 der GHH; Sonnen, Fritz: 1930; 447; Ruhr/West L15
Torgebäude 1; Neufert, Peter: 1957; 196; Ruhr/West Q10
Trajekt Ruhrort-Homberg, Hebeturm; 1856; 126; Ruhr/West P1
U-Bahnhof Altenessen Mitte; KZA; Koschany, Zimmer & Assoziierte: 2003; 345; Ruhr/Süd B6
U-Bahnhof Bochumer Verein; Krampe, Ulrich u. Reiter, Peter; Architekten: 2006; 346; Ruhr/Süd I15
U-Bahnhof Lohring; Rübsamen + Partner: 2006; 347; Ruhr/Süd J17
U-Bahnhof Rathaus Süd; Pahl + Weber-Pahl; Architekten: 2006; 348; Ruhr/Süd I16
U-Bahnhof Stadtgarten; Gerber, Eckhard & Partner: 1982; 229; Ruhr/Ost S17
Überdachung, mobil; planinghaus architekten/daube seegräber: 2004; 349; Ruhr/West M12
Universität Dortmund, H-Bahn; Marek: 1984; 233; Ruhr/Ost P4
VEBA Brücke über die A2; Gerber, Eckhard & Partner: 1989; 201; Ruhr/Nord O7
Verkehrsknoten B236/Brackeler Straße; Stadt Gelsenkirchen; Landeshochbauamt: 1980; 238; Ruhr/Ost N8
Verkehrspavillion; Stadt Hagen; Hochbauamt, städt.: 1954; 1992 Restaurierung; 201; Ruhr/Süd Q14
Wall- und Grabenanlagen; Stadt Dorsten; Bauabteilung: 1986; 242; Ruhr/Nord G3
Westfalenhallen, Stadtbahnhaltestelle; LTK Architekten/Kafka, K./Roehder + Partner: 1998; 212; Ruhr/Ost T16
Zeche Pluto Wilhelm, Förderturm/Schachtgebäude ; Schupp, Fritz; Dr.: 1953; 226; Ruhr/Nord Q11
Zentraldeponie Emscherbruch; Gerber, Eckhard & Partner: 1999; 240; Ruhr/Nord P11
Zentraler Omnibusbahnhof; HEIDERICH HUMMERT KLEIN; Partnerschaft, Architekten: 2005; 422; Ruhr/Nord P14
Zentraler Omnibusbahnhof; ZSP Architekten/Scheffler Vorbeck + Partner: 2001; 423; Ruhr/Ost H9
Zitadelle Wesel; de Corbin, F.R. Johann: 1687; de Bodt, Jan: 1718 Erweiterung; 1814 Erweiterung; 295; Ruhr/West C9
Zolltürme, alte Eisenbahnbrücke Duisburg-Hochfeld; Rheinische Eisenbahngesellschaft: 1873; 1927 Neubau; 189; Ruhr/West Q11

Sport- und Freizeitbauten/*Sports and Leisure Facilities*

Altenzentrum, evang.; Ludes, Manfred/Dreischhoff, Karl-Heinz: 1980; 3; Ruhr/Nord H13
Arena auf Schalke; HPP/Hentrich Petschnigg & Partner: 2001; Pelle, Klemens; Dr./Weyer Beratende Ingenieure: 2001 Tragwerksplanung; 15; Ruhr/Nord P9
Berger Feld, Erholungs- und Freizeitzentrum; Limmer, Lutz: 1984; 17; Ruhr/Nord P9
Bootshalle Kemnader Stausee; Lange/Oermann/Ulrich: 1900; Lange/Oermann/Ulrich: 1983 Umbau; 59; Ruhr/Süd F15
Botanischer Garten; Gewächshaus; 1958; 1978 Schauhäuser, Errichtung; 1926 1. Gebäude; 1945 zerstört; 13; Ruhr/West L12
Bundesgartenschau 1991, Freizeitbauten; Forthmann-Drühe, Nicola; Meißner, Harald: 1991; 22; Ruhr/Ost T17
Bürgerzentrum Recklinghausen Süd; Lambart, Bruno/Sommerfeld, Christa: 1983; 26; Ruhr/Nord N13
Clubhaus für einen Golf-Club; Freie Planungsgruppe: 2001; 59; Ruhr/Süd F15
Eissporthalle Revierpark Wischlingen; Aichele, Manfred/Fiedler, Wolfgang/Heller, Wolfgang/Weinmann, Fritz: 1982; 44; Ruhr/Ost O4
Freibad; Korn/Brüren/Stadtbauamt Gladbeck: 1931; 136; Ruhr/Nord O6
Freibadanlage; Balzer, Willi H.: 1984; Wörner, Gustav/Wörner, Rose: 1984 Außenanlagen; 54; Ruhr/Nord M11

Glückauf-Kampfbahn; Zeche Consolidation; Bauabteilung: 1928; 166; Ruhr/Nord Q9
Hallenbad; Burbaum, Marschall, Thielcke: 1964; 67; Ruhr/Nord G8
Hallenbad; ; Hochbauamt Gladbeck: 1965; 68; Ruhr/Nord O6
Hallenbad Dorstfeld; Klippel, Reinhard: 1982; 80; Ruhr/Ost O4
Helmut-König-Leichtathletikhalle; Stadt Dortmund; Hochbauamt/Klippel+Scheiding+Saitner; Planungsgruppe: 1980; 95; Ruhr/Ost P6
Jahnstadion; Riege, Aribert: 1964; 87; Ruhr/Nord G9
Kemnader Stausee, Freizeit-Bad Heveney; Aichele, Manfred/Fiedler, Wolfgang/Weinmann, Fritz: 1986; 108; Ruhr/Süd M7
Leichtathletik-Zentrum; Krakau, W./Eberlein, K.: 1984; 118; Ruhr/Süd C10
Multifunktionale Gebäude in der Erlebniswelt Fredenbaum; Kledtke Architekten: 2008; 242; Ruhr/Ost N6
Parkbad Süd; Gärtner: 1926; 316; Ruhr/Nord P17
Rhein-Ruhr-Sporthalle; AFS/Ahlbrecht Felix Scheidt: 2004; 282; Ruhr/West T6
Ruderregatta Wedau; Volkmann, Walter: 1979; 156; Ruhr/West Q12
Ruhr-Stadion Bochum; Bochum; Hochbauamt: 1979; 157; Ruhr/Süd H17
Rundsporthalle; Seltmann, Klaus: 1975; 2005 Sanierung und Umau des Hallendachs; 167; Ruhr/Süd H17
Rundsporthallen; Flinkerbusch, Georg: 1966; 168; Ruhr/Süd Q17
Rundsporthallen; Flinkerbusch, Georg: 1971; 169; Ruhr/Süd R14
Rundsporthallen; Flinkerbusch, Georg: 1971; 170; Ruhr/Süd R12
Schwelgern-Stadion; Steinhauer, Franz: 1925; 384; Ruhr/West L11
Seebad Haltern; 1935; 40; Ruhr/Nord B12
Sommerbad; Knöll, Heinrich; Stadtbaurat: 1907; 389; Ruhr/Nord Q14
Sporthalle; Harde + Scheele: 1968; 186; Ruhr/Nord Q12
Sporthalle Konrad Adenauer; Wulf & Partner Architekten: 2006; 311; Ruhr/Ost F16
Stadion Hohenhorst; Rose-Herzmann und Partner: 1977; 198; Ruhr/Nord M13
Stadtbad Hamborn; Steinhauer, Franz: 1930; 415; Ruhr/West L12
Stadtkommunikationszentrum; Parade Architekten: 1987; 207; Ruhr/Nord O6
Trabrennbahn; 1954; 197; Ruhr/West H13
Trainingszentrum; SHA/Scheffler Helbich Architekten: 2006; 344; Ruhr/Ost N9
Turnhalle Kipper, Grundinstandsetzung; Haase, Volker: 1929; 452; Ruhr/Süd R11
Vestische Kampfbahn; Korte/Ravan/Stadtbauamt Gladbeck: 1927; 460; Ruhr/Nord C
Zentralbad; Schneider, Peter Friedrich: 1971; 263; Ruhr/Nord B16

Landmarken, nicht religiöse Gedenkstätten, Skulpturen/*Landmarks, Non Religious Memorials, Sculpture*

Bergarena Halde Haniel; DSK AG/Büro Hermanns: 1998; 16; Ruhr/Nord P2
Berger-Denkmal; Baumgarten, Paul: 1904; 37; Ruhr/Süd M10
Bismarckturm; Schmitz, Bruno: 1900; 51; Ruhr/Ost P14
Bismarckturm; Kreis, Wilhelm: 1901; 52; Ruhr/Süd Q14
Bismarckturm; Linnemann, Carl: 1909; 53; Ruhr/West P16
Bismarckturm im Stadtpark; Friebe, Albrecht: 1910; 54; Ruhr/Süd H16
Eugen-Richter-Turm; Wenner, Gustav: 1911; 122; Ruhr/Süd R13
Freiherr-vom-Stein-Turm; Schmidt, Friedrich: 1869; 36; Ruhr/Süd O12
Halde Brockenscheidt/Spurwerkturm; Bormann, Jan: 2000; 77; Ruhr/Ost B6
Halde Hoppenbruch; Pridik, Wedig/Freese, Andreas: 1992; 78; Ruhr/Nord O12
Halde Lothringen; Kaiser, Kirsten: 1999 Kunst am Bau; 79; Ruhr/Süd A16
Halde Rheinelbe und Skulpturenwald; Prigann, Hermann: 1990 Kunst am Bau; 80; Ruhr/Nord S10
Halde Rungenberg; Keller, Rolf/Drecker, Peter; Planungsbüro: 2001; EsRichter, Hermann/Noculak, Klaus: 2001 Kunst; 159; Ruhr/Nord O8
Halde Schwerin; Bormann, Jan: 1993 Kunst am Bau; 81; Ruhr/Nord P18
Helenenturm; Strohn; Justizrat: 1858; 53; Ruhr/Süd M9
Kaiser-Friedrich-Turm; Imle: 1910; 224; Ruhr/Süd R13
Kaiser-Wilhelm-Denkmal; Stier, Hubert: 1902; Bagdons, Friedrich: 1935 Baustil ersetz 226; Ruhr/Ost T7
Landmarke, Halde Haniel; Hermanns, Josef: 2004 Bergplateau; Ibarrola, Agustín: 20C Entwurf Totems; Hermanns, Josef: 1999 Theaterarena; 223; Ruhr/Nord P2
Landmarke, Halde Hohenward; Steinrücken, Burkhard; Dr. & Brown, Daniel: 2008; 224; Ruhr/Nord O12
Landmarke, Halde Rheinpreußen; Piene, Otto: 2007; 225; Ruhr/West M8
Landmarke Rheinorange; Fritsch, Lutz: 1992 Kunstwerk; 125; Ruhr/West Q1
Ostpol/Landmarke; Fischer-Essen, Alfred: 1929; Kuball, Mischa; Künstler: 1999 Kuns am Bau; 311; Ruhr/Ost I13
Pavillon; Observatorium: 2006; 258; Ruhr/Süd J10

Schupp und Kremmer Platz; Agence Ter/Bava, Henri: 2006; 298; Ruhr/Süd J10
Schurenbachhalde; Serra, Richard: 1998 Kunst am Bau; 172; Ruhr/Süd A7
Tetraeder; Drecker, Peter: 1995; 195; Ruhr/Nord Q5
Tetraeder, „Haldenereignis Emscherblick"; Christ, Wolfgang: 1996; 196; Ruhr/Nord Q5
Wassermühle Alt-Marl; 1415 Erste Erwähnung; 280; Ruhr/Nord H7
Westpol/Landmarke; Fischer-Essen, Alfred: 20. Jh. Anfang; Kuball, Mischa; Künstler: 1999 Kunst am Bau; 213; Ruhr/West K5
Zwiebackfabrik Brandt; 1933; 60; Ruhr/Süd R11

Parkanlagen, Gärten, Friedhöfe/ *Parks, Gardens, Cemeteries*

Altstadtfriedhof; 1803; 1987; 12; Ruhr/West T6
Baldeneysee; Essen; Bauabteilung: 1933; 1; Ruhr/Süd H6
Balkonpromenade Halde Hoheward; Pridik, Wedig/Freese, Andreas: 2008; 22; Ruhr/Nord O12
Bladenhorst, Landschaft; Martin; Planungsgesellschaft: 1996; Bauer, Elke/Cramer, Margret/Gärtner, Klaus/Günther, Monika/Kahlhofer, Karin/Kassel, Hermann/Niehusmann, Frank/Banf, Gudrun/Schläger, Christoph: 1996 Kunst am Bau; 19; Ruhr/Nord N17
Böninger Park; Stadt Duisburg; Grünflächenamt: 1912; 58; Ruhr/West T1
Botanischer Garten an der Ruhruni Bochum; Penker, Rosemarie/Penker, Georg: 1970; 23; Ruhr/Süd E15
Botanischer Garten Hamborn; Stadt Hamborn: 1908; 60; Ruhr/West L12
Botanischer Garten Rombergpark; Weyhe, Maximilian Friedrich: 1820; Nose, Richard: 1927 Umgestaltung; Krüßmann, Gerd; Dr.: 1951 Umgestaltung; 22; Ruhr/Ost Q6
Botanischer Garten Schweizer Straße; 1890; 20; Ruhr/West R4
Bürgerpark Altenessen; Treder/Tegtmeier, Marita/Müller, Ralf: 2003; 38; Ruhr/Süd B7
Buschey Friedhof; 1810; 37; Ruhr/Süd Q14
Chinesischer Garten; Zhen, Zhang: 1990; 28; Ruhr/Süd E15
City-See und -Park; Eckebrecht, H.H.: 1976; 32; Ruhr/Nord G8
Consol Park; Dtp Landschaftsarchitekten/Davids, Peter/Terfrüchte, Friedhelm: 2004; 62; Ruhr/Nord Q10
Dr.-Helene-Kuhlmann-Park; Herbstreit, Ernst: 2004; 75; Ruhr/Nord A14
Emscherbruch, Landschaftspark; Arbos Landschaftsarchitekten/Bava, H., Pridik und Freese: 2008; 109; Ruhr/Nord O11
Emscherpark; 1971; Seelbach/Weber: 2001; 45; Ruhr/Süd A6
Emscherquelle; Landschaft planen und bauen: 2001; 110; Ruhr/Ost P11
Erlbruchpark; Gronarz: 1908; 116; Ruhr/Nord L13
Forumplatz; Weitling + Dissing/Jakobsen, Arne: 1984; Jakobsen, Arne/Weitling, Otto: 1965 Entwurf; Schmidt-Petersen, R.: 1984 Projektleitung; 53; Ruhr/Nord O17
Fredenbaumpark; Finken, Ernst/Gartenkünstler: 1904; 135; Ruhr/Ost N5
Freizeitpark Moers; Massias, Max: 1932; 138; Ruhr/West O7
Freizeitstätte Haus Wittringen; Korte, Josef: 1922; 139; Ruhr/Nord O6
Freizeitzentrum Kemnader See; Penker, Rosemarie/Penker, Georg: 1980; 55; Ruhr/Süd M7
Funckepark; Wiepking-Jürgensmann, Heinrich-Friedrich: 1929; 146; Ruhr/Süd Q14
Garten der Erinnerung; Karavan, Dani: 1999; 62; Ruhr/West R2
Gehölzgarten Ripshorst; Lohhaus/Dieckmann: 1999; 63; Ruhr/West L16
Gesunde Lebensmittel im Seseke Landschaftspark; Archplan/Gryczan-Wiese, Willi/Leuters, Bernd: 1988; 74; Ruhr/Ost G8
Gethmannsche Gärten; Gethmann, Carl-Friedrich: 1806; 1928 in Besitz des Amtes Blankenstein; 57; Ruhr/Süd N5
Gewerbepark Hibernia; Danielzik, Karl Heinz/Leuchter, Reiner: 2005; 149; Ruhr/Nord Q13
Gleispark Frintrop; Dtp Landschaftsarchitekten/Davids, Peter/Terfrüchte, Friedhelm: 2000; Dtp Landschaftsarchitekten/Davids, Peter/Terfrüchte, Friedhelm: 2007 Erweiterung; 150; Ruhr/Süd C3
Grillopark; Grillo; Gewerkschaft: 1887 ca.; 42; Ruhr/West N2
Grugapark; Gabriel, J.: 1929; 171; Ruhr/Süd F6
Grünanlage Dimbeck; Keßler, Fritz: 1936; 15; Ruhr/West T6
Hauptbahnhofsplatz Recklinghausen; LUDES Architekten und Ingenieure: 1999; 87; Ruhr/Nord A14
Hauptfriedhof; Keßler, Fritz: 1915; 177; Ruhr/West Q17
Hauptfriedhof, Garten- und Landschaftsplanung; Allinger, Gustav: 1926 Landschaftsarchitektur; Strunck und Wentzler: 1926 Torbauten, Trauerhalle und Krematorium; 72; Ruhr/Ost O9

Haus Bodelschwingh, Parkanlage ; 1750 vermutet; 67; Ruhr/Ost M2
Haus Ende, Garten; Pinno und Bachmann: 1913; 189; Ruhr/Süd M13
Haus Ermelinghof, Garten; 1792 vermutet; 73; Ruhr/Ost C13
Haus Goldschmieding; von Schell zu Rechen, Johann: 1600; Mulvany: 1872 Erweiterung; 76; Ruhr/Nord P17
Haus Lüttinghof, Gartenanlage ; 1680; 83; Ruhr/Nord L8
Haus Opherdicke, Parkanlage ; 1790 ca.; 86; Ruhr/Ost P12
Haus Rodenberg; Regiebetrieb Grün: 1996; 91; Ruhr/Ost P9
Haus Weitmar, Parkanlage ; 1780; 1890 Erweiterung; 99; Ruhr/Süd E13
Horizontobservatorium, Freianlagen; Pridik, Wedig/Freese, Andreas: 2008; 176; Ruhr/Nord O12
Immanuel-Kant-Park; Böniger, Theodor: 1910; 215; Ruhr/West S2
Jovyplatz; Stadtbauamt Gladbeck/Büren/Kaes: 1924; 219; Ruhr/Nord O6
Jubiläumshain Hamborn; Rheinhardt, M.: 1912; 221; Ruhr/West K12
Jugendbildungsstätte St. Alfried, Parkanlage ; Dtp Landschaftsarchitekten/Davids, Peter/Terfrüchte, Friedhelm: 2005; 193; Ruhr/Süd J4
Jungbornpark; Bürgerverein: 1900; Felke: 2007 Pavilion; 223; Ruhr/West M6
Kaisergarten; Reinking, August: 1897; 61; Ruhr/West L15
Kaiser-Wilhelm-Park; Gude, Fritz: 1897; 62; Ruhr/Süd C6
Kirchschemmsbach, Umbau; Planergruppe Oberhausen: 2007; 200; Ruhr/Nord P4
Kloster Saarn; 1741; Wagenfeld, Horst/Müller, Wolfgang: 1992; 125; Ruhr/West Q16
Kokerei Hansa, Freiflächenkonzept ; Dtp Landschaftsarchitekten/Davids, Peter/Terfrüchte, Friedhelm: 2006; 209; Ruhr/Ost M4
Kokerei Hansa, Landschaftspark; Stegemann/von Stein, Helmut: 1928; 1992 Stilllegung; 244; Ruhr/Ost M4
Krupp-Gürtel-Park; Kipar Landschaftsarchitekten: 2008; 217; Ruhr/Süd D5
Kurpark Hamm; 1882; 75; Ruhr/Ost D16
Kurpark Königsborn; Grillo; Gewerkschaft: 1880; Förderverein Kurpark Königsborn: 1999 Entwicklung für neues Park-Konzept; 76; Ruhr/Ost M14
Kurpark Raffelberg; Baron von Engelhardt, Walter: 1908; 1926 Erweiterung; 265; Ruhr/West O14
Landesgartenschau Mülheim; MüGa; Wagenfeld, Horst/Müller, Wolfgang: 1992; 122 Ruhr/West S5
Landesgartenschau Olga/Garten Osterfeld; Planergruppe Oberhausen/Ditthus/Drecker, Peter: 1999; 123; Ruhr/West L15
Landschaftspark „Alte Körne"; Landschaft planen und bauen: 1996; 126; Ruhr/Ost M
Landschaftspark Duisburg Nord; Latz und Partner/Latz, Peter: 1998; 127; Ruhr/West M12
Landschaftspark Emscherbruch/Halde Hoheward; Agence Ter/Bava, Henri/Pridik, Wedig/Freese, Andreas/arbos: 2008; 226; Ruhr/Nord O12
Landschaftspark Henrichshütte; Heimer/Herbstreit, Ernst: 1990; 128; Ruhr/Süd N4
Maximilianpark; Reiner, Martin/Pridik, Wedig: 1984; 126; Ruhr/Ost D17
Mechtenberg, Landschaftspark; 1999; 135; Ruhr/Nord T10
Mont-Cenis-Park; Latz-Riehl/Latz, Peter: 2002; clubL94: 2007; 239; Ruhr/Nord P15
Mont-Cenis-Platz; Latz-Riehl/Latz, Peter: 2002; clubL94: 2007; 240; Ruhr/Nord P15
Mustergärten im Grugapark, Eingang ; Dtp Landschaftsarchitekten/Davids, Peter/Terfrüchte, Friedhelm: 2007; 245; Ruhr/Süd F5
Naturhindernis-Pferderennbahn; Maibaum: 1938; 33; Ruhr/Nord P17
Nordsternpark; Pridik, Wedig/Freese, Andreas: 1997; 145; Ruhr/Nord Q7
Obelisk, Freianlagen; Pridik, Wedig/Freese, Andreas: 2007; 250; Ruhr/Nord O12
Paracelsusklinik, Parkanlage; Pridik, Wedig/Freese, Andreas: 2007; 256; Ruhr/Nord C
Park Henrichenburg; Heining und Kierschner: 1999; 147; Ruhr/Nord M17
Park Hohensyburg; Stier, Hubert: 1902; 314; Ruhr/Ost T7
Parkanlage Hohenstein; Hohensteinkommision: 1901; 315; Ruhr/Süd M10
Phoenix West; Lohrer/Hochrein: 2006; 263; Ruhr/Ost P6
Phoenix-See; PHOENIX See Entwicklungsgesellschaft mbH/Landschaft planen und bauen: 2010; 264; Ruhr/Ost P8
Preußenhafen; Skribbe/Jansen: 2005; 274; Ruhr/Ost I5
Revierpark Gysenbergpark; KVR; Kommunalverband Ruhrgebiet: 1970; 150; Ruhr/Nord Q15
Revierpark Mattlerbusch; Püschel, Volker: 1979; 151; Ruhr/West K12
Revierpark Nienhausen; 1975; 152; Ruhr/Nord C15
Revierpark Vonderort; Wörner, Gustav: 1969; 153; Ruhr/West K17
Revierpark Wischlingen; Aichele, Manfred/Fiedler, Wolfgang/Weinmann, Fritz: 1979 154; Ruhr/Ost O4
Riehlpark; Fox, Helmut: 2004; 283; Ruhr/Süd E5
Rosenterrassen; Strobel; Stadtbaurat: 1927; 361; Ruhr/Ost T16
Schleusenpark Waltrop; Lohhaus/Dieckmann: 1999; 167; Ruhr/Ost B3

Schloss Berge, Französicher Garten ; 1700 barocke Gartenanlage; 173; Ruhr/Nord O9
Schloss Bladenhorst, Parkanlage ; von Pich: 1734 ca.; 175; Ruhr/Nord O16
Schloss Borbeck, Parkanlage ; von Pfalz-Sulzbach, Franziska Christine: 1783; 179; Ruhr/Süd D4
Schloss Broich; 1648; Wagenfeld, Horst/Müller, Wolfgang: 1992 Sanierung; 181; Ruhr/West S5
Schloss Cappenberg, Parkanlage; Freiherr vom Stein: 1719; 183; Ruhr/Ost F5
Schloss Heessen, Parkanlage; 1773; Mawson, T.H.: 1901 Erweiterung; Hensen, Alfred; Regierungsbaumeister: 1908 Umbau; 186; Ruhr/Ost C16
Schloss Herten, Parkanlage ; Weyhe, Maximilian Friedrich: 19. Jhd.; 103; Ruhr/Nord M11
Schloss Hohenlimburg, Gartenanlagen; zu Bentheim-Tecklenburg, Moritz Casimir: 1750; 189; Ruhr/Süd Q17
Schloss Horst, Parkanlage ; 1578 vermutet; Projektbüro Stadtlandschaft: 2000 kritische Rekonstruktion; 191; Ruhr/Nord Q7
Schloss Hugenpoet, Parkanlage ; 1756; 1876 umgestaltet; 193; Ruhr/Süd J3
Schloss Landsberg, Parkanlage; Trips, Julius: 1905; 376; Ruhr/Süd J3
Schloss Lembeck, Parkanlage; Reinking, August: 1692 barocke Gartenanlage; von Merveldt, Ferdinand Anton: 19. Jhd. englischer Garten; 197; Ruhr/Nord B4
Schloss Schwansbell, Parkanlagen; Weber, Fritz ; Baumeister: 1875; 105; Ruhr/Ost I5
Schloss Strünkede, Parkanlage ; 1697; 207; Ruhr/Nord P14
Schloss Styrum; 1289; Wagenfeld, Horst/Müller, Wolfgang: 1992; 209; Ruhr/West O15
Schloss Westerholt, Parkanlagen; Freyse, Heinrich Theodor: 1830; 211; Ruhr/Nord M9
Schlosspark und Wallanlagen Moers; Weyhe, Maximilian Friedrich: 1836; Nickertz: 1874 Erweiterung; Massias, Max: 1932; 213; Ruhr/West O7
Schultenfeld; Waldfriedhof; Heiss, Ernst/Wörner, Rose/Gustav: 1982; 175; Ruhr/Nord C5
Schwesternpark; Schluckebier, Adolf: 1915; 385; Ruhr/Süd L9
Seepark Lünen/LaGaLü; Schupp und Thiel: 1996; 173; Ruhr/Ost I6
Skulpturenpark Rheinelbe; Prigann, Hermann: 1999; 177; Ruhr/Nord S10
Spielpark Dilldorfer Höhe; Allbau AG: 2004; 310; Ruhr/Süd H8
Sportpark; Tegtmeier, Marita/Müller, Ralf: 2006; 312; Ruhr/Süd E4
Stadtgarten Bottrop; Bauerbaum: 1921; Stadt Bottrop; Bauabteilung: 1919 Erweiterung; 417; Ruhr/Nord Q3
Stadtgarten Castrop; 1931; 2006 Restauration; 418; Ruhr/Nord P17
Stadtgarten Gelsenkirchen; 1897; Simon, Ludwig: 1933 Erweiterung; 118; Ruhr/Nord C16
Stadtgarten Hagen; Schießmeyer; Gebrüder: 1890; 119; Ruhr/Süd Q14
Stadtgarten Herne; Döhmann: 1908; 419; Ruhr/Nord P15
Stadtgarten mit Kaiserbrunnen; Gude, Fritz: 1901; Frische; Bildhauer: 1901; 420; Ruhr/Nord Q12
Stadtgarten Recklinghausen; Schödder, Wilhelm: 1904; 421; Ruhr/Nord L12
Stadtgarten Steele; Hoemann, Reinhold: 1897; 120; Ruhr/Süd E8
Stadtgarten Wattenscheid; Hoemann, Reinhold: 1900; 422; Ruhr/Süd C11
Stadtpark Bochum; Strauß, Anton: 1878; 1893 Erweiterung; Finken, Ernst/ Gartenkünstler: 1905 Erweiterung; 121; Ruhr/Süd H16
Stadtpark Meiderich; Pütz, Josef: 1911; 426; Ruhr/West N12
Stadtpark Rolandhalde; Dtp Landschaftsarchitekten/Davids, Peter/Terfrüchte, Friedhelm: 1998; 182; Ruhr/West N16
Stadtpark Witten; Park der Villa Friedrich Lohmann; Weyhe, Maximilian Friedrich: 1846; 122; Ruhr/Süd M9
Stadtteilpark Gneisenau; Dtp Landschaftsarchitekten/Davids, Peter/Terfrüchte, Friedhelm: 2008; 328; Ruhr/Ost L8
Stadtteilpark Recklinghausen II; 2002; 329; Ruhr/Nord O12
Stadtteilpark Suderwich; Menke Stadtplaner: 2001; 330; Ruhr/Nord M15
Stimbergpark; Rose, Hans Martin/Rose-Hermann, Helga: 1969 Landschaftsarchitektur und Gesamtplanung; Krieger, Friedhelm: 1969 Architektur, Hochbau; 214; Ruhr/Nord G13
Tiefgaragentreppenhaus, Überdachung; Sebralla, Thomas: 2002; 342; Ruhr/Süd L9
Tippelsberg; Emkes Landschaftsarchitekten: 2007; 343; Ruhr/Süd B14
Uhlandpark; ST-freiraum: 2005; 350; Ruhr/West M16
Villa Hügel, Parkanlage ; Badewitz/Repton/Krupp, Alfred: 1873; 1961 Bereinigung; 137; Ruhr/Süd G6
Villa Josef Thyssen, Parkanlage ; Kayser & von Großheim: 1900; 474; Ruhr/West T5
Villa Vorsteher, Parkanlage ; 1895; 143; Ruhr/Süd O11
Volksgarten Eickel; 1900; 1926 Erweiterung; 481; Ruhr/Nord R12
Volksgarten Kray; Terbrock: 1913; 482; Ruhr/Süd D9
Volksgarten Lütgendortmund; Peters, Martin: 1911; 483; Ruhr/Ost O1
Volksgarten Mengede; Peters, Martin: 1914; 484; Ruhr/Ost L3
Volksgolfplatz Jacobi; Drecker, Peter: 1998; 208; Ruhr/Nord Q2
Volkspark Katzenbusch; 1908; 486; Ruhr/Nord N12

Volkspark Rheinhausen; Pohlenz, Hans Friedrich/Müller, Julius: 1930; 487; Ruhr/West Q10
Von-Wedelstaedt-Park; Jensen, Adolf/Hoemann, Reinhold: 1900; 490; Ruhr/Nord S1
Waldfriedhof Bladenhorst; Allinger, Gustav: 1925; 493; Ruhr/Nord O16
Wert'scher Hof, Gartenanlage; 1725; Weyhe, Maximilian Friedrich: 1828 nach; umgestaltet; 284; Ruhr/West R10
Westfalenpark Dortmund; Coers, K./Glaesel, E.: 1890; 152; Ruhr/Ost T17
Westpark; S. K. T. umbaukultur Architekten Stadtplaner/herbstreit landschaftsarchitekten/Danielzik + Leuchter Landschaftsarchitekten: 2006; licht raum stadt: 2008 Wasserwelten; 373; Ruhr/Süd C13
Westpark; 1912 Umwandlung von Friedhof in Park; 519; Ruhr/Ost S15
Witthausbusch; Keßler, Fritz: 1913; 520; Ruhr/West P16
Zeche Concordia, Direktorenvilla; Parkanlage ; 1897; 167; Ruhr/West N2
Zeche Zollverein, Masterplan Landschaft; Agence Ter/Bava, Henri: 2010; Planergruppe Oberhausen: 2010 Realisation; 419; Ruhr/Süd J10
Zeche Zollverein, Skulpturenpark; Rückriem, Ulrich; Künstler: 1998; 239; Ruhr/Süd J1
Zentral-Friedhof Freigrafendamm; Bochum; Bauverwaltung, städt./Timmermann, H./ Seidensticker Wilhelm; Dr.: 1936; 58; Ruhr/Süd I18
Zentralfriedhof Freigrafendamm; Timmermann, Heinrich: 1939 Bauten; Seidensticke Wilhelm; Dr./Stadtplanungsamt Bochum: 1939 große Trauerhalle; Perks, Paul Adalber Künstler: 1939 Kunst am Bau; 59; Ruhr/Süd J18
Zimmermanns Wäldchen; Pesch & Partner/Brosk, Rüdiger: 2000; 427; Ruhr/Ost S9

Plätze, Promenaden, Innenstädte/ *Squares, Promenades, Inner Cities*

Altenberg, Kulturzentrum; Platzgestaltung; Planergruppe Oberhausen: 1997; Vieille Montagne S.A.; Bauherr: 1853 ursprünglich Lagerfläche zwischen den Hallen; 6; Ruhr/West N1
Bahnhofsvorplatz; Wbp Landschaftsarchitekten/Wolf, Christine/Junge, Rebekka: 2007; 21; Ruhr/Nord C17
Betenhof-Platz; Gerber, Eckhard & Partner: 2006; 25; Ruhr/Ost R17
Borsig-Platz; Körner, Edmund: 1870 seit; 19; Ruhr/Ost N7
Brückenplatz; Danielzik, Karl Heinz/Leuchter, Reiner: 2004; 35; Ruhr/West T1
Edmund-Körner-Platz; Wbp Landschaftsarchitekten/Wolf, Christine/Junge, Rebekka 2010; 76; Ruhr/Süd I13
Elisabethplatz; Wbp Landschaftsarchitekten/Wolf, Christine/Junge, Rebekka: 2006; 106; Ruhr/Nord B17
Franz-Haniel-Platz; RMP Landschaftsarchitekten: 2000; 130; Ruhr/West P2
Friedensplatz; Jüngerich, Eduard: 1902; 141; Ruhr/West N1
Fußgängerzone Bahnhofstraße; Wbp Landschaftsarchitekten/Wolf, Christine/Junge Rebekka: 2007; 138; Ruhr/Nord C17
Fußgängerzone Kamen; Scape; Landschaftsarchitekten: 2007; 139; Ruhr/Ost I10
Grüner Pfad; Stadt Oberhausen: 1990; 72; Ruhr/West M12
Hansaplatz; Forthmann-Drühe, Nicola; Meißner, Harald: 1990; 82; Ruhr/Ost R16
Hauptbahnhof Bochum, Platzgestaltung; Böll, Heinrich: 2008; 160; Ruhr/Süd I16
Industrieplatz Waltrop; Dtp Landschaftsarchitekten/Davids, Peter/Terfrüchte, Friedhelm: 2007; 184; Ruhr/Ost B6
Karlsplatz; Dahmen, Wilhelm: 1890; Hertel; Landbauinspektor: 1901 Amtsgericht; 65 Ruhr/West P2
König-Heinrich-Platz; Agence Ter/Bava, Henri: 2007; 211; Ruhr/West S2
LichtKunstTor 2; City in Action/Bruckhoff, Detlev/Büttner, Lars/Gehrke, Dirk/ Kuklinski, Kerstin/Kuklinski, Niki/Pasalk, Julia/Schlecht, Sebastian/Steinborn, Simon Weissenberg, Jens: 2006 Entwurf und Bürgerbeteiligung; Bruckhoff, Detlev/Schlecht Sebastian: 2009 Planung und Realisation; Schlecht, Sebastian/Bruckhoff, Detlev: 200 Planung und Realisation; 228; Ruhr/Süd J15
Marktplatz Bergkamen; Gerber, Eckhard & Partner: 1999; 132; Ruhr/Ost H9
Nordmarkt; Brandhoff: 1909; 307; Ruhr/Ost N6
Otto-Wels-Platz; Wbp Landschaftsarchitekten/Wolf, Christine/Junge, Rebekka: 200 255; Ruhr/Nord M11
Pauluskirchplatz; Danielzik, Karl Heinz/Leuchter, Reiner: 2004; 257; Ruhr/West T1
Platz des europäischen Versprechens; Gertz Jochen; Künstler: 2010; 267; Ruhr/Süd
Platz von Amiens; Lohrberg: 2005; 268; Ruhr/Ost R16
Rathausplatz Bergkamen; Platz der Partnerstädte; Tamkus, Christiane: 2002; 279; Ruhr/Ost H9
Willy-Brandt-Platz; Quick - Bäckmann - Quick/Kossel, Hannelore: 2000; 374; Ruhr/Ost E15

Gebäudebezogene Aussenanlagen / *Building Related Outdoor Facilities*

Amtsgericht Dortmund; Pridik, Wedig/Freese, Andreas: 2004; 10; Ruhr/Ost R17
Ardey-Quelle; Ingenieurbüro Kaiser: 2001; 14; Ruhr/Ost L7
Berginspektion Gladbeck; 1907; 39; Ruhr/Nord N5
Businesspark Niederrhein; Boyer und Schulze Landschaftsarchitekten/Schulze, Klaus: 2000; 57; Ruhr/West P10
B1-Allee; Strobel; Stadtbaurat: 1920; 67; Ruhr/Ost T16
CEAG-Gelände; Brosk, Rüdiger: 1998; 27; Ruhr/Ost N6
ComIn; Wbp Landschaftsarchitekten/Wolf, Christine/Junge, Rebekka: 2005; 60; Ruhr/Süd D7
Deutsches Bergbaumuseum, Landschaftsgestaltung; greenbox/Schäfer, Hubertus und Tuczek, Rudolf: 2010; 66; Ruhr/Süd H16
Dienstleistungs- und Gewerbepark Erin; Pridik, Wedig: 1998; 40; Ruhr/Nord P17
Dr.-C.-Otto-Gelände; Planergruppe Oberhausen: 1997; 42; Ruhr/Süd F11
EBFIZ; fsw/Fenner, Thomas/Weisser, Jörg/Steinhauer, Klaus: 1997; 44; Ruhr/Süd E13
Elmos AG, Außenanlagen; Bimberg: 2002; 107; Ruhr/Ost P4
Ewaldpromenade; Arbos Landschaftsarchitekten/Greis, Günter/Köster, Peter/Metzger, Kai: 2006; 118; Ruhr/Nord O11
Franz-Sales-Haus, Außenanlagen; AGL-Krefeld: 2005; 132; Ruhr/Süd E7
Freizeitbad Maritimo im Stimbergpark; fsw/Fenner, Thomas/Weisser, Jörg/Steinhauer, Klaus: 2004; 134; Ruhr/Nord G13
Fürst Hardenberg; Krysta, Gerald: 1997; 58; Ruhr/Ost M5
Gartensiedlung Herdecke; Brosk, Rüdiger/Post, Norbert/Welters, Hartmut: 2002; 141; Ruhr/Süd N12
Gelsenwasser AG, Hauptverwaltung; WKM; Weber, Klein, Maas: 2004; 143; Ruhr/Nord P9
Gesundheitspark Quellenbusch; Drecker, Peter/Koschany: 1993; 67; Ruhr/Nord R3
Haus Rheinlanddamm; Strauma: 2003; 170; Ruhr/Ost T16
Haus Villigst; Dtp Landschaftsarchitekten/Davids, Peter/Terfrüchte, Friedhelm: 2007; 173; Ruhr/Ost S11
Horstmann-Haus; RMP Landschaftsarchitekten/Lenzen, Stephan: 2006; 177; Ruhr/West P2
Hotel „Schützenbahn", Außenanlagen; Wbp Landschaftsarchitekten/Wolf, Christine/Junge, Rebekka: 2002; 180; Ruhr/Süd H13
Industrieallee Herten-Süd; 1996; 95; Ruhr/Nord O12
Infineon Development Center; GTL; Gnüchtel-Triebs-Wetter; Landschaftsarchitekten: 2005; 185; Ruhr/West T11
Kinder- und Rehaklinik Bergmannsheil, Außenanlagen; Kipar Landschaftsarchitekten: 2007; 198; Ruhr/Nord O8
Kläranlage Läppkes Mühlenbach, ehem.; Heimer/Herbstreit, Ernst: 2004; 201; Ruhr/West L17
Klöcknerhaus; clubL94: 2004; 207; Ruhr/West S3
Lindenhofsiedlung, Wohnumfeldverbesserung ; Dtp Landschaftsarchitekten/Davids, Peter/Terfrüchte, Friedhelm: 2003; 231; Ruhr/Nord P10
Maschinenhalle Zweckel, Freianlagen ; Dtp Landschaftsarchitekten/Davids, Peter/Terfrüchte, Friedhelm: 2007; 234; Ruhr/Nord M5
Museum Folkwang, Landschaftsgestaltung; Schweingruber Zulauf; Landschaftsarchitekten: 2009; 243; Ruhr/Süd J12
Neue Synagoge; Außenanlagen; Planergruppe Oberhausen: 2007; 248; Ruhr/Süd I16
Ökologische Siedlung, Freiraumgestaltung; Schamp & Schmalöer; Architektur + Städtebau: 2002; 251; Ruhr/Ost R11
Philharmonie Saalbau; Kipar Landschaftsarchitekten: 2004; 261; Ruhr/Süd J13
Platz an der alten Feuerwache; Danielzik, Karl Heinz/Leuchter, Reiner: 2007; 266; Ruhr/West T1
QAB - Quartier; Kipar Landschaftsarchitekten: 2004; 275; Ruhr/Süd J18
Rügenstraße, Wohnumfeldverbesserung; Kipar Landschaftsarchitekten: 2007; 285; Ruhr/West L13
Ruhruniversität Bochum; Landschafts- und Hofgestaltung; Penker, Georg: 1974; 164; Ruhr/Süd E15
RWE Hauptverwaltung, Parkanlage; WKM; Weber, Klein, Maas: 2000; 288; Ruhr/Süd I13
Schalker Verein; Masterplan; Latz und Partner/Latz, Peter: 2008; 291; Ruhr/Nord B18
Schillerpark, Wohnumfeldverbesserung ; Reck, Joachim: 2007; 293; Ruhr/Nord H13
Sparkasse Oberhausen, Landschaftsgestaltung; Weidinger Landschaftarchiektur: 2008; 306; Ruhr/West O1

Sport- und Freizeitzentrum Bleichstein; Menke Stadtplaner: 1980; 185; Ruhr/Süd O
Stadtkrone Ost; Menke Stadtplaner: 2001; WES und Partner: 2001 Rahmenplan; 324 Ruhr/Ost O8
Thermoinsel; Dtp Landschaftsarchitekten/Davids, Peter/Terfrüchte, Friedhelm: 1998 199; Ruhr/Süd E10
Universitätsklinikum Essen, Innenhof; clubL94: 2004; 353; Ruhr/Süd F6
Villa Hohenhof, Gartenanlage ; van de Velde, Henry: 1908; Migge, Leberecht: 1913; 472; Ruhr/Süd Q15
Wasser- und Stadtteilpark Bergkamen; Landschaft planen und bauen: 1999; 210; Ruhr/Ost H8
Westfälisches Industriemuseum Zeche Hannover, Freianlagen ; Bosch und Partner: 1993 - 2004; 371; Ruhr/Süd B12
Wohn- und Pflegezentrum „St. Josef", Außenanlagen; Bimberg: 2003; 382; Ruhr/Ost L8
Wohnanlage Immermannstraße, Außenanlagen ; Latz-Riehl/Latz, Peter: 1999; 220; Ruhr/Ost N5
Wohnbebauung am Riehlpark; Wbp Landschaftsarchitekten/Wolf, Christine/ Junge, Rebekka: 2006; 395; Ruhr/Süd E5
Wohnbebauung am Tremoniapark, Außenanlagen; Brosk, Rüdiger/Post, Norbert/ Welters, Hartmut: 2006; 396; Ruhr/Ost T15
Wohnbebauung am Tremoniapark, Außenanlagen; Tegtmeier, Marita/Müller, Ralf: 2007; 397; Ruhr/Ost T15
Wohnbebauung Rittergasse; Wbp Landschaftsarchitekten/Wolf, Christine/Junge, Rebekka: 1999; 223; Ruhr/Süd H6

Siedlungen/*Settlements*

Akazienhof-Siedlung; Weimann, Wilhelm: 1907; 3; Ruhr/West T2
Alfredshof-Siedlung ; Schmohl, Robert: 1899; Schmohl, Robert: 1918 Erweiterung; 2; Ruhr/Süd J12
Alte Kolonie Eving, Siedlung; 1900; 6; Ruhr/Ost M6
Altenhof-Siedlung I; Schmohl, Robert: 1907; 8; Ruhr/Süd F6
Altenhof-Siedlung II; Schmohl, Robert: 1914; 9; Ruhr/Süd F6
Alt-Siedlung Friedrich Heinrich; 1930er; 11; Ruhr/West L4
Am Gardenkamp, Wohnpark; Bolle & Licker: 2001; 8; Ruhr/Ost Q4
Am Kanal, Siedlung ; Winzer, Rudolph: 1922; 12; Ruhr/Ost I5
Am Stirnband, Siedlung ; Lauweriks, Jan Ludovicus Mathieu: 1914; 13; Ruhr/Süd Q1
ATH-Siedlung Vierlindenhof; Taut, Max: 1964; 2; Ruhr/West I13
Atriumsiedlung Holsterhausen; Schindler: 1962; 3; Ruhr/Nord Q13
Beeckerwerth-Siedlung; Winkel, Leo: 1921 - 1959; 29; Ruhr/West M10
Beisenkampsiedlung; Schmohl, Robert: 1912; 31; Ruhr/Nord H16
Bereitschaftssiedlung; Bauabteilung, IG Farben: 1942; 2; Ruhr/Nord F8
Bereitschaftssiedlung der Chemischen Werke Hüls; Anders, Clemens: 1943; 3; Ruhr/Nord F8
Bergarbeiterkolonie; Grupe, Carl: 1901; 15; Ruhr/Nord N5
Bergarbeitersiedlung; Eggeling, Hans Werner: 1913 - 1929; 32; Ruhr/Nord F4
Bergarbeitersiedlung; Bauabteilung, Gewerkschaft Auguste Viktoria: 1909 - 1912; 34 Ruhr/Nord F9
Bergarbeitersiedlung; Beckmann: 1929; 35; Ruhr/Nord L16
Bergmannsplatz, Siedlung; Zeche Neumühl, Bauabteilung: 1909; 40; Ruhr/West L13
Bliershein, Villen-Kolonie; Schmohl, Robert: 1903; 55; Ruhr/West R10
Blumendelle-Siedlung ; Franke, Josef: 1926; 56; Ruhr/Nord A17
Böggefeld-Siedlung; 1951; 12; Ruhr/Ost F9
Brandenbusch-Siedlung ; Marx, Ernst: 1895; 21; Ruhr/Süd G6
Brauck-Siedlungen; 1911; 61; Ruhr/Nord Q7
Breddenkampsiedlung; Seidensticker, Wilhelm Dr./Marschall, Günter/Hülsbau Gmb 1964; 14; Ruhr/Nord G8
Carl-Funke-Siedlung ; 1901; 68; Ruhr/Süd H8
Chatten-/Preußenstraße, Siedlung ; 1914; 70; Ruhr/Nord R11
Constantin-Siedlung ; Vereinigte Constantin der Große, Gewerkschaft; Bauherr: 191 81; Ruhr/Nord Q15
Crengeldanz Gartenstadt; Banz; Hochbauamt Witten: 1913; 82; Ruhr/Süd L9
Das Dorf, Siedlung; Krier, Rob/Kohl, Christoph: 1993; 31; Ruhr/West S15
Das Dorf, Siedlung; Kulka, Peter: 1993; 36; Ruhr/West S15
Die Arche; Reihenhaussiedlung ; Grüneke, Detlef und Partner: 1979; 33; Ruhr/Süd C
Dieckelsbachsiedlung; Pregizer, Karl/Bräuhäuser, Hermann/Bähr, Heinrich: 1927; 90 Ruhr/West Q12

Dilldorfer Höhe; Damagnier: 2000; 68; Ruhr/Süd I9
Dorstfeld, Arbeitersiedlung; Schwer, Oskar: 1917; 96; Ruhr/Ost P4
Dreieck-Siedlung Hochlarmark; 1907; 1970 Privatisierung; 98; Ruhr/Nord O13
Dunkelschlag-Siedlung ; GHH - Gute Hoffnungshütte: 1908; Möhring, Bruno: 1920er Erweiterung; 101; Ruhr/West J16
D-Zug-Siedlung Rünthe; Georgs- Marien- Bergwerks- und Hütten-Verein; Abteilung Werne: 1900; 103; Ruhr/Ost F10
ECA-Siedlung; Conle, Gebrüder: 1954; 23; Ruhr/Nord G7
Eichenforst-Siedlung ; Westfälische Wohnstätten: 1969; 35; Ruhr/Nord O15
Einfach selber bauen, Siedlung Rosenhügel; 1999; 45; Ruhr/Nord P7
Einfach und Selber bauen; 3Pass Architekten: 1999; 46; Ruhr/Nord M11
Einfach und Selber bauen; Post + Welters; Architekten und Stadtplaner: 1999; 47; Ruhr/Ost H8
Einfach und selber bauen, Am Calversbach Partizipation; 1997; 48; Ruhr/Ost J2
Einschornsteinsiedlung; Kramer, Johannes: 1930; 108; Ruhr/West T4
Eisenbahner-Siedlung Wedau; Anders, Karl: 1915; 109; Ruhr/West R13
Eisenheim-Siedlung ; Jacobi, Haniel und Huyssen: 1846; 1865 zweiter Bauabschnitt; 1903 Erweiterung; 32; Ruhr/West L15
Eyhof-Wohnsiedlung ; Rings, Josef: 1924; 124; Ruhr/Süd F7
Flöz Dickebank; 1880 ab; 1979 Modernisierung; 52; Ruhr/Nord S10
Friedrichshof-Siedlung ; 1900; 145; Ruhr/Süd J12
Friemersheim, histor. Dorf; 19. Jhd.; 37; Ruhr/West R10
Gartenstadt; Sandt, van de, Jäckel: 1908 - 1914/1922 - 1928; 147; Ruhr/Nord M5
Gartenstadt Hüttenau; Metzendorf, Georg: 1917; 148; Ruhr/Süd N5
Gartenvorstadt Helfe; Wohnsiedlung ; Gentgen/Niemer/Schenten/Krug/van der Minde: 1964 Baubeginn; 53; Ruhr/Süd O14
Glückauf-Siedlung (Carolinenglück); 1906; 167; Ruhr/Süd C12
Grafenbusch-Siedlung ; Möhring, Bruno: 1923; 168; Ruhr/West L15
Große Heimstraße, Wohnblock; Goebel, Friedrich: 1927; 170; Ruhr/Ost T16
Hannover-Siedlung ; Zeche Hannover, Baubüro der Kruppschen Verwaltung/Schmohl, Robert: 1864 und 1928; Zeche Hannover, Baubüro der Kruppschen Verwaltung: 1891 seit; Schmohl, Robert: 1900 ab; 44; Ruhr/Nord R12
Hegemannshof, Arbeitersiedlung; 1895; 51; Ruhr/Süd B7
Heiligegartenstraße, Wohnblock; Goerner, Stephan: 1981; 91; Ruhr/Ost R17
Heimaterde; Siedlung; Suhnel, Theodor: 1900 um; 201; Ruhr/West P18
Heinz-Bach-Haus; Wohnanlage und Schulungszentrum; Gerber, Eckhard & Partner: 1986; 92; Ruhr/Ost T17
Hoeschsiedlung; Friedrich, Eugen: 1927; 209; Ruhr/Süd Q18
Holstein-Kolonie ; 19. Jhd.; 59; Ruhr/Ost N10
Hüttenheim-Siedlung; Eggeling, Hans Werner: 1913; 212; Ruhr/West S10
Ickern-End-Kolonie; Bauabteilung, Gewerkschaft Viktor: 1914; 213; Ruhr/Nord M18
Intückenweg, Wohnsiedlung; Inbo Architekten/Woudenberg Ingenieure: 1997; 102; Ruhr/Ost Q11
Johannenhof-Siedlung ; Vallentin: 1914; 218; Ruhr/West N9
Karnap-Siedlung ; 1921 bis; 229; Ruhr/Süd A6
Kaupenhöhe-Holsterhausen; Wohnsiedlung; Seidensticker, Wilhelm; Dr.: 1956; 91; Ruhr/Süd J12
Klappheckenhof-Siedlung ; Wilhelmine Victoria Bergbau; AG: 1873, an; 1885 weitere Häuserzeile; 68; Ruhr/Nord Q8
Klein-Erkenschwick, Bergarbeitersiedlung; 1913; 238; Ruhr/Nord H13
Kolonie, alt; Bleckmann, Conrad und Heinrich: 1925; 245; Ruhr/West O5
Kolonie Ebel, Bergarbeitersiedlung; Arenbergsche Aktiengesellschaft für Bergbau und Hüttenbetriebe: 1907; 246; Ruhr/Nord R4
Kolonie Friedlicher Nachbar; 1900; 247; Ruhr/Süd F12
Kolonie Meerbeck; 1913; 248; Ruhr/West N7
Kolonie, Neu; 1930; 249; Ruhr/West O4
Kreinberg-Siedlung; Schmitz, Carl H.J. ; Architekt: 1959; Behnes/Reichsbahnoberrat: 1937; 97; Ruhr/Ost R10
Küppersbusch Siedlung; Kowalski, Karla/Szyszkowitz, Michael: 1996; 118; Ruhr/Nord B16
Landwehr-Kolonie; Knobbe, Paul: 1904; 270; Ruhr/Ost O1
Leopoldstraße; Wohnquartier; Tonon, Benedict: 1997; 129; Ruhr/Ost N6
Lohberg-Siedlung ; 1907 ab; 279; Ruhr/West G14
Luisenhof-Siedlung ; Feldmann, Adolf: 1912; 282; Ruhr/Süd E5
Märchensiedlung; Hecker, Hermann: 1913; 1927 Erweiterung; 287; Ruhr/West T4
Margarethenhöhe, Gartenstadt; Metzendorf, Georg: 1909 - 1920; 288; Ruhr/Süd F5
Margarethensiedlung; Schmohl, Robert: 1905; Metzendorf, Georg: 1922 Erweiterung; Eigenleistung der Bürger: 1979 Modernisierungswelle durch Privatisierung; 290; Ruhr/West Q10

Mausegatt-Siedlung ; Thomas, Friedrich: 1899; Thomas, Friedrich: 1905 Erweiterung; Thomas, Friedrich: 1911 Erweiterung; 84; Ruhr/West P17
Mehrgenerationen-Wohnen-Siedlung ; Thesing, Hermann Willi: 1999; 137; Ruhr/West N5
Meitnerweg, Wohnanlage; Husemann, Walter/Wiechmann, Claus: 1992; 138; Ruhr/Ost P4
Melanchthonkirche, evang.; Krieger/Hudlet: 1914; Schröder, H: 1949 Wiederherstellung; Heyer, Willy; Künstler: 1949 Kunst am Bau; 296; Ruhr/Süd D13
MSA-Siedlung, Bergarbeitersiedlung Kolonie Ebel; Poelzig, Peter/Reitz, Sigfried: 19… 116; Ruhr/Ost M8
Muhrenkamp-Siedlung ; Pfeifer, Arthur/Großmann, Hans: 1927; 298; Ruhr/West S6
Müsersiedlung der Zeche Gneisenau, erster Bauabschnitt; 1910; Grüneke Architektu… Stadtplanung: 2001 Umbau und Modernisierung; 299; Ruhr/Ost L8
Muspasch-Siedlung; Zeche Rheinpreußen; Bauabteilung: 1953; 120; Ruhr/West L6
Nachbarschaftshaus Schüngelberg; Becker, Rolf/Harth, Silvia - Architektur und Stadtplanung: 2005; 246; Ruhr/Nord O8
Neu-Asseln, Bergbaubeamtensiedlung; Schupp, Fritz; Dr./Kremmer, Martin: 1922; 303; Ruhr/Ost O9
Neudorf-Siedlung; Riphan, Wilhelm/Grod, Caspar Maria: 1928; 304; Ruhr/West T4
Neue Stadtkernsiedlung; Selg, Karl: 1958; 121; Ruhr/West Q10
Neuer Stadtteil Prosper 3; Vandkunsten, C./Trojan und Trojan/Oswald und Schneide… Wrede, Stefan/Rode/Kellermann/Wawrowsky und Partner: 1997; 144; Ruhr/Nord …
Neu-Jerusalem-Siedlung; Rings, Josef: 1931; Glasmeier/Drengwitz: 1993 Modernisierung; 305; Ruhr/Nord M8
Oberdorstfeld-Siedlung ; Salvisberg, Otto Rudolf: 1926; Heinemann, Hugo/Feldman… & Müller: 1927 3. Bauphase; 308; Ruhr/Ost P4
Obstbaumsiedlung; Schulze, Dietrich/Schulze, Karl/Pohle, Emil: 1920; 310; Ruhr/Ost …
Ökologische Siedlung in Holzbauweise; Schamp & Schmalöer; Architektur + Städtebau: 2002; 252; Ruhr/Ost R11
Ottekampshof, Arbeitersiedlung; 1898; 91; Ruhr/Süd B8
Papenbusch-Siedlung ; Hagen, Franz/Schwer, Otto: 1925; 313; Ruhr/West O16
Pestalozzi-Siedlung; 1953; 130; Ruhr/Süd J11
Phönixstraße; Wittenbrink und Schulte: 1910 um; 321; Ruhr/Nord O6
Pottgießerhof-Siedlung ; 1930er; 331; Ruhr/Süd E5
Präsidentensiedlung; Feldmann, Ludwig: 1932; 332; Ruhr/Ost O7
Ratingsee-Siedlung; Pregizer, Karl/Bräuhäuser, Hermann/Bähr, Heinrich: 1928; 352; Ruhr/West N13
Reinhardstraße, Siedlung; Königsborn; Gewerkschaft: 1900 um; 355; Ruhr/Ost J11
Rheinbaben-Siedlung , Bereich Nesselstraße/Velsenstraße; Zeche Rheinbaben: 191… 356; Ruhr/Nord P4
Rheinpreußen-Hochhaussiedlung; Vallentin: 1914; 358; Ruhr/West N9
Rheinpreußen-Siedlung ; Vallentin: 1903; 359; Ruhr/West O9
Ripshorst-Siedlung ; GHH - Gute Hoffnungshütte: 1899; GHH - Gute Hoffnungshüt… 1910 Erweiterung; 98; Ruhr/West L16
Rosenhügelsiedlung; Seidensticker, Wilhelm; Dr.: 1938er Entwurf und Planung; Schwickert & Prinz: 1938er Ausführung; 38; Ruhr/Nord P7
Rottmannshof-Siedlung; Kirchmeier, Friedrich/Robert, Heinrich: 1925; 362; Ruhr/Süd B14
Rünthe-West-Siedlung; Bergmannssiedlung Hamm; Bauabteilung: 1927; 365; Ruhr/Ost G9
Salierstraße, Siedlung ; Stadt Mülheim an der Ruhr; Hochbauamt, städt./Brocke, Arthur: 1929; 1979 Modernisierung; 367; Ruhr/West P15
Sauerfeld, Siedlung; 1996; 166; Ruhr/Ost B6
Schlägelstraße/Beverstraße-Siedlung; Georgs- Marien- Bergwerks- und Hütten-Verein; Abteilung Werne: 1914; 372; Ruhr/Ost G10
Schüngelberg-Siedlung, Alte; Johow, Wilhelm; Bauabteilungsleiter: 1916; Johow, Wilhelm; Bauabteilungsleiter: 1916 Erweiterung; 381; Ruhr/Nord O8
Schüngelberg-Siedlung, Ergänzung; Keller, Rolf: 1990; 171; Ruhr/Nord O8
Schwarzer Weg-Siedlung; Georgs- Marien- Bergwerks- und Hütten-Verein; Abteilun… Werne: 1922; 1914 1. Bauabschnitt Rünther Straße; 383; Ruhr/Ost G9
Siedlung; plus+: 1996; 176; Ruhr/Nord Q10
Sommerberg/Winterberg-Siedlung ; Pohl, Karl: 1916; 390; Ruhr/Ost P8
Stadion-Siedlung; Poelzig, Peter: 1951; 174; Ruhr/West Q12
Stemmersberg-Siedlung ; GHH - Gute Hoffnungshütte: 1904; 433; Ruhr/West K15
Stiftsdamenwald-Siedlung ; Zeche Zollverein; Steinkohlebergwerke: 1907; 434; Ruhr/Süd C7
Teutoburgia-Siedlung ; Berndt: 1909 - 1924; 441; Ruhr/Nord P16
Theobaldstraße, Siedlung ; 1912; 443; Ruhr/Süd I10

THS Siedlung Repelen; 1936; 49; Ruhr/West M6
Tremonia-Siedlung ; 1922; 449; Ruhr/Ost O5
Tubiskuhle; Stadtbauamt Moers: 1920er; 450; Ruhr/West O7
Victoria-Siedlung; 1912; 461; Ruhr/Ost H5
Vierlindenhof-Siedlung; August-Thyssen-Hütte; Baubüro: 1925; Breuhaus, Fritz August: 1925; Rosskothen, Heinrich: 1925; 462; Ruhr/West I13
Vittinghoff-Siedlung; Fels, Alfons: 1928; 479; Ruhr/Nord B16
Vogelsang-Siedlung der Zeche Sachsen; Fischer-Essen, Alfred: 1921; 480; Ruhr/Ost C15
Walddorfstraße, Reihenhaus-Siedlung; Riemerschmid, Richard: 1910; 492; Ruhr/Süd Q15
Wambachsee, Siedlung am ; Poelzig, Peter: 1951; 206; Ruhr/West R12
Wedau-Siedlung; Grod, Caspar Maria: 1914; 511; Ruhr/West R13
Wehofen-Siedlung ; Gewerkschaft Rhein I: 1918; 512; Ruhr/West J14
Welheim, Bergarbeitersiedlung; Vereinigte Welheim; Gewerkschaft: 1923; 1948 Wiederaufbau; 2002 Erneuerung; 514; Ruhr/Nord Q6
Wohnanlage am Heilkenbach; Grüneke Architektur Stadtplanung: 2004; 386; Ruhr/Süd P10
Wohnanlage Fredenbaum; Steidle & Schmitz Architekten: 1999; 219; Ruhr/Ost N5
Wohnhof Dransfeld, Siedlung; Suhnel, Theodor: 1919 ab; Schmidt, Robert; Dr.: 1919; 550; Ruhr/Süd D5
Wohnhof Heinrich-Lersch-Platz; Schupp, Fritz; Dr./Kremmer, Martin: 1929; 551; Ruhr/Süd B7
Wohnsiedlung; Eggeling, Hans Werner: 1914; 552; Ruhr/Nord O13
Wohnsiedlung; Feldmann und Möller: 1925; 553; Ruhr/Nord P14
Wohnsiedlung; Wachenfeld, Ewald: 1929; 554; Ruhr/Süd Q13
Zeche Matthias Stinnes 3/5, Kolonie; Neuhaus, Oskar: 1912 - 1921; 573; Ruhr/Nord P6
Zeche Schlägel + Eisen, Kolonie; 1897; 181; Ruhr/Nord L11
Zeche-Holland-Siedlung ; Franke, Josef: 1923; 599; Ruhr/Nord S11
Zechensiedlung Hervest; Eggeling, Hans Werner: 1913; 600; Ruhr/Nord G4
Ziegelgrund, Siedlung; 2004; 426; Ruhr/Nord L14
Ziethenstraße, Siedlung ; Harpener Bergbau; AG: 19. Jhd. Ende; 188; Ruhr/Ost J5
Zum Lith, Siedlung; Muthesius, Hermann/Projahn, Gottfried: 1914; 603; Ruhr/West Q12
27 Wohnhäuser mit Gemeinschaftshaus; Feja + Kemper: 2000; 433; Ruhr/Nord M12

Städtebauliche Ensembles/*Urban Ensembles*

Althoff-Block; Düchting und Jänisch: 1914; Strunck und Wentzler: 1932 Erweiterung; Lieberwirth/Lessing: 1936 Erweiterung; 10; Ruhr/Ost S15
Altstadt Essen-Kettwig; 770 ab; 9; Ruhr/Süd J4
Altstadt Hattingen; 16. Jhd.; 17. Jhd.; 19. Jhd.; 10; Ruhr/Süd O4
Altstadt Schwelm; 19. Jhd.; 8; Ruhr/Süd R1
Altstadt Schwerte; 962; 11; Ruhr/Ost S10
Bebauung auf dem Dudel; 18.Jhd. Ende Fachwerkhäuser Nr. 4 + 22; 1840 Schifferhäuser Nr. 9 + 19 - 22; 1860 Wohnhäuser Nr. 24 + 31; 16; Ruhr/West T5
Bebauung Bahnstraße u.a. Bankhaus Hanau; 19. Jhd.; Hagen, Franz/und andere: 1882 Nr. 25 „Bankhaus Hanau"; 14; Ruhr/West S6
Behördenviertel und Rathausbereich Bottrop; Becker, Ludwig: 1916; Petersen und Lange: 1923 Erweiterung; 30; Ruhr/Nord Q4
Berginspektion, ehem. und Wohnhäuser; Meer und Merkel: 1907; 38; Ruhr/Nord N5
Brauck; Gewerbefläche; 1999; 20; Ruhr/Nord P6
Burgmannenhäuser, ehem. „Die sieben Kurfürsten"; 18.Jhd.; 35; Ruhr/Süd Q17
Dahlhauser Heide, Siedlung; Schmohl, Robert: 1915; 85; Ruhr/Süd B12
Dammstraße; 1776 Haus Nr .16; 1787 Nr. 25; Schmidt, Wilhelm: 1954 Häuser Nr. 15 - 17; 39; Ruhr/West P2
D-Zug, Wohnanlage; Klotzbach, Peter/Klotzbach, Werner/Wielers, Bernhard: 1928; 102; Ruhr/Süd B15
Freiheit Westerhold; 11. Jhd.; 52; Ruhr/Nord M9
GrugaCarree; Wohnbebauung; Petzinka Pink Architekten: 2006; 155; Ruhr/Süd F6
Hafenstadtteil Ruhrort; Eller - Maier - Walter + Partner: 1990; 75; Ruhr/West P2
Halfmannshof, Wohnanlage; Klement, Horst: 1975; 79; Ruhr/Nord S10
Hustadt; Buderus sen., Louis/Dustmann, Hanns/Arns, Walter: 1965; 86; Ruhr/Süd D15
Innenhafen Duisburg, Masterplan; Foster, Norman; Lord & Partner: 1998; 98; Ruhr/West R2
Jugendstilhäuser; Loose, Albert: 1903; 222; Ruhr/Süd R18
Kaiserpassage; Kaufmann, C./Mechmann, P./Spanier, P.: 1910; 225; Ruhr/Nord Q12
Kirchenhügel; 9. Jhd.; 120; Ruhr/West S6
Kleine Wohnanlage; Fistera, Detlev: 2008; 203; Ruhr/West Q6
Krügerpassage; Steinbach, Hugo/Lutter, Paul: 1916 ca.; 261; Ruhr/Ost R17

Lenteninsel; Schulze, Dietrich/Schulze, Karl: 1928; 274; Ruhr/Ost R18
Marktplatz Dorsten; 1500; 139; Ruhr/Nord G3
Marktplatz Recklinghausen; 13. Jhd.; 140; Ruhr/Nord A14
Moltkeviertel; Stadt Essen; Bauherr: 19. Jhd.; 86; Ruhr/Süd J14
Neue Evinger Mitte; Zlonicky/Wachten/Ebert: 1996; 143; Ruhr/Ost M6
Nonnenbusch-Siedlung; Marschall, Günter; Dr.: 1959; 123; Ruhr/Nord G10
Ortskern Hohenlimburg; 18.Jhd. bis heute; 149; Ruhr/Süd Q17
Phönix West; stegepartner: 2006; 265; Ruhr/Ost Q6
Projekt am Loerweg; Sarnes, Adrian: 1998; 152; Ruhr/Ost N15
Ruhrbania; RKW/Rhode Kellermann Wawrowsky: 2008 Grundsteinlegung; GTL; Gnüchtel-Triebs-Wetter; Landschaftsarchitekten: 2008 Landschaftsarchitektur; 286; Ruhr/West S5
Stadthausensemble; afa - architektur-fabrik aachen: 1985; 204; Ruhr/West T2
Stadtkern Wulfen; Wehberg + Lange + Partner: 1986; 206; Ruhr/Nord C5
Stadtteil Duisburg-Marxloh; 1996; 183; Ruhr/West L11
Stadtteil Recklinghausen-Süd; 1989, ab; 184; Ruhr/Nord N14
Stadtvillen; Schmidt, Otto/Walbrück, Jean/Wissmann, Hanns/Brenschede, Wilhelm 1927; 430; Ruhr/West S3
Technologiepark; Kleihues, Josef Paul/Kurtz, Wolf/Saitner, Werner/Schulze, G.: 198 ab; 216; Ruhr/Ost P4
Traumhaus; Baufrösche: 1997; 200; Ruhr/West L15
Universität Dortmund; Land Nordrhein Westfalen: 1966 ab; 232; Ruhr/Ost P4
Universität-Gesamthochschule; Kölsch, Hans Ulrich/Morgenroth, Erich/Henn, Wal Dr./Eller + Moser + Walter/E.A. Gärtner + R. Stiens/Lehmann und Partner: 1976; 23 Ruhr/Süd D6
Weiße Villen im Park; Bernards, Siegfried/Borss, Peter/Klapheck, Hermann; Dr. + Partner/Leder, Jürgen/Borss, Peter/PRO FUTURE Jansen, Oliver/Sauer Scholta, Annette/Soltau Architekten/Sommer, Ursula/Walter, Michael/Wende,Bernd: 2008 RWTH Aachen, Fakultät für Architektur, van den Bergh, Wim/Krämer, K./Kruska, A./ Martenson, B.: 2008; 369; Ruhr/Nord L12
Wohn- und Geschäftshäuser Düsseldorfer Straße 10/12; 18. Jhd.; 19. J.h Umbau; Grohmann und Ullrich: 1989 durch Erschließungsturm verbunden; 290; Ruhr/West C
Wohnanlage im Schlosspark, Umbau; Steinke, Rainer: 2001; 387; Ruhr/Nord M11
Wohnbebauung „Mont Cenis"; 2001; 399; Ruhr/Nord P15
Wohnhausensemble; Hitzbleck, Fritz: 1929; 543; Ruhr/West T2
Wohnhausensemble; 1932; 546; Ruhr/West S11
Wohnhausensemble; Heiner, Wilhelm: 1930; 547; Ruhr/West K11
Wohnhausensemble; Muthesius, Hermann: 1912; 545; Ruhr/West S3
Wohnhausensemble; Grasses, Heinrich & Söhne: 1930; 544; Ruhr/West S12
Wohnhausgruppe; Schmiedeknecht, Wulf: 1973; 256; Ruhr/Süd F14
Wohnhauszeile; Demuth und Köhler: 1928; 549; Ruhr/Süd P14
Zeche Zollverein, Masterplan Städtebau; OMA/Koolhaas, Rem/Alkemade, Floris: 2006; 420; Ruhr/Süd J10

Architekten / *Architects*

A + W Planungsgruppe/Schulze-Finkenbrink, A./Kühlkamp, W.; Einfamillienhaus: 2005; 104; Ruhr/Süd J4
Henrichshütte, Gebläsehalle; Umbau: 2005; 174; Ruhr/Süd N4
Aalto, Alvar Hugo; Aalto-Theater: 1959 Entwurf; 1; Ruhr/Süd J13
Aalto, Elissa; Aalto-Theater: 1959 Entwurf, 1988 Realisation; 1; Ruhr/Süd J13
Abdelkader, Magdi; VKU Kamen, Erweiterung und Sanierung: 2001; 361; Ruhr/Ost I9
Abrahamson, Günther; Dr.; Wohnanlage: 1982; 250; Ruhr/Süd H6
Äbtissin Mathilde II; Bauherrin; Essener Dom: 1001; 49; Ruhr/Süd I13
Achtel, Achim/Bergmann, Horst; Lager-, Versand- und Verwaltungsgebäude: 1993; 121; Ruhr/Süd P15
Adam Opel AG; Bauabteilung; Adam Opel AG, Verwaltungsgebäude: 1963; 1; Ruhr/Süd D15
afa - architektur-fabrik aachen; Frauenförderprojekt „Frieda“: 1999; 57; Ruhr/West M14
Hagenshof, IBA-Projekt: 1994; 76; Ruhr/West M13
Hauptschalthaus, Umnutzung: 2002; 162; Ruhr/West M12
Kultur- und Stadthistorisches Museum: 1991; 116; Ruhr/West R1
Museum der Deutschen Binnenschifffahrt: 1985 Umbau; 300; Ruhr/West N11
Stadthausensemble: 1985; 204; Ruhr/West T2
AFS/Ahlbrecht Felix Scheidt; Rhein-Ruhr-Sporthalle: 2004; 282; Ruhr/West T6
Agence Ter/Bava, Henri; König-Heinrich-Platz: 2007; 211; Ruhr/West S2
Schupp und Kremmer Platz: 2006; 298; Ruhr/Süd J10
Zeche Zollverein, Masterplan Landschaft: 2010; 419; Ruhr/Süd J10
Agence Ter/Bava, Henri/Pridik, Wedig/Freese, Andreas/arbos; Landschaftspark Emscherbruch/Halde Hoheward: 2008; 226; Ruhr/Nord O12
agiplan; integrale Bauplanung; Kommunikationszentrum: 2003; 210; Ruhr/Süd E16
AGL-Krefeld; Franz-Sales-Haus, Außenanlagen: 2005; 132; Ruhr/Süd E7
agn/Niederberghaus, Paul und Partner; Kreishaus Unna, Erweiterung und Sanierung: 2006; 215; Ruhr/Ost M14
Ahlbrecht - Felix - Schröer; Architekten-ARGE; Gemeindehaus Altenhof, Umbau: 2005; 144; Ruhr/West S6
Ahlbrecht, Frank; Emschergenossenschaft, Verwaltungsgebäude: 1996 Umbau; 112; Ruhr/Süd J14
Europahaus, Umbau: 2000 Umbau; 36; Ruhr/Süd I13
Lagergebäude „Museum Ruhr“: 2009; 220; Ruhr/Süd J10
Lofts, Umbau einer Kfz-Halle: 2003; 232; Ruhr/West Q17
Musikhaus Alter Bahnhof, Umnutzung und Sanierung: 2001 Sanierung; 88; Ruhr/Süd J4
Polizeipräsidium, Erweiterung: 2007; 269; Ruhr/Süd F6
Sport- und Gesundheitshaus: 1998 Umbau und Sanierung; 394; Ruhr/Süd C7
Tanz- und Musikhaus, ehem. Bahnhof: 2000; 337; Ruhr/Süd I6
Zeche Vereinigte Helene-Amalie, ehem.; Waschkaue: 2003 Umbau; 590; Ruhr/Süd D5
Ahlbrecht, Frank/Scheidt Architekten; Haus der Essener Geschichte: 2010; 167; Ruhr/Süd I13
Aichele, Manfred/Fiedler, Wolfgang/Heller, Wolfgang/Weinmann, Fritz; Eissporthalle Revierpark Wischlingen: 1982; 44; Ruhr/Ost O4
Aichele, Manfred/Fiedler, Wolfgang/Weinmann, Fritz; Kemnader Stausee, Freizeit-Bad Heveney: 1986; 108; Ruhr/Süd M7
Revierpark Wischlingen: 1979; 154; Ruhr/Ost O4
Aicher, Otl; Künstler; Wassertürme West 1 und West 2: Farbgestaltung; 508; Ruhr/Nord L12
AJF/Anin, Jeromin, Fitilidis & Partner; Gelsenwasser AG, Hauptverwaltung: 2006; 142; Ruhr/Nord P9
Look Up Design Agentur: 1999; 130; Ruhr/Nord P10
Akkurt, Mevlüt/Akkurt, Mustafa; Wasserturm Hochfeld: 2007 Umbau; 503; Ruhr/West Q12
Allbau AG; Spielpark Dilldorfer Höhe: 2004; 310; Ruhr/Süd H8
Allerkamp + Niehaus; Kulturzentrum: 1976; 116; Ruhr/Nord Q14
Allerkamp, Franz; Ferrostahl-Hochhaus: 1954; 41; Ruhr/Süd I13
Allgemeine Speditions Gesellschaft; Speicher Allgemeine: 1937; 41; Ruhr/West R2
Allinger, Gustav; Hauptfriedhof, Garten- und Landschaftsplanung: 1926 Landschaftsarchitektur; 72; Ruhr/Ost O9
Hauptfriedhof, Trauerhalle und Krematorium: 1926; 180; Ruhr/Ost O8
Waldfriedhof Bladenhorst: 1925; 493; Ruhr/Nord O16
Amort, Mick; Penthouse auf dem Hochbunker: 2007; 259; Ruhr/Ost E15

Amt für Wasser und Abfallwirtschaft; staatl.; Blankensteiner Ruhrschleuse: 1806; 1
Ruhr/Süd N5
Amt Wanne; Feuerwehrgerätehaus: 1906; 127; Ruhr/Nord Q12
Anders, Clemens; Bereitschaftssiedlung der Chemischen Werke Hüls: 1943; 3;
Ruhr/Nord F8
Anders, Karl; Eisenbahner-Siedlung Wedau: 1915; 109; Ruhr/West R13
Anding Architekten; Pfarrheim, Erweiterung: 2007; 260; Ruhr/Süd M9
Angelis, Reinhard; Voswinckelshof, Museum: 1999; 209; Ruhr/West H13
Zinkwalzwerk Altenberg, Umbau: 1994; 241; Ruhr/West N1
Anstalt Bethel; Baubüro; Gemeindehaus, evang.: 1905; 154; Ruhr/West P2
Arbos Landschaftsarchitekten/Bava, H., Pridik und Freese; Emscherbruch,
Landschaftspark: 2008; 109; Ruhr/Nord O11
Arbos Landschaftsarchitekten/Greis, Günter/Köster, Peter/Metzger, Kai;
Ewaldpromenade: 2006; 118; Ruhr/Nord O11
Archifactory.de; Apartment Building: 2005; 11; Ruhr/Ost Q7
Einfamilienhaus: 2009; 81; Ruhr/Süd E14
Einfamilienhaus Ebeling: 2002; 86; Ruhr/Ost Q5
Icecube; Wasserdruck-Anpassungsanlage: 2007; 182; Ruhr/Süd D14
J-House: 2008; 190; Ruhr/Ost R8
Polytec Thelen: 2008; 271; Ruhr/Süd D16
Suite Beam: 2007; 335; Ruhr/Süd E13
Villa 57+: 2004; 360; Ruhr/Ost R6
architektur anders; Zeche Hasenwinkel; Maschinenhalle, ehem.; Restaurierung: 199
237; Ruhr/Süd F12
Architekturatelier 13; St. Johannes-Baptist; Pfarrkirche, kath.: 1992 Gemeindehaus;
109; Ruhr/Süd O14
Archplan/Gryczan-Wiese, Willi/Leuters, Bernd; Gesunde Lebensmittel im Seseke
Landschaftspark: 1988; 74; Ruhr/Ost G8
Ökologiestation „Schulze-Heil": 1993; 146; Ruhr/Ost G8
Arenbergsche Aktiengesellschaft für Bergbau und Hüttenbetriebe; Kolonie Ebel,
Bergarbeitersiedlung: 1907; 246; Ruhr/Nord R4
Arns, Walter/Buderus, Louis jun.; Grundschule Hustadt: 1970; 78; Ruhr/Süd E15
Maisonette-Mietswohnhaus: 1968; 119; Ruhr/Süd D15
Arns, Walter/Buderus, Louis jun./Rupprecht, A.; Friedenskirche, evang.: 1969; 56;
Ruhr/Süd J15
Michael-Kirche, evang.: 1068; 143; Ruhr/Süd D17
Auer & Weber; Festspielhaus: 1998 Umbau; 42; Ruhr/Nord L13
Wohnungsbau: 1998; 233; Ruhr/West R2
August Klönne; Fa.; Ruhrviadukt: 1916; 364; Ruhr/Süd M9
Wasserturm Lanstroper Ei: 1905; 504; Ruhr/Ost L9
August-Thyssen-Hütte; Baubüro; Vierlindenhof-Siedlung: 1925; 462; Ruhr/West I
aus der Wiesche, Heinrich; Wohnhaus Sandstraße: 1960; 219; Ruhr/West S6
Baare, Friedrich; Villa Baare: 1904 Erweiterung; 131; Ruhr/Süd D12
Badewitz/Repton/Krupp, Alfred; Villa Hügel, Parkanlage : 1873; 137; Ruhr/Süd G
Badura, Ralf; Architekturbüro; St. Laurentius; Pfarrkirche, Umgestaltung: 2008; 31
Ruhr/Nord B4
Bagdons, Friedrich; Kaiser-Wilhelm-Denkmal: 1935 Baustil ersetzt; 226; Ruhr/Ost
Bagusat, Hans Jürgen; Bauherr; Wohnhaus am Schultenberg: 1970er; 255;
Ruhr/West Q16
Bahl & Partner; Bürohaus Innenhafen: 2002; 53; Ruhr/West R2
Dienstleistungszentrum Minister Stein: 2000; 67; Ruhr/Ost M6
Hitachi Power Europe; Bürogebäude: 2007; 175; Ruhr/West R2
Speicher Allgemeine: 1999 Umbau; 41; Ruhr/West R2
Verwaltungsgebäude: 2006; 356; Ruhr/West R2
Bahlo/Köhnke/Stosberg; BVZ mit Rathaus-Center-Bochum: 1982; 28; Ruhr/Süd
Bähr, Rolf/Gansfort, Karl Heinz; Reihenhauseigenheime: 1979; 146; Ruhr/West S
Wohnhaus Oemberg: 1963; 218; Ruhr/West R15
Bakema und van den Broek; Marlkasten: 1961; 110; Ruhr/Nord G8
Rathaus: 1961; 138; Ruhr/Nord G8
Baldus, Martin; Verwaltungsbau: 1998; 205; Ruhr/Süd P16
Balke, Klaus; Künstler; Christus König; Pfarrkirche, kath. mit Pfarrhaus: 1996 Kunst
Bau; 74; Ruhr/Nord N5
Baller, Inken; Das Dorf, Siedlung: 1993; 32; Ruhr/West S15
Balzer, Willi H.; Freibadanlage: 1984; 54; Ruhr/Nord M11
Band, Karl; Regierungsbaumeister; St. Theresien; Pfarrkirche: 1960; 173; Ruhr/Nord
Bantzky, Franz/Renges, Martin; Fachhochschule Bergbau: 1897 zerstörter Urspru
bau; 38; Ruhr/Süd H15
Banz; Hochbauamt Witten; Crengeldanz Gartenstadt: 1913; 82; Ruhr/Süd L9

Barmer Wasserwerk; Bauabteilung; Wasserturm Loh: 1900; 505; Ruhr/Süd Q10
Baron von Engelhardt, Walter; Kurpark Raffelberg: 1908; 265; Ruhr/West O14
Bartmann, Heinrich; Mark-E, Verwaltungsgebäude; vormals Elektromark: 1954; 107; Ruhr/Süd Q14
Bartning, Otto; Auferstehungskirche, evang.: 1930; 23; Ruhr/Süd I14
Notkirche, evang.: 1947; 125; Ruhr/Süd C13
Paul-Gerhardt-Kirche, evang.: 1950; 129; Ruhr/Ost T17
Bartning, Otto/Dörzbach, Otto; Erlöserkirche; Kirchengemeinde, evang.: 1957; 33; Ruhr/Nord G7
Bassenge/Puhan-Schulz/Schreck/Hansen/Koch/Thielcke + Burbaum; Gesamtschule: 1978; 66; Ruhr/Nord H8
Bassenge/Puhan-Schulz und Partner; Sonderschule für geistig behinderte Kinder: 1982; 182; Ruhr/Nord L10
Bassenge, Jan C./Puhan-Schulz, Kay/Schreck, Hasso; Gesamtschule: 1976; 67; Ruhr/Nord M11
Basta; Mietwohnungen: 1998; 140; Ruhr/Ost N3
Bastian, Peter; Architekten; St. Josef, Pfarrheim: 2006; 314; Ruhr/Nord N11
BATHE + REBER; Architekten; Doppelhaus, Modernisierung und Erweiterung: 2007; 72; Ruhr/Ost O8
Kindertagesstätte: 2004; 199; Ruhr/Süd E13
Philipp-Nicolai-Kirche, Umbau: 2008; 262; Ruhr/Süd O14
Wohnaus Marek, Anbau: 2006; 390; Ruhr/Ost O7
Bauabteilung, Gelsenwasser; Wasserwerk Haltern: 1907; 509; Ruhr/Nord C11
Bauabteilung, Gewerkschaft Auguste Viktoria; Bergarbeitersiedlung: 1909 - 1912; 34; Ruhr/Nord F9
Zeche Auguste Victoria 3/7, Rohkohlenmischhalle: 1980; 261; Ruhr/Nord E8
Bauabteilung, Gewerkschaft Viktor; Ickern-End-Kolonie: 1914; 213; Ruhr/Nord M18
Bauabteilung, IG Farben; Bereitschaftssiedlung: 1942; 2; Ruhr/Nord F8
Bauabteilung, Zeche Erin; Bergbeamtenhaus: 1910; 36; Ruhr/Nord P18
Bauabteilung, Zeche Fürst Leopold; Zeche Fürst Leopold, Lohnhalle: 1916; 566; Ruhr/Nord F4
Zeche Fürst Leopold, Maschinenhaus: 1912; 567; Ruhr/Nord F4
Bauer, Elke/Cramer, Margret/Gärtner, Klaus/Günther, Monika/Kahlhofer, Karin/Kassel, Hermann/Niehusmann, Frank/Banf, Gudrun/Schläger, Christoph; Bladenhorst, Landschaft: 1996 Kunst am Bau; 19; Ruhr/Nord N17
Bauerbaum; Stadtgarten Bottrop: 1921; 417; Ruhr/Nord Q3
Baufrösche; Traumhaus: 1997; 200; Ruhr/West L15
Baumeister, Ewald; Büro- und Geschäftshaus: 1974; 27; Ruhr/Nord C17
Baumewerd, D. G./Hannich, Triet + Braun; Zentrum der kath. Studentengemeinde Dortmund: 1982; 266; Ruhr/Ost P5
Baumgarten, Paul; Berger-Denkmal: 1904; 37; Ruhr/Süd M10
Baur, Ludwig; Künstler; St. Agatha; Pfarrkirche: 1952 Kunst am Bau; 156; Ruhr/Nord G3
St. Barbara; Pfarrkirche, kath.: 1959 Kunst am Bau; 161; Ruhr/West Q10
St. Laurentius; Pfarrkirche, kath.: 1959 Kunst am Bau; 169; Ruhr/Nord Q7
St. Ludgerus; Pfarrkirche: 1965 Kunst am Bau; 406; Ruhr/Nord Q3
BauWerk Architekten; Einfamilienwohnhaus: 2006; 97; Ruhr/Ost P8
BDA Arbeitsgruppe Gelsenkirchen/Drengwitz/Eising/Glasmeier/Halfmann/Wittig; Wohnbebauung am Musiktheater: 1984; 252; Ruhr/Nord B17
Beck; Bergwerksdirektion, ehem.: 1907; 45; Ruhr/Nord A13
Becker, Ludwig; Behördenviertel und Rathausbereich Bottrop: 1916; 30; Ruhr/Nord Q4
St. Maria Magdalena; Kirche, kath.: 1927; 409; Ruhr/Süd D11
Becker, Rolf/Harth, Silvia - Architektur und Stadtplanung; Nachbarschaftshaus Schüngelberg: 2005; 246; Ruhr/Nord O8
Beckmann; Bergarbeitersiedlung: 1929; 35; Ruhr/Nord L16
Behnes/Reichsbahnoberrat; Kreinberg-Siedlung: 1937; 97; Ruhr/Ost R10
Behrens, Heinrich; Pauluskirche, evang.: 1906; 319; Ruhr/West M14
Behrens, Ludwig; Fachhochschule Bergbau: 1962 Wiederaufbau; 38; Ruhr/Süd H15
Behrens, Peter; Friedhof Delstern, Krematorium: 1907; 142; Ruhr/Süd R15
Gutehoffnungshütte, Zentrallager und Verwaltung 3: 1925; 172; Ruhr/West L15
Haus Cuno: 1908; 183; Ruhr/Süd Q15
Haus Goedecke, ehem.: 1912; 191; Ruhr/Süd Q15
Behrens, Peter/van de Velde, Henry; Haus Schede: 1904 Innenraumgestaltung; 91; Ruhr/Süd O11
Beier + Partner; Kreishaus Recklinghausen: 1980; 115; Ruhr/Nord M13
Beilmann + Seitz Architekten; Wohn- und Bürohaus: 2007; 377; Ruhr/Süd J16
Bellmann; Bauabteilung; Zeche Zweckel, Machinenhalle: 1910; 598; Ruhr/Nord M5
Bellwinkel, Dirk; Reihenhäuser: 1976; 149; Ruhr/Nord C6

Benthem & Crouwel/Benthem, Jan/Crouwel, Mels; Deutsches Bergbaumuseum, Erweiterungsbau: 2010; 65; Ruhr/Süd H16
Berg, G./Koehler, H.; Schulzentrum Gerthe: 1977; 177; Ruhr/Süd A15
Berger, Carl Ludwig; Stahlunternehmer; Villa Berger: 1839; 269; Ruhr/Süd M9
Bergmann, F. A./Grothe, F.; Wohnanlage Freigrafendamm: 1931; 529; Ruhr/Süd J1
Bergmann, Horst; Bürogebäude Bungalow/Atelierhaus: 1963 Altbau; 15; Ruhr/Süd R
Bergmannssiedlung Hamm; Bauabteilung; Rünthe-West-Siedlung: 1927; 365; Ruhr/Ost G9
Bergstermann + Dutzak; Architekten Stadtplaner; Kaufhaus Ansons: 2006; 196; Ruhr/Ost R16
Bernards, Siegfried/Borss, Peter/Klapheck, Hermann; Dr. + Partner/Leder, Jürgen Borss, Peter/PRO FUTURE Jansen, Oliver/Sauer Scholta, Annette/Soltau Architekten/Sommer, Ursula/Walter, Michael/Wende,Bernd; Weiße Villen im Park: 2008; 369; Ruhr/Nord L12
Berndt; Teutoburgia-Siedlung : 1909 - 1924; 441; Ruhr/Nord P16
Berning, Erwin; Atriumhäuser: 1971; 11; Ruhr/Süd J4
Bette, Nikolaus; Künstler; Heilige Familie; Kirche, kath.: 1974 Kunst am Bau; 80; Ruhr/Süd E13
St. Nikolaus; Pfarrkirche, kath.: 1975 Kunst am Bau; 413; Ruhr/Süd C7
Betz, Günter; Wohn- und Bürogebäude: 1976; 248; Ruhr/Nord M13
bhp/Brüchner-Hüttemann-Pasch; Architekten + Ingenieure; Glockenturm: 2003; 152; Ruhr/Ost R10
Biefang, Hans A.; Arenberg, Gründerzentrum und Gewerbestandort: 1996; 12; Ruhr/Nord Q5
Zeche Arenberg, Lohnhalle/Waschkaue; Umbau: 1999; 235; Ruhr/Nord Q5
Bienen, Hildegard; Künstlerin; Heilig Geist; Kirche, kath.: 1981 Kunst am Bau; 89; Ruhr/West P17
St.-Elisabeth-Hospital, Schwesternwohnheim: 1970 Kunst am Bau; 213; Ruhr/Süd I16
Billing, Hermann; Friedrich-Ebert-Brücke: 1907; 143; Ruhr/West P1
Friedrich-Ebert-Brücke, Brückentürme : 1907; 144; Ruhr/West P1
Bimberg; Elmos AG, Außenanlagen: 2002; 107; Ruhr/Ost P4
Wohn- und Pflegezentrum „St. Josef", Außenanlagen: 2003; 382; Ruhr/Ost L8
Binnehauch; Arztvilla mit Praxisräumen: 1908; 22; Ruhr/Ost A6
Birker und Wurster; Stadtteilhaus Vorhalle: 2003; 327; Ruhr/Süd P12
Birker und Wurster/Baumewerd, D.G./Gantert, R.; Arcadeon: 2000; 12; Ruhr/Süd
Birschel; Familie; Birschelsmühle: 1902; 50; Ruhr/Süd O3
bkp Planung; Stadtsparkasse Hagen, Schalterhalle: 2006; 325; Ruhr/Süd Q14
Stadtsparkasse Oberhausen; Umbau: 2007 Inneneinrichtung Restaurant Opge Rhein; 326; Ruhr/West O1
BKR Architekten; Brüning, Klapp, Rein; Schloss Borbeck; Umbau: 2006 Umbau un Sanierung; 294; Ruhr/Süd D4
Blanck, Gunvar; Einkaufshof in Mülheim-Saarn: 2003; 105; Ruhr/West Q15
Glockenturm: 2007; 151; Ruhr/West S15
Saarner Äu: 2002; 290; Ruhr/West Q15
Blecken, Heinrich; Tausendfensterhaus: 1923; 439; Ruhr/West P2
Bleckmann, Conrad und Heinrich; Kolonie, alt: 1925; 245; Ruhr/West O5
Blohm; Knappschaftskrankenhaus, altes: 1906; 241; Ruhr/Nord A13
Blome, Jens; Unser Fritz 2/3, Künstlerzeche: 2002; 354; Ruhr/Nord P11
Blum; Zeche Matthias Stinnes 3/4: 1905; 572; Ruhr/Nord P6
Bo, Jorgen/Wohlert, Vilhelm; Gustav-Lübcke-Museum: 1993; 73; Ruhr/Ost E15
Museum Bochum: 1983; 130; Ruhr/Süd I16
Bochum; Bauverwaltung, städt./Spannmacher, Sepp; Volksschule: 1928; 488; Ruhr/Süd B13
Bochum; Bauverwaltung, städt./Timmermann, H./Seidensticker Wilhelm; Dr.; Zentral-Friedhof Freigrafendamm: 1936; 58; Ruhr/Süd I18
Bochum; Hochbauamt; Ruhr-Stadion Bochum: 1979; 157; Ruhr/Süd H17
Bochumer Verein; Bauabteilung; Villa Baare: 1888; 131; Ruhr/Süd D12
Wasserhochbehälter an der Jahrhunderthalle: 1903; 497; Ruhr/Süd C13
Bockemühl, Gundolf; Hibernia-Schule: 1963; 85; Ruhr/Nord Q13
Johanneskirche: 1967; 104; Ruhr/Süd J17
Bode, Ernst; Baedekerhaus: 1929; 25; Ruhr/Süd I13
Blumhaus: 1925; 57; Ruhr/Süd I13
Glückauf-Haus: 1922; 165; Ruhr/Süd J13
Bofinger, Helge; Antennenträger: 1992 Architektur; 10; Ruhr/Ost M8
Böge Lindner Architekten; Feuer- und Rettungswache: 2006; 124; Ruhr/Nord O9
Böhm, Dominikus; Heilig-Geist-Kirche, kath.: 1955; 81; Ruhr/Süd Q15
Herz-Jesu-Kirche: 1942; 21; Ruhr/Nord D3

St. Engelbert; Pfarrkirche, kath.: 1936; 44; Ruhr/Süd J13
Böhm, Gottfried; Heilig Geist; Kirche, kath.: 1957; 78; Ruhr/Süd I11
Kettwig Auf der Höhe, Gemeindezentrum: 1983; 109; Ruhr/Süd I4
St. Albertus Magnus; Kirche, kath.: 1064; 220; Ruhr/Süd D14
Stadthaus: 1981; 203; Ruhr/West I8
Thomas Morus; Pfarrzentrum: 1966; 222; Ruhr/Nord S11
Unsere Lieb Frau; Klosterkirche: 1957; 128; Ruhr/West O2
Böhm, Peter; Bürgerhaus: 1993; 23; Ruhr/Ost D3
Böll, Aloys; Liebfrauenkirche, kath.: 1915; 276; Ruhr/West L11
Böll, Heinrich; Hauptbahnhof Bochum, Platzgestaltung: 2008; 160; Ruhr/Süd I16
Villa Hügel: 2007 Sanierung kleines Haus; 136; Ruhr/Süd G6
Zeche Carl, Malakowturm; Kulturzentrum: 2002 Umnutzung und Sanierung; 165; Ruhr/Süd B6
Böll, Heinrich/Krabel, Hans; Kabakov Ausstellung: 2001; 194; Ruhr/Süd J10
Red Dot Design Museum: 1996 Umnutzung und Sanierung; 158; Ruhr/Süd C7
Zeche Fritz Heinrich, Umbau zum Büro- und Ateliergebäude: 1997 Umnutzung und Sanierung; 236; Ruhr/Süd B6
Zeche Rheinelbe, Sanierung: 1999 Umbau und Sanierung; 178; Ruhr/Nord S10
Zeche Zollverein Schacht 12: 1998 Sanierung; 596; Ruhr/Süd C7
Zeche Zollverein Schacht 12, Kohlenwäsche: 2007 Umnutzung und Sanierung; 421; Ruhr/Süd C7
Zollverein School: 2007 Realisation; 428; Ruhr/Süd C8
Böll, Heinrich/Krabel, Hans/Lottermoser, D; Umnutzung des Maschinenhauses zum Museum und Transportzentrum: 2000 Umbau; 351; Ruhr/Nord O12
Böll, Heinrich/Krabel, Hans/Lüke, Wigbert; Zeche Carl; Fördermaschinenhaus: 1996 Umbau und Sanierung; 162; Ruhr/Süd B6
Bolle & Licker; Am Gardenkamp, Wohnpark: 2001; 8; Ruhr/Ost Q4
Bolles + Wilson; Dieze; Dienstleistungszentrum: 1997; 41; Ruhr/Nord P17
Bonatz, Paul; Eickhoff; Verwaltung: 1939; 12; Ruhr/Süd D14
Villa E.: 1928; 469; Ruhr/Süd D14
Bongard/Zechenbaumeister; Zeche Bonifacius: 1905; 558; Ruhr/Süd D9
Bongartz, Otto; St. Agatha; Pfarrkirche: 1952; 156; Ruhr/Nord G3
St. Vinzenz; Pfarrkirche, kath.: 1951 Wiederaufbau; 254; Ruhr/West H13
Böniger, Theodor; Immanuel-Kant-Park: 1910; 215; Ruhr/West S2
Boniver, Denis; Auferstehungskirche: 1961; 5; Ruhr/Nord G8
Friedenskirche: 1959; 48; Ruhr/Nord A16
Petrikirche, evang.: 1958 Wiederaufbau; 153; Ruhr/West S6
Saarner Dorfkirche: 1963 Erweiterung um Sakristei; 167; Ruhr/West Q16
Borgemeister, Johann Wilhelm; Borgemeister; Wohn- und Packhaus, ehem.: 1787; 21; Ruhr/West P2
Bormann, Jan; Halde Brockenscheidt/Spurwerkturm: 2000; 77; Ruhr/Ost B6
Halde Schwerin: 1993 Kunst am Bau; 81; Ruhr/Nord P18
Börner, Hermann/Börner, Christine; Einfamilienhaus: 1971; 39; Ruhr/Nord C6
Zweifamilienhaus in der Reihe: 1971; 268; Ruhr/Nord C6
Bosch und Partner; Westfälisches Industriemuseum Zeche Hannover, Freianlagen : 1993 - 2004; 371; Ruhr/Süd B12
Botta, Mario; Stadt- und Landesbibliothek: 1999; 179; Ruhr/Ost R16
Bottrop, Gemeinde; Gebäude der städtischen Berufsschule: 1929; 152; Ruhr/Nord Q4
Bovensiepen; Baumeister; Christuskirche, evang.: 1893; 28; Ruhr/Süd H9
Bovensiepen, Wilhelm; Villa Gustav Lohmann: 1865; 135; Ruhr/Süd M9
Boyer und Schulze Landschaftsarchitekten/Schulze, Klaus; Businesspark Niederrhein: 2000; 57; Ruhr/West P10
Brackhagen/Pohl, Strey, Rogge; Hauptbahnhof Lünen, Vorplatz: 1999; 86; Ruhr/Ost H5
Brahm/Baumeister; Windmühle: 1822; 288; Ruhr/West H14
Brandenburg; Mühlenhof Breckerfeld: 1846 Brandenburg; 87; Ruhr/Süd S6
Brandhoff; Nordmarkt: 1909; 307; Ruhr/Ost N6
Brandi, Ahlbrecht; Gelsenwasser AG, Hauptverwaltung : 1960er Hauptverwaltung, heute völlig umgebaut; 64; Ruhr/Nord P9
Brandt, Andreas/Böttcher, Rudolph; Stadthalle: 1983; 201; Ruhr/Ost M14
Braun, Voigt und Partner; Kontorhaus Innenhafen; Lehnkering-Speicher, ehem.: 1994 Umnutzung und Sanierung; 115; Ruhr/West R1
Breidenhoff; Kreisbauinspektion; Amtsgericht Langendreer: 1912; 15; Ruhr/Süd D17
Breker, Arno; Gerling Verwaltungsgebäude: 1956; 57; Ruhr/Süd Q14
Brettschneider, Hartwig; Wagenhalle der Hagener Straßenbahn AG, ehem.: 1990er Restaurierung; 491; Ruhr/Süd P13
Breuer, W.; Wohn- und Geschäftshaus: 1906; 521; Ruhr/Nord P14
Breuhaus, Fritz August; Carolinenhof (heute: Clubhaus): 1924; 69; Ruhr/Süd B14
Vierlindenhof-Siedlung: 1925; 462; Ruhr/West I13

Brocker, Wilhelm; St.-Johannes-Hospital: 1928; 435; Ruhr/West L12
Brockmann, Ernst Friedrich/Lichtenhahn, Gerd; Grugahalle: 1958; 65; Ruhr/Süd F
Brosk, Rüdiger; CEAG-Gelände: 1998; 27; Ruhr/Ost N6
Brosk, Rüdiger/Post, Norbert/Welters, Hartmut; Gartensiedlung Herdecke: 2002; 141; Ruhr/Süd N12
Wohnbebauung am Tremoniapark, Außenanlagen: 2006; 396; Ruhr/Ost T15
BRT/Bothe Richter Teherani; Architekten; BP-Zentrale Bochum: 2005; 32; Ruhr/Süd J16
H2 Office: 2004; 181; Ruhr/West R2
Bruckhoff, Detlev/Gehrke, Andreas; Johanneskirche: 2014 denkmalgerechte Sanierung; 104; Ruhr/Süd J17
Bruckhoff, Detlev/Schlecht, Sebastian; LichtKunstTor 2: 2009 Planung und Realisation; 228; Ruhr/Süd J15
Bruens, Heinz/Zeiler, Carl; Hustadtring, Eigentumswohnanlage: 1972; 100; Ruhr/Süd D16
Steinkuhl; Terrassenwohnanlage: 1981; 212; Ruhr/Süd D15
Brüggemann; Einfamilienhaus mit Zahnarztpraxis: 1925; 107; Ruhr/Nord S9
Einfamilienhaus mit Zahnarztpraxis: 1929 Erweiterung; 107; Ruhr/Nord S9
Brune + Partner; Steeler City-Center: 1980; 211; Ruhr/Süd E9
Brune, Walter; Arcandor Hauptverwaltung, ehem. Karstadt AG.: 1969; 10; Ruhr/Süd
Brüren/Kaes/Stadtbauamt Gladbeck; Mehrfamilienhaus: 1924; 294; Ruhr/Nord C
BS Architekten; Bürogebäude Bungalow/Atelierhaus: 1999 Neubau; 15; Ruhr/Süd F
Bucerius; Lichtburg: 1928; 275; Ruhr/Süd I13
Bucerius & Kleemann; Hochtief-Haus: 1938; 23; Ruhr/Süd J13
Buchloh, Fritz; Wohnhaus Schlossberg: 1989 Umbau und Sanierung; 158; Ruhr/West
Buchmann, Heinz; Heilig Geist; Kirche, kath.: 1960; 79; Ruhr/West H14
St. Ludgerus; Pfarrkirche, kath.: 1962; 170; Ruhr/West J13
Bücker & Gussek; Waschkaue, Erweiterung: 2002; 366; Ruhr/Ost J9
Buderus jun., Louis; Ümminger Feld; Mietwohnanlage: 1978; 230; Ruhr/Süd D16
Buderus sen., Louis; Wohn- und Geschäftshaus: 1950; 214; Ruhr/Süd J16
Buderus sen., Louis/Dustmann, Hanns/Arns, Walter; Hustadt: 1965; 86; Ruhr/Süd I
Bukowski, Manfred; Architekturbüro; Volksbank Haltern eG, Hauptstelle: 2003; 3 Ruhr/Nord B11
Bunse, W.+ F.; Riekenhaus: 1955; 146; Ruhr/West S5
Burbaum, Marschall, Thielcke; Hallenbad: 1964; 67; Ruhr/Nord G8
Bürgerinitiative; Christuskirche, evang.: 1968 Wiederaufbau; Kirchdächer; 27; Ruhr/Süd R1
Rohrmeisterei Schwerte: 2003 Umbau; 99; Ruhr/Ost S10
Zeche Auguste Victoria, Schacht 4/5: 2005 Umbau zum Museum; 556; Ruhr/Nord G8
Bürgerinitiative; unterschiedliche Architekten; Königsborn Christuskirche: 1981 denkmalgerechte Sanierung; 252; Ruhr/Ost M13
Bürgerverein; Jungbornpark: 1900; 223; Ruhr/West M6
Burghartz, E. A./Fuss, Günter; Christus König; Gemeindezentrum, kath.: 1977; 30; Ruhr/Süd G5
Büro für Architektur und Form; Haus der Siedler, Erweiterung: 2004; 168; Ruhr/Ost
Buß und Klein und Partner; Zeche Rheinpreußen 5/9, Eurotec Technologiepark: 1 Umnutzung; 180; Ruhr/West M7
Buschulte, Wilhelm; Künstler; Marienkirche; Pfarrkirche, kath.: 1958 Kunst am Bau 83; Ruhr/Süd L9
St. Maria Heimsuchung; Pfarrkirche: 1981 Kunst am Bau; 408; Ruhr/Nord L10
St. Peter: 1986 Kunst am Bau; 245; Ruhr/Nord A14
büsing van wickeren architekten; Ganztagsschule, offen, Erweiterung: 2008; 140; Ruhr/Ost N8
Busmann + Haberer; Philharmonie, ehem. Saalbau: 2005 Umbau und Sanierung; 3 Ruhr/Süd J13
Busse, Ferdinand; Land- und Kreisgericht, ehem.: 1866; 78; Ruhr/Süd Q14
Bussmann, Volker; Haus der Wirtschaft, Sanierung: 2007 Sanierung; 186; Ruhr/West O16
Terrassenhaus „Am Hang": 1980; 219; Ruhr/West Q15
Chaix et Morel/JSWD Architekten; Thyssen Krupp Hauptverwaltung: 2009; 340; Ruhr/Süd H12
Chamier von, Wolfgang; Heilige Dreifaltigkeit, Gemeindezentrum: 1978; 90; Ruhr/Süd E10
Chapmann & Tyler/Brune; RAG-Haus: 1999; 156; Ruhr/Süd I13
Chemische Werke Hüls; Bauabteilung; Chemiepark Marl: 1938; 8; Ruhr/Nord F8
Chipperfield, David; Erweiterungsbau Folkwang: 2010; 113; Ruhr/Süd J13
Christ, Wolfgang; Tetraeder, „Haldenereignis Emscherblick": 1996; 196; Ruhr/Nord

Christfreund und Mihsler; Architekten; CONVENIO Altenzentrum: 1995; 30; Ruhr/Nord B18
Synagoge: 2007; 336; Ruhr/Nord B17
Christian Schramm + Uwe Schramm; Fachhochschule Gelsenkirchen: 1998; 52; Ruhr/Nord N7
City in Action/Bruckhoff, Detlev/Büttner, Lars/Gehrke, Dirk/Kuklinski, Kerstin/Kuklinski, Niki/Pasalk, Julia/Schlecht, Sebastian/Steinborn, Simone/Weissenberg, Jens; LichtKunstTor 2: 2006 Entwurf und Bürgerbeteiligung; 228; Ruhr/Süd J15
Claas/Flinkerbusch/Krug/van der Minde, Bernhard/Romberg; Karl-Ernst-Osthaus-Museum: 1974 Anbau; 227; Ruhr/Süd Q14
Claren; Baurat/Behrendt; Regierungsbaumeister; Landesoberbergamt: 1910; 267; Ruhr/Ost S18
clubL94; Klöcknerhaus: 2004; 207; Ruhr/West S3
Mont-Cenis-Park: 2007; 239; Ruhr/Nord P15
Mont-Cenis-Platz: 2007; 240; Ruhr/Nord P15
Universitätsklinikum Essen, Innenhof: 2004; 353; Ruhr/Süd F6
Coers, K./Glaesel, E.; Westfalenpark Dortmund: 1890; 152; Ruhr/Ost T17
Colani, Luigi; Designer; Zeche Minister Achenbach, Schacht 4, LÜNTEC-Tower: 1995; 238; Ruhr/Ost I2
Colombo, Karl; Liebfrauenstift: 1914; 278; Ruhr/Nord B17
Concordia Bergbau AG.; Zeche Concordia, Direktorenvilla: 1897; 166; Ruhr/West N2
Conle, Gebrüder; ECA-Siedlung: 1954; 23; Ruhr/Nord G7
Ledigenheim und Schwesternheim: 1953; 102; Ruhr/Nord G9
Wohnhaus am Böninger Park: 1950; 217; Ruhr/West T2
Conradi, Carl; Regierungsbaumeister; Huyssen-Stiftung; Evangelisches Krankenhaus: 1937; 27; Ruhr/Süd J14
Corneliussen, Andreas; Wohnhaus: 1998 Umbau und Sanierung; 224; Ruhr/Ost A6
Cuno, Willy; Bauherr; Cuno-Kraftwerk: 1908; 83; Ruhr/Süd N12
Czajerek, Viktor/Schnaare, Ewald; Pollmann, Warenhaus/Büro- und Hotelgebäude: 1931; 327; Ruhr/West L11
Dahmen, Wilhelm; Karlsplatz: 1890; 65; Ruhr/West P2
Damagnier; Dilldorfer Höhe: 2000; 68; Ruhr/Süd I9
Damm, Heinrich; Längsdeelen-Haus mit Fleetküche; Heimatmuseum: 1800; 130; Ruhr/Süd D10
Danielzik, Karl Heinz/Leuchter, Reiner; Brückenplatz: 2004; 35; Ruhr/West T1
Gewerbepark Hibernia: 2005; 149; Ruhr/Nord Q13
Pauluskirchplatz: 2004; 257; Ruhr/West T1
Platz an der alten Feuerwache: 2007; 266; Ruhr/West T1
Dansard - Kaleborn + Partner; Rheinisch-Westfälische Berufsschule für Hörgeschädigte: 1978; 155; Ruhr/Süd E5
de Bodt, Jan; Berliner Tor: 1722; 17; Ruhr/West C9
Zitadelle Wesel: 1718 Erweiterung; 295; Ruhr/West C9
de Corbin, F.R. Johann; Zitadelle Wesel: 1687; 295; Ruhr/West C9
de Graaff, Wilhelm; Künstler; Heilige Familie; Kirche, kath.: 1959 Kunst am Bau; 80; Ruhr/Süd E13
Rathaus Oberhausen: 1954 Kunst am Bau; 349; Ruhr/West N2
St. Dionysius; Pfarrkirche, kath.: 1956 Kunst am Bau; 225; Ruhr/West T9
St. Mauritius; Kirche, kath.: 1959 Kunst am Bau; 243; Ruhr/Süd O2
de Suyr, Henrik + Sohn/Pothast, Bernd; St. Peter und Paul; Probsteikirche: 1524; 250; Ruhr/Süd I16
DEGENER Architekten; Büro- und Geschäftshaus: 2006; 39; Ruhr/Ost P7
Ladenzeile an der Ruhr-Universität: 1998; 120; Ruhr/Süd E15
Showroom, Büro, Schreinerei: 1999; 175; Ruhr/Ost P3
Tiefgarageneingang: 2007; 341; Ruhr/Ost S17
Wohn- und Geschäftshaus: 2007; 379; Ruhr/Süd J18
Degener, J.; Reinoldikirche, evang.: 1701 Erweiterung; 164; Ruhr/Ost R17
Deilmann, Harald; Aalto-Theater: 1988 Realisation; 1; Ruhr/Süd J13
Einfamilienhaus: 1972; 37; Ruhr/Nord L12
Gelsenwasser AG, Hauptverwaltung : 1979 - 1989; 64; Ruhr/Nord P9
Gerhart-Hauptmann-Schule: 1961; 56; Ruhr/Nord F3
Haus der Erwachsenenbildung: 1972; 86; Ruhr/Nord B16
Metallberufsschule: 1965; 114; Ruhr/Nord B16
Spielbank Hohensyburg: 1985; 184; Ruhr/Ost T7
Tausendfensterhaus: 1996 Umbau und Sanierung; 439; Ruhr/West P2
Westdeutsche Landesbank und Dresdner Bank: 1978; 245; Ruhr/Ost R16
Delius + Kallisch; Kultur- und Freizeitzentrum „Depot": 1985 Umbau zum Kulturzentrum; 263; Ruhr/Nord A14

Villa: 1986 Sanierung; 463; Ruhr/Nord Q14
Demuth und Köhler; Wohnhauszeile: 1928; 549; Ruhr/Süd P14
Dengler; Regierungsbaumeister; Estel-Hoesch AG, Verwaltungsgebäude: 1921; 121; Ruhr/Ost O5
Denkmalpflege Bottrop; Stiftung; Zeche Prosper 2, Malakowturm: 2001 Umbau; 1… Ruhr/Nord R5
Derik - Baegert; Baugesellschaft; Schloss Ringenberg: 1995 Sanierung; 201; Ruhr/West H1
Derix, Hein; Künstler; Alte Synagoge: 1988 Kunst am Bau; 7; Ruhr/Süd I13
Kirche Werden, evang.: 1996 Kunst am Bau; 237; Ruhr/Süd H6
Deterding; Architekturbüro; Bürogebäude: 2007; 47; Ruhr/Ost M14
Deutsches Reich; Kunsthalle; städt.: 1940; 31; Ruhr/Nord A14
DEWOG Bochum; Rastebaum, Wohnanlage : 1932; 339; Ruhr/Süd P14
DGEG/Deutsche Gesellschaft für Eisenbahngeschichte; Eisenbahnmuseum Bochu… Dahlhausen: 1977 Umbau zum Museum; 110; Ruhr/Süd F10
Dietrich & Schulze, Karl; Dortmunder Actien-Brauerei: 1911 Sudhaus; 97; Ruhr/Ost…
Dietrich, Aloys; Kirche und Kloster der Karmelitinnen: 1957; 94; Ruhr/Süd M10
Dietrich, Dieter/Eller, Fritz/Hennig, Albin/Moser, Erich/Walter, Robert; Uni-Cen… 1973; 231; Ruhr/Süd E15
Dinnendahl, Franz; Bauherr; Dinnendahlsche Fabrik: 1820; 42; Ruhr/Süd F8
Dinnendahl-Benning, Trude; Künstlerin; St. Ludgerus; Pfarrkirche, kath.: 1959 Kuns… am Bau; 170; Ruhr/West J13
Diözesanbauamt; Kleffner und Stratmann; Auf dem Kalwes; Studienkolleg, kath.: 1968; 12; Ruhr/Süd E16
DKV-Bauabteilung; Ritter-Wolff/Keull; Filial Direktion DKV: 1978; 49; Ruhr/Süd I1…
Döcker, R./Brenner, H.; Ruhruniversität Bochum; Energiezentrale: 1972; 161; Ruhr/Süd E16
Döhmann; Stadtgarten Herne: 1908; 419; Ruhr/Nord P15
Dohmen, Heinz; Dombaumeister; St. Mariä Geburt; Kirche: 1958 Umbau; 407; Ruhr/West S6
Döring; Villa: 2001; 358; Ruhr/Nord L12
Dörnen; Zeche Robert Müser, Schacht Arnold: 1928 Förderturm; 586; Ruhr/Süd C…
Dorsch, Johannes/Seidensticker, Wilhelm; Dr.; Grillo-Theater: 1950 veränderter Wiederaufbau; 64; Ruhr/Süd I13
Dortmunder Union Brückenbau; Zeche Gneissenau Schacht 4, Doppelbockfördergerüst: 1939; 55; Ruhr/Ost L8
Doulis, D.; Josef-Batoldus-Kindergarten, kath.: 1996; 103; Ruhr/Ost O5
Kindergarten Huckarde, evang.: 1996; 110; Ruhr/Ost N4
Drahtler, Ulrich; Artrion Dortmund: 2003; 16; Ruhr/Ost T16
RuhrCongress Bochum: 2003; 287; Ruhr/Süd H17
Drahtler, Ulrich/Architekt; August-Lenz-Haus; Geschäftshaus (Gastronomie und Fanshop): 2007; 18; Ruhr/Ost P6
Bezirksverwaltungsstelle: 2004; 29; Ruhr/Ost P7
Brückenkindertagesstätte; jüd. Kultusgemeinde: 2000; 34; Ruhr/Ost R17
Medienzentrum Dortmund der ems ag; Bürogebäude: 2000; 236; Ruhr/Ost P…
ZBT Zentrum für Brennstoffzellentechnologie; Labor- und Bürogebäude: 200… 414; Ruhr/West S4
Dratz; Planungsbüro; Sozialmedizinisches Aus- und Weiterbildungszentrum: 2002; 303; Ruhr/West L15
Drecker, Peter; Tetraeder: 1995; 195; Ruhr/Nord Q5
Volksgolfplatz Jacobi: 1998; 208; Ruhr/Nord Q2
Drecker, Peter/Koschany; Gesundheitspark Quellenbusch: 1993; 67; Ruhr/Nord R…
dreibund architekten; Ein schöner Pfad, Einfamilienhaus: 2008; 78; Ruhr/Ost Q9
Druschke + Grosser; Architektur; Radstation Duisburg: 2008; 276; Ruhr/West S3
Sparkasse Huckingen: 2006; 304; Ruhr/West S11
DSK AG/Büro Hermanns; Bergarena Halde Haniel: 1998; 16; Ruhr/Nord P2
Dtp Landschaftsarchitekten/Davids, Peter/Terfrüchte, Friedhelm; Consol Park: 2004; 62; Ruhr/Nord Q10
Gleispark Frintrop: 2000; 150; Ruhr/Süd C3
Gleispark Frintrop: 2007 Erweiterung; 150; Ruhr/Süd C3
Haus Villigst: 2007; 173; Ruhr/Ost S11
Industrieplatz Waltrop: 2007; 184; Ruhr/Ost B6
Jugendbildungsstätte St. Alfried, Parkanlage : 2005; 193; Ruhr/Süd J4
Kokerei Hansa: 2006; 208; Ruhr/Ost M4
Kokerei Hansa, Freiflächenkonzept : 2006; 209; Ruhr/Ost M4
Lindenhofsiedlung, Wohnumfeldverbesserung : 2003; 231; Ruhr/Nord P10
Maschinenhalle Zweckel, Freianlagen : 2007; 234; Ruhr/Nord M5
Mustergärten im Grugapark, Eingang : 2007; 245; Ruhr/Süd F5

Stadtpark Rolandhalde: 1998; 182; Ruhr/West N16
Stadtteilpark Gneisenau: 2008; 328; Ruhr/Ost L8
Thermoinsel: 1998; 199; Ruhr/Süd E10
Düchting und Jänisch; Althoff-Block: 1914; 10; Ruhr/Ost S15
Dudler, Max; Folkwangschule Bibliothek Erweiterung: 2010; 128; Ruhr/Süd H6
Dülfer, Martin; Stadttheater: 1912; 428; Ruhr/West S2
Dünkelberg; Ziegelei; Zeche Nachtigall: 1892 Erweiterung durch 2 Ringöfen; 294; Ruhr/Süd M8
Düren, H.; Wohnanlage: 1929; 528; Ruhr/Süd C13
Düren, H./Revermann, F.; Paul-Gerhardt-Gemeindehaus, evang.: 1930; 318; Ruhr/Süd D14
Dustmann, Hanns; RWE Verwaltungsgebäude: 1962; 149; Ruhr/Süd I13
Stadtsparkasse: 1961; 179; Ruhr/West S2
Dustmann, Hanns/Kleinwort, Albert P.; Thyssen Krupp Verwaltungsgebäude, ehem. Rheinstahl-Haus: 1961; 195; Ruhr/Süd I13
Thyssen Krupp Verwaltungsgebäude, ehem. Rheinstahl-Haus: 1964 Erweiterung; 195; Ruhr/Süd I13
Dutczak, Marian/Horstthemke, Dieter/Stadt Dortmund; Hochbauamt, städt.; Kindergarten: 1998; 108; Ruhr/Ost R6
Duve/Klement/Kreuz; Burgerspark, Wohnanlage: 1970; 25; Ruhr/Nord A18
Ebbert, Ludger; Einfamilienwohnhaus: 2004; 98; Ruhr/West C10
Wohnhaus Welcker: 2001; 407; Ruhr/West I1
Echtermeyer, Bernd; Erweiterung eines Bürogebäudes: 1995; 50; Ruhr/Ost T18
Eckebrecht, H.H.; City-See und -Park: 1976; 32; Ruhr/Nord G8
Ed. Züblin AG; Klärwerk Emschermündung, Faulbehälter : 1995; 113; Ruhr/West J15
Eggeling, Fritz/Stumpfl, Hans/Broich, Peter; Baugruppe Eggeling: 1972; 14; Ruhr/Nord C6
Eggeling, Hans Werner; Bergarbeitersiedlung: 1913 - 1929; 32; Ruhr/Nord F4
Hüttenheim-Siedlung: 1913; 212; Ruhr/West S10
Wohnsiedlung: 1914; 552; Ruhr/Nord O13
Zechensiedlung Hervest: 1913; 600; Ruhr/Nord G4
Eggeling, Wilhelm; Flachglas AG, Hauptverwaltung: 1981; 51; Ruhr/Nord S9
Haus am Kettwiger Tor: 1954; 75; Ruhr/Süd I13
Eggert, Georg; Johanniskirche, evang.: 1750; 110; Ruhr/Süd Q14
Egli, Rohr und Partner; DKM Museum: 2009; 70; Ruhr/West S2
Eickelberg, Dietrich; Bauherr; Brennerei Eikelberg: 1866; 22; Ruhr/Süd C17
Eicken, Heinz Helmut; Zeche Rheinpreußen 4: 1990 Umnutzung Kulturzentrum; 585; Ruhr/West N8
Eiermann, Egon; Fußgängerbrücke: 1958; 51; Ruhr/West S4
Eiermann, Egon/Hilgers, Robert; STEAG-Hauptverwaltung: 1960; 183; Ruhr/Süd J13
Eigenleistung der Bürger; Margarethensiedlung: 1979 Modernisierungswelle durch Privatisierung; 290; Ruhr/West Q10
Eisenhütte Westfalia; Gewerkschaft; Kantine „Westfalia"; ehem. Betriebsgebäude: 1870; 64; Ruhr/Ost H6
Eller + Eller Architekten; Business Center Ruhrort: 2006; 56; Ruhr/West P2
Horstmann-Haus Ruhrort; Seniorenstift und Kindergarten: 2006; 178; Ruhr/West P2
Ludwig-Galerie, Schloss Oberhausen: 1999; 131; Ruhr/West L15
Eller - Maier - Walter + Partner; Franz-Haniel-Akademie: 1993; 55; Ruhr/West P2
Hafenstadtteil Ruhrort: 1990; 75; Ruhr/West P2
Eller, F./Moser, E./Walter & Partner; Kirchenforum, ökumenisch: 1975; 113; Ruhr/Süd E15
Ruhruniversität Bochum; Hochbauten des Botanischen Gartens: 1973; 162; Ruhr/Süd E15
Ruhruniversität Bochum; Institute für Naturwissenschaften, Isotopenlabor, Hörsaalzentrum Ost: 1971; 163; Ruhr/Süd E15
Eller, F./Moser, E./Walter, R. + Kiemle, M./Kreidt, H.; Erich-Kästner-Gesamtschule: 1974; 47; Ruhr/Süd E14
Ellinghaus, Friedrich/Baumeister; Erlöserkirche Annen, evang.: 1874; 33; Ruhr/Süd L10
Emkes Landschaftsarchitekten; Tippelsberg: 2007; 343; Ruhr/Süd B14
Emschergenossenschaft; Klärwerk Emschermündung, Faulbehälter : 1995; 113; Ruhr/West J15
Engler, Otto; Haus der Wirtschaft, Sanierung: 1911; 186; Ruhr/West O16
Erbe, Albert; Dr.; Friedenskirche, altkath.: 1916; 140; Ruhr/Süd I13
Erbe, Otto; Doppelhäuser Altlohweg: 1930; 93; Ruhr/Süd Q15
Erfurth, Friedrich/Bauabteilung Rheinische Stahlwerke; Zeche Brassert; Verwaltungsgebäude, ehem. : 1929; 559; Ruhr/Nord G7
Erling, Manfred; Einfamilienhaus mit Einlieger: 1977; 40; Ruhr/Süd F14

Einfamilienhaus: 1969; 43; Ruhr/Süd F14
Esch, Rudolf; Erlöserkirche, evang.: 1960; 32; Ruhr/West Q10
EsRichter, Hermann/Noculak, Klaus; Halde Rungenberg: 2001 Kunst; 159; Ruhr/Nord O8
Essen; Bauabteilung; Baldeneysee: 1933; 1; Ruhr/Süd H6
Ewald; Baumeister; City-Haus: 1977; 31; Ruhr/Nord B16
Fahrenkamp, Emil; Geschäftshaus: 1913; 157; Ruhr/Nord O6
Landesbehördenhaus: 1951; 100; Ruhr/West S3
St. Mariä Geburt; Kirche: 1929; 407; Ruhr/West S6
Warenhaus: 1962; 207; Ruhr/Nord P14
Wohnhaus: 1960; 216; Ruhr/West S4
Woolworth, ehem. Kaufhaus Othegraven: 1930er; 555; Ruhr/West S5
Falck, Georg; Warenhaus Tietz, ehem. : 1929; 494; Ruhr/West L12
Famulicki, Michel-Raimo; Bausemshorst, Quartier/barrierefreies Wohnen: 2009; 2 Ruhr/Süd B6
Feddersen, Eckhard; Das Dorf, Siedlung: 1989; 33; Ruhr/West S15
Fehmer; Regierungsbaumeister; Evang. Pädagogische Akademie, ehem.: 1930; 123 Ruhr/Ost T16
Feja + Kemper; Bildungszentrum des Handels: 2007; 31; Ruhr/Nord A14
Sparkasse Recklinghausen, Erweiterung: 2002; 307; Ruhr/Nord A14
St. Antonius; Pfarrkirche, Umgestaltung: 2000 Umgestaltung und Sanierung; 4 Ruhr/Nord N14
St. Barbara; Altenheim und Kapelle: 2008; 313; Ruhr/Nord M11
Wohn- und Geschäftshaus: 2000; 380; Ruhr/Nord A14
27 Wohnhäuser mit Gemeinschaftshaus: 2000; 433; Ruhr/Nord M12
Felder, Wolfgang; Wehrhahnmühle: 1999 Umbau; 151; Ruhr/West R2
Feldmann, Adolf; Luisenhof-Siedlung : 1912; 282; Ruhr/Süd E5
Feldmann, Ludwig; Präsidentensiedlung: 1932; 332; Ruhr/Ost O7
Wohnhaus: 1928; 534; Ruhr/Süd D14
Feldmann und Möller; Wohnsiedlung: 1925; 553; Ruhr/Nord P14
Felke; Jungbornpark: 2007 Pavilion; 223; Ruhr/West M6
Fels, Alfons; Vittinghoff-Siedlung: 1928; 479; Ruhr/Nord B16
Figgener, Ellmar; Johanneskirche, evang., Gemeindehaus: 2006; 191; Ruhr/Nord G
Finken, Ernst/Gartenkünstler; Fredenbaumpark: 1904; 135; Ruhr/Ost N5
Stadtpark Bochum: 1905 Erweiterung; 121; Ruhr/Süd H16
Fischer, A.; Regierungsbaurat; Wasser- und Aussichtsturm: 1913; 495; Ruhr/Nord
Fischer, August; Kirche am Markt, evang.: 1890 Neugestaltung der Westfassade; 11 Ruhr/Süd J4
St. Marien; Stiftskirche, evang.: 1902 Bau des Westturms; 241; Ruhr/Süd O12
Fischer, Gerhard August; Liebfrauenkirche, kath.: 1866; 81; Ruhr/Süd F12
St. Agnes; Kirche, kath.: 1875; 107; Ruhr/Ost O18
St. Peter; Kirche, kath.: 1886 neubarocke Zwiebelhaube auf unvollendeten Tur 246; Ruhr/Süd J4
St. Peter und Paul; Kirche, kath.: 1870; 116; Ruhr/Süd O4
Fischer, Gerhard August/Barmen; St. Johannes-Baptist; Pfarrkirche, kath.: 1889; 10 Ruhr/Süd O14
Fischer, Gustav Adolf; Ev. Pfarrkirche Elsey/Stift: 1882 Erweiterung; 50; Ruhr/Süd C
Fischer, Gustav Adolf/Barmer; Ev. Pfarrkirche Elsey/Stift: 13 Jhd.; 50; Ruhr/Süd Q
Fischer-Essen, Alfred; AG für Hüttenbetriebe, ehem. Verwaltungsgebäude: 1925; 2 Ruhr/West M12
Antoniuskirche, kath.: 1925; 19; Ruhr/Nord M18
Emschergenossenschaft, Verwaltungsgebäude: 1923; 113; Ruhr/Ost R16
Grashof-Gymnasium: 1930; 169; Ruhr/Süd G6
Hans-Sachs-Haus: 1927; 175; Ruhr/Nord B17
Kreuzkirche, evang.: 1903; 260; Ruhr/Süd P12
Ostpol/Landmarke: 1929; 311; Ruhr/Ost I13
Pumpwerk Alte Emscher: 1914; 333; Ruhr/West M10
Pumpwerk Schmidthorst: 1929; 334; Ruhr/West L12
Pumpwerk Schwelgern: 1927; 335; Ruhr/West K11
Regionalverband Ruhrgebiet, Verwaltungsgebäude: 1929; 354; Ruhr/Süd J14
Vogelsang-Siedlung der Zeche Sachsen: 1921; 480; Ruhr/Ost C15
Volkshaus: 1920; 485; Ruhr/Nord S9
Volksschule Ickern: 1926; 489; Ruhr/Nord M18
Westpol/Landmarke: 20. Jh. Anfang; 213; Ruhr/West K5
Zeche Sachsen I/II, Maschinenhalle (Alfred-Fischer-Halle): 1914; 587; Ruhr/Ost
Zeche Sachsen I/II, Maschinenhalle (Alfred-Fischer-Halle): 1925 Erweiterung; 587; Ruhr/Ost C15
Fistera, Detlev; Kleine Wohnanlage: 2008; 203; Ruhr/West Q6

Flachglas AG; Zentralabteilung Technik; Wasserhochbehälter: 1972; 244; Ruhr/Nord O4
Flerus und Konert; Katharinenkirche Unna: 1934; 28; Ruhr/Ost M14
Flinkerbusch, Georg; Rundsporthallen: 1966; 168; Ruhr/Süd Q17
Rundsporthallen: 1971; 169; Ruhr/Süd R14
Rundsporthallen: 1971; 170; Ruhr/Süd R12
Flügge, Julius; Petrikirche, evang.: 1871 Umbau; 153; Ruhr/West S6
Flunder, Bernd; Einfamilienhaus mit Einliegerwohnung: 1975; 41; Ruhr/Nord I6
Förderverein Kurpark Königsborn; Kurpark Königsborn: 1999 Entwicklung für neues Park-Konzept; 76; Ruhr/Ost M14
Förster; Rathaus Datteln: 1913; 345; Ruhr/Nord G16
Forth, Peter; Eigentumswohnungen: 1973; 36; Ruhr/Süd B14
Galerie M: 1969; 58; Ruhr/Süd E13
Reihenhäuser: 1976; 147; Ruhr/Süd E13
Situation Kunst; Museum: 1976; 181; Ruhr/Süd E13
Wohn- und Atelierhaus: 1969; 247; Ruhr/Süd F13
Wohn- und Geschäftshaus: 1974; 249; Ruhr/Süd C10
Forthmann-Drühe, Nicola; Meißner, Harald; Bundesgartenschau 1991, Freizeitbauten: 1991; 22; Ruhr/Ost T17
Hansaplatz: 1990; 82; Ruhr/Ost R16
Foster, Norman; Lord & Partner; Agiplan, Hauptverwaltung: 1996; 2; Ruhr/West Q18
Eurogate: 2010; 116; Ruhr/West R2
Hafenforum: 1999; 74; Ruhr/West R2
Haus der Wirtschaftsförderung: 1992; 88; Ruhr/West S3
Innenhafen Duisburg, Masterplan: 1998; 98; Ruhr/West R2
Micro Electronic Centrum: 1997; 139; Ruhr/West S3
Red Dot Design Museum: 1996; 158; Ruhr/Süd C7
Steiger Schwanentor (Anlegestelle): 1995; 186; Ruhr/West R1
Technologiezentrum: 1995; 190; Ruhr/West S3
Wohnungsbau THS: 2001; 411; Ruhr/West R2
Fox, Helmut; Riehlpark: 2004; 283; Ruhr/Süd E5
Frank & Baumgartinger; Nordstern-Haus: 1959; 124; Ruhr/Süd I13
Franke, Josef; Blumendelle-Siedlung : 1926; 56; Ruhr/Nord A17
Christus König; Pfarrkirche, kath. mit Pfarrhaus: 1928; 74; Ruhr/Nord N5
Christus-König-Kirche: 1929; 77; Ruhr/Nord H13
Geschäftshaus für Anton Bomers: 1906; 161; Ruhr/Süd C11
Geschäftshausgruppe: 1907; 163; Ruhr/Nord B17
Haus Andreas Wilhelm Ballin: 1925; 182; Ruhr/Nord A18
Haus Eugen Hegeler: 1912; 190; Ruhr/Nord S10
Haus Max Meyer: 1922; 196; Ruhr/Nord C17
Heilig-Kreuz-Kirche: 1929; 200; Ruhr/Nord S10
Herz-Jesu-Kirche: 1910; 204; Ruhr/Süd C16
Herz-Jesu-Kirche, kath.: 1929; 205; Ruhr/Nord R4
Mehrfamilienhaus-Bebauung mit Büroräumen: 1927; 295; Ruhr/Nord A17
Ricarda-Huch-Gymnasium: 1930; 360; Ruhr/Nord B17
St. Antonius; Pfarrkirche: 1928; 396; Ruhr/Nord B15
St. Antonius; Pfarrkirche, Umgestaltung: 1935; 42; Ruhr/Nord N14
St. Johannes; Kirche, kath.: 1915; 400; Ruhr/Süd C10
St. Josef; Kirche: 1930; 401; Ruhr/Nord F4
St. Josef; Kirche mit Pfarrhaus und Gemeindehaus: 1915; 402; Ruhr/West K11
St. Josef; Pfarrkirche: 1935; 45; Ruhr/Nord O5
St. Joseph; Kirche, kath.: 1919; 405; Ruhr/Nord Q4
St. Ludgerus; Pfarrkirche: 1929; 406; Ruhr/Nord Q3
St. Marien; Kirche mit Pfarrhaus: 1933; 46; Ruhr/Ost A6
St. Michael; Pfarrkirche und Leohaus: 1926; 412; Ruhr/Ost O6
Straßenbahndepot: 1925 um; 437; Ruhr/Nord B17
Wohn- und Geschäftshaus: 1927; 524; Ruhr/Nord B17
Wohngebäude Luise-Hensel-Straße: 1927; 530; Ruhr/Nord Q4
Wohnhaus für Edmund Hellmann: 1925; 535; Ruhr/Nord R4
Wohnhaus für Eduard Boch: 1925; 536; Ruhr/Nord C16
Wohnhaus für Josef Rosenbaum: 1909; 537; Ruhr/Nord C17
Wohnhaus für Otto Schlitt: 1924; 538; Ruhr/Nord B16
Wohnhaus mit Nebengebäude: 1913; 539; Ruhr/Süd B11
Zeche-Holland-Siedlung : 1923; 599; Ruhr/Nord S11
Franke, Margarete; Künstler; St. Antonius; Pfarrkirche, Umgestaltung: 1962 Kunst am Bau; 42; Ruhr/Nord N14
Franz Schlüter AG; Luftschacht Rote Fuhr: 1928; 281; Ruhr/Ost L9
Franze, Heinrich; Haus Franze: 1979; 88; Ruhr/West Q9
Franzen, A./Franzen, W.; Betriebskrankenkasse Krupp, ehem.: 1956; 11; Ruhr/Süd J15

Franzen, Karl; Märkisches Museum: 1911; 291; Ruhr/Süd M9
Frebel, W.; Zweifamilienhaus: 1976; 267; Ruhr/Nord O14
Freie Planungsgruppe; Clubhaus für einen Golf-Club: 2001; 59; Ruhr/Süd F15
Freiherr vom Stein; Schloss Cappenberg, Parkanlage: 1719; 183; Ruhr/Ost F5
Freitag, Ludwig; Arbeitsamt, ehem.: 1929; 20; Ruhr/West N2
Berufsschule, ehem.: 1922; 48; Ruhr/West N1
Rathaus Oberhausen: 1930; 349; Ruhr/West N2
Freudenthal, Peter; Gründer- und Technologiezentrum: 1995; 70; Ruhr/Ost D15
Frey, Roland/Schröder, Hermann/Faller, Peter/Schmidt, Claus; Wohnhügelhaus 1 1968; 259; Ruhr/Nord H8
Freyse, Heinrich Theodor; Schloss Borbeck: 1842 Neubau; 178; Ruhr/Süd D4
Schloss Westerholt, Parkanlagen: 1830; 211; Ruhr/Nord M9
Friebe, Albrecht; Bismarckturm im Stadtpark: 1910; 54; Ruhr/Süd H16
Friedrich, Eugen; Hoeschsiedlung: 1927; 209; Ruhr/Süd Q18
Friedrich, Jörg; Stadtwerke Witten, Hauptverwaltung: 1993; 185; Ruhr/Süd L10
Frische; Bildhauer; Stadtgarten mit Kaiserbrunnen: 1901; 420; Ruhr/Nord Q12
Fritsch, Lutz; Landmarke Rheinorange: 1992 Kunstwerk; 125; Ruhr/West Q1
Fritsche, Arno Eugen; Auferstehungskirche (Neustadtkirche): 1911; 24; Ruhr/Nord C17
Christuskirche, evang.: 1911; 75; Ruhr/Nord A13
Königsborn Christuskirche: 1905; 252; Ruhr/Ost M13
Lutherkirche, evang.: 1911; 284; Ruhr/Süd I17
Fritzen + Müller - Giebele; Seniorenwohnanlage St. Bonifatius: 2001; 300; Ruhr/Ost
Frodermann, Eckhard; Wasserturm, Umbau: 2000; 367; Ruhr/Nord G3
fsw/Fenner, Thomas/Weisser, Jörg/Steinhauer, Klaus; EBFIZ: 1997; 44; Ruhr/Süd
Freizeitbad Maritimo im Stimbergpark: 2004; 134; Ruhr/Nord G13
Fuller und Stolze; Zeche Zollverein Schacht 1/2/8: 1847; 186; Ruhr/Süd J11
Fuller, vermutet; Zeche Zollverein, Schacht I, einfaches Bockgerüst: 1851 erster Förderturm, abgerissen; 227; Ruhr/Süd C7
Zeche Zollverein, Schacht II, Fördertum (ehem. Zeche Friedlicher Nachbar): 18 erster Förderturm, abgerissen; 228; Ruhr/Süd C7
Funcke, Wilhelm; Bauherr; Haus Niedernhof: 19. Jhd.; 48; Ruhr/Süd N13
Funke Architekten; Fachwerkhaus, Erweiterung: 2000; 123; Ruhr/West P17
Funke, Werner/Craemer, Ernst; Liebfrauenkirche, kath.: 1991 Umbau; 276; Ruhr/West L11
gaa Goebel; Architekten Assoziierte; Wohnanlage, temporär: 2003; 389; Ruhr/Ost
Gabriel, J.; Grugapark: 1929; 171; Ruhr/Süd F6
Gaertner, Peter; Kulturzentrum Schacht III; Waschkaue, ehem.: 1915; 264; Ruhr/Ost
Ganteführer und Hannes; Festspielhaus: 1965; 42; Ruhr/Nord L13
Gärtner; Parkbad Süd: 1926; 316; Ruhr/Nord P17
Gärtner + Stiens; C & A; Geschäftshaus: 1972; 29; Ruhr/Ost R17
Gastreich-Moritz, Mechthild/Gastreich, Ullrich; Naturkundemuseum: 1980; 133; Ruhr/Ost N6
GATERMANN + SCHOSSIG; Architekten; Römermuseum: 2008; 284; Ruhr/West
Stadtwerke: 2005; 331; Ruhr/Süd I16
Gatermann, Dörte/Schossig, Elmar; Fertigungstechnik Quante: 1993; 53; Ruhr/Süd
Gauselmann - Richter; Architekten; Einfamilienwohnhaus, Umbau und Erweiterun 2001; 103; Ruhr/Ost R7
Lagerhalle: 2005; 221; Ruhr/Ost J5
GEBAG; Baugesellschaft; Kindertagesstätte Hansegracht: 1998 Umbau; 235; Ruhr/West R2
GEBAG; Bauherr; Zeche Westhausen: 1873; 185; Ruhr/Ost M3
Gebrüder Krämer; Teehaus: 1927; 440; Ruhr/West P16
Gebrüder Ludwigs; Spedition Lehnkering, ehem: 1912; 393; Ruhr/Süd Q13
Gegus und Hellenkemper; Früh-Rehabilitationszentrum: 2000; 135; Ruhr/Süd N1
Hansesaal; Veranstaltungszentrum: 1991; 83; Ruhr/Ost I5
integriertes Wohnen „Straße des Bohrhammers": 2000; 187; Ruhr/Nord Q14
Tagesklinik für Erwachsenenpsychiatrie: 1999; 188; Ruhr/Süd L9
Gehrig, Hermann; Europahaus, Umbau: 1952; 36; Ruhr/Süd I13
Gehse, Karl-Friedrich; Erich-Brühmann-Haus; Gemeindezentrum, evang.: 1979; 46 Ruhr/Süd C17
Geitel, Ignatius; Künstler; Friedhof Langendreer, Kapelle: 1958 Kunst am Bau; 49; Ruhr/Süd D17
St. Urbanus; Pfarrkirche, kath.: 1959 Kunst am Bau; 253; Ruhr/Ost N4
Stadtwerkehaus, ehem.: 1953 Kunst am Bau; 180; Ruhr/Süd I16
Gelsenkirchener Bergwerks - AG; Zeche Erin 7: 1950er; 222; Ruhr/Nord P17
Gemeinnützige Wohnungsbaugenossenschaft Scholven; Wohnhochhaus: 1962; 2 Ruhr/Nord P14

Gentgen/Niemer/Schenten/Krug/van der Minde; Gartenvorstadt Helfe; Wohnsiedlung : 1964 Baubeginn; 53; Ruhr/Süd O14
Georgs- Marien- Bergwerks- und Hütten-Verein; Abteilung Werne; D-Zug-Siedlung Rünthe: 1900; 103; Ruhr/Ost F10
Schlägelstraße/Beverstraße-Siedlung: 1914; 372; Ruhr/Ost G10
Schwarzer Weg-Siedlung: 1922; 383; Ruhr/Ost G9
Gerard, Carl; Karl-Ernst-Osthaus-Museum: 1902; 227; Ruhr/Süd Q14
Gerber, Eckhard/Brettschneider, Hartwig/Dechene, Sigrun/Stilljes, Dierk; Stadthalle: 1981; 200; Ruhr/Süd Q14
Gerber, Eckhard & Partner; Altenheim: 1993; 8; Ruhr/Ost O7
Arbeitsamt Dortmund: 1998; 11; Ruhr/Ost R16
Betenhof-Platz: 2006; 25; Ruhr/Ost R17
Dialysezentrum „Jakob-Henle-Haus": 1991; 39; Ruhr/Ost H5
Fachhochschule Gelsenkirchen, Abt. Recklinghausen: 2001; 122; Ruhr/Nord L14
Harenberg City-Center: 1994; 84; Ruhr/Ost R16
Heinz-Bach-Haus; Wohnanlage und Schulungszentrum: 1986; 92; Ruhr/Ost T17
Johanniskirche, evang.-Luth; Gemeindezentrum: 2003; 192; Ruhr/Süd L9
Landesschule der Kleingärtner: 1999; 124; Ruhr/Ost I6
Marktkirche: 2003; 138; Ruhr/Süd H13
Marktplatz Bergkamen: 1999; 132; Ruhr/Ost H9
Marktplatz Bergkamen; Stadtmittebildung: 1999; 133; Ruhr/Ost H9
RWE Tower: 2006; 289; Ruhr/Ost R16
Staatsanwaltschaft und Amtsgericht: 2000; 317; Ruhr/Ost R17
Tönnishof: 1985; 225; Ruhr/Ost P2
U-Bahnhof Stadtgarten: 1982; 229; Ruhr/Ost S17
VEBA Brücke über die A2: 1989; 201; Ruhr/Nord O7
Verwaltungsgebäude der Wohnungsbaugenossenschaft: 1989; 207; Ruhr/Ost H5
Volksbank Dortmund: 2002; 363; Ruhr/Ost R17
Wilo SE, Eingangsbereich: 2008; 375; Ruhr/Ost Q7
Wilo SE, Elektronikfertigungshalle: 2001; 376; Ruhr/Ost Q6
Wohnbebauung Albermannstraße: 2006; 394; Ruhr/Süd H6
Wohnbebauung Dinnendahlstraße: 2008; 398; Ruhr/Süd E8
Wohnen mit Service: 2001; 400; Ruhr/Süd H6
Zentraldeponie Emscherbruch: 1999; 240; Ruhr/Nord P11
Gerlach, Dietrich/Hochbauamt Dortmund; städtisch; Stadthaus; Verwaltungsgebäude der Stadt Dortmund: 1954; 178; Ruhr/Ost S17
Gerstein, Friedrich; Bauherr; Haus Dahl: 1825; 71; Ruhr/Süd T16
Gertz Jochen; Künstler; Platz des europäischen Versprechens: 2010; 267; Ruhr/Süd I15
Gesamthochschule Duisburg; Architektengruppe; Gerhard-Mercator-Universität - Gesamthochschule Duisburg: 1991 Rundbauten Mülheimer Straße; 65; Ruhr/West S4
Gesing, Jupp; Künstler; Fürstin-Franziska-Christine-Stiftung: 1983 Kunst am Bau; 55; Ruhr/Süd E8
Hl.-Kreuz-Kirche mit Pfarrbüro: 1965 Kunst am Bau; 98; Ruhr/Nord O13
St. Johannes; Kirche, kath.: 1957 Kunst am Bau; 400; Ruhr/Süd C10
St. Josef; Kirche: 1967 Kunst am Bau; 401; Ruhr/Nord F4
St. Lambertus: 1983 Kunst am Bau; 235; Ruhr/Nord M17
Gethmann, Carl-Friedrich; Gethmannsche Gärten: 1806; 57; Ruhr/Süd N5
Gewerkschaft Lothringen; Bauabteilung; Kulturwerk Lothringen; Zeche Lothringen Schacht 1/2, ehem.: 1872; 73; Ruhr/Süd A16
Gewerkschaft Rhein I; Wehofen-Siedlung : 1918; 512; Ruhr/West J14
GHH - Gute Hoffnungshütte; Dunkelschlag-Siedlung : 1908; 101; Ruhr/West J16
Gasometer: 1929; 150; Ruhr/West L15
Ripshorst-Siedlung : 1899; 98; Ruhr/West L16
Ripshorst-Siedlung : 1910 Erweiterung; 98; Ruhr/West L16
Stemmersberg-Siedlung : 1904; 433; Ruhr/West K15
GHH - Gute Hoffnungshütte/Schwingen, Toni; Zeche Osterfeld, Schacht 4; Turm: 1924; 579; Ruhr/West K15
gibbins european architects; Kaufhaus Boecker : 1998; 105; Ruhr/Ost R16
Giese, Ernst; Firma Underberg: 1846; 35; Ruhr/West I8
Girmes & Oediger; Villa Fritz Thyssen: 1912; 470; Ruhr/West R14
Glasmeier/Drengwitz; Neu-Jerusalem-Siedlung: 1993 Modernisierung; 305; Ruhr/Nord M8
Glasmeier, Ernst Otto/Drengwitz, Egbert/Halfmann, Hubert; Gymnasium Schalke: 1965; 66; Ruhr/Nord A17
gmp/von Gerkan, Marg und Partner; alltours flugreisen, Verwaltungsgebäude : 2001; 4; Ruhr/West R2
Erzbahnschwinge: 2003 Entwurf; 114; Ruhr/Süd C13

Galeria Duisburg: 1994; 61; Ruhr/West S2
Hans-Sachs-Haus: 2010 Umbau und Veränderung; 175; Ruhr/Nord B17
Wohnungsbau: 2007; 409; Ruhr/West R2
gmp/von Gerkan, Marg und Partner/Sack, A.; ARAL Hauptverwaltung, Erweiteru
1975; 8; Ruhr/Süd J17
Gobrecht und Revermann; Krankenkasse: 1927; 257; Ruhr/Nord Q12
Sparkasse: 1928; 391; Ruhr/Nord Q12
Godau, Dirk; Einfamilienhaus, Umbau: 2004; 94; Ruhr/Ost Q8
Goebel, Friedrich; Große Heimstraße, Wohnblock: 1927; 170; Ruhr/Ost T16
Goedeking und Schmidt; Kindergarten: 1999; 106; Ruhr/Nord B18
Goerner/Goerdt/Schwarz; Betreutes Wohnen im Alter: 2000; 26; Ruhr/Süd N9
Goerner, Stephan; Heiligegartenstraße, Wohnblock: 1981; 91; Ruhr/Ost R17
Goldschmidt, Helmut; Synagoge und Altenheim: 1954; 189; Ruhr/Ost S17
Gömmer, Margarete; Künstlerin; St. Josef; Pfarrkirche: 1951 Kunst am Bau; 45;
Ruhr/Nord O5
Gössel, Peter; LVR Industriemuseum, Zentrale: 1997 Umbau; Innenarchitektur; 82;
Ruhr/West N1
Gottschalk, Paul; Ev. Kindergarten: 1954; 37; Ruhr/Süd Q14
Graeff-Hirsch, Ursula; Künstlerin; Christuskirche, evang.: 1962 Kunst am Bau; 28;
Ruhr/Süd H9
Grasses, Heinrich & Söhne; Wohnhausensemble: 1930; 544; Ruhr/West S12
Graubner, Gerhard; Schauspielhaus: 1953; 151; Ruhr/Süd J16
Schauspielhaus, Kammerspiele: 1966; 172; Ruhr/Süd J16
Stadthalle: 1957 Eingangshalle, Umbauten, Neugestaltung; 423; Ruhr/West S5
Graubner, Gerhard/Stumpf/Voigtländer; CityPalais: 1962 denkmalgeschützte
Mercatorhalle an gleicher Stelle; Abriss im Jahre 2005; 58; Ruhr/West S2
Graubner, Gerhard/Topp, E.; Finanzamt Bochum-Süd: 1957; 44; Ruhr/Süd J16
greenbox/Schäfer, Hubertus und Tuczek, Rudolf; Deutsches Bergbaumuseum,
Landschaftsgestaltung: 2010; 66; Ruhr/Süd H16
Greis, Otto/Revermann, Ferdinand; Villa: 1931; 465; Ruhr/Nord R12
Grillo, Friedrich/von Born, Ludwig/Hagedorn, Wilhelm; Bauherren; Zeche Unser
Fritz 1/4: 1871; 184; Ruhr/Nord P11
Grillo; Gewerkschaft; Grillopark: 1887 ca.; 42; Ruhr/West N2
Kurpark Königsborn: 1880; 76; Ruhr/Ost M14
Zeche Monopol, Schacht Grillo: 20. Jhd. Erste Hälfte; 574; Ruhr/Ost J9
Grimshaw, Nicolas; Sir; Verwaltungsgebäude: 2006 Entwurf; 356; Ruhr/West R2
Grod, Caspar Maria; Wedau-Siedlung: 1914; 511; Ruhr/West R13
Grohmann und Ullrich; Wohn- und Geschäftshäuser Düsseldorfer Straße 10/12: 1
durch Erschließungsturm verbunden; 290; Ruhr/West Q16
Gronarz; Erlbruchpark: 1908; 116; Ruhr/Nord L13
Groote, Kurt; Geschäftshaus: 1936 Umbau; 159; Ruhr/Nord P17
Gropius, Walter; Haus Cuno: 1908 Bauleitung als Mitarbeiter im Atelier Peter
Behrens; 183; Ruhr/Süd Q15
Großmann, Hans/Pfeifer, Arthur; Stadthalle: 1926; 423; Ruhr/West S5
Groth, Hans-Otto/Lehmann, Werner; Justizakademie NRW „Gustav Heinemann
Haus": 1988; 105; Ruhr/Nord L14
Groth, Hans-Otto/Lehmann, Werner/Schlote, Wolfram; Buschmühle; Restaurant
1959; 16; Ruhr/Ost P6
Goethe-Gymnasium: 1958; 62; Ruhr/Ost T18
Groth, Heinz; Blaue Schule, Grundschule: 1967; 19; Ruhr/Nord C6
Grüneke Architektur Stadtplanung; Einfamilienhaus: 2004; 83; Ruhr/Ost S5
Müsersiedlung der Zeche Gneisenau, erster Bauabschnitt: 2001 Umbau und
Modernisierung; 299; Ruhr/Ost L8
Wohnanlage am Heilkenbach: 2004; 386; Ruhr/Süd P10
Grüneke, Detlef und Partner; Am Berge, Einfamilienhäuser: 1988; 5; Ruhr/Süd N1
Die Arche; Reihenhaussiedlung : 1979; 33; Ruhr/Süd Q15
Grupe, Carl; Bergarbeiterkolonie: 1901; 15; Ruhr/Nord N5
Grüttner Architekten; Technologie- und Gründerzentrum: 2000; 339; Ruhr/Süd P
GTL; Gnüchtel-Triebs-Wetter; Landschaftsarchitekten; Infineon Development Cen
2005; 185; Ruhr/West T11
Ruhrbania: 2008 Landschaftsarchitektur; 286; Ruhr/West S5
Gude, Fritz; Kaiser-Wilhelm-Park: 1897; 62; Ruhr/Süd C6
Stadtgarten mit Kaiserbrunnen: 1901; 420; Ruhr/Nord Q12
Güldenpfennig, Arnold; St. Peter und Paul; Kirche, kath.: 1890; 115; Ruhr/Süd O11
St.-Lambertus-Kirche: 1890 Erweiterung; 263; Ruhr/Nord P17
Günther, Frank; Gasometer: 1927; 151; Ruhr/Nord Q13
Günther, Kurt; Umspannwerk, ehem. „Schützenhof": 1928; 453; Ruhr/Süd R12
Haas, Hans; Kardinal-Jaeger-Haus; Akademie, kath.: 1973; 107; Ruhr/Ost R9

Haase, Volker; Turnhalle Kipper, Grundinstandsetzung: 1929; 452; Ruhr/Süd R11
Haferkamp; Hochbauamt, städt.; Pflanzenschauhaus mit Café: 1958; 132; Ruhr/Ost Q6
Hagen + Stadler; Architekten; Haus Hagen: 1999; 89; Ruhr/Nord H8
Hagen, Franz; Haus Urge: 1913; 198; Ruhr/West P16
Villa Bagel: 1912; 466; Ruhr/West T5
Villa Hanau: 1902; 471; Ruhr/West T5
Hagen, Franz/Schwer, Otto; Lederfabrik Lindgens: 1916; 272; Ruhr/West P15
Papenbusch-Siedlung : 1925; 313; Ruhr/West O16
Hagen, Franz/und andere; Bebauung Bahnstraße u.a. Bankhaus Hanau: 1882 Nr. 25 „Bankhaus Hanau"; 14; Ruhr/West S6
Hahn Helten + Ass. Architekten GmbH; Mariengymnasium: 2007; 233; Ruhr/Süd H6
Halfmann,Martin/Köster, Peter; Zeche Ewald Fortsetzung 1, Förderturm: 2002 Umgestaltung; 224; Ruhr/Nord H14
Halm, Peter; Buschey Friedhof; Andachtshalle: 2003 Realisation; 55; Ruhr/Süd Q14
Hanewinkel, Jochem; Haus Köster, Mehrfamilienwohnhaus: 1992; 90; Ruhr/Ost R6
Wohnhaus Hanewinkel: 1990; 227; Ruhr/Ost R6
Wohnhaus Siebner: 1997; 230; Ruhr/Ost S8
Haniel + Lueg; Schiffshebewerk Henrichenburg: 1894 - 1899; 102; Ruhr/Ost B3
Hanke/Stadthochbauamt Gladbeck; Aloysiusschule: 1925; 5; Ruhr/Nord O6
Finanzamt Gladbeck: 1923; 131; Ruhr/Nord O6
Hanke, Andreas; Kindergarten: 1998; 107; Ruhr/Ost Q11
Hansen & Petersen; Archilab: 2002; 13; Ruhr/Ost R17
Bürogebäude am Musiktheater: 1999; 24; Ruhr/Nord B16
Decathlon: 1996; 37; Ruhr/Nord Q13
Plus Endoprothetics: 1997; 148; Ruhr/Nord G6
Porsche-Zentrum Dortmund: 2003; 273; Ruhr/Ost O11
Ruhr-Lippe, Verwaltungsgebäude: 1999; 162; Ruhr/Ost P7
Smith & Nephew, Verwaltung: 2004; 302; Ruhr/Nord G6
Tanzschule, Umbau/Erweiterung: 1993; 189; Ruhr/Nord N8
Verdichtung, Wohnungsbaukonzepte: 1999; 202; Ruhr/Ost H7
Wohnbebauung: 2003; 392; Ruhr/Nord G8
@55: 2004; 434; Ruhr/Ost O8
Hansen, Hans; Schulzentrum: 1975; 176; Ruhr/Nord C11
Hansen, Jürgen/Petersen, Ralf; Allo Pro, Verwaltungs- und Lagergebäude: 1990; 4; Ruhr/Nord N8
Hanses, Thomas; Produktions- und Bürogebäude: 1999; 151; Ruhr/Süd M13
Haparta, Hel; St. Juliana; Pfarrkirche, kath.: 1965; 166; Ruhr/West J14
Harde + Scheele; Sporthalle: 1968; 186; Ruhr/Nord Q12
Harder und Pöpsel; Johanniskirche, evang.: 2001 Turmsanierung; 110; Ruhr/Süd Q14
St. Matthäus, ehem.; Pfarrkirche, evang.: 1996 Anbau; 242; Ruhr/Süd T16
Harkort, Peter Nikolaus; Bauherr; Haus Schede: 1810 Errichtung neuer Gebäude; 91; Ruhr/Süd O11
Harpener Bergbau; AG; Zeche Gneisenau: 1886; 172; Ruhr/Ost L8
Ziethenstraße, Siedlung : 19. Jhd. Ende; 188; Ruhr/Ost J5
Harsveldt, Ralf; Wohn- und Geschäftshaus: 1998; 217; Ruhr/West Q16
Hartel + Quester; Christuskirche, evang.: 1879 neugotische Basilika, Turm erhalten; 17; Ruhr/Süd I16
Hartmann, A./Bauinspektor; Frömern; Kirche, evang.: 1876 Neubau des Kirchenschiffs; 53; Ruhr/Ost O16
Hartwich; Geheimer Oberbaurat; Ruhrbrücke mit Bahnbögen: 1866; 100; Ruhr/West S5
Hauschild, Heinrich und Runge; Rathaus Moers: 1953; 142; Ruhr/West N7
Hebebrandt + Schlempp; Paracelsus-Klinik: 1957; 127; Ruhr/Nord G9
Hecker, Hermann; Märchensiedlung: 1913; 287; Ruhr/West T4
Hecker, Zvi; Jüdisches Gemeindezentrum: 1999; 104; Ruhr/West R2
Hecking, Karl; Rheinbrücke BAB A42: 1991 architektonische Beratung; 160; Ruhr/West M9
Hegge, Norbert; St. Barbara; Kirche, kath.: 1963; 160; Ruhr/West G12
HEIDERICH HUMMERT KLEIN; Partnerschaft, Architekten; Haus Spohr: 2005; 172; Ruhr/Süd F14
Zentraler Omnibusbahnhof: 2005; 422; Ruhr/Nord P14
Heimann + Hommel; Geschäftshaus: 1910; 158; Ruhr/Nord O6
Heimer/Herbstreit, Ernst; Kläranlage Läppkes Mühlenbach, ehem.: 2004; 201; Ruhr/West L17
Landschaftspark Henrichshütte: 1990; 128; Ruhr/Süd N4
Heinemann, Hugo/Feldmann & Müller; Oberdorstfeld-Siedlung : 1927 3. Bauphase; 308; Ruhr/Ost P4
Heiner, Wilhelm; Wohnhausensemble: 1930; 547; Ruhr/West K11

Heining und Kierschner; Park Henrichenburg: 1999; 147; Ruhr/Nord M17
Heinle, Wischer und Partner; Zahnmedizinisch-biowissenschaftliches Forschungs- ur
Entwicklungszentrum: 2008; 413; Ruhr/Süd L10
Heinrich & Wörner & Partner; Liebfrauen; Pfarrheim, Erweiterung: 2001
Erweiterung; 229; Ruhr/Ost P11
Wohngebäude: 2001; 401; Ruhr/Ost S18
Heinrich & Wörner & Vedder; Alteneinrichtung: 1998; 7; Ruhr/Ost E14
Hörsaalgebäude der Universität: 1994; 94; Ruhr/Ost P4
Max-Planck-Institut für molekulare Physiologie: 1999; 134; Ruhr/Ost P4
Postbank: 1994; 149; Ruhr/Ost S16
Heinze, Jutta; Gemeindehaus mit Kirchsaal: 2006; 147; Ruhr/West T3
Krematorium Waldfriedhof: 2002; 216; Ruhr/West R12
Heiss, Ernst/Wörner, Rose/Gustav; Schultenfeld; Waldfriedhof: 1982; 175;
Ruhr/Nord C5
Helbing, Karl; Stadtbaumeister; Max-Planck-Institut für Kohleforschung: 1914; 293;
Ruhr/West T6
Solbad Raffelberg: 1909; 388; Ruhr/West O14
Stadtbad und Museum: 1912; 416; Ruhr/West S5
Hellrung, J./Schwarze, K. H./Stadt Bochum; Planungsamt, städt.; Schulzentrum
Querenburger Straße: 1971; 178; Ruhr/Süd D14
Hellrung, Karl; St.-Josef-Hospital, Bettenhaus: 1958; 185; Ruhr/Süd H17
Henn + Henn, München; Schachtanlage, An der Haard 1: 1977 - 1983; 171;
Ruhr/Nord E13
Henneke, Carlheinz; Geschäftshaus: 1929; 159; Ruhr/Nord P17
Hennig, Albin; Terrassenhaus Girondelle: 1969; 220; Ruhr/Süd D15
Hennig, Albin/Dietrich, D.; Ruhruniversität Bochum, Verwaltung: 1981; 166;
Ruhr/Süd E15
Hennig, Albin/Dietrich, D./Guggenberger, G.; Terrassenhochhaus 1 im Uni-Center
1973; 221; Ruhr/Süd E15
Hensen, Alfred; Regierungsbaumeister; Schloss Heessen: 1908 Umbau; 185;
Ruhr/Ost C16
Schloss Heessen, Parkanlage: 1908 Umbau; 186; Ruhr/Ost C16
Hentrich, Helmut/Heuser, Hans; Hochwasserschutztor (Rheintor): 1937; 24;
Ruhr/West J11
Herbstreit, Ernst; Dr.-Helene-Kuhlmann-Park: 2004; 75; Ruhr/Nord A14
Hermanns, H.; Liebfrauen; Pfarrkirche, kath.: 2006 Umbau; 230; Ruhr/West K11
Hermanns, Josef; Landmarke, Halde Haniel: 2004 Bergplateau; 223;
Ruhr/Nord P2
Landmarke, Halde Haniel: 1999 Theaterarena; 223; Ruhr/Nord P2
Hermanns, Toni; Liebfrauen; Pfarrkirche, kath.: 1961; 103; Ruhr/West S2
St. Barbara; Pfarrkirche, kath.: 1962; 161; Ruhr/West Q10
Herrmann, Paul; Hauptbahnhof Oberhausen: 1934; 17; Ruhr/West N1
Hertel, Hilger; Liebfrauenkirche, kath.: 1901 Erweiterung; 81; Ruhr/Süd F12
Hertel; Landbauinspektor; Karlsplatz: 1901 Amtsgericht; 65; Ruhr/West P2
Hertel und Lersch; Liebfrauenkirche, kath.: 1901; 81; Ruhr/Süd F12
Herting, Willem/Wittfeld, Gerhard; Informationspavillon der „Werkstatt Innenstad
1994; 97; Ruhr/Süd D6
Hertlein, Hans; Dr.; Siemens-Bürogebäude: 1930; 387; Ruhr/Süd I13
Siemens-Bürogebäude: 1946 Wiederaufbau; 387; Ruhr/Süd I13
Herzog und de Meuron; Küppersmühle, Museum: 1999 Sanierung und Umbau zum
Museum; 119; Ruhr/West R2
Hetschold, Heinz; Car-Tower: 1998; 25; Ruhr/West P9
Heuer - Faust; Bildungszentrum für die Entsorgungs- und Wasserwirtschaft: 1999; 1
Ruhr/West P9
Heyer, Willy; Künstler; Melanchthonkirche, evang.: 1949 Kunst am Bau; 296;
Ruhr/Süd D13
Pauluskirche, evang.: 1950 Kunst am Bau; 150; Ruhr/Süd I16
Heyne + Jaenecke; Baugruppe Heyne + Jaenicke: 1973; 15; Ruhr/Nord C5
HHS/Hegger Hegger Schleiff; Gründerzentrum: 1998; 71; Ruhr/Ost C15
Schulungsgebäude in Holzbauweise: 1996; 169; Ruhr/Ost C15
Hibernia; Bergwerksgesellschaft; Bergwerk Westerholt: 1950er Modernisierung; 44
Ruhr/Nord M9
Zeche Schlägel & Eisen 5/6: 1899; 182; Ruhr/Nord L11
Zeche Schlägel & Eisen 5/6: 1901 Erweiterung; 182; Ruhr/Nord L11
Hilbers Ingenieurgesellschaft/Hilbers, F.-J./Happold Ingenieurbüro; Fuß- und
Radwegbrücke Mechtenberg: 2003 Tragwerksplanung; 136; Ruhr/Nord S10
Hillebrand, Elmar; Künstler; Essener Dom: 1958 Errichtung des Hauptaltars; 49;
Ruhr/Süd I13

Hillebrandt, Annette; Rotes Haus auf dem Hügel; Verwaltungsgebäude: 1995; 161; Ruhr/Ost I3
Hinderkott + Kamperhoff; Rathaus Herten: 1956; **141**; Ruhr/Nord M11
Hippenstiel, Ralf; Einfamilienwohnhaus mit Einliegerwohnung: 2000; **102**; Ruhr/Süd M13
Verwaltungs- und Lagerbau: 2001; **355**; Ruhr/Süd C13
Wohnanlage mit 10 WE (Haus Vier Jahreszeiten, Abendsonne e.V.): 2003; **388**; Ruhr/Süd O11
Hitzbleck, Fritz; Sportschule Wedau, Alte Turnhalle: 1928 um; 395; Ruhr/West Q12
Wohnhausensemble: 1929; 543; Ruhr/West T2
Hochbauamt Gladbeck; Hallenbad: 1965; **68**; Ruhr/Nord O6
Hochbauamt Recklinghausen, städt.; Breukerhaus: 1927; 62; Ruhr/Nord L13
Hoeltz; Hauptpost: 1933; **18**; Ruhr/Süd I13
Hoemann, Reinhold; Stadtgarten Steele: 1897; **120**; Ruhr/Süd E8
Stadtgarten Wattenscheid: 1900; 422; Ruhr/Süd C11
Hoff, Magdalene/Hoff, Peter; Mehrfamilienhaus: 1971; 128; Ruhr/Süd R14
Hoffmann-Schulte, Hilde; Künstlerin; Bodelschwingh; Pfarrkirche, evang.: 1977 Kunst am Bau; 20; Ruhr/Ost M2
Höfler + Kandel; Stadthäuser: 1980; 205; Ruhr/Nord C5
Hohensteinkommision; Parkanlage Hohenstein: 1901; 315; Ruhr/Süd M10
Hohmann, Emil; Villa: 1930; 464; Ruhr/Nord L15
Höltje, Walter; Westfalenhalle: 1952; **210**; Ruhr/Ost T16
Höltje, Walter/Kalmbacher, Walter; HGG-Gebäude, Verwaltungsgebäude der Handwerk, Handel und Gewerbe: 1954; **84**; Ruhr/Ost S17
Holzapfel, Heinrich; Deutsches Bergbaumuseum: 1940; **9**; Ruhr/Süd H16
Homann, Hans; Kreuzkirche: 1915; 259; Ruhr/Ost S16
HPP/Hentrich Petschnigg & Partner; Arena auf Schalke: 2001; **15**; Ruhr/Nord P9
Blue Box, Hochschule Bochum, ehem. Mensa Ruhr-Uni: 1971; 20; Ruhr/Süd E15
Max-Planck Institut; Hörsaalgebäude: 2010; **235**; Ruhr/West T6
Oberpostdirektion, Verwaltungsgebäude: 1981; 134; Ruhr/Ost T17
Paketlager und Verteilgebäude: 1986; 137; Ruhr/Nord O15
Ruhruniversität Bochum; Auditorium Maximum, Forum, Institut für Medizin, Ingenieur- und Geisteswissenschaften, Mensa, Verkehrsbauten: 1978; 159; Ruhr/Süd E15
RWE-Turm, Blockrandbebauung: 1997; 165; Ruhr/Süd J13
Silberpalais, ehem. Klöckner-Haus: 1978; 180; Ruhr/West S3
Volksbank: 2005; **362**; Ruhr/Ost M14
HPP/Hentrich Petschnigg & Partner/Köllges, Hans; Stadtsparkasse, Hauptverwaltung : 1975 Entwurf; 208; Ruhr/Süd H13
HPP/Hentrich Petschnigg & Partner/Staatshochbauamt; Ruhruniversität Bochum: 1984; 158; Ruhr/Süd E15
Hübotter/Lederboer/Busch; Matthäuskirche, evang.: 1965; **111**; Ruhr/Süd P15
Hugo; Gewerkschaft; Zeche Hugo: 1873; **175**; Ruhr/Nord O7
Hüls AG; Hüls AG, chemische Werke: 1940; **26**; Ruhr/Nord F8
Hülsdonk + Partner; Existenzgründerzentrum Dieprahm: 2001; **120**; Ruhr/West M4
Otto-Hahn-Gymnasium: 2005 Erweiterung; **254**; Ruhr/West H13
Hülsdonk, Karl-Heinz; Sparkasse Voerde: 2006; **309**; Ruhr/West F11
Husemann, Walter/Wiechmann, Claus; Meitnerweg, Wohnanlage: 1992; 138; Ruhr/Ost P4
MST.factory: 2006; **241**; Ruhr/Ost Q7
Huster, Ansgar; Einfamilienwohnhaus: 2006; **101**; Ruhr/Nord I6
Wohnhaus: 2007; **403**; Ruhr/Nord L13
Hutze, Heinrich; Lutherkirche, evang.: 1912; 286; Ruhr/Süd F11
Ibarrola, Agustín; Landmarke, Halde Haniel: 2002 Entwurf Totems; **223**; Ruhr/Nord P2
Imle; Kaiser-Friedrich-Turm: 1910; 224; Ruhr/Süd R13
Inbo Architekten/Woudenberg Ingenieure; Intückenweg, Wohnsiedlung: 1997; 102; Ruhr/Ost Q11
Infra Umweltplanung; Heilig-Kreuz-Kirche: 1998; 93; Ruhr/Ost N3
Ingenhoven, Overdiek und Partner; RWE-Turm: 1996; 164; Ruhr/Süd I13
Wohnanlage: 2000; **385**; Ruhr/West R2
Ingenieurbüro Kaiser; Ardey-Quelle: 2001; **14**; Ruhr/Ost L7
Intze, Otto; Ennepetalsperre: 1904; 114; Ruhr/Süd T5
Glörtalsperre: 1904; 164; Ruhr/Süd T8
Heilenbecker Talsperre: 1896; **52**; Ruhr/Süd T4
Wasserturm der GHH: 1897; **145**; Ruhr/West L15
Wasserturm Essen: 1884; **146**; Ruhr/Süd I14
Wasserturm Wesel: 1886; **149**; Ruhr/West C9
Jacobi, Haniel und Huyssen; Eisenheim-Siedlung : 1846; **32**; Ruhr/West L15

Jakobsen, Arne/Weitling, Otto; Forumplatz: 1965 Entwurf; 53; Ruhr/Nord O17
Rathaus: 1965 Entwurf; 143; Ruhr/Nord O17
Stadthalle und Kongresshalle: 1965 Entwurf; 202; Ruhr/Nord O17
Jardin, Michael; Karl-Pollender-Heimatmuseum; Erweiterung : 2002; 195; Ruhr/Ost
Jennen, Heinrich/Bewig, Georg; Rathaus: 1926; 341; Ruhr/Süd L9
Jensen, Adolf/Hoemann, Reinhold; Von-Wedelstaedt-Park: 1900; 490; Ruhr/Nord S
Jentzsch, Heinz; Appartementhaus und Hotel Lohring: 1966; 7; Ruhr/Süd J17
Deutsches Bergbaumuseum: 1986 Neubau des Südtrakts; 9; Ruhr/Süd H16
Jeromin, Lothar; Goetheschule, Erweiterung: 2006; 153; Ruhr/Süd G6
Johannsen to Boecop, Arndt/Court de la, Joist; Schloss Horst: 1578; 190; Ruhr/Nord Q7
Johow, Wilhelm; Bauabteilungsleiter; Schüngelberg-Siedlung, Alte: 1916; 381; Ruhr/Nord O8
Schüngelberg-Siedlung, Alte: 1916 Erweiterung; 381; Ruhr/Nord O8
Jording, August; Baurat; Museum der Deutschen Binnenschifffahrt: 1908; 300; Ruhr/West N11
Rathaus, ehem.: 1899 Umbau; 144; Ruhr/West P1
Jourda et Perraudin; Akademie Mont Cenis: 1999; 3; Ruhr/Nord P15
Jourdan und Müller; Schloss Horst: 1999 Umnutzung und Erweiterung; 190; Ruhr/Nord Q7
Schloss Horst, Umbau und Erweiterung: 1999 Umbau und Erweiterung; 168; Ruhr/Nord Q7
JSK Architekten; E.ON Ruhrgas, Hauptverwaltung: 2009; 111; Ruhr/Süd F6
Judas, Joseph; Fürstin-Franziska-Christine-Stiftung: 1769; 55; Ruhr/Süd E8
Jünger, Eduard/Jünger, Ludwig; Polizeipräsidium: 1927; 325; Ruhr/West N1
Jüngerich, Eduard; Friedensplatz: 1902; 141; Ruhr/West N1
Junghanns, Hans; Einfamilienhaus: 1952; 26; Ruhr/Süd D14
Wohnhaus Niemeyer: 1937; 53; Ruhr/Süd H5
J-Z Architekten; Siemens Technopark: 2007; 301; Ruhr/West O16
Kadow, Gerhard; Künstler; Heilig-Kreuz-Kirche: 1966 Kunst am Bau; 200; Ruhr/Nord S10
Kaiser, Hans; Künstler; Herz Jesu; Pfarrkirche, kath.: 1965 Kunst am Bau; 83; Ruhr/Nord G9
St.-Bonifatius-Kirche: 1967 Kunst am Bau; 182; Ruhr/Ost T17
Kaiser, Kirsten; Halde Lothringen: 1999 Kunst am Bau; 79; Ruhr/Süd A16
Kälberer, Dieter; Rathaus Dortmund: 1989; 157; Ruhr/Ost S16
Kalenborn, Heinz; Zentralfriedhof Mühlenberg, Einsegnungshalle: 1969; 265; Ruhr/West R9
Kallinowski, Edgar; Einfamilienhauses; Neubau: 2002; 95; Ruhr/Süd M8
Kallmeyer, Lothar; Gemeindezentrum, evang.: 1971; 59; Ruhr/West R3
Kalmbacher und Rickmeyer; Vehoff, Geschäftshaus: 1962 Wiederaufbau; 200; Ruhr/Ost R17
Kamieth, Wolfgang; Zweifamilienhaus: 2001; 431; Ruhr/Süd G9
Kanalkommission, königl.; Bauabteilung; Betriebswohnhäuser: 1905; 49; Ruhr/Ost
Schachtschleuse Henrichenburg: 1908 - 1917; 370; Ruhr/Ost B3
Karavan, Dani; Garten der Erinnerung: 1999; 62; Ruhr/West R2
Kasch; Bauinspektor, kaiserl.; Alte Post: 1897; 3; Ruhr/West S6
Kaspar Kraemer; Architekten; Büropark an der Gruga: 2004; 54; Ruhr/Süd F6
Katzgrau, Maria; Künstlerin; St. Anna; Pfarrkirche, kath.: 1963 Kunst am Bau; 158; Ruhr/West S4
St. Ludgerus; Pfarrkirche, kath.: 1976 Kunst am Bau; 170; Ruhr/West J13
Kaufmann, C./Mechmann, P./Spanier, P.; Kaiserpassage: 1910; 225; Ruhr/Nord Q
Kaulfuß, Heinrich; Bundesknappschaft: 1952 Wiederaufbau; 63; Ruhr/Süd J16
Kayser & von Großheim; Villa Josef Thyssen: 1900; 473; Ruhr/West T5
Villa Josef Thyssen, Parkanlage : 1900; 474; Ruhr/West T5
Kehrbaum Architekten; Kulturzentrum Bad Hamm: 2002 Umbau und Sanierung; 2 Ruhr/Ost D16
Kurhaus Bad Hamm: 2003 Neubau; 74; Ruhr/Ost D16
Keilmann, Ferdinand/Stadtplanungsamt Bochum; Stadtwerkehaus, ehem.: 1955; 1 Ruhr/Süd I16
Verwaltungs- und Wirtschaftsakademie: 1955; 203; Ruhr/Süd J17
Zentralfriedhof Freigrafendamm, Trauerhalle Ost: 1968; 264; Ruhr/Süd C15
Keller, Rolf; Schüngelberg-Siedlung, Ergänzung: 1990; 171; Ruhr/Nord O8
Keller, Rolf/Drecker, Peter; Planungsbüro; Halde Rungenberg: 2001; 159; Ruhr/Nord O8
Kemper; Villa: 1906; 463; Ruhr/Nord Q14
Kemper und Steiner; Kulturwerk Lothringen; Zeche Lothringen Schacht 1/2, ehem. 2006 Umbau und Sanierung; 73; Ruhr/Süd A16

Technologiezentrum Eco Textil, Umnutzung: 1999; 191; Ruhr/Süd C10
KenChiku; Einfamilienhaus, Erweiterung: 2004; 88; Ruhr/Süd H7
Einfamilienwohnhaus: 2006; 100; Ruhr/Süd D3
Keßler, Fritz; Grünanlage Dimbeck: 1936; 15; Ruhr/West T6
Hauptfriedhof: 1915; 177; Ruhr/West Q17
Witthausbusch: 1913; 520; Ruhr/West P16
Kesseler, Thomas; Bildhauer; Essener Dom: 2004 Einrichtung der Nikolaus Großkapelle; 49; Ruhr/Süd I13
Keuper, Oliver; Einfamilienhaus: 2007; 85; Ruhr/West R13
Kiel, Heinz; Theater der Stadt Marl: 1953; 192; Ruhr/Nord G7
Kiemle, Kreidt & Partner; Gesamtschule: 1974; 68; Ruhr/Nord N5
Kiessler + Partner; Kindergarten am Wissenschaftspark Rheinelbe: 1994; 109; Ruhr/Nord S10
Wissenschaftspark: 1995; 215; Ruhr/Nord S10
Kilian, Claus; Künstler; St. Christophorus; Kirche, kath.: 1986 Kunst am Bau; 163; Ruhr/Süd D9
Killing, Casper Diedrich; Haus Ruhreck: 1878; 49; Ruhr/Süd O13
Kipar Landschaftsarchitekten; Kinder- und Rehaklinik Bergmannsheil, Außenanlagen: 2007; 198; Ruhr/Nord O8
Krupp-Gürtel-Park: 2008; 217; Ruhr/Süd D5
Philharmonie Saalbau: 2004; 261; Ruhr/Süd J13
QAB - Quartier: 2004; 275; Ruhr/Süd J18
Rügenstraße, Wohnumfeldverbesserung: 2007; 285; Ruhr/West L13
Kirchmeier, Friedrich; Exenterhochhaus: 1942 Luftschutzbunker; Nutzung als Sockel; 119; Ruhr/Süd J16
Kirchmeier, Friedrich/Robert, Heinrich; Rottmannshof-Siedlung: 1925; 362; Ruhr/Süd B14
Kirsten, Alfred; St. Laurentius: 1661; 236; Ruhr/West S17
Klapheck, Hermann; Dr. + Partner; Klinik am Rathauspark: 2002; 204; Ruhr/Nord A14
Wohn- und Bürohaus: 1999; 216; Ruhr/Nord L13
Klapp & Brüning; heute BKR Architekten; Brüning, Klapp, Rein; Möbelhaus Hensel: 1998; 141; Ruhr/Süd B6
Optadata, Bürogebäude; Umbau: 2005; 253; Ruhr/Süd D6
Klapp, Eberhard Carl/Brüning, Ernst; Betriebshof Westfalenpark: 1991; 17; Ruhr/Ost P6
Kledtke Architekten; Multifunktionale Gebäude in der Erlebniswelt Fredenbaum: 2008; 242; Ruhr/Ost N6
Kleffner, Eberhard Michael; Herz Jesu; Pfarrkirche, kath.: 1959; 83; Ruhr/Nord G9
Kleffner, Eberhard Michael/Dohmen, Heinz; Dr./Straetmanns, Hans; Generalvikariat des Bistums Essen: 1964; 55; Ruhr/Süd I13
Kleihues, Josef Paul/Eckert/Pressel/Jakubik; Ladenpassage: 1981; 117; Ruhr/Nord C5
Kleihues, Josef Paul/Kurtz, Wolf/Saitner, Werner/Schulze, G.; Technologiepark: 1984 ab; 216; Ruhr/Ost P4
Kleihues, Josef Paul/Schulze, Gustav; Technologiezentrum 3: 1991; 194; Ruhr/Ost P4
Klein + Neubürger; Goetheschule, Erweiterung: 2003; 154; Ruhr/Süd I16
Schiller-Oberschule, Erweiterung: 2003; 292; Ruhr/Süd D14
Klein, Karl; Kleinwohnungen: 1929; 239; Ruhr/West N10
Klein, Yves/Kricke, Norbert/Dierckes, Paul/Adams, Robert/Tinguely, Jean; Musiktheater im Revier: 1959 Kunst am Bau; 119; Ruhr/Nord B16
Kleine-Allekotte, Hermann/Dunker, Martina; Zweifamilienhaus: 2000; 430; Ruhr/Süd G4
Kleinhanz zu Elberfeld, Engelbert; Haus Villigst: 1819; 94; Ruhr/Ost S11
Kleinpoppen; Regierungsbaumeister; Polizeischule: 1934; 36; Ruhr/Süd G5
Preußisches Eichamt, ehem.: 1936; 37; Ruhr/Nord A13
Klement, Horst; Doppelhaus: 1961; 20; Ruhr/Nord N9
Halfmannshof, Wohnanlage: 1975; 79; Ruhr/Nord S10
Klinkhammer, Werner; Kloster Kamp, Terrassengarten : 1990 Revitalisierung der Gebäude; 114; Ruhr/West L3
Klippel, Reinhard; Hallenbad Dorstfeld: 1982; 80; Ruhr/Ost O4
Klocke, Walter; Künstler; St. Antonius; Pfarrkirche: 1953 Kunst am Bau; 396; Ruhr/Nord B15
St. Augustinus; Propsteikirche/Gemeindezentrum: 1958 Kunst am Bau; 187; Ruhr/Nord B17
St. Marien; Kirche mit Pfarrhaus: 1933 Kunst am Bau; 46; Ruhr/Ost A6
Klönne, Fa.; Wasserturm: 1908; 499; Ruhr/West Q9
Klos, Joachim; Künstler; Heilig Geist; Kirche, kath.: 1963 Kunst am Bau; 79; Ruhr/West H14
St. Georg: 2000 Kunst am Bau; 226; Ruhr/Nord I6

St. Stephanus; Pfarrkirche, kath.: 1972 Kunst am Bau; 172; Ruhr/West S11
Kloss + Kolb; Marler Stern: 1974; 125; Ruhr/Nord G8
Wohnen-West: 1975; 253; Ruhr/Nord G8
Klotzbach, Peter/Klotzbach, Werner/Wielers, Bernhard; D-Zug, Wohnanlage: 192
102; Ruhr/Süd B15
Kluftinger, A.; Wohnhochhaus: 1960; 220; Ruhr/Nord Q14
Knebel + von Wedemeyer; Eickhoff-Forum, Umbau: 2006; 77; Ruhr/Süd D14
Knobbe, Paul; Landwehr-Kolonie: 1904; 270; Ruhr/Ost O1
Zeche Westhausen: 1906 Erweiterung; 185; Ruhr/Ost M3
Zeche Zollern 2/4: 1904; 593; Ruhr/Ost O1
Knoblauch, Dieter/Heise, Heinz; Synagoge mit Gemeindezentrum: 1959; 188; Ruhr/Süd J14
Knoblauch, Ernst; Allbauhaus: 1928; 4; Ruhr/Süd H13
Bürohaus: 1928; 66; Ruhr/Süd I12
Knöll, Heinrich; Stadtbaurat; Sommerbad: 1907; 389; Ruhr/Nord Q14
Koepchen, Arthur; Koepchenwerk, Pumpspeicherkraftwerk: 1939; 29; Ruhr/Süd N
Koerfer, Hans; Westfalenhaus: 1950er Wiederaufbau; 516; Ruhr/Ost R16
Koerfer, Jacob; Dr.; Büro- und Geschäftshaus: 1929; 65; Ruhr/Süd I13
Deutschlandhaus: 1929; 89; Ruhr/Süd I13
Westfalenhaus: 1929; 516; Ruhr/Ost R16
Kohl : Fromme; Colosseum Theater: 1995 Umbau zum Theater; 79; Ruhr/Süd H12
Gesundheitszentrum Kaiserberg, Revitalisierung und Erweiterung einer denkma geschützten Textilfabrik: 2006 Erweiterung und Sanierung; 148; Ruhr/West R4
Musicaltheater: 1997; 142; Ruhr/West S1
Musikschule: 2003 Umbau und Sanierung; 244; Ruhr/Süd H12
Seniorenzentrum: 1998; 174; Ruhr/West R2
Sparkasse Rheinhausen Oestrum: 2002; 308; Ruhr/West P9
Kohl, Christian; Projektpartner; Colosseum Theater: 1995 Umbau zum Theater; 79 Ruhr/Süd H12
Musicaltheater: 1997; 142; Ruhr/West S1
Seniorenzentrum: 1998; 174; Ruhr/West R2
Sparkasse Rheinhausen Oestrum: 2002; 308; Ruhr/West P9
Kohlhage, Ernst; Kohlenhandelsgesellschaft „Mark“, ehem.: 1926; 242; Ruhr/Süd P
Kohlhage, Ernst Ulrich/Pickenhan, Gerd; Hohenlimburg; Pfarrkirche, evang.-reforn 1987 Gemeindehaus; 107; Ruhr/Süd Q17
Kohorst, Gertrud/Schamp und Schmalöer; Einfamilienhaus: 2006; 79; Ruhr/Ost R
Kölsch, Hans Ulrich/Kölsch, Ursula; Einfamilienhaus: 1962; 24; Ruhr/Süd G7
Gemeindezentrum und Altstadthaus, evang.: 1962; 54; Ruhr/Süd H13
Papierlager, Verwaltungsgebäude, Werkswohnungen: 1969; 138; Ruhr/Süd J3
Trauerhalle Überruhr: 1970; 228; Ruhr/Süd G9
Kölsch, Hans Ulrich/Morgenroth, Erich/Henn, Walter; Dr./Eller + Moser + Walte E.A. Gärtner + R. Stiens/Lehmann und Partner; Universität-Gesamthochschul 1976; 235; Ruhr/Süd D6
Königsborn; Gewerkschaft; Reinhardstraße, Siedlung: 1900 um; 355; Ruhr/Ost J11
Köpke, Ernst Otto; Künstler; Erlöserkirche: 1958 Kunst am Bau; 31; Ruhr/West G1
Rathaus: 1950 Kunst am Bau; 342; Ruhr/West R1
Körber, Evelyn; Künstlerin; Stephanus-Kirche, evang.: 2005 Kunst am Bau; 184; Ruhr/Nord Q13
Korhonen, Toivo; Gemeindezentrum, evang.: 1972; 60; Ruhr/Nord C6
Korhonen, Toivo/Sorainen, Lauri; Finnstadt, Mehrfamilienhäuser: 1975; 50; Ruhr/Nord C6
Korn/Brüren/Kaes/Stadtbauamt Gladbeck; Martaheim: 1910; 292; Ruhr/Nord N
Korn/Brüren/Stadtbauamt Gladbeck; Freibad: 1931; 136; Ruhr/Nord O6
Jovyvilla: 1927; 220; Ruhr/Nord O6
Schloss Wittringen: 1706; 212; Ruhr/Nord O6
Körner, Edmund; Alte Synagoge: 1913; 7; Ruhr/Süd I13
Borsig-Platz: 1870 seit; 19; Ruhr/Ost N7
Haus der Technik: 1925; 184; Ruhr/Süd I13
Haus der Technik: 1924; 185; Ruhr/Süd I13
Königliche Baugewerkschule: 1908; 250; Ruhr/Süd J14
Kraftwerk Hohenstein: 1929; 255; Ruhr/Süd M9
Lehrerseminar, evang.: 1914; 273; Ruhr/Süd E7
Schutzengel-Kirche, kath.: 1928; 382; Ruhr/Süd D8
Sport- und Gesundheitshaus: 1927; 394; Ruhr/Süd C7
St. Nikolaus; Pfarrkirche, kath.: 1907; 413; Ruhr/Süd C7
Wasserturm: 1925; 500; Ruhr/Süd D8
Wohnhaus von Edmund Körner, ehem.: 1929; 542; Ruhr/Süd J14
Zeche Helene-Amalie; Verwaltungsgebäude: 1927; 568; Ruhr/Süd D5

Korte/Ravan/Stadtbauamt Gladbeck; Vestische Kampfbahn: 1927; 460; Ruhr/Nord O6
Korte, Josef; Freizeitstätte Haus Wittringen: 1922; 139; Ruhr/Nord O6
Koschany, Günter; Stadtteilzentrum Überruhr: 1974; 209; Ruhr/Süd F9
Koschany, Günter/Mebes, Friedrich; Heizkraftwerk: 1978; 93; Ruhr/Süd F6
Köster, Anja; Wohnhaus, Umbau: 2003; 406; Ruhr/Süd E14
Köster, Eleonore/Köster, Walter; Gesamtschule Walsum, ehem. Fridtjof-Nansen-Realschule: 1969; 71; Ruhr/West J13
Kowalski, Karla/Szyszkowitz, Michael; Küppersbusch Siedlung: 1996; 118; Ruhr/Nord B16
Kowalski, Rainer; Seniorenresidenz: 2005; 299; Ruhr/Süd Q14
Krabel, Hans/Lüke, Wigbert; Zeche Carl, Lohnhalle und Kaue; Kulturzentrum: 1985 Umbau und Sanierung; 164; Ruhr/Süd B6
Kraemer, Friedrich Wilhelm; Aufbau- und Abendgymnasium: 1959; 4; Ruhr/Ost Q6
Kraemer, Friedrich Wilhelm/Sieverts, Ernst + Partner; Arbeitsamt: 1984; 9; Ruhr/Süd J16
Thyssengas GmbH, Verwaltungsgebäude: 1980; 224; Ruhr/West L12
Veba Chemie; Kantine: 1972; 236; Ruhr/Nord M7
VEBA Oel AG, Hauptverwaltung: 1984; 237; Ruhr/Nord M8
VEW AG; Verwaltungsgebäude (2): 1976; 239; Ruhr/Ost T18
Kraemer, Friedrich Wilhelm/Sieverts, Ernst + Partner/Kammel; Dr.; Agentur für Arbeit: 1980; 2; Ruhr/Süd Q14
Kraemer, Friedrich Wilhelm/Sieverts, Ernst/Pfennig; Iduna-Versicherung: 1968; 102; Ruhr/Nord B17
Krail, Thomas; Alexandrine-Hegemann-Schule, Umbau und Erweiterung: 2000; 3; Ruhr/Nord M13
Krakau, W./Eberlein, K.; Leichtathletik-Zentrum: 1984; 118; Ruhr/Süd C10
Kramer, Johannes; Einschornsteinsiedlung: 1930; 108; Ruhr/West T4
Kramm und Strigl; Zukunftszentrum: 1995; 242; Ruhr/Nord M11
Krampe, Ulrich u. Reiter, Peter; Architekten; Fachhochschule Bochum, Mensa : 2007; 121; Ruhr/Süd E15
Hauptbahnhof Bochum: 2006 Umbau und Sanierung; 70; Ruhr/Süd I16
Kreishandwerkerschaft: 2005; 214; Ruhr/Süd E13
U-Bahnhof Bochumer Verein: 2006; 346; Ruhr/Süd I15
Kramreiter, Robert; St. Josef; Pfarrkirche, kath.: 1968; 191; Ruhr/West L12
Kraus, Josef/Schnelle, Franz; Verlagshaus: 1926; 459; Ruhr/Nord P14
Kreis Wesel; Abfallgesellschaft; Abfallentsorgungszentrum Asdonkshof: 1996; 1; Ruhr/West K5
Kreis, Wilhelm; Bismarckturm: 1901; 52; Ruhr/Süd Q14
Emschergenossenschaft, Verwaltungsgebäude: 1910; 112; Ruhr/Süd J14
Landeszentralbank NRW, Hauptstelle: 1954; 101; Ruhr/Ost S16
Rathaus Herne: 1912; 348; Ruhr/Nord P14
Sparkasse Bochum: 1928; 392; Ruhr/Süd I16
Kreisbauinspektion Recklinghausen, königl.; Amtsgericht Recklinghausen: 1907; 17; Ruhr/Nord A13
Kreitschmann, Susanne; Altenzentrum St. Hildegard: 2008; 7; Ruhr/Ost Q8
Kremer, Kurt Peter; Friedhof Langendreer, Kapelle: 1961; 49; Ruhr/Süd D17
Friedhof Uemmingen; Kapelle evang.: 1969; 57; Ruhr/Süd D16
Hustadt; Gemeindezentrum, evang.: 1974; 99; Ruhr/Süd D15
Längsdeelen-Haus: 1969 Restaurierung; 129; Ruhr/Süd E16
Kremer, Kurt Peter und Partner; Wohnungsbau, öffentlich gefördert: 1999; 234; Ruhr/Süd D11
Kremer, Walter; St. Elisabeth; Pfarrkirche, kath. mit Pfarrhaus: 1934; 43; Ruhr/Nord L13
Krenz, Wolfgang; Architekten/Archwerk Generalplaner; Blue Box, Hochschule Bochum, ehem. Mensa Ruhr-Uni: 2010 Umbau und Sanierung; 20; Ruhr/Süd E15
Jahrhunderthaus: 2006; 189; Ruhr/Süd I15
Krieger/Hudlet; Melanchthonkirche, evang.: 1914; 296; Ruhr/Süd D13
Krieger, Friedhelm; Stimbergpark: 1969 Architektur, Hochbau; 214; Ruhr/Nord G13
Krier, Rob/Kohl, Christoph; Das Dorf, Siedlung: 1993; 31; Ruhr/West S15
Krings, Heinrich/Boegershausen, J. Franz; St. Antonius von Padua; Kirche kath.: 1897; 108; Ruhr/West N14
Krug, Manfred/van de Minde, Bernhard; Evangelische Fachhochschule Bochum: 1986; 48; Ruhr/Süd J18
Paul-Gerhardt-Gemeindehaus, Erweiterung: 1974; 139; Ruhr/Nord Q7
Krug, Manfred/van de Minde, Bernhard/Ludes, Manfred/Dreischhoff, Karl-Heinz; Ökumenisches Gemeindezentrum Quellberg: 1981; 135; Ruhr/Nord L14
Krüger + Patrias; Architekten; Gymnasium Phönix, Sanierung: 2006; 158; Ruhr/Ost P7
Kautsky-Grundschule, Erweiterung: 2008; 197; Ruhr/Ost M9
Krüger; Oma; Haus Krüger: 1974 fiktiver Wohnort; 194; Ruhr/Nord Q10

Krüger, Rudolf; Künstler; St. Benno; Pfarrkirche, kath.: 1972 Kunst am Bau; 189; Ruhr/Ost Q8
Krupp, Friedrich/Becker/Walter; Kruppsche Hauptverwaltung: 1961; 99; Ruhr/West Q10
Kruppsche Gußstahlfabrikation; Bauabteilung; Musikschule: 1911 Ursprungsbau; insgesamt 3 Bauabschnitte bis 1958; 244; Ruhr/Süd H12
Stammhaus Krupp: 1819; 258; Ruhr/Süd H12
Krusemark, Max; Geschäftshaus Viehoff: 1927; 162; Ruhr/Ost D15
Krüßmann, Gerd; Dr.; Botanischer Garten Rombergpark: 1951 Umgestaltung; 22; Ruhr/Ost Q6
Krysta, Gerald; Fürst Hardenberg: 1997; 58; Ruhr/Ost M5
KSP; Engel und Zimmermann; Architekten; Dorma Hauptverwaltung, Aufstockung: 2005; 73; Ruhr/Süd Q4
Kuball, Mischa; Künstler; Ostpol/Landmarke: 1999 Kunst am Bau; 311; Ruhr/Ost I1
Westpol/Landmarke: 1999 Kunst am Bau; 213; Ruhr/West K5
Kubisch, Christina; Künstlerin; Gasometer: 1994 Kunst am Bau; 150; Ruhr/West L15
Kücker, Wilhelm; Dr.; Deutsche Bank: 1997 Umbau und Sanierung; 87; Ruhr/Süd I13
Kuhn - Buhlke - Kuboth; Studentenherberge, Fernuniversität: 2003; 334; Ruhr/Süd Q
Kuhrt & Hoffmann und Volkenborn; Baufirma; Deutsche Bank: 1920; 88; Ruhr/West S5
Kükelhaus, Hugo; Künstler; Erlöserkirche: 1957 Kunst am Bau; 117; Ruhr/Süd J13
Kulka, Peter; Das Dorf, Siedlung: 1993; 36; Ruhr/West S15
Kulka, Peter/Schilling, Hans; St. Marien: 1986; 193; Ruhr/Ost C15
Kullrich; Stadtbaurat; Altes Stadthaus: 1899; 6; Ruhr/Ost S17
Kunz, Hans; Wohnhaus: 1929; 531; Ruhr/Süd I16
Küppers, Bernhard; Museumszentrum Quadrat: 1976; 132; Ruhr/Nord Q3
Küppers, Johann; Bauherr; Plangemühle: 1874; 93; Ruhr/West O10
Kurtz, Wolf/Saitner, Werner; Technologiezentrum: 1985; 217; Ruhr/Ost P4
Kuscheid + Partner; Architekten; Einfamilienwohnhaus: 2006; 99; Ruhr/Nord A13
KVR; Kommunalverband Ruhrgebiet; Revierpark Gysenbergpark: 1970; 150; Ruhr/Nord Q15
KZA; Koschany, Zimmer & Assoziierte; Gesundheitshaus Quellenbusch: 1999; 66; Ruhr/Nord R3
Landesumweltamt, Laborgebäude : 2005; 222; Ruhr/Süd G5
Schulungs- und Seminargebäude: 2001; 297; Ruhr/Süd D6
U-Bahnhof Altenessen Mitte: 2003; 345; Ruhr/Süd B6
Lachmann; Postbaurat; Paket- und Telegrafenamt: 1914; 312; Ruhr/Nord Q12
Lackner, Josef; Gemeindezentrum, kath.: 1973; 62; Ruhr/Nord C6
Lambart + Partner; Gesamtschule Wanne: 1983; 72; Ruhr/Nord Q12
Schulzentrum Sodingen: 1976; 179; Ruhr/Nord P16
Lambart, Bruno; Ruhruniversität Bochum; Bibliothek: 1974; 160; Ruhr/Süd E15
Studentenwohnheime 1 und 2: 1965; 186; Ruhr/Süd E15
Lambart, Bruno/Sommerfeld, Christa; Bürgerzentrum Recklinghausen Süd: 1983; 2 Ruhr/Nord N13
Lammers, Egbert; Künstler; Kirche Alstaden, evang.: 1950 Kunst am Bau; 236; Ruhr/West N14
St. Johannes, evang.: 1959 Kunst am Bau; 233; Ruhr/West H12
St. Peter und Paul; Probsteikirche: 1966 Kunst am Bau; 250; Ruhr/Süd I16
Lammert, Rolf/Padberg, Günter; Steeler City-Center: 1980; 211; Ruhr/Süd E9
Land Nordrhein Westfalen; Autobahnkreuz Duisburg „Spagettiknoten": 1977; 13; Ruhr/West O13
Universität Dortmund: 1966 ab; 232; Ruhr/Ost P4
Lander, Helmut; Stephanus-Kirche, evang.: 1960 Fenstergestaltung; 184; Ruhr/Nord Q
Landesentwicklungsgesellschaft NRW; Faktorei 21: 2000 Umbau; 40; Ruhr/West R
Landkreis Bochum; Bauherr; Amtshaus Bochum-Nord: 1881; 10; Ruhr/Süd I16
Landschaft planen und bauen; Emscherquelle: 2001; 110; Ruhr/Ost P11
Landschaftspark „Alte Körne": 1996; 126; Ruhr/Ost M9
Wasser- und Stadtteilpark Bergkamen: 1999; 210; Ruhr/Ost H8
Landschaftsverband Westfalen Lippe; Bauherr; Westfälisches Freilichtmuseum Hage 1973; 246; Ruhr/Süd S14
Lange/Oermann/Ulrich; Bootshalle Kemnader Stausee: 1900; 59; Ruhr/Süd F15
Bootshalle Kemnader Stausee: 1983 Umbau; 59; Ruhr/Süd F15
Lange - Ulrich und Partner; Hauptbahnhof Bottrop: 1999; 85; Ruhr/Nord R4
Lange, August/Freyse, Heinrich Theodor; Schloss Hugenpoet: 1872 Modernisierun 192; Ruhr/Süd J3
Langenberg, Franz; Klosterkirche/Stiftskirche: 1902 Westturm; 126; Ruhr/Ost Q16
St. Marienkirche, kath., Restauration: 1896; 114; Ruhr/Ost Q16
Langmaack, Gerhard; Lutherkirche, evang.: 1962; 105; Ruhr/Süd Q14

Lutherkirche, evang.: 1998 Umbauten; 105; Ruhr/Süd Q14
Markuskirche, evang.: 1965; 109; Ruhr/Süd P14
Lardeur, Gérard; Künstler; Liebfrauenkirche, kath.: 1958 Kunst am Bau; 276; Ruhr/West L11
Larsen, H./Meyer, Karin/Ringleben, Ursula/Schwering, Leo; Wohnungen, öffentlich gefördert: 1998; 232; Ruhr/Ost D13
Latz und Partner/Latz, Peter; Landschaftspark Duisburg Nord: 1998; 127; Ruhr/West M12
Schalker Verein; Masterplan: 2008; 291; Ruhr/Nord B18
Latz-Riehl/Latz, Peter; Mont-Cenis-Park: 2002; 239; Ruhr/Nord P15
Mont-Cenis-Platz: 2002; 240; Ruhr/Nord P15
Wohnanlage Immermannstraße, Außenanlagen : 1999; 220; Ruhr/Ost N5
Laufenberg; Bauherr; Kindergarten Villa Laufenberg: 1935 Erweiterung; 67; Ruhr/Süd Q14
Lauterjung, Adolf; Wohn- und Geschäftshaus: 1928; 522; Ruhr/Nord B17
Lauweriks, Jan Ludovicus Mathieu; Am Stirnband, Siedlung : 1914; 13; Ruhr/Süd Q15
LEG NRW; Gründer- und Technologiezentrum: 1995; 70; Ruhr/Ost D15
LEG NRW/Freudenthal/Bisewski; Institut zur Erforschung der Kanalisationstechnik: 1994; 101; Ruhr/Nord R11
Legge, S. + U.; St. Barbara; Kirche, kath.: 1969; 188; Ruhr/Nord R12
Lehmann, H./Venner, M.; Wasserturm Dortmund Südbahnhof: 1927; 502; Ruhr/Ost S17
Lehmann, W. + Partner; Ruhruniversität Bochum; Musisches Zentrum, Studentenhaus: 1984; 165; Ruhr/Süd E15
Lehmbrock, Josef/Polonyi, Stefan; St. Suitbert; Kirche, kath.: 1966; 197; Ruhr/Süd F9
Lehmbruck, Manfred; Wilhelm-Lehmbruck-Museum: 1964; 211; Ruhr/West S2
Leitl, Alfons; St. Barbara; Pfarrkirche, kath.: 1955; 162; Ruhr/West N16
St. Paulus; Pfarrzentrum, kath.: 1972; 196; Ruhr/Süd D15
Lepper, Marc/3plus1 Architekten; Einfamilienhaus: 2007; 80; Ruhr/Ost G5
Leppin, G.; Kurhaus Bad Hamm: 1898; 74; Ruhr/Ost D16
Les Petit Fils de Francois de Wendel; Eisengesellschaft; Bergwerk Ost, Schächte Heinrich Robert: 1904; 43; Ruhr/Ost F13
Lewandowski, Annette; Sud- und Treberhaus, Umnutzung und Sanierung: 1999; 187; Ruhr/Nord R12
Lewenton, Georg; Kamin-Aggregat, Stadtwerke Duisburg AG: 1967; 106; Ruhr/West S1
licht raum stadt; Jahrhunderthalle, Erweiterung: 2003 Kunst am Bau; 188; Ruhr/Süd I15
Westpark: 2008 Wasserwelten; 373; Ruhr/Süd C13
LichtKunstLicht; Emil-Schumacher-Museum: 2009 Lichttechnik; 108; Ruhr/Süd Q14
Lieberwirth/Lessing; Althoff-Block: 1936 Erweiterung; 10; Ruhr/Ost S15
Liesenhoff; Synagoge, ehem.; heute Mahn- und Gedenkstätte: 1870; 124; Ruhr/Süd Q17
Lill, Carl; Umspannwerk Recklinghausen: 1928; 454; Ruhr/Nord O13
Limmer, Lutz; Berger Feld, Erholungs- und Freizeitzentrum: 1984; 17; Ruhr/Nord P9
Lindberg; Hauptpost (Amt 1): 1931; 181; Ruhr/West S2
Lindemann und Lindner; Emil-Schumacher-Museum: 2009; 108; Ruhr/Süd Q14
Lindner Lohse; Architekten; Universität Dortmund, Modellbauwerkstatt : 2006; 352; Ruhr/Ost Q4
Werkstatt für geistig Behinderte: 2001; 370; Ruhr/Ost M6
Linnemann, Carl; Bismarckturm: 1909; 53; Ruhr/West P16
Lipkowsky, Günther; Wohnhaus Oydrot: 1998; 229; Ruhr/West O1
LIT Fischer, Jürgen/Planwerk/Brdenk, Peter; Druckgasbehälter: 1999 Lichtkunst-Installation; 21; Ruhr/Nord S10
Pumpwerk Gelsenkirchen-Horst im Nordsternpark: 1997 Anlässlich der Bundesgartenschau mit blauem Glas verkleidet; 136; Ruhr/Nord Q7
Lohhaus/Dieckmann; Gehölzgarten Ripshorst: 1999; 63; Ruhr/West L16
Schleusenpark Waltrop: 1999; 167; Ruhr/Ost B3
Lohmann, Albert; Villa Albert Lohmann: 1865; 130; Ruhr/Süd M9
Lohmann jr., Friedrich; Villa Friedrich Lohmann jun.: 1895; 133; Ruhr/Süd M9
Lohmann sen., Friedrich; Villa Friedrich Lohmann sen.: 1868; 134; Ruhr/Süd M9
Lohrberg; Platz von Amiens: 2005; 268; Ruhr/Ost R16
Lohrer/Hochrein; Phoenix West: 2006; 263; Ruhr/Ost P6
Lom von, Walter & Partner; Kinderdorf St. Josef: 1982; 110; Ruhr/Ost E9
Loose, Albert; Jugendstilhäuser: 1903; 222; Ruhr/Süd R18
Lorber + Paul; Diyanet-Moschee: 2008; 69; Ruhr/West N8
Loy, Horst; Museum Folkwang: 1960 Entwurf; 118; Ruhr/Süd J12
Loy, Horst/Kreutzberger, Werner/Hösterey, Erich; Museum Folkwang: 1960 Ausführung; 118; Ruhr/Süd J12
LTK Architekten/Kafka, K./Roehder + Partner; Westfalenhallen, Stadtbahnhaltestelle: 1998; 212; Ruhr/Ost T16

Lübke und Rehning; Kreishaus, ehem.: 1901; 258; Ruhr/Nord A14
LUDES Architekten und Ingenieure; Bergsmannsheil, Neubau des Bettenhauses: 2007; 24; Ruhr/Süd D13
Hauptbahnhofsplatz Recklinghausen: 1999; 87; Ruhr/Nord A14
Klinikum Bergmannsheil; Anbindung an den ÖPNV: 2001; 206; Ruhr/Süd D13
Ludes, Manfred; Hl.-Kreuz-Kirche mit Pfarrbüro: 1968; 98; Ruhr/Nord O13
Kreissparkasse: 1964; 98; Ruhr/Nord A14
Ludes, Manfred/Dreischhoff, Karl-Heinz; Altenzentrum, evang.: 1980; 3; Ruhr/Nord H13
Ludwig, Alfred; Haus Ludwig: 1956; 77; Ruhr/Ost P8
Ludwigs; Gebrüder; Polizeipräsidium, ehem.; heute Wohn- und Geschäftshaus: 1922; 326; Ruhr/Süd Q14
Villa Kerckhoff, ehem.: 1922; 475; Ruhr/Süd Q15
Villa Oskar Funcke: 1920; 476; Ruhr/Süd Q14
Lüer, Otto; Schloss Landsberg: 1903 Umbau; 194; Ruhr/Süd J3
Luggenhölscher, Alfred; Kindergarten: 1966; 111; Ruhr/Nord N6
Mehrfamilienhaus: 1970; 127; Ruhr/Nord N11
Lüke Schmitz Artz; Architekten + Generalplaner; Bürogebäude: 2002; 46; Ruhr/Süd F
Mäckler, Christoph; Zeche Zollverein Schacht 1/2/8: 2002 Umbau zum Tanztheate 186; Ruhr/Süd C7
Maibaum; Naturhindernis-Pferderennbahn: 1938; 33; Ruhr/Nord P17
Maiweg, Günter; Zweigpostamt Langendreer: 1953; 230; Ruhr/Süd C17
Mallon, Kai-Uwe; Architekturbüro; Trauerhalle: 2005 Sanierung; 198; Ruhr/West Q1
Mannewitz, Fritz; Künstler; Lutherkirche, evang.: 1956 Kunst am Bau; 284; Ruhr/Süd I17
Mannewitz, Fritz; Künstler/Meienbrock, Hanns; Künstler; Erlöserkirche Annen, evang.: 1954 Kunst am Bau; 33; Ruhr/Süd L10
Marek; Universität Dortmund, H-Bahn: 1984; 233; Ruhr/Ost P4
Marek & Schreiter Architekten; Schlossmühle Buddenberg, Sanierung: 2007 Sanierung; 295; Ruhr/Ost H3
Marek, Karl; Freiherr-vom-Stein-Gymnasium, Erweiterung: 2000; 133; Ruhr/Ost I5
Marré-Dahms-Koch Architekten Ingenieure Consulting; Wasserturm, Umnutzung: 2003; 368; Ruhr/Süd G6
Marschall, Günter; Dr.; Nonnenbusch-Siedlung: 1959; 123; Ruhr/Nord G10
Marschall, Günter; Dr./Janowski, Fred; Lucaskirche: 1960; 104; Ruhr/Nord M8
Martin; Planungsgesellschaft; Bladenhorst, Landschaft: 1996; 19; Ruhr/Nord N17
Marx, Ernst; Brandenbusch-Siedlung : 1895; 21; Ruhr/Süd G6
Lutherkirche, evang.: 1906; 285; Ruhr/Süd O11
Unternehmervillen im Ostparkviertel/ Prinz-Friedrich-Karl-Straße und Umgebung: 1900 um; 456; Ruhr/Ost R17
Massias, Max; Freizeitpark Moers: 1932; 138; Ruhr/West O7
Schlosspark und Wallanlagen Moers: 1932; 213; Ruhr/West O7
Mataré, Ewald; Künstler; St. Matthäus, ehem.; Pfarrkirche, evang.: 1959 Kunst am Ba 242; Ruhr/Süd T16
Matschinski, Julius; Künstler; St. Peter und Paul: 1933 Kunst am Bau; 249; Ruhr/Nord H13
Mawson, T.H.; Schloss Heessen, Parkanlage: 1901 Erweiterung; 186; Ruhr/Ost C16
McLean, Harry; Künstler; Lucaskirche: 1964 Kunst am Bau; 104; Ruhr/Nord M8
Mebes, Friedrich; Bürgerhaus Oststadt: 1975; 24; Ruhr/Süd E9
Einfamilienhaus: 1964; 27; Ruhr/Süd H5
Marien-Hospital: 1974; 121; Ruhr/Süd B6
Meer und Merkel; Berginspektion, ehem. und Wohnhäuser: 1907; 38; Ruhr/Nord N
Meinen, Wilhelm/Röver, Wilhelm; Maria Königin; Pfarrkirche, kath., Kirchturm: 196 106; Ruhr/West N13
Meister, Anton; St. Johannes Baptist; Pfarrkirche, kath., Erweiterung: 1931; 399; Ruhr/Süd E14
Mendel und Partner; Feuer- und Rettungswache: 2004; 125; Ruhr/Süd P16
Feuer- und Rettungswache: 2002; 126; Ruhr/Nord M13
Menke Stadtplaner; Sport- und Freizeitzentrum Bleichstein: 1980; 185; Ruhr/Süd O1
Stadtkrone Ost: 2001; 324; Ruhr/Ost O8
Stadtteilpark Suderwich: 2001; 330; Ruhr/Nord M15
Menzel, Karl-Heinz/Kopka, Walter; Dietrich-Keuning-Haus: 1982; 34; Ruhr/Ost O6
Metzendorf, Georg; Eickhaus, heute Modehaus Ansons: 1915; 104; Ruhr/Süd I13
Gartenstadt Hüttenau: 1917; 148; Ruhr/Süd N5
Kruppsche Beamtenhäuser: 1910 Erweiterung; 262; Ruhr/Süd J12
Margarethenhöhe, Gartenstadt: 1909 - 1920; 288; Ruhr/Süd F5
Margarethenhöhe, Gasthaus: 1900 um; 289; Ruhr/Süd F5
Margarethensiedlung: 1922 Erweiterung; 290; Ruhr/West Q10

St. Johannes Baptist; Kirche, kath.: 1929 Anbau; 231; Ruhr/Süd N5
Metzendorf, Georg/Schneider, Jacob; Theaterpassage und Geschäftshaus „Theaterplatz" mit Kabarett „Casa Nova"; Stadtsparkasse Essen, ehem.: 1930; 442; Ruhr/Süd I13
Mewes, Emil Rudolf; Bürogebäude: 1937; 6; Ruhr/Süd I15
Dortberghaus: 1938; 11; Ruhr/Ost R16
Mechanische Werkstätten: 1936; 32; Ruhr/Süd C13
THS TreuHandStelle GmbH, Verwaltungsgebäude: 1931; 444; Ruhr/West L12
Werkstätten für Weichenbau, alte Hauptverwaltung : 1940; 51; Ruhr/Süd C13
Meyer/Uhr; Wohnungen, altengerecht mit Gemeinschaftsraum: 1999; 231; Ruhr/Ost P9
Meyer, Jochen; Alte Post: 1992 Umbau zum Museum; 3; Ruhr/West S6
Meyer, Karin; Wohnbebauung, öffentlich gefördert: 1998; 222; Ruhr/Süd F11
Meyer; Regierungsbaurat; Estel-Hoesch AG, Verwaltungsgebäude: 1921 Vorentwurf; 121; Ruhr/Ost O5
Polizeidirektion: 1926; 322; Ruhr/Nord P14
Meyer-Wolters & Yeger; Bürgerbad Elsetal: 2001; 37; Ruhr/Ost T10
Miele und Rabe; Wohnbebauung: 2000; 393; Ruhr/Süd R17
Migge, Leberecht; Villa Hohenhof, Gartenanlage : 1913; 472; Ruhr/Süd Q15
Miksch Rücker; Architekten; CEAG Verwaltungsgebäude; Umnutzung: 1999; 26; Ruhr/Ost N6
Lichtburg: 2004 Sanierung; 275; Ruhr/Süd I13
Volkshochschule Essen: 2005; 365; Ruhr/Süd I13
Zeche Hermann, Verwaltungsgebäude: 2002 Sanierung; 416; Ruhr/Ost D3
Möhring, Bruno; Aakerfährbrücke: 1904; 1; Ruhr/West N13
Dunkelschlag-Siedlung : 1920er Erweiterung; 101; Ruhr/West J16
Grafenbusch-Siedlung : 1923; 168; Ruhr/West L15
Zeche Zollern 2/4: 1906 Maschinenhaus; 593; Ruhr/Ost O1
Zeche Zollern 2/4, Maschinenhalle: 1903; 594; Ruhr/Ost O1
Moog, Walter/Moog, Emil; Union Brauhaus: 1927; 455; Ruhr/Ost R16
Morin; Regierungsbaumeister; Hauptbahnhof Hagen: 1910 Empfangsgebäude; 45; Ruhr/Süd Q13
Moritz, Carl; Hirschlandbank: 1910; 206; Ruhr/Süd I13
Moritz, Carl/Stahl, Werner; Handelshof: 1912; 173; Ruhr/Süd I13
Müller, B./Möller, R.; Wohnhochhäuser: 1975; 258; Ruhr/Nord P12
Müller-Jena, Otto; Heilig-Kreuz-Kirche: 1914; 199; Ruhr/Nord O6
Rathaus Gladbeck: 1912; 347; Ruhr/Nord O6
Rathaus Recklinghausen: 1898 - 1908; 350; Ruhr/Nord A14
Müller-Zantop, Wolfgang; Kindergarten, evang.: 1976; 112; Ruhr/Süd E5
Müller-Zantop, Wolfgang/Einsele, Martin; Studentenwohnheim „Die Brücke": 1982; 215; Ruhr/Süd H13
Mulvany; Haus Goldschmieding: 1872 Erweiterung; 76; Ruhr/Nord P17
Muth, Jacob; Wohnhaus: 1889 ca.; 157; Ruhr/West S3
Muthesius, Hermann; Wohnhausensemble: 1912; 545; Ruhr/West S3
Muthesius, Hermann/Projahn, Gottfried; Zum Lith, Siedlung: 1914; 603; Ruhr/West Q12
nattler architekten; Bredeneyer Tor: 1999; 21; Ruhr/Süd F6
Brückner Grundbau GmbH, Hauptverwaltung: 2002; 36; Ruhr/Süd C5
Franz-Sales-Haus: 2009; 131; Ruhr/Süd E7
St. Lambertus; Altenpflegezentrum: 2007; 315; Ruhr/Süd F7
Nebel, Carl; Villa Dickmann: 1903; 468; Ruhr/Nord R4
netzwerk-architekten; Tausendfüßler Marina-Brücke: 1999; 338; Ruhr/West L16
Neubauamt, preußisch; Polizeipräsidium: 1927; 323; Ruhr/Nord A13
Neubig + Hubacher/Büder + Menze; Villa M.: 2005; 359; Ruhr/Süd G14
Neufert, Peter; Torgebäude 1: 1957; 196; Ruhr/West Q10
Neuhaus, Oskar; Zeche Matthias Stinnes 3/5, Kolonie: 1912 - 1921; 573; Ruhr/Nord P6
Neuhaus, Rolf G.; Märkisches Museum; Erweiterung: 1988; 123; Ruhr/Süd M9
Nickertz; Schlosspark und Wallanlagen Moers: 1874 Erweiterung; 213; Ruhr/West O7
Niebel, Fritz; Adler-Apotheke: 1885; 1; Ruhr/West M11
Kaufhaus Althoff: 1911; 230; Ruhr/Nord A14
Pollmann-Haus: 1901; 328; Ruhr/West L11
Niedernberg,Caspar Heinrich/Krüner, Julius; Bauherren; Kornbrennerei Niedernberg und Krüner, ehem. und Villa Niederberg: 1888; 70; Ruhr/Süd R10
Niedernberg,Caspar Heinrich; Bauherr; Kornbrennerei Niedernberg und Krüner, ehem. und Villa Niederberg: 1904 Villa; 70; Ruhr/Süd R10
Nikolic + Partner; Innovationszentrum Herne: 1996; 99; Ruhr/Nord O13
Nohl, Maximilian; Hohe Bürgerschule, ehem.: 1859; 58; Ruhr/West P2

Nose, Richard; Botanischer Garten Rombergpark: 1927 Umgestaltung; 22; Ruhr/Ost Q
NOWECK + PAHMEYER; Architekten; Bürogebäude: 2006; 42; Ruhr/Ost H16
Bürogebäude: 2008; 44; Ruhr/Ost A18
Gründerzentrum: 2004; 156; Ruhr/Ost J9
Oberpostdirektion; Bauabteilung; Postscheckamt Essen: 1968; 141; Ruhr/Süd I13
Oberschuir, Johann; Zechenleiter; Oberschuir, ehem. Zeche: 1904; 309; Ruhr/Nord B1
Obersteh-Berghaus, Günther; Christian-Rohlfs-Gymnasium: 1932; 72; Ruhr/Süd Q1
Feuerwehrgeräte- und Mannschaftshaus: 1929; 126; Ruhr/Süd R12
Stadtbad Haspe, ehem.; heute Wohnstift: 1952; 175; Ruhr/Süd Q12
Wohnblock: 1933; 52; Ruhr/Süd P13
Observatorium; Pavillon: 2006; 258; Ruhr/Süd J10
Odenwaeller, Günther und Spieß, Heinz; Hannibal I: 1974; 81; Ruhr/Ost O6
Hannibal II: 1975; 82; Ruhr/Ost P4
Oesterlen, Dieter; Christuskirche, evang.: 1959 Erweiterung; 17; Ruhr/Süd I16
Stephanus-Kirche, evang.: 1960; 184; Ruhr/Nord Q13
Versöhnungskirche, evang.: 1965; 202; Ruhr/West S12
Weilenbrinkschule: 1960; 208; Ruhr/Süd I16
Olgiati, Rudolf; Wohnhaus Dr. Wolff: 1990 Entwurf; 226; Ruhr/Süd R14
Wohnhaus Dr. Wolff: 1993 Ausführung; 226; Ruhr/Süd R14
OMA/Koolhaas, Rem/Alkemade, Floris; Zeche Zollverein, Masterplan Städtebau: 2006; 420; Ruhr/Süd J10
Zeche Zollverein Schacht 12, Kohlenwäsche: 2007 Umnutzung und Sanierung; 421; Ruhr/Süd J10
OPD-Dortmund/Reiser, Roman; Zweigpostamt: 1953; 229; Ruhr/Süd C17
Oppers, Heinz; Glückauf-Halle: 1960; 61; Ruhr/West N9
Ortner & Ortner Baukunst; Forum Duisburg: 2008; 129; Ruhr/West S2
RWSG-Speicher, zukünftiges NRW-Staatsarchiv: 2010 NRW Staatsarchiv, geplant 39; Ruhr/West R1
Ossmann, Klaus; Stadtsparkasse, Hauptverwaltung : 1975 Projektleiter; 208; Ruhr/Süd H13
Ostermann & Droste/Bette; St. Norbert; Kirche, kath.: 1967; 195; Ruhr/Ost H5
Otte/Gibbels/Sturm; Kulturzentrum Schacht III; Waschkaue, ehem.: 1989 Umnutzung zum Kulturzentrum; 264; Ruhr/Ost G9
Otto, Frei Atelier; Fuß- und Radwegbrücke Mechtenberg: 2003 Entwurf; 136; Ruhr/Nord S10
Otzsen, Johannes; Reformierte Kirche, evang.: 1893; 96; Ruhr/Süd O11
Overdiek, Jürgen/Petzinka, Karl Heinz/Pink, Thomas; Verwaltungsgebäude: 1992; 206; Ruhr/West S2
Pahl + Weber-Pahl; Architekten; U-Bahnhof Rathaus Süd: 2006; 348; Ruhr/Süd I16
Pape, Thomas; Wiegand, Bauunternehmen; Bürogebäude: 1994; 214; Ruhr/Ost Q7
Parade Architekten; Innovationszentrum Wiesenbusch: 1999; 100; Ruhr/Nord O4
Mallinckrodt-Gymnasium: 1985; 120; Ruhr/Ost S17
Stadtkommunikationszentrum: 1987; 207; Ruhr/Nord O6
PASD/Feldmeier + Wrede; Hauptschule Vorhalle, Erweiterung : 2003 Erweiterung; 73; Ruhr/Süd P12
Nordstern, Verwaltungsgebäude; Zeche Nordstern, ehem.: 2006 Rekonstruktion 249; Ruhr/Nord Q7
Stadtbad Haspe, ehem.; heute Wohnstift: 1999 Renovierung und Erweiterung; 175; Ruhr/Süd Q12
Wohnhaus Markmeyer: 1996; 228; Ruhr/Süd Q15
Zeche Arenberg Fortsetzung; Gründerzentrum und Gewerbestandort, Erweiterung: 2003; 415; Ruhr/Nord Q5
Patschan/Werner/Winking; Gesamtschule Wulfen: 1976; 73; Ruhr/Nord C5
Schultenfeld; Friedhofskapelle: 1982; 174; Ruhr/Nord C5
Patschan/Werner/Winking/Poetter; Gemeinschaftshaus Dorsten-Wulfen: 1983; 64 Ruhr/Nord C5
Paul, Bruno; Haus Röchling: 1914; 197; Ruhr/West T2
Kaufhaus Sinn, ehem.: 1928; 234; Ruhr/Nord B17
Pauli, Anna; Künstlerin; Heilig-Kreuz-Kirche: 2000 Kunst am Bau; 93; Ruhr/Ost N3
Pegels, Alfred; Haus der Technik: 1953 Wiederaufbau nach Kriegszerstörung; 185; Ruhr/Süd I13
Pelle, Klemens; Dr./Weyer Beratende Ingenieure; Arena auf Schalke: 2001 Tragwerksplanung; 15; Ruhr/Nord P9
Penker, Georg; Ruhruniversität Bochum; Landschafts- und Hofgestaltung: 1974; 164; Ruhr/Süd E15
Penker, Rosemarie/Penker, Georg; Botanischer Garten an der Ruhruni Bochum: 197 23; Ruhr/Süd E15
Freizeitzentrum Kemnader See: 1980; 55; Ruhr/Süd M7

Perks, Paul Adalbert; Künstler; Zentralfriedhof Freigrafendamm: 1939 Kunst am Bau; 59; Ruhr/Süd J18
Perpeet; Einfamilienhaus: 1929; 105; Ruhr/Nord O17
Perret; Villa Schweitzer: 1924; 477; Ruhr/West O3
Persch, Hans Siegfried; Schwanentorbrücke: 1950; 154; Ruhr/West R1
Persy, Werner; Künstler; Stadtkirche, evang.: 1980 Kunst am Bau; 255; Ruhr/West H13
Pesch & Partner; Bibliothek/Gastronomie/Dienstleistung; Bahnhofgebäude, ehem.: 2008; 30; Ruhr/Süd O11
Pesch & Partner/Brosk, Rüdiger; Zimmermanns Wäldchen: 2000; 427; Ruhr/Ost S9
Petermeise, Paul; St. Marien; Stiftskirche, evang.: 1939 Restaurierung; 241; Ruhr/Süd O12
Peters, B.U./Pfarr, S./Krampe, Ulrich/Reiter, Peter; Architekten; Bahnhof Gelsenkirchen, Umbau: 2007; 20; Ruhr/Nord C17
Peters, Martin; Volksgarten Lütgendortmund: 1911; 483; Ruhr/Ost O1
Volksgarten Mengede: 1914; 484; Ruhr/Ost L3
Petersen und Lange; Behördenviertel und Rathausbereich Bottrop: 1923 Erweiterung; 30; Ruhr/Nord Q4
Petzinka Pink Architekten; GrugaCarree; Wohnbebauung: 2006; 155; Ruhr/Süd F6
Jahrhunderthalle, Erweiterung: 2003; 188; Ruhr/Süd I15
Jahrhunderthalle, Erweiterung: 2003 Umbau; 188; Ruhr/Süd I15
Pfeifer, Arthur/Großmann, Hans; Einfamilienhaus: 1928; 106; Ruhr/Nord N8
Flora-Brücke: 1926; 133; Ruhr/West P16
Haus Ruhrnatur: 1926; 90; Ruhr/West T5
Kraftwerk Kahlenberg: 1925; 256; Ruhr/West T5
Luisental: 1928; 283; Ruhr/West T5
Muhrenkamp-Siedlung : 1927; 298; Ruhr/West S6
Raffelberg; Wasserkraftwerk: 1925; 337; Ruhr/West O14
Rathaus: 1915; 344; Ruhr/West S5
RWW Verwaltungsgebäude: 1929; 366; Ruhr/West S5
Wasserbahnhof: 1933; 50; Ruhr/West T5
Pfeifer, Arthur/Großmann, Hans/Brocker, Carl; Duisburger Hof; Hotel: 1927; 100; Ruhr/West S2
Pfeiffer, Herbert/Ellermann, Christoph; Stadtbauraum; ehem. Zeche: 1996; 180; Ruhr/Nord B16
Versöhnungskirche, evang.; Glockenturm: 1991; 203; Ruhr/Nord G10
Pfeiffer, Herbert/Ellermann, Christoph/Preckel; Raphaelschule: 2001; 277; Ruhr/Nord L13
PHOENIX See Entwicklungsgesellschaft mbH/Landschaft planen und bauen; Phoenix-See: 2010; 264; Ruhr/Ost P8
Pickel, Caspar C./von Schmidts, Friedrich; St. Mariae Rosenkranz; Kirche, kath.: 1894; 112; Ruhr/West O15
Pickenhan, Gerd; Synagoge, ehem.; heute Mahn- und Gedenkstätte: 1986 Restaurierung; 124; Ruhr/Süd Q17
Piene, Otto; Landmarke, Halde Rheinpreußen: 2007; 225; Ruhr/West M8
pier7architekten; Pier, Alexander; Einfamilienhaus, Umbau: 2007; 92; Ruhr/West S15
Pillich, H.-J.; Wohnhaus: 1997; 225; Ruhr/Nord L12
Pinnekamp, Carl; Liebfrauenkirche, kath.: 1912; 277; Ruhr/Süd P12
St. Josef; Pfarrkirche, kath.: 1909; 403; Ruhr/Nord Q12
Pinno, Karl; Depot Immermannstraße: 1916; 86; Ruhr/Ost N6
Pinno, Karl/Grund, Peter; Industrie- und Handelskammer Dortmund: 1930; 216; Ruhr/Ost S18
Nicolaikirche: 1929; 306; Ruhr/Ost T16
Pinno und Bachmann; Haus Ende: 1913; 188; Ruhr/Süd M13
Haus Ende, Garten: 1913; 189; Ruhr/Süd M13
Planergruppe Oberhausen; Altenberg, Kulturzentrum; Platzgestaltung: 1997; 6; Ruhr/West N1
Dr.-C.-Otto-Gelände: 1997; 42; Ruhr/Süd F11
Kirchschemmsbach, Umbau: 2007; 200; Ruhr/Nord P4
Neue Synagoge; Außenanlagen: 2007; 248; Ruhr/Süd I16
Zeche Osterfeld; Kaue, Verwaltung: 1999 Nutzung für Bundesgartenschau (OLGA); 578; Ruhr/West L16
Zeche Zollverein, Masterplan Landschaft: 2010 Realisation; 419; Ruhr/Süd C7
Planergruppe Oberhausen/Ditthus/Drecker, Peter; Landesgartenschau Olga/Garten Osterfeld: 1999; 123; Ruhr/West L15
planinghaus architekten/daube seegräber; Überdachung, mobil: 2004; 349; Ruhr/West M12
Planungsamt; städt./Knirsch, H.; Goethe-Gymnasium: 1964 Renovierung und Erweitertung; 40; Ruhr/Süd I16

planungsgruppe dortmund/Schröder - Schulte-Ladbeck - Strothmann;
Wertstoffannahmestelle: 1995; 211; Ruhr/Ost P9
Planwerk/Brdenk, Peter; Friedenskirche, altkath.: 2006 Restauration Innenraum; 140;
Ruhr/Süd I13
Haus Ripshorst: 2000 Ausstellungsgestaltung; 171; Ruhr/West L16
Planwerk Architekten, Dortmund; Wohnbebauung: 2000; 391; Ruhr/West L12
Planwerk; Brdenk, Peter; Einfamilienhaus, Erweiterung: 2006; 87; Ruhr/West M14
Pleiss - Dierenberg - Domnik; Audi-Zentrum: 1999; 13; Ruhr/Ost O7
Plies, Rudolf; Villa Bönnhof: 1901; 467; Ruhr/Süd O11
plus+; Siedlung: 1996; 176; Ruhr/Nord Q10
plus+/Hübner, Peter; Gesamtschule, evang.: 1998; 65; Ruhr/Nord Q10
Poelzig, Peter; Gerhard-Mercator-Universität - Gesamthochschule Duisburg: 1968
Audimax, Seminargebäude LB; 65; Ruhr/West S4
Marktschule: 1954; 108; Ruhr/West O1
Stadion-Siedlung: 1951; 174; Ruhr/West Q12
Wambachsee, Siedlung am : 1951; 206; Ruhr/West R12
Poelzig, Peter/Boyer + Wagenfeld; Baugruppe Poelzig: 1968; 16; Ruhr/Nord C6
Poelzig, Peter/Reitz, Sigfried; MSA-Siedlung, Bergarbeitersiedlung Kolonie Ebel:
1956; 116; Ruhr/Ost M8
Poensgen, Jochem; Künstler; St. Andreas; Kirche, kath.: 1993 Kunst am Bau; 157;
Ruhr/Süd F6
St. Mariae Rosenkranz; Kirche, kath.: 1963 Kunst am Bau; 112; Ruhr/West O15
Pohl, Karl; Sommerberg/Winterberg-Siedlung : 1916; 390; Ruhr/Ost P8
Pohle, Emil; Landhaus Beuing: 1926; 269; Ruhr/Süd B14
Lueg-Hochhaus: 1925; 280; Ruhr/Süd J16
Pohlenz, Hans Friedrich/Müller, Julius; Volkspark Rheinhausen: 1930; 487;
Ruhr/West Q10
Polonyi, Stefan; Dr.; Druckgasbehälter: 1999 Tragwerksplanung; 21; Ruhr/Nord S10
Polonyi, Stefan; Dr./Kleinschmidt, Ernst; Antennenträger: 1992 Tragwerksplanung;
10; Ruhr/Ost M8
Portten, Wolfgang; Generalvikariat des Bistums Essen: 1964 Durchführung und
Bauleitung; 55; Ruhr/Süd I13
Possinke, Lothar G./Quarg, Werner P. A.; Gemeindezentrum, evang.: 1981; 61;
Ruhr/Süd E9
Wohnhaus: 1980; 254; Ruhr/Süd I6
Post + Welters; Architekten und Stadtplaner; Einfach und Selber bauen: 1999; 47;
Ruhr/Ost H8
Haus B., Erweiterung: 2006; 165; Ruhr/Süd H7
WohnreWIR Tremonia: 2006; 408; Ruhr/Ost T15
Post, C; Fabrik Wippermann: 1903; 125; Ruhr/Süd R16
Pregizer, Karl; Stadthaus: 1926; 424; Ruhr/West R2
Pregizer, Karl/Bräuhäuser, Hermann/Bähr, Heinrich; Dieckelsbachsiedlung: 1927; 9(
Ruhr/West Q12
Karl-Lehr-Realschule: 1929; 228; Ruhr/West Q12
Ratingsee-Siedlung: 1928; 352; Ruhr/West N13
Preußische Eisenbahndirektion; königliche; Bahnhof Hamm: 1920; 26; Ruhr/Ost E1
Preußische Staatsbahn; Bauabteilung; Eisenbahnmuseum Bochum-Dahlhausen: 191
110; Ruhr/Süd F10
Ruhrflutbrücke: 1910; 363; Ruhr/Ost T10
Pridik, Wedig; Dienstleistungs- und Gewerbepark Erin: 1998; 40; Ruhr/Nord P17
Pridik, Wedig/Freese, Andreas; Amtsgericht Dortmund: 2004; 10; Ruhr/Ost R17
Balkonpromenade Halde Hoheward: 2008; 22; Ruhr/Nord O12
Halde Hoppenbruch: 1992; 78; Ruhr/Nord O12
Horizontobservatorium, Freianlagen: 2008; 176; Ruhr/Nord O12
Nordsternpark: 1997; 145; Ruhr/Nord Q7
Obelisk, Freianlagen: 2007; 250; Ruhr/Nord O12
Paracelsusklinik, Parkanlage: 2007; 256; Ruhr/Nord G9
Prigann, Hermann; Halde Rheinelbe und Skulpturenwald: 1990 Kunst am Bau; 80;
Ruhr/Nord S10
Skulpturenpark Rheinelbe: 1999; 177; Ruhr/Nord S10
Prikker, Jan Thorn; Künstler; Auferstehungskirche, evang.: 1930 Kunst am Bau; 23;
Ruhr/Süd I14
Friedenskirche, altkath.: 1916 Innenraum Mosaik; 140; Ruhr/Süd I13
Prinz, Otto; Thyssen Draht AG; Verwaltungsgebäude: 1952; 194; Ruhr/Nord Q9
Projektbüro Stadtlandschaft; Schloss Horst, Parkanlage : 2000 kritische
Rekonstruktion; 191; Ruhr/Nord Q7
Püschel, Volker; Revierpark Mattlerbusch: 1979; 151; Ruhr/West K12
Pütz, Josef; Stadtpark Meiderich: 1911; 426; Ruhr/West N12

Quernhorst, Eva; 100 Jahre Wohnen, Umbau und Erweiterung: 2008; 432; Ruhr/West D7
Quick - Bäckmann - Quick/Kossel, Hannelore; Willy-Brandt-Platz: 2000; 374; Ruhr/Ost E15
Rademacher, G. B.; Haus Vorschulze: 1744; 97; Ruhr/Ost D15
Raderschall Architekten; Stadthaus Rüttenhaus: 2006; 321; Ruhr/Süd F6
Rainer Steinke; Architekturbüro; Aeterno, christliches Trauerhaus: 2008; 2; Ruhr/Nord G7
Ramsfjell Architekten; Ausstellungs- und Bürogebäudes, Neubau: 2010; 19; Ruhr/Süd B14
Rank; Gebrüder; Doppelwasserturm: 1916; 95; Ruhr/West S9
Rasche, Ernst; Künstler; St. Josef; Pfarrkirche: 1997 Kunst am Bau; 45; Ruhr/Nord O5
Rathmann, Helmut; Wohn- und Geschäftshaus: 1964; 213; Ruhr/Süd J16
Ratzel, Friedrich; Rathaus: 1902; 342; Ruhr/West R1
Rauh Damm Stiller Partner; Architekten; Stadtwohnungen: 2003; 332; Ruhr/Süd O4
Wohnhaus: 2005; 404; Ruhr/Süd Q6
Rauh, Wolfgang; Landgericht/Justizvollzugsanstalt: 1982 Erweiterung; 268; Ruhr/Süd Q14
RDS Partner; Betreutes Wohnen in Welper: 2008; 27; Ruhr/Süd N5
Reck, Joachim; Schillerpark, Wohnumfeldverbesserung : 2007; 293; Ruhr/Nord H13
Reese, Frank/Ecker, Rolf; Bahnhof Moers: 2006 Sanierung und Fassadenrekonstruktion; 28; Ruhr/West O7
Regiebetrieb Grün; Haus Rodenberg: 1996; 91; Ruhr/Ost P9
Reichardt, Jürgen; Backstube Peter: 1999; 14; Ruhr/Süd C6
Industriehalle mit Büros: 1999; 96; Ruhr/Süd C6
Reichen, Bernhard/Robert, Philippe; Technologiezentrum Umweltschutz: 1997 Erweiterung TZU IV; 192; Ruhr/West L15
Technologiezentrum Umweltschutz, zweiter Bauabschnitt: 1993; 193; Ruhr/West L15
Reichen, Bernhard/Robert, Philippe/Dratz, Uli; Technologiezentrum Umweltschutz: 1993; 192; Ruhr/West L15
Reichsbauamt Dortmund; Finanzamt: 1926; 128; Ruhr/Nord P14
Finanzamt, altes: 1927; 130; Ruhr/Nord A14
Reihardt, E. A.; Erlöserkirche: 1952 Wiederaufbau; 117; Ruhr/Süd J13
Reiner, Martin/Pridik, Wedig; Maximilianpark: 1984; 126; Ruhr/Ost D17
Reinking, August; Kaisergarten: 1897; 61; Ruhr/West L15
Schloss Lembeck, Parkanlage: 1692 barocke Gartenanlage; 197; Ruhr/Nord B4
Reischig; Regierungsbaumeister; Finanzamt: 1929; 129; Ruhr/Nord C16
Finanzamt Hagen: 1926; 132; Ruhr/Süd Q14
Reiser & Partner; Architekten; Bürohaus für DB Services Objektmanagement: 2003; 52; Ruhr/West S3
Hotel Aleppo: 2006; 179; Ruhr/Süd I16
Straßenverkehrsamt, Erweiterung: 2006; 333; Ruhr/Süd B13
Wohnungserweiterung in Bochum: 2003; 412; Ruhr/Süd H16
Reiser, Roman; Bomin-Hochhaus, Bundesknappschaft: 1975; 22; Ruhr/Süd D14
Einfamilienhaus: 1957; 25; Ruhr/Süd E14
Einfamilienhaus mit Einlieger: 1964; 28; Ruhr/Süd D15
Einfamilienhaus mit Einlieger: 1964; 29; Ruhr/Süd D15
Einfamilienhaus mit Einliegerwohnung: 1962; 30; Ruhr/Süd F13
Europahaus: 1962; 34; Ruhr/Süd I16
Mehrfamilien- und Appartementhaus: 1963; 112; Ruhr/Süd D13
Mehrfamilienhaus: 1964; 113; Ruhr/Süd D14
Mietwohnungen für Betriebsführer: 1957; 115; Ruhr/Süd D14
Schulzentrum Bochum-Ost, Gymnasium: 1980 Ausbau; 152; Ruhr/Süd C17
St.-Elisabeth-Hospital, Schwesternwohnheim: 1971; 213; Ruhr/Süd I16
Trauerhalle, Hiltrop: 1962; 199; Ruhr/Süd A15
Voswinckel; Geschäftshaus: 1972; 241; Ruhr/Ost R16
Wohnanlage für Landesbedienstete: 1968; 251; Ruhr/Süd E15
Rellecke, Horst; Glaselefant: 1984; 75; Ruhr/Ost D17
Rengshausen, Wilhelm; Künstler; St. Maria Magdalena; Kirche, kath.: 1957 Kunst am Bau; 409; Ruhr/Süd D11
Reum, L.; Lueg-Hochhaus: 1949 Wiederaufbau; 280; Ruhr/Süd J16
Rexhausen, Robert; Künstler; St. Laurentius: 1987 Kunst am Bau; 236; Ruhr/West S17
Rheinhardt, M.; Jubiläumshain Hamborn: 1912; 221; Ruhr/West K12
Rheinische Eisenbahngesellschaft; Nordbahnhof, ehem.: 1874; 90; Ruhr/Süd I16
Zolltürme, alte Eisenbahnbrücke Duisburg-Hochfeld: 1873; 189; Ruhr/West Q11
Rheinzink GmbH; Walzwerkhalle: 1969; 243; Ruhr/Nord I15
Riege, Aribert; Das Dorf, Siedlung: 1989; 35; Ruhr/West S15

Gesamtschule Kleiststraße: 1982; 70; Ruhr/West P18
Haus am Scharpenberg: 1977; 84; Ruhr/West T6
Jahnstadion: 1964; 87; Ruhr/Nord G9
Pauluskirche: 1975; 140; Ruhr/West T6
Riemerschmid, Richard; Walddorfstraße, Reihenhaus-Siedlung: 1910; 492; Ruhr/Süd Q15
Ringleben, Ursula/Reicher, Christa; Alternatives Wohnen Recklinghausen-Süd: 1999 9; Ruhr/Nord N14
Rings, Josef; Eyhof-Wohnsiedlung : 1924; 124; Ruhr/Süd F7
Grugahalle: 1927 Erste Ausstellungshalle, völlig zerstört; 65; Ruhr/Süd F6
Neu-Jerusalem-Siedlung: 1931; 305; Ruhr/Nord M8
Riphan, Wilhelm/Grod, Caspar Maria; Neudorf-Siedlung: 1928; 304; Ruhr/West T4
RKW/Rhode Kellermann Wawrowsky; Douglas Holding AG, Hauptverwaltung: 200 74; Ruhr/Süd N14
Kundenservicezentrum DB Cargo: 1998; 117; Ruhr/West Q13
Rathaus: 2004; 278; Ruhr/Süd Q14
Ruhrbania: 2008 Grundsteinlegung; 286; Ruhr/West S5
Wohnungsbau: 2004; 410; Ruhr/West R2
RMP Landschaftsarchitekten; Franz-Haniel-Platz: 2000; 130; Ruhr/West P2
Gymnasium Josef Albers, Erweiterung: 2002; 157; Ruhr/Nord R3
RMP Landschaftsarchitekten/Lenzen, Stephan; Horstmann-Haus: 2006; 177; Ruhr/West P2
ROBERTNEUN/Baecker Buschmann Friedrich; Architektengemeinschaft; Lebensmittelgroßhandel De Pastre, Umbau und Erweiterung: 2006; 227; Ruhr/Süd D7
Romberg, Conrad Philipp; Haus Brünninghausen, Torhaus: 1681; 68; Ruhr/Ost Q6
Rose, Hans Martin/Rose-Hermann, Helga; Stimbergpark: 1969 Landschaftsarchitektur und Gesamtplanung; 214; Ruhr/Nord G13
Roseer; Baumeister; Reinoldikirche, evang.: 1450 Erweiterung; 164; Ruhr/Ost R17
St. Christophorus; Pfarrkirche, kath.: 1450; 223; Ruhr/Ost F9
Rose-Herzmann und Partner; Stadion Hohenhorst: 1977; 198; Ruhr/Nord M13
Rosiny, Nikolaus; Marienhospital: 1977; 122; Ruhr/Nord S10
Rosskothen, Heinrich; Vierlindenhof-Siedlung: 1925; 462; Ruhr/West I13
Rosskothen, Heinrich/Tritthard, Edgar; Stadttheater: 1966; 210; Ruhr/Ost S16
Röver, Wilhelm/Meinen, Wilhelm; Haus der Stromwirtschaft: 1956; 76; Ruhr/West S
Röwekamp, Ralf/Rheinpark Architekten; Erich-Kästner-Gesamtschule, Neubau: 20 112; Ruhr/Süd E14
Rübsamen + Partner; Bürogebäude: 2008; 48; Ruhr/Süd A16
Immanuel-Kant-Straße; Wohnbebauung: 2007; 183; Ruhr/Süd J18
U-Bahnhof Lohring: 2006; 347; Ruhr/Süd J17
Rückriem, Ulrich; Künstler; Zeche Zollverein, Skulpturenpark: 1998; 239; Ruhr/Süd J
Ruf, Sep; Fußgängerbrücke: 1958 Gesamtkonzeption; 51; Ruhr/West S4
Ruhl, Heinz; Hauptbahnhof Bochum: 1957; 70; Ruhr/Süd I16
Ruhnau, Werner; Grillo-Theater: 1990 Umbau; 64; Ruhr/Süd I13
Herta KG, Verwaltungsbau: 1967 - 1971; 96; Ruhr/Nord M10
Ruhnau, Werner/Grunauer, Hans/Saxe, Hans; Ebertbad, Umbau zur multifunktionalen Spielstätte: 1989; 43; Ruhr/West N2
Ruhnau, Werner/Rave, Ortwin/van Hausen, Max; Musiktheater im Revier: 1959; 119; Ruhr/Nord B16
Ruhnau, Werner/Rave, Ortwin/van Hausen, Max/Deilmann, Harald; Musiktheate im Revier: 1959 Entwurf; 119; Ruhr/Nord B16
Ruhrberg und Schumann; Rheinbrücke BAB A42: 1991 Entwurf; 160; Ruhr/West M
RWTH Aachen, Fakultät für Architektur, van den Bergh, Wim/Krämer, K./Kruska, A./Martenson, B.; Weiße Villen im Park: 2008; 369; Ruhr/Nord L12
S. K. T. umbaukultur Architekten Stadtplaner/herbstreit landschaftsarchitekten/ Danielzik + Leuchter Landschaftsarchitekten; Westpark: 2006; 373; Ruhr/Süd C
Salvisberg, Otto Rudolf; Oberdorstfeld-Siedlung : 1926; 308; Ruhr/Ost P4
SANAA/Sejima & Nishizawa; Zollverein School: 2005 Entwurf; 428; Ruhr/Süd J11
Sandt, van de, Jäckel; Gartenstadt: 1908 - 1914/1922 - 1928; 147; Ruhr/Nord M5
Zeche Waltrop, Tagesbauten: 1910; 591; Ruhr/Ost B6
Sarnes, Adrian; Projekt am Loerweg: 1998; 152; Ruhr/Ost N15
Sauerbruch & Hutton; Sparkasse Oberhausen, Hauptstelle: 2008; 305; Ruhr/West C
Stadtsparkasse Oberhausen; Umbau: 2007; 326; Ruhr/West O1
Scape; Landschaftsarchitekten; Fußgängerzone Kamen: 2007; 139; Ruhr/Ost I10
Schäfer, Georg; Westfalenkaufhaus (ehem. WEKA): 1928; 518; Ruhr/Nord C17
Schäfer, Phillip; Bauabteilung; Kaufhaus Karstadt: 1950; 90; Ruhr/Nord O6
Kaufhaus Karstadt: 1930; 233; Ruhr/Nord A14
Schaller Theodor; Architekten; Wohn- und Geschäftshaus: 1997; 218; Ruhr/Süd H1

Wohnbebauung Bottrop-Kirchhellen: 1996; 221; Ruhr/Nord M4
Schaluda, Werner; Haus Ripshorst: 2000; 171; Ruhr/West L16
Schamp & Schmalöer; Architektur + Städtebau; Amtsgericht Aplerbeck: 2006; 9; Ruhr/Ost P9
Einfamilienhaus: 2002; 82; Ruhr/Ost R5
Einfamilienhaus: 2007; 84; Ruhr/Ost R6
Einfamilienhaus mit Einliegerwohnung: 2003; 91; Ruhr/Ost Q8
Haus M.: 2007; 169; Ruhr/Ost R6
Labor, Umbau zu einem Büro: 2008; 219; Ruhr/Ost P7
Ökologische Siedlung, Freiraumgestaltung: 2002; 251; Ruhr/Ost R11
Ökologische Siedlung in Holzbauweise: 2002; 252; Ruhr/Ost R11
Stadtbahnhaltestelle Evinger Strasse: 2000; 318; Ruhr/Ost M6
Scharoun, Hans; Geschwister-Scholl-Gymnasium: 1960; 58; Ruhr/Ost I5
Hauptschule Westfalenstraße: 1964 - 1970; 83; Ruhr/Nord H8
Johanneskirche: 1967; 104; Ruhr/Süd J17
Scheib, Otto; Bert-Brecht-Haus: 1928; 46; Ruhr/West N1
Schempp, Dieter; Glashaus Herten, Stadtbibliothek und Kulturtreff: 1999; 69; Ruhr/Nord M11
Schießmeyer; Gebrüder; Stadtgarten Hagen: 1890; 119; Ruhr/Süd Q14
Schilling, Hans; St. Augustinus; Propsteikirche/Gemeindezentrum: 1984; 187; Ruhr/Nord B17
St. Marien; Kirche, kath.: 1963; 171; Ruhr/Süd A6
St. Markus; Pfarrkirche, kath.: 1966; 194; Ruhr/Nord A13
Schindler; Atriumsiedlung Holsterhausen: 1962; 3; Ruhr/Nord Q13
Schindler + Wallmeier; Einfamilienhaus: 1976; 38; Ruhr/Nord R12
Schlaich, Bergermann und Partner; Erzbahnschwinge: 2003 Tragwerksplanung; 114; Ruhr/Süd C13
Fußgängerbrücke Ripshorst: 1997; 60; Ruhr/West L16
Schlaich, Jörg; Fußgängerbrücke: 1999; 59; Ruhr/West R2
Schlaun, Johann Conrad; Schlaunhaus: 1830; 169; Ruhr/Nord M11
Schloss Lembeck: 1650; 196; Ruhr/Nord B4
Schloss Oberwerries: 1735 Erweiterung; 200; Ruhr/Ost C17
Schlecht, Sebastian/Bruckhoff, Detlev; LichtKunstTor 2: 2009 Planung und Realisation; 228; Ruhr/Süd J15
Schlempp, Walter; August-Döhr-Schule: 1955; 7; Ruhr/Nord G8
Schluckebier, Adolf; Schwesternpark: 1915; 385; Ruhr/Süd L9
Schluckebier und Langensiepen; Wagenhalle der Hagener Straßenbahn AG, ehem.: 1928; 491; Ruhr/Süd P13
Schmahl und Gerigk; Kaufhaus Hermann Kornblum, ehem.; Umbau: 1950er Erweiterung; 231; Ruhr/Süd Q14
Schmidt/Schmersahl & Partner; Gemeindehaus, evang.-luth.: 2005; 146; Ruhr/Süd O11
Schmidt, Friedrich; Freiherr-vom-Stein-Turm: 1869; 36; Ruhr/Süd O12
St. Laurentius; Kirche, kath.: 1873; 111; Ruhr/Süd E9
Schmidt, Friedrich/Fischer, Gerhard August; St. Philippus und Jakobus; Kirche, kath.: 1864; 117; Ruhr/Süd O12
Schmidt, Otto; Wohnhaus Vedder: 1903; 541; Ruhr/West S3
Schmidt, Otto/Walbrück, Jean/Wissmann, Hanns/Brenschede, Wilhelm; Stadtvillen: 1927; 430; Ruhr/West S3
Schmidt, Robert; Dr.; Wohnhof Dransfeld, Siedlung: 1919; 550; Ruhr/Süd D5
Schmidt, Thomas; Büro- und Werkstattgebäude: 2000; 40; Ruhr/Süd E16
Bürogebäude: 2003; 41; Ruhr/Süd E16
Bürogebäude: 2005; 43; Ruhr/Süd E16
Bürogebäude: 2001; 49; Ruhr/Süd E16
Bürogebäude SCHÜRMANNSPANNEL AG: 2002; 50; Ruhr/Süd E16
Einfamilienhaus, Erweiterung: 2005; 89; Ruhr/Ost R6
Einfamilienwohnhaus: 2000; 96; Ruhr/Ost Q4
Schmidt, Wilhelm; Dammstraße: 1954 Häuser Nr. 15 - 17; 39; Ruhr/West P2
Schmidtmann und Kleny; Flottmann-Hallen: 1909; 134; Ruhr/Nord Q14
Schmidt-Petersen, R.; Forumplatz: 1984 Projektleitung; 53; Ruhr/Nord O17
Rathaus: 1984 Projektleitung; 143; Ruhr/Nord O17
Stadthalle und Kongresshalle: 1984 Projektleitung; 202; Ruhr/Nord O17
Schmiedeknecht, Heinrich; Gemeindehaus Hofstede: 1929; 155; Ruhr/Süd B13
Konsumverein Wohlfahrt; Verwaltung: 1916; 253; Ruhr/Süd D14
Straßenbahndepot: 1928; 436; Ruhr/Süd J16
Wohnhaus: 1928; 532; Ruhr/Süd B14
Schmiedeknecht, Wulf; Wohnhausgruppe: 1973; 256; Ruhr/Süd F14
Schmitz, Bruno; Bismarckturm: 1900; 51; Ruhr/Ost P14
Hakortturm: 1884; 43; Ruhr/Süd O11

Schmitz, Carl H.J. ; Architekt; Kreinberg-Siedlung: 1959; **97**; Ruhr/Ost R10
Schmitz, G./Möllenhoff, K.H./Schreier, J.; Postamt Bochum 1: 1958; **134**; Ruhr/Süd I16
Schmitz, Peter; Neue Synagoge: 2008; **247**; Ruhr/Süd I16
Wohnanlage: 2000; **384**; Ruhr/West R2
Schmitz-Steinkrüger, Wilhelm; Künstler; St. Josef; Kirche: 1930 Kunst am Bau; **401**; Ruhr/Nord F4
St. Konrad; Pfarrkirche, kath.: 1954 Kunst am Bau; **168**; Ruhr/West K11
Schmohl, Robert; Alfredshof-Siedlung : 1899; **2**; Ruhr/Süd J12
Alfredshof-Siedlung : 1918 Erweiterung; **2**; Ruhr/Süd J12
Altenhof-Siedlung I: 1907; **8**; Ruhr/Süd F6
Altenhof-Siedlung II: 1914; **9**; Ruhr/Süd F6
Beisenkampsiedlung: 1912; **31**; Ruhr/Nord H16
Bliershein, Villen-Kolonie: 1903; **55**; Ruhr/West R10
Dahlhauser Heide, Siedlung: 1915; **85**; Ruhr/Süd B12
Hannover-Siedlung : 1900 ab; **44**; Ruhr/Nord R12
Margarethensiedlung: 1905; **290**; Ruhr/West Q10
Schnatmann, Peter; Einfamilienhaus im Denkmalbereich: 2003; **90**; Ruhr/West Q16
Wasserbahnhof: 1991 Umbau und Erweiterung; **50**; Ruhr/West T5
Schnatmann, Peter/Münker & Wüsthoff; Solbad Raffelberg: 1996 Umbau zum Theater an der Ruhr; **388**; Ruhr/West O14
Schneider, Franz; Christ-König-Kirche, kath.: 1932; **73**; Ruhr/Süd J17
Schneider, Markus/Hofstadt, Hans; Haus Ruhrnatur: 1992 Umbau; 90; Ruhr/West T
RWW Verwaltungsgebäude: 1992/Erweiterung durch Umbau des angrenzende ehem. Wohnhauses; **366**; Ruhr/West S5
Wasserturm Styrum: 1992 Umbau zum Museum; **148**; Ruhr/West O15
Schneider, Peter Friedrich; Hauptbad: 1958; **69**; Ruhr/Süd I13
Zentralbad: 1971; **263**; Ruhr/Nord B16
Schneider und Schumacher; Theodor-Fliedner-Stiftung: 2002; **197**; Ruhr/West O15
Schnell, Heinrich; Schürzenfabrik Pongs und Zahn: 1960; **153**; Ruhr/Süd B14
Schödder, Wilhelm; Stadtgarten Recklinghausen: 1904; **421**; Ruhr/Nord L12
Scholl Architekten; Doppel-Berufskolleg: 2009; **71**; Ruhr/Nord L13
Schormann Architekten; Porsche-Zentrum: 2007; **272**; Ruhr/Süd H12
Schormann, Ralf Arno; Audi-Zentrum: 2006; **17**; Ruhr/Süd H12
Schöttler & Palotz; Schulgebäude, Sanierung und Umbau: 2001 Umbau und Sanierung; **106**; Ruhr/Süd I15
Schramm, Christian; Dr.; Betriebskantine: 2004; **28**; Ruhr/West O15
Schreibner; Oberbaurat; Stadt Dortmund; Hochbauamt; Polizeipräsidium: 1929; **32** Ruhr/Süd H16
Schreiter, Johannes; Künstler; Marienkirche, evang.: 1970 Kunst am Bau; 136; Ruhr/Ost R17
Schreiterer & Below; Musikhochschule: 1905; **302**; Ruhr/West S2
Stadtbibliothek, ehem. Europa-Haus: 1954; **176**; Ruhr/West S2
Schröder + Kamm Architekten; ComIn Zentrum: 2006; **61**; Ruhr/Süd D7
Hauptfeuerwache, Erweiterung: 2008; **161**; Ruhr/Süd H14
Schröder + Stell Architekten; Wohn- und Verwaltungsgebäude: 2004; **383**; Ruhr/West K12
Schröder, H; Melanchthonkirche, evang.: 1949 Wiederherstellung; **296**; Ruhr/Süd D
Schröder, Heinrich; Wachholderhäuschen: 1790; 272; Ruhr/Süd Q12
Schröder, Hermann/Faller, Peter; Wohnhügelhaus 2+3: 1968; **260**; Ruhr/Nord H8
Schröder, Kreisbaumeister; Herbert-Wehner-Haus: 1912; **202**; Ruhr/Nord L13
schröder schulte-ladbeck architekten; Konzerthaus Dortmund Philharmonie: 2002; **213**; Ruhr/Ost R17
Reinoldikirche, Umbau und Erweiterung: 2006; **281**; Ruhr/Ost R17
Sparkasse Bochum: 1999 Erweiterung; **392**; Ruhr/Süd I16
Stadtbahnhaltestellen Dortmund: 2004; **319**; Ruhr/Ost Q5
Wasserturm Dortmund Südbahnhof: 2000 Umbau zum Bürohaus; **502**; Ruhr/Ost S17
Schröer, Ekkehard/Albrecht, Frank/Laber, Ricarda; Umbau einer Schule zum Wohngebäude: 2004; **127**; Ruhr/Süd H6
Schultze-Naumburg, Paul; Charlottenhof: 1933; **7**; Ruhr/Süd J4
Schulz, Gernot; Rotes Haus auf dem Hügel; Verwaltungsgebäude: 1995; **161**; Ruhr/Ost I3
Schulze, Dietrich; Zeche Adolf von Hansemann: 1899; **159**; Ruhr/Ost L3
Schulze, Dietrich/Schulze, Karl; Estel-Hoesch AG, Verwaltungsgebäude: 1921 Entwurf; **121**; Ruhr/Ost O5
Lenteninsel: 1928; **274**; Ruhr/Ost R18
Zeche Hermann, Verwaltungsgebäude: 1909; **416**; Ruhr/Ost D3

Schulze, Dietrich/Schulze, Karl/Pohle, Emil; Obstbaumsiedlung: 1920; 310; Ruhr/Ost O8
Schulze, G. und Partner; Ellipson; Bürohochhaus: 1999; 49; Ruhr/Ost S17
REFA-Informatikcenter: 1994; 159; Ruhr/Ost P5
Schulze Gronover & Galert; Bürogebäude: 2001; 45; Ruhr/Ost M5
Schulze, Gustav; IBM, Verwaltungsgebäude: 1971; 101; Ruhr/Ost T17
Schulze, Karl; Freiherr-vom-Stein-Gymnasium: 1931; 137; Ruhr/Ost I5
Schule und Saalbau am Mengeder Markt: 1918; 378; Ruhr/Ost L3
Schulze, R./Krüger-Heyden, K.; Volksbank, Hauptstelle: 1985; 240; Ruhr/Süd J16
Schumacher, Heinrich; Jahrhunderthalle, ursprünglicher Bau: 1902; 217; Ruhr/Süd I15
Schupp, Fritz; Dr.; Deutsches Bergbaumuseum, Fördergerüst: 1973 Einfügung in Ort; 10; Ruhr/Süd H16
Kokerei Zollverein: 1961; 96; Ruhr/Süd J10
Nordstern, Verwaltungsgebäude; Zeche Nordstern, ehem.: 1953 Grunderneuerung der historischen Zeche; 249; Ruhr/Nord Q7
Schacht 2, Zeche Lohberg 1/2: 1957; 150; Ruhr/West G14
Stahlwerk Ruhrort, Thyssen AG: 1959; 181; Ruhr/West N11
Zeche Ewald Fortsetzung 1: 1959; 223; Ruhr/Nord H14
Zeche Ewald Fortsetzung 1, Förderturm: 1959; 224; Ruhr/Nord H14
Zeche Hugo: 1955 Erweiterung; 175; Ruhr/Nord O7
Zeche Pluto Wilhelm, Förderturm/Schachtgebäude : 1953; 226; Ruhr/Nord Q11
Zeche Zollverein, Schacht I, einfaches Bockgerüst: 1958; 227; Ruhr/Süd J11
Zeche Zollverein Schacht 1/2/8: 1961 Umbau Erneuerung der Fördertürme; 186; Ruhr/Süd C7
Schupp, Fritz; Dr./Holzapfel, Heinrich; Deutsches Bergbaumuseum: 1940 Entwurf; 9; Ruhr/Süd H16
Schupp, Fritz; Dr./Kremmer, Martin; Bergarbeitersiedlung: 1929; 33; Ruhr/Nord O6
Deutsches Bergbaumuseum, Fördergerüst: 1935 gebaut auf Zeche Germania; 10; Ruhr/Süd H16
Kokerei Alma: 1928; 243; Ruhr/Nord R11
Neu-Asseln, Bergbaubeamtensiedlung: 1922; 303; Ruhr/Ost O9
Red Dot Design Museum: 1932; 158; Ruhr/Süd J11
Wohnhof Heinrich-Lersch-Platz: 1929; 551; Ruhr/Süd B7
Zeche Bonifatius: 1940; 54; Ruhr/Süd D9
Zeche Fritz Heinrich, Umbau zum Büro- und Ateliergebäude: 1940; 236; Ruhr/Süd B6
Zeche Holland 1/2: 1925 Erweiterung; 174; Ruhr/Nord S11
Zeche Holland 3/4/6, Eingang und Verwaltungsgebäude, Lohnhalle: 1921; 569; Ruhr/Süd C10
Zeche Schlägel + Eisen 3/4/7: 1937; 57; Ruhr/Nord M10
Zeche Zollverein, Doppelbockgerüst: 1931; 595; Ruhr/Süd J11
Zeche Zollverein, Schacht II, Fördertum (ehem. Zeche Friedlicher Nachbar): 1964; 228; Ruhr/Süd J11
Zeche Zollverein Schacht 12: 1932; 596; Ruhr/Süd J11
Zeche Zollverein Schacht 12, Kohlenwäsche: 1932; 421; Ruhr/Süd C7
Schupp, Fritz; Dr./Winkhaus, Fritz/Patschul, Günter; Oxygenstahlwerk Bruckhausen, Thyssen AG: 1969; 136; Ruhr/West L11
Schupp und Thiel; Seepark Lünen/LaGaLü: 1996; 173; Ruhr/Ost I6
Schürmann, Andreas; Unternehmer; Designstadt Nr1: 2006; 64; Ruhr/Süd J11
Schürmann, Joachim; St. Josef; Pfarrzentrum: 1972; 192; Ruhr/Nord H13
Schürmann, Joachim/Schürmann Margot; St. Josef; Gemeindezentrum, kath.: 1973; 190; Ruhr/Nord H13
SCHÜRMANNSPANNEL/Schmidt, Thomas; Klärwerktransformation zum Bürogebäude: 2006; 202; Ruhr/West L17
SCHÜRMANNSPANNEL/Tönnes, Rainer; Ruhruniversität Bochum; Technologiezentrum Ruhr: 1996 Dachaufbau auf der Ruhruniversität; 163; Ruhr/Süd E15
Schuster Architekten; Polizeitechnische Dienste: 2002; 270; Ruhr/West R1
Schulzentrum, Erweiterung: 1996; 170; Ruhr/West F11
Schütz, Paul + Maul, Reiner/Kleffner, Eberhard; Gesamtschule: 1982; 69; Ruhr/Nord O17
Schwarz, Rudolf; Haus Enkling: 1935; 19; Ruhr/West T2
Haus Flüge: 1937; 20; Ruhr/West Q12
Heilig-Kreuz-Kirche, kath.: 1955; 82; Ruhr/Nord Q4
St. Andreas; Kirche, kath.: 1957; 157; Ruhr/Süd F6
St. Anna; Pfarrkirche, kath.: 1953; 158; Ruhr/West S4
St. Antonius von Padua; Pfarrkirche, kath.: 1959; 159; Ruhr/Süd E5
St. Franziskus; Kirche, kath.: 1958; 165; Ruhr/Süd D4

Schwarz, Will; Florian, Fernsehturm: 1959; 46; Ruhr/Ost T17
Gesundheitshaus: 1959; 59; Ruhr/Ost R16
Schwarz, Will/Magoley, Hans; Amts- und Landgericht: 1978; 6; Ruhr/Süd I16
Berufsförderungswerk Dortmund-Hacheney: 1969; 18; Ruhr/Ost Q6
Schwechten, Franz; Erlöserkirche: 1909; 117; Ruhr/Süd J13
Schweingruber Zulauf; Landschaftsarchitekten; Museum Folkwang, Landschaftsgestaltung: 2009; 243; Ruhr/Süd J12
Schwer, Oskar; Dorstfeld, Arbeitersiedlung: 1917; 96; Ruhr/Ost P4
Zeche Friedrich der Große; Verwaltungsgebäude, ehem.: 1914; 563; Ruhr/Nord F
Schwickert & Prinz; Rosenhügelsiedlung: 1938er Ausführung; 38; Ruhr/Nord P7
Schwickert, Ludwig; KBB; Verwaltungsgebäude: 1955; 92; Ruhr/Nord B17
Volksschule: 1956; 205; Ruhr/Nord A17
Schwill, Theo; St. Benno; Pfarrkirche, kath.: 1971; 189; Ruhr/Ost Q8
Schwill und Bergstermann; Christenstift; Altenwohnheim: 1991; 29; Ruhr/Ost R16
Propsteiarkaden am Hansaplatz: 1992; 153; Ruhr/Ost R16
Schwippert, Hans; St. Engelbert; Kirche, kath.: 1954 Veränderungen; 397; Ruhr/West O16
Schwippert, Hans/Schöllgen, Erich; Europahaus: 1957; 35; Ruhr/West N1
Sebralla, Thomas; Tiefgaragentreppenhaus, Überdachung: 2002; 342; Ruhr/Süd L9
Seelbach/Weber; Emscherpark: 2001; 45; Ruhr/Süd A6
Seeling, Heinrich; Grillo-Theater: 1892 Erstes Theater, im Krieg zerstört; 64; Ruhr/Süd I13
Seidensticker, Wilhelm; Dr.; Deutsche Edelstahlwerke: 1956; 19; Ruhr/Süd J15
Hauptverwaltung Krupp Stahl AG, ehem.: 1964; 74; Ruhr/Süd C13
Kaupenhöhe-Holsterhausen; Wohnsiedlung: 1956; 91; Ruhr/Süd J12
Rathaus Waltrop: 1956; 143; Ruhr/Ost A5
Rosenhügelsiedlung: 1938er Entwurf und Planung; 38; Ruhr/Nord P7
St. Laurentius; Pfarrkirche, kath.: 1954; 169; Ruhr/Nord Q7
St. Stephanus; Pfarrkirche, kath.: 1958; 172; Ruhr/West S11
Seidensticker, Wilhelm Dr./Marschall, Günter/Hülsbau GmbH; Breddenkampsiedlung: 1964; 14; Ruhr/Nord G8
Seidensticker, Wilhelm; Dr./Stadtplanungsamt Bochum; Zentralfriedhof Freigrafendamm: 1939 große Trauerhalle; 59; Ruhr/Süd J18
Seidensticker-Spantzel-Teich-Budde-Gutsmann-Jung; Haus der Erwachsenenbildur Heinrich-Thöne-Volkshochschule: 1979 Entwurf; 87; Ruhr/West S5
Seidenstricker, Wilhelm; Dr./Spantzel, Willi/Gutsmann, Werner/Jung, Herbert; Haus der Erwachsenenbildung: 1972; 85; Ruhr/Süd I14
Seifert, Theodor; Rathaus Essen: 1979; 145; Ruhr/Süd H13
Seitz, Paul; Goetheschule: 1964; 63; Ruhr/Nord G7
Selg, Karl; Neue Stadtkernsiedlung: 1958; 121; Ruhr/West Q10
Seltmann, Klaus; Rundsporthalle: 1975; 167; Ruhr/Süd H17
Senz, August; Kirche Werden, evang.: 1900; 237; Ruhr/Süd H6
Serra, Richard; Schurenbachhalde: 1998 Kunst am Bau; 172; Ruhr/Süd A7
SHA/Scheffler Helbich Architekten; Haus am See: 2008; 163; Ruhr/Ost R6
Trainingszentrum: 2006; 344; Ruhr/Ost N9
Siebold, Karl H. F.; Christuskirche, evang.: 1910; 76; Ruhr/Süd A16
Simon, Hans-Georg; St. Marienkirche, kath., Restauration: 2007 Restauration; 114; Ruhr/Ost Q16
Verwaltungsgebäude: 2000; 357; Ruhr/Ost Q18
Simon, Ludwig; Stadtgarten Gelsenkirchen: 1933 Erweiterung; 118; Ruhr/Nord C16
Simons; Wasserwerksbau; Wasserturm Bommerholz: 1910; 501; Ruhr/Süd N9
Siren, Heikki/Siren Kaija; Finnensiedlung: 1963; 45; Ruhr/Süd R11
Sittmann, Tassilo; Tossehof, Grundschule: 1972; 226; Ruhr/Nord A18
Skornia & Skornia Recke; Mehrfamilienwohnhaus: 1992; 136; Ruhr/West O16
Skribbe/Jansen; Preußenhafen: 2005; 274; Ruhr/Ost I5
Smolarczik-Kampmann H./Smolarczik J.; Einfamilienreihenhäuser: 1967 Landschaftsarchitektur; 42; Ruhr/Nord N5
soan - architekten; Ev. Kirche Hattingen, Umgestaltung des Innenraumes: 2002; 117 Ruhr/Süd N3
Sobeck, Werner; Dr.; Fußgängerbrücke: 2006; 137; Ruhr/Ost P6
Sögtrop, Albert; Künstler; St. Johannes Baptist; Pfarrkirche, kath., Erweiterung: 197 Kunst am Bau; 399; Ruhr/Süd E14
Sohm, Theodor/Stadtbaumeister Bochum; Schiller-Oberschule: 1930; 371; Ruhr/Süd D14
Trauerhalle jüdischer Friedhof: 1928; 448; Ruhr/Süd D14
Sonder & Kokott; Künstler; Kirche Werden, evang.: 1948 Kunst am Bau; 237; Ruhr/Süd H6
Sonnen, Fritz; Tor 16 der GHH: 1930; 447; Ruhr/West L15

Spangenberg, Gerhard; Dr.; Exenterhochhaus: 2009; 119; Ruhr/Süd J16
Spanier, W.; Wohn- und Geschäftshaus: 1905; 526; Ruhr/Nord Q12
Spenhoff, Heinrich/Strunk, Otto; Geschäftshaus: 1912; 160; Ruhr/Nord P17
Spetzler, Oskar; Dr; Stauwehr Essen-Baldeney: 1933; 48; Ruhr/Süd H6
Spieker, Paul Emanuel; Villa Hügel: 1873; 136; Ruhr/Süd G6
Spierling, Hubert; Künstler; St. Gertrudis; Probsteikirche: 1955 Kunst am Bau; 228; Ruhr/Süd C11
St. Johannes; Kirche, kath.: 1954 Kunst am Bau; 400; Ruhr/Süd C10
Spital-Frenking + Schwarz; Institut Adolf Grimme, Umbau und Instandsetzung: 2006 Sanierung; 186; Ruhr/Nord G8
Realschule Ernst Immanuel Kant: 2006; 280; Ruhr/Nord G9
Schulneubauten: 2004; 296; Ruhr/West C9
Spröde, Fido/Gerlach, Dietrich; Fritz-Henßler-Haus: 1956; 50; Ruhr/Ost R17
Stachowiak und Deterding; Forschungs- und Entwicklungszentrums (FEZ), Neubau: 1996; 54; Ruhr/Süd L10
Universität Witten/Herdecke, Neubau: 1983; 234; Ruhr/Süd L10
Stadt Bochum; Schulgebäude, Sanierung und Umbau: 1890er; vermutlich; 106; Ruhr/Süd I15
Stadt Bochum; Bauverwaltung, städt.; Elkart, Karl; Drusenbergschule: 1916; 99; Ruhr/Süd D13
Stadt Bochum; Planungsamt, städt./Brosche, W.; Schulzentrum Bochum-Ost, Gymnasium: 1957; 152; Ruhr/Süd C17
Stadt Bochum; Planungsamt, städt./Knirsch, H.; Berufsschule am Ostring: 1954; 10; Ruhr/Süd I16
Freiherr-vom-Stein-Schule: 1955; 47; Ruhr/Süd B14
Stadt Bochum; Planungsamt, städt./Schwarze, K.H.; Institut für Umwelt- und Zukunftsforschung: 1967; 103; Ruhr/Süd F13
Planetarium: 1964; 133; Ruhr/Süd I16
Stadt Bottrop; Bauabteilung; Stadtgarten Bottrop: 1919 Erweiterung; 417; Ruhr/Nord Q3
Stadt Castrop Rauxel; Bauabteilung; Zeche Erin 3, Hammerkopfturm : 1993 Sanierung; 561; Ruhr/Nord P18
Stadt Dorsten; Bauabteilung; Wall- und Grabenanlagen: 1986; 242; Ruhr/Nord G3
Stadt Dortmund; Bauabteilung; Burg Hörde, ehem.: 2008 Sanierung; 30; Ruhr/Ost P7
Haus Wenige: 1966 Restaurierung; 100; Ruhr/Ost J6
Stadt Dortmund; Finanzbauamt, städt.; Deutsche Arbeitsschutzausstellung (DASA-Gebäude): 1992; 38; Ruhr/Ost P4
Stadt Dortmund; Hafenverwaltung; Altes Hafenamt: 1899; 5; Ruhr/Ost N5
Stadt Dortmund; Hochbauamt/Klippel+Scheiding+Saitner; Planungsgruppe; Helmut-König-Leichtathletikhalle: 1980; 95; Ruhr/Ost P6
Stadt Dortmund; Hochbauamt, städt.; Museum am Ostwall (Museum f. Moderne Kunst): 1956; 117; Ruhr/Ost R17
Stadt Duisburg; Grünflächenamt; Böninger Park: 1912; 58; Ruhr/West T1
Stadt Essen; Bauherr; Moltkeviertel: 19. Jhd.; 86; Ruhr/Süd J14
Stadt Gelsenkirchen; Landeshochbauamt; Verkehrsknoten B236/Brackeler Straße: 1980; 238; Ruhr/Ost N8
Stadt Hagen; Hochbauamt, städt.; Cuno Berufskolleg II: 2006 Erweiterung; 18; Ruhr/Süd Q14
Haus Busch, heute Journalistenzentrum: 1994 Erweiterung; 69; Ruhr/Süd O15
Kindergarten Villa Laufenberg: 1985 Renovierung; 67; Ruhr/Süd Q14
Parkhaus, ehem.; heute Restaurant: 1956; 128; Ruhr/Süd Q14
Reidemeisterhaus, ehem.: 2000 Erweiterungsbau; 163; Ruhr/Süd R12
Ricarda-Huch-Schule: 1954; 145; Ruhr/Süd Q14
Ricarda-Huch-Schule: 1992 Anbau; 145; Ruhr/Süd Q14
Verkehrspavillion: 1954; 201; Ruhr/Süd Q14
Wasserschloss Werdringen: 13 Jhd.; 281; Ruhr/Süd O12
Wasserschloss Werdringen: 1977 Restaurierung; 281; Ruhr/Süd O12
Stadt Haltern; Hochbauamt, städt.; Rathaus: 1952; 139; Ruhr/Nord B11
Stadt Hamborn; Botanischer Garten Hamborn: 1908; 60; Ruhr/West L12
Stadt Haspe; Bauabteilung; Hasper Talsperre: 1904; 176; Ruhr/Süd T12
Stadt Herne; Stadtbauamt; Gewerbliche und kaufmännische Berufsschule: 1955; 60; Ruhr/Nord P14
Hauptfriedhof, Kapelle: 1909; 179; Ruhr/Nord Q15
HJ-Heim, ehem.: 1939; 22; Ruhr/Nord Q14
Otto-Hahn-Gymnasium: 1964; 126; Ruhr/Nord P15
Schulgebäude: 1909; 379; Ruhr/Nord Q14
Stadtwerke Herne, Verwaltungsgebäude : 1936; 47; Ruhr/Nord P13

Stadt Mülheim an der Ruhr; Bauamt, städt.; Kloster Saarn: 1960 Sanierung; 124; Ruhr/West Q16
Stadt Mülheim an der Ruhr; Hochbauamt, städt./Brocke, Arthur; Salierstraße, Siedlung : 1929; 367; Ruhr/West P15
Stadt Mülheim an der Ruhr; Hochbauamt, städt./Brocke, Arthur/ Fucker, Andreas Klönne-Stift: 1930; 240; Ruhr/West T5
Stadt Mülheim an der Ruhr; Hochbauamt, städt./Brocke, Arthur/ Kesseler, Rudol Städtische Realschule: 1928; 425; Ruhr/West S6
Stadt Mülheim an der Ruhr; Hochbauamt, städt./Thissen, Franz; Oberbaurat; Technische Unterrichtsanstalten der Stadt Mülheim an der Ruhr: 1951; 191; Ruhr/West T6
Stadt Oberhausen; Grüner Pfad: 1990; 72; Ruhr/West M12
Stadtbauamt Essen; Fußgängerbrücke über die A40: 1950er; 52; Ruhr/Süd E8
Stadtbauamt Gladbeck/Büren/Kaes; Jovyplatz: 1924; 219; Ruhr/Nord O6
Stadtbauamt Moers; Tubiskuhle: 1920er; 450; Ruhr/West O7
stadtmüller.architektur; Wohn- und Bürohaus: 2002; 378; Ruhr/Ost M14
Zweifamilienhaus: 2007; 429; Ruhr/Nord P18
Stadtsparkasse; Bauabteilung/Schlüter, Alfred; Bürgermeisterei Heißen, ehem.: 19 Umbau zur Sparkasse; 25; Ruhr/West O17
Stadtwerke Witten; Bauabteilung; Wasserturm Bommerholz: 1978 Umbau; 501; Ruhr/Süd N9
Stael, Robert; Schlossherr; Schloss Steinhausen, Kapelle: 1648; 204; Ruhr/Süd M9
Stahlherm, Hugo; Wohnhäuser, 2 Gebäude: 1928; 548; Ruhr/Nord L13
Stapmann, Hein/Schwirtz, K.-H.; Rathaus Dorsten: 1956; 140; Ruhr/Nord G3
Starck, Helene; Künstlerin; St.-Vinzentius-Kirche, evang.: 1942 Kunst am Bau; 265; Ruhr/Süd B16
STEAG/Bauabteilung Essen; Heizkraftwerk Walsum: 1988; 94; Ruhr/West J12
STEAG; Planungsabteilung; Folkwangbrücke: 2000; 127; Ruhr/Süd J13
Steffann, Emil; St. Konrad; Pfarrkirche, kath.: 1953; 168; Ruhr/West K11
St.-Bonifatius-Kirche: 1954; 182; Ruhr/Ost T17
Steffann, Emil/Bienefeld, Heinz; Karmel „Maria in der Not": 1965 Erweiterung dur Kloster; 89; Ruhr/Süd C7
Steffann, Emil/Hülsmann, Gisbert; Heilig Geist; Kirche, kath.: 1967; 89; Ruhr/West
Steffann, Emil/Noeske, W./Rosiny, N.; St. Konrad; Pfarrkirche, kath.: 1957; 167; Ruhr/Nord F9
Steffann, Emil/Rosiny, Nikolaus; St. Clemens; Pfarrkirche, kath.: 1961; 164; Ruhr/West R1
Stegemann/von Stein, Helmut; Kokerei Hansa, Landschaftspark: 1928; 244; Ruhr/Ost M4
stegepartner; ADAC Hauptverwaltung Westfalen: 2006; 1; Ruhr/Ost O8
Phönix West: 2006; 265; Ruhr/Ost Q6
Steidle & Schmitz Architekten; Wohnanlage Fredenbaum: 1999; 219; Ruhr/Ost N
Steinbach, Hugo; Museum für Kunst- und Kulturgeschichte, ehem. Stadtsparkasse: 1923; 301; Ruhr/Ost R16
Steinbach, Hugo/Lutter, Paul; Hoesch-Museum: 1914; 208; Ruhr/Ost N6
Hoeschwerke; Gästehaus: 1910; 210; Ruhr/Ost N7
Krügerpassage: 1916 ca.; 261; Ruhr/Ost R17
Thyssen-Schulte; Verwaltungsgebäude (ehem. Stahlhaus): 1912; 446; Ruhr/Ost
Westfalenhütte: 1914; 517; Ruhr/Ost N7
Steinborn, Simone; Buschey Friedhof; Andachtshalle: 2003; 55; Ruhr/Süd Q14
Steiner, Jürg; Brauerei-Museum: 2007; 33; Ruhr/Ost N6
Gasometer: 1994 Umbau zur Ausstellungshalle; 150; Ruhr/West L15
Steinhauer, Franz; Berufsbildene Schule Duisburg-Nord: 1929; 47; Ruhr/West L12
Schwelgern-Stadion: 1925; 384; Ruhr/West L11
Stadtbad Hamborn: 1930; 415; Ruhr/West L12
Steinhäusel, Ludwig Franz; 4 Wohnhäuser: 1987; 269; Ruhr/Süd R13
Steinke, Rainer; Wohnanlage im Schlosspark, Umbau: 2001; 387; Ruhr/Nord M11
Steinrücken, Burkhard; Dr. & Brown, Daniel; Landmarke, Halde Hohenward: 2008 224; Ruhr/Nord O12
Stemmermann, W.; Wohnhochhaus: 1980; 257; Ruhr/Nord Q14
Stemmrich, Daniel; Dr.; LVR Industriemuseum, Zentrale: 1997 Ausstellungskonzept 82; Ruhr/West N1
Stephany; Verkaufsanstalt IV: 1910; 458; Ruhr/West L17
ST-freiraum; Uhlandpark: 2005; 350; Ruhr/West M16
Stier, Hubert; Kaiser-Wilhelm-Denkmal: 1902; 226; Ruhr/Ost T7
Park Hohensyburg: 1902; 314; Ruhr/Ost T7
Stiller, Hermann; Landeszentralbank, ehem. Deutsche Reichsbank: 1897; 79; Ruhr/West S2

Shopping Mall: 1900; 386; Ruhr/West S2
Stolze; Handwerkerpark Zollverein 3/7/10: 1911; 174; Ruhr/Süd C8
Zeche Zollverein, Verwaltungsgebäude: 1906; 597; Ruhr/Süd J11
Stork, Johann August; Künstler; Nicolaikirche: 1929; 306; Ruhr/Ost T16
Stotz, Martin; Einfamilienreihenhäuser: 1967; 42; Ruhr/Nord N5
Stratmann, Egon; Künstler; St. Konrad; Pfarrkirche, kath.: 1989 Kunst am Bau; 168; Ruhr/West K11
Strauma; Haus Rheinlanddamm: 2003; 170; Ruhr/Ost T16
Strauß, Anton; Stadtpark Bochum: 1878; 121; Ruhr/Süd H16
Strauß, Wilhelm; Künstler; Schloss Strünkede: 1953 Kunst am Bau; 205; Ruhr/Nord P14
Streiter, Wolfgang; Bürohaus Fa. itb: 2005; 51; Ruhr/West M4
Striffler, Helmut; Thomas-Gemeindezentrum, evang.: 1971; 223; Ruhr/Süd D14
Strobel; Stadtbaurat; B1-Allee: 1920; 67; Ruhr/Ost T16
Rosenterrassen: 1927; 361; Ruhr/Ost T16
Strohn; Justizrat; Helenenturm: 1858; 53; Ruhr/Süd M9
Strunck und Wentzler; Althoff-Block: 1932 Erweiterung; 10; Ruhr/Ost S15
Hauptfriedhof, Garten- und Landschaftsplanung: 1926 Torbauten, Trauerhalle und Krematorium; 72; Ruhr/Ost O9
stufe 4 - frank zeising, architekt dipl.-ing; Mehrfamilienhaus; Erweiterung: 2003; 237; Ruhr/West M14
Stummel, Friedrich; Künstler; St.-Laurentius-Kapelle Leveringhausen: 1906 Kunst am Bau; 264; Ruhr/Ost C5
Stumpf, Heido; Johanniskirche: 1965; 88; Ruhr/West O16
Stumpf, Heido/Voigtländer, Peter; Reihenhausgruppe: 1961; 144; Ruhr/Süd J18
Stadthalle (Luise-Alberts-Halle): 1962; 177; Ruhr/West N2
Suhnel, Theodor; Hauptfriedhof, Eingangshalle: 1928; 178; Ruhr/West P17
Heimaterde; Siedlung: 1900 um; 201; Ruhr/West P18
Wohnhaus Suhnel: 1925; 540; Ruhr/West S6
Wohnhof Dransfeld, Siedlung: 1919 ab; 550; Ruhr/Süd D5
Sültenfuß, Wilhelm; St. Engelbert; Kirche, kath.: 1906; 397; Ruhr/West O16
Suter, Hans Rudolf/Suter, Peter; Westfalenbank: 1959 Erweiterungsbau; 209; Ruhr/Süd I16
Tamkus, Christiane; Rathausplatz Bergkamen; Platz der Partnerstädte: 2002; 279; Ruhr/Ost H9
Taut, Bruno; Kraftwerk Harkort: 1931; 254; Ruhr/Süd P11
Taut, Max; ATH-Siedlung Vierlindenhof: 1964; 2; Ruhr/West I13
Tegtmeier, Marita/Müller, Ralf; Sportpark: 2006; 312; Ruhr/Süd E4
Wohnbebauung am Tremoniapark, Außenanlagen: 2007; 397; Ruhr/Ost T15
Teich, Dietmar; Haus der Erwachsenenbildung Heinrich-Thöne-Volkshochschule: 1979 Bau; 87; Ruhr/West S5
Terbrock; Volksgarten Kray: 1913; 482; Ruhr/Süd D9
Terhoeven, Alo/Mauring, Manfred; St. Gertrudis; Probsteikirche: 1100; 228; Ruhr/Süd C11
Teutoburgia-Bochumer Verein, Gewerkschaft; Zeche Teutoburgia: 1909; 588; Ruhr/Nord P16
Theißen, Joachim; Architekturbüro; Einfamilienhaus, Umbau: 2005; 93; Ruhr/Ost J8
Thesing & Thesing; Haus B.: 2005; 164; Ruhr/West D14
Thesing, Hermann Willi; Mehrgenerationen-Wohnen-Siedlung : 1999; 137; Ruhr/West N5
Thiede - Messthaler - Klösges; Klinik für Naturheilkunde und integrative Medizin, Erweiterung: 2002; 205; Ruhr/Süd E8
Thielcke + Burbaum; Gemeinschaftsgrundschule: 1973; 63; Ruhr/Nord G8
Sozialistisches Bildungszentrum: 1975; 183; Ruhr/Nord G13
Thierbach, D.; Bauinspektor, königl.; Bundesknappschaft: 1907; 63; Ruhr/Süd J16
Thol, Paul; Künstler; Christuskirche, evang.: 1955 Kunst am Bau; 76; Ruhr/Süd A16
Thomas, Friedrich; Mausegatt-Siedlung : 1899; 84; Ruhr/West P17
Mausegatt-Siedlung : 1905 Erweiterung; 84; Ruhr/West P17
Mausegatt-Siedlung : 1911 Erweiterung; 84; Ruhr/West P17
Thomer, Paul; Land- und Amtsgericht: 1876; 77; Ruhr/West S2
Thyssen bauen und wohnen; Thermo-Insel: 1991; 198; Ruhr/West N13
Tidten, Wilhelm; Haus des Handwerks: 1926; 187; Ruhr/West S5
Tiefenbach, W.; Epiphaniaskirche, evang.-luth.: 1930; 115; Ruhr/Süd B12
Tillessen, Rudolf; Haus Küchen: 1913; 195; Ruhr/West Q14
Timmerbeil, Helmut; Privatärztliche Verrechnungsstelle: 1981; 142; Ruhr/West R16
Timmermann, Heinrich; Clubhaus TC Rechen: 1929; 78; Ruhr/Süd D13
Zentralfriedhof Freigrafendamm: 1939 Bauten; 59; Ruhr/Süd J18
Tonon, Benedict; Leopoldstraße; Wohnquartier: 1997; 129; Ruhr/Ost N6
Töpper, Heinke/Melchior, Monika; Frauen planen Wohnungen: 1993; 56; Ruhr/Ost H9

Tor 5 Architekten; Consol 4, Umbau zum Musikprobenzentrum: 2006; 63; Ruhr/Nord C
Haus Beckmann-Mebus: 2006; 166; Ruhr/Süd E15
Stadthaus, Umbau und Neuordnung: 2008; 322; Ruhr/Süd B14
Stadthäuser: 2007; 323; Ruhr/Süd C15
Wohnhaus, Modernisierung: 2006; 405; Ruhr/Süd C15
Treder/Tegtmeier, Marita/Müller, Ralf; Bürgerpark Altenessen: 2003; 38; Ruhr/Süd
Triet - Hannich - Braun/Assoziierte Architekten; St. Monika; postmoderner Kirchenbau: 1989; 178; Ruhr/Ost T10
Trips, Julius; Schloss Landsberg, Parkanlage: 1905; 376; Ruhr/Süd J3
Tritthart/Rosskothen; Dr.; Fachhochschule Südwestfalen: 1961; 39; Ruhr/Süd P15
Trojan/Trojan + Neu/Fein, Raimund; Prosper III, Gründerzentrum: 1994; 154; Ruhr/Nord Q4
Tusch, M.; atelier baukunst; Wohn- und Geschäftshaus: 2000; 381; Ruhr/West O6
Ufer, Wilhelm; Erlöserkirche: 1959; 31; Ruhr/West G13
Ungers, Oswald Mathias; Kolleg Oberhausen: 1969; 114; Ruhr/West M16
Vallentin; Johannenhof-Siedlung : 1914; 218; Ruhr/West N9
Rheinpreußen-Hochhaussiedlung: 1914; 358; Ruhr/West N9
Rheinpreußen-Siedlung : 1903; 359; Ruhr/West O9
van de Sandt, Jäckel; Direktorenvilla: 1910; 92; Ruhr/Ost A6
van de Velde, Henry; Hohenhof: 1908; 211; Ruhr/Süd Q15
Karl-Ernst-Osthaus-Museum: 1902 Innenausbau; 227; Ruhr/Süd Q14
Villa Hohenhof, Gartenanlage : 1908; 472; Ruhr/Süd Q15
Villa Springmann, ehem.: 1911; 478; Ruhr/Süd Q14
Vandkunsten, C./Trojan und Trojan/Oswald und Schneiter/Wrede, Stefan/Rode Kellermann/Wawrowsky und Partner; Neuer Stadtteil Prosper 3: 1997; 144; Ruhr/Nord Q4
Vereinigte Constantin der Große, Gewerkschaft; Bauherr; Constantin-Siedlung : 1910; 81; Ruhr/Nord Q15
Vereinigte Kesselwerke AG; Wassertürme West 1 und West 2: 1909 + 1939; 508; Ruhr/Nord L12
Vereinigte Welheim; Gewerkschaft; Welheim, Bergarbeitersiedlung: 1923; 514; Ruhr/Nord Q6
Vetterlein, Ernst; Stadttheater Hagen: 1911; 429; Ruhr/Süd Q14
Veuhoff, Karl; Wohn- und Geschäftshaus: 1928; 527; Ruhr/Nord P14
VEW-Bautechnik/Gelis und Meier; RWE, Verwaltung; Erweiterungsbau: 1960er; 1 Ruhr/Süd H16
Vieille Montagne S.A.; Bauherr; Altenberg, Kulturzentrum; Platzgestaltung: 1853 ursprünglich Lagerfläche zwischen den Hallen; 6; Ruhr/West N1
LVR Industriemuseum, Zentrale: 1853; 82; Ruhr/West N1
Viertel, Kurt; DVG-Haus: 1955; 22; Ruhr/West S3
Vieth, Kurt Hubert/Grosseck, Friedrich; Heilige Familie; Kirche, kath.: 1958; 80; Ruhr/Süd E13
Vinck; Regierungsbaumeister; Landgericht/Justizvollzugsanstalt: 1926; 268; Ruhr/Süd Q14
Vogel, H. O.; Kirche Alstaden, evang.: 1967 Umbau Innenraum; 236; Ruhr/West N
Völker und Grosse; Westfalenbank: 1924 Altbau; 209; Ruhr/Süd I16
Volkmann, Gunnar; Westfalenbank: 1988 Sanierung; 209; Ruhr/Süd I16
Volkmann, Walter; Ruderregatta Wedau: 1979; 156; Ruhr/West Q12
Vollmann, Ernst; Sultan, Büro- und Geschäftshaus: 1956; 187; Ruhr/Süd I16
vom Endt, Hermann; Kirche Alstaden, evang.: 1904; 236; Ruhr/West N14
von Berg, Adolph V.; Schloss Landsberg: 1276; 194; Ruhr/Süd J3
von Bodelschwingh; Familie; Schloss Bodelschwingh: 1300; 177; Ruhr/Ost M2
von Boenen,Georg; Schloss Berge: 1530 Umbau; 172; Ruhr/Nord O9
von Bruchhausen; bischöfl. Amtsrentmeister; Altes Amtshaus, Karl-Pollender-Stadtmuseum: 1980 Umbau und Sanierung zum Museum; 4; Ruhr/Ost F9
von Busse, Hans-Busso/Klapp/Brüning; Architekten; heute BKR Architekten; Westfälisches Museum für Archäologie: 2003; 372; Ruhr/Nord P14
von Busse, Hans-Busso/Klapp, Eberhard Carl; heute BKR Architekten; Haus Witte 1996 Umbau und Revitalisierung; 92; Ruhr/Süd M9
von Chamier, Wolfgang; St. Christophorus; Kirche, kath.: 1964; 163; Ruhr/Süd D9
von Cube, Gustav/Buchloh, Arthur; St. Nikolausburg; Schifferkinderheim m. Kape 1927; 414; Ruhr/West P2
von der Mark, Adolf; Graf; Burg Blankenstein: 13. Jhd.; 28; Ruhr/Süd N5
von der Mark, Engelbert; Graf; Hellweg-Museum Unna, ehem. Burg: 1380 ab; 105 Ruhr/Ost N14
Kastell Holten: 1307; 113; Ruhr/West J15
von der Recke, Gerhard; Bauherr; Haus Witten: 1701 Veränderung im barocken St 104; Ruhr/Süd M9

von Dingden; Herren; Schloss Ringenberg: 1223; 201; Ruhr/West H1
von Elverfeldt; Fam.; Schloss Steinhausen: 1810 Umbau; 203; Ruhr/Süd M9
von Fisenne, Lambert; Herz Jesu; Kirche, kath.: 1900; 203; Ruhr/Süd G10
von Hüchtenbruck, Albert Gisbert;Graf; Schloss Gartrop: 17. Jhd.; 184; Ruhr/West B15
von Husen; Herren; Herrenhaus Husen: 19. Jhd.; 55; Ruhr/Ost T7
von Langenberg, Johann; Willibrordikirche/Dom: 1589; 286; Ruhr/West C9
von Lom, Walter & Partner; Das Dorf, Siedlung: 1993; 34; Ruhr/West S15
Europäisches Bildungszentrum: 1998; 51; Ruhr/Süd E13
Gemeindehaus St. Gertrudis: 1879; 38; Ruhr/Süd C10
Pylon der Haltestelle „Reinoldikirche": 1991; 155; Ruhr/Ost R17
St. Maria Heimsuchung; Pfarrkirche: 1977 Umbau und Sanierung; 408; Ruhr/Nord L10
Stadtbibliothek, Umbau: 2000 Umbau; 320; Ruhr/Süd I13
von Merveldt, Ferdinand Anton; Schloss Lembeck, Parkanlage: 19. Jhd. englischer Garten; 197; Ruhr/Nord B4
von Nesselrode, Bertram; Schloss Herten: 1560 Ausbau; 187; Ruhr/Nord M11
von Nesselrode zu Hugenpoet, Konstantin Erasmus; Freiherr; Schloss Hugenpoet: 1647; 192; Ruhr/Süd J3
von Oelde, Ambrosius; Schloss Oberwerries: 1692 Erweiterung; 200; Ruhr/Ost C17
St. Petrus und Paulus; Kapuzinerklosterkirche: 1680; 252; Ruhr/Ost F9
von Pfalz-Sulzbach, Franziska Christine; Schloss Borbeck: 1762 Umbau; 178; Ruhr/Süd D4
Schloss Borbeck, Parkanlage : 1783; 179; Ruhr/Süd D4
von Pich; Schloss Bladenhorst, Parkanlage : 1734 ca.; 175; Ruhr/Nord O16
von Salm, Yvonne/Taylor, Chapman; CityPalais: 2007; 58; Ruhr/West S2
von Schell zu Rechen, Johann; Haus Goldschmieding: 1600; 76; Ruhr/Nord P17
von Schmidt, Friedrich; St. Mauritius; Kirche, kath.: 1859 Erweiterung; 243; Ruhr/Süd O2
von Spaen, Jacobi; Oberst; Schloss Ringenberg: 1648 Wiederaufbau; 201; Ruhr/West H1
von Stockhausen, Hans Gottfried; Künstler; Nicolaikirche: 1963 Kunst am Bau; 306; Ruhr/Ost T16
von Syberg, Genoveva Maria; Grünstraße; Kirche, evang.: 1704; 60; Ruhr/West F11
von Syburg, Diederich; Bauherr; Haus Busch, heute Journalistenzentrum: 17./18.Jhd.; 69; Ruhr/Süd O15
von Vagedes, Adolph/Schinkel, Karl Friedrich; St. Peter; Kirche, kath.: 1830; 246; Ruhr/Süd J4
Vorster, Hermann; Bauherr; Villa Steinwender; Villa Vorster, ehem.: 1855; 141; Ruhr/Süd R15
Voss, J.D./von Bodelschwingh, S.W.; Haus Rodenberg: 1698; 89; Ruhr/Ost P9
Wach, Karl; Nierenhof; Kirche, evang.: 1934; 34; Ruhr/Süd P2
Wachenfeld, Ewald; Wohnsiedlung: 1929; 554; Ruhr/Süd Q13
Wagenfeld, Horst/Müller, Wolfgang; Kloster Saarn: 1992; 125; Ruhr/West Q16
Landesgartenschau Mülheim; MüGa: 1992; 122; Ruhr/West S5
Schloss Broich: 1992 Sanierung; 181; Ruhr/West S5
Schloss Styrum: 1992; 209; Ruhr/West O15
Wagner, Wolfgang; Hochbauabteilung DEW/DSW Dortmund; Verteilerstation: 1996; 204; Ruhr/Ost R8
Wahl und Rödel; Comenius-Gymnasium: 1929; 80; Ruhr/Nord H16
Stahlhandel Thyssen-Schulte: 1925; 431; Ruhr/Süd B6
Wallmeier und Stummbillig; Zentrum für Kurzzeit- und Tagespflege: 2001; 425; Ruhr/Nord P12
Wallmeier, W.; Sol- und Thermalbad: 1949; 155; Ruhr/Nord Q12
Wallraven, Peter; Rathaus Wattenscheid: 1897 Erweiterung; 95; Ruhr/Süd C11
Rathaus Wattenscheid: 1923 Erweiterung; 95; Ruhr/Süd C11
Walter + Firma Klönne; Zeche Ewald XII, Doppelbockgerüst: 1952; 225; Ruhr/Nord O11
Walter; geh. Baurat/kaiserliche Oberpostdirektion; Post Wanne: 1914; 329; Ruhr/Nord Q12
Walter, H.; Zeche Ewald Fortsetzung 1/3, Verwaltungsgebäude: 1905; 562; Ruhr/Nord H14
Waßer, Theodor; Arbeitsgericht Gelsenkirchen: 1919; 21; Ruhr/Nord S10
Wohn- und Geschäftshaus: 1928; 523; Ruhr/Nord C17
Wohn- und Geschäftshaus: 1927; 525; Ruhr/Nord B17
Waßmann, Hochbauabteilung königl. Eisenbahn/Schultze, Regierungsbauführer; Hauptbahnhof Wanne-Eickel: 1872; 46; Ruhr/Nord Q12
Wassermann, Heinrich; St. Engelbert; Kirche, kath. mit Pfarrhaus: 1900; 398; Ruhr/Süd P2
St. Engelbert; Kirche, kath. mit Pfarrhaus: 1900 Pfarrhaus; 398; Ruhr/Süd P2

Wbp Landschaftsarchitekten/Wolf, Christine/Junge, Rebekka; Bahnhofsvorplatz: 2007; 21; Ruhr/Nord C17
ComIn: 2005; 60; Ruhr/Süd D7
Edmund-Körner-Platz: 2010; 76; Ruhr/Süd I13
Elisabethplatz: 2006; 106; Ruhr/Nord B17
Fußgängerzone Bahnhofstraße: 2007; 138; Ruhr/Nord C17
Hotel „Schützenbahn", Außenanlagen: 2002; 180; Ruhr/Süd H13
Otto-Wels-Platz: 2006; 255; Ruhr/Nord M11
Wohnbebauung am Riehlpark: 2006; 395; Ruhr/Süd E5
Wohnbebauung Rittergasse: 1999; 223; Ruhr/Süd H6
Weber, Fritz ; Baumeister; Schloss Schwansbell: 1875; 104; Ruhr/Ost I5
Schloss Schwansbell, Parkanlagen: 1875; 105; Ruhr/Ost I5
Weber, Gerhard; August Thyssen-Hütte AG, Hauptverwaltung: 1963; 6; Ruhr/West L
Weber, Roland; Blaue Schule, Grundschule: 1967 Landschaftsarchitektur; 19; Ruhr/Nord
Weber und Heide; Weiser, Kaufhaus: 1925; 513; Ruhr/Nord N8
Wehberg + Lange + Partner; Stadtkern Wulfen: 1986; 206; Ruhr/Nord C5
Wehner, Eduard Lyonel; Hauptbahnhof, Empfangsgebäude: 1934; 16; Ruhr/West S
Weicken Architekten; Zentrum für Information und Bildung: 2005; 424; Ruhr/Ost N
Weidinger Landschaftarchiektur; Sparkasse Oberhausen, Landschaftsgestaltung: 2008; 306; Ruhr/West O1
Weigle, Carl; Werksgasthaus der GHH: 1913; 515; Ruhr/West L15
Weimann + Hüsgen + Specht; Niederrheinisches Museum, ehem.: 1951; 122; Ruhr/West S2
Weimann, Wilhelm; Akazienhof-Siedlung: 1907; 3; Ruhr/West T2
Weinert, Jochen; Kaufhaus Hermann Kornblum, ehem.; Umbau: 1905; 231; Ruhr/Süd Q14
Weitling + Dissing/Jakobsen, Arne; Forumplatz: 1984; 53; Ruhr/Nord O17
Rathaus: 1984; 143; Ruhr/Nord O17
Stadthalle und Kongresshalle: 1984; 202; Ruhr/Nord O17
Welling, Josef; Künstler; Marienhospital: 2000 Kunst am Bau; 122; Ruhr/Nord S10
Wenders, Wim; Haus Krüger: 1974 Schauplatz des Films „Alice in den Städten"; 194 Ruhr/Nord Q10
Wenig, Hans; Wohn- und Verlagshaus: 1964; 215; Ruhr/Süd P14
Wenner, Gustav; Eugen-Richter-Turm: 1911; 122; Ruhr/Süd R13
Rathaus: 1909; 343; Ruhr/Süd O11
Villa Vorsteher: 1895; 142; Ruhr/Süd O11
Wernitz & Wernitz; Kläranlage Kaßlerfeld: 1954; 95; Ruhr/West Q1
WES und Partner; Stadtkrone Ost: 2001 Rahmenplan; 324; Ruhr/Ost O8
Westfälische Wohnstätten; Eichenforst-Siedlung : 1969; 35; Ruhr/Nord O15
Weyers, R.; Trauerhalle St. Marien: 1986; 227; Ruhr/Nord R13
Weyhe, Maximilian Friedrich; Botanischer Garten Rombergpark: 1820; 22; Ruhr/Ost Q6
Schloss Herten, Parkanlage : 19. Jhd.; 103; Ruhr/Nord M11
Schlosspark und Wallanlagen Moers: 1836; 213; Ruhr/West O7
Stadtpark Witten; Park der Villa Friedrich Lohmann: 1846; 122; Ruhr/Süd M9
Wert'scher Hof, Gartenanlage: 1828 nach; umgestaltet; 284; Ruhr/West R10
Wiehl/Balser/Woltmann/Wachenfeld/Günther und Büchsenschütz/Figge, E; Stadtbaurat; Cunosiedlung: 1928; 84; Ruhr/Süd Q13
Wiehl, Peter; Christ König; Pfarrkirche, kath.: 1927; 71; Ruhr/Süd P14
Wielers, Bernhard; Sparkasse Bochum: 1949 Wiederaufbau; 392; Ruhr/Süd I16
Wielers, Hermann; St. Joseph; Kirche, kath.: 1903; 404; Ruhr/Süd F9
St. Marien; Kirche, kath.: 1908; 410; Ruhr/Nord P13
Wiemer + Trachte; Ingenieurbüro; Kultur- und Freizeitzentrum „Depot": 1913; 263 Ruhr/Nord A14
Wiepking-Jürgensmann, Heinrich-Friedrich; Funckepark: 1929; 146; Ruhr/Süd Q1
Wieschemann, Paul G.; Bogestra, Hauptverwaltung: 1983; 21; Ruhr/Süd J16
Grund- und Hauptschule: 1975; 76; Ruhr/Süd D11
Grund- und Hauptschule: 1966; 77; Ruhr/Süd C16
Markus-Haus; Gemeindezentrum, evang.: 1980; 124; Ruhr/Süd B15
St.-Vinzentius-Kirche, evang.: 1979 Restaurierung; 265; Ruhr/Süd B16
Wiethase, Heinrich; St. Josef; Pfarrkirche, kath.: 1874; 110; Ruhr/West S1
St. Mariä Himmelfahrt; Pfarrkirche Ginderich, kath.: 1870; 240; Ruhr/West C6
Wilhelmine Victoria Bergbau; AG; Klappheckenhof-Siedlung : 1873, an; 68; Ruhr/Nord
Wilthelm, Heinrich; Künstler/Lammers, Egbert; Künstler/Baur, Ludwig; Künstler Rengshausen, Wilhelm; Künstler; St. Peter und Paul; Probsteikirche: 1964 Kunst am Bau; 250; Ruhr/Süd I16
Wimmenauer, Karl; Petruskirche: 1965; 131; Ruhr/Nord P7
Winckler, A.; Varta-Betriebe „Die Akku": 1913; 457; Ruhr/Süd Q13

Winkel, Leo; Beeckerwerth-Siedlung: 1921 - 1959; 29; Ruhr/West M10
Winzer, Rudolph; Am Kanal, Siedlung : 1922; 12; Ruhr/Ost I5
Wissmann, Hanns/Brenschede, Wilhelm; Zeilenwohnhaus Keetmanstraße: 1924; 601; Ruhr/West S3
Witt; Gemeindegasthaus: 1914; 153; Ruhr/Nord H13
Wittenbrink und Schulte; Phönixstraße: 1910 um; 321; Ruhr/Nord O6
Wittig, Albrecht E.; Museum der Stadt Gelsenkirchen: 1984; 131; Ruhr/Nord N8
Reihenhäuser: 1973; 148; Ruhr/Nord C6
Wittig, Albrecht E./Janowski, Fred; Thomas-Kirche, evang.: 1964; 193; Ruhr/Nord O9
Wittmann, August; Film-Casino, Lichtspieltheater: 1956; 43; Ruhr/Ost R17
Wittneben/Neubauamt, preußisch; Amtsgericht Dorsten: 1929; 14; Ruhr/Nord G3
WKM; Weber, Klein, Maas; Gelsenwasser AG, Hauptverwaltung: 2004; 143; Ruhr/Nord P9
RWE Hauptverwaltung, Parkanlage: 2000; 288; Ruhr/Süd I13
WLP/Lehmann, Werner + Partner; Alte Post; Hotel: 1992; 5; Ruhr/Ost R16
Wolfgang Felder; Gewerbepark Nordstern: 1999; 68; Ruhr/Nord Q7
Wolters, Hermann; Haus Hartenfels: 1927; 192; Ruhr/West P13
Wörner, Gustav; Revierpark Vonderort: 1969; 153; Ruhr/West K17
Wörner, Gustav/Wörner, Rose; Freibadanlage: 1984 Außenanlagen; 54; Ruhr/Nord M11
Wragge; Regierungsbaumeister; VEW AG, Verwaltungsgebäude: 1954; 204; Ruhr/Ost S17
Wulf & Partner Architekten; Konrad-Adenauer-Realschule Hamm: 2002; 212; Ruhr/Ost F16
Sporthalle Konrad Adenauer: 2006; 311; Ruhr/Ost F16
Yaacov/Agam/Vasarely, Victor; Ruhruniversität Bochum; Auditorium Maximum, Forum, Institut für Medizin, Ingenieur- und Geisteswissenschaften, Mensa, Verkehrsbauten: 1978 Kunst am Bau; 159; Ruhr/Süd E15
Zahn; Amtsbaumeister/Winter, F.; Amtmann; Rathaus Wanne-Eickel: 1904; 351; Ruhr/Nord Q12
Zamel, Adolf; Terrassenhaus: 1973; 218; Ruhr/Süd Q15
Wohn- und Bürohaus Paura: 1969; 212; Ruhr/Süd Q15
Zamel, Krug; Architekten; Altenheim der Diakonie Gladbeck Bottrop Dorsten: 2003; 6; Ruhr/Nord R4
Gemeindehaus, evang.-freik.: 2000; 145; Ruhr/Süd P10
Mehrfamilienhäuser: 2001; 238; Ruhr/Süd Q14
Wohnhaus: 2001; 402; Ruhr/Süd Q15
Zeche Auguste Victoria/Gute Hoffnungs Hütte; Bauabteilung; Zeche Auguste Victoria 1/2, Materiallagerhalle: 1910; 557; Ruhr/Nord G9
Zeche Auguste Victoria 8, Schachtgerüst: 1982; 262; Ruhr/Nord D8
Zeche Consolidation; Bauabteilung; Glückauf-Kampfbahn: 1928; 166; Ruhr/Nord Q9
Zeche Ewald; Bauabteilung; Zeche Ewald I, Malakowturm : 1872; 168; Ruhr/Nord O11
Zeche Geschwind; Wetterkamin Buchholz: 1856; 153; Ruhr/Süd O6
Zeche Hannover, Baubüro der Kruppschen Verwaltung; Hannover-Siedlung: 1891 seit; 44; Ruhr/Nord R12
Zeche Hannover, Baubüro der Kruppschen Verwaltung/Schmohl, Robert; Hannover-Siedlung : 1864 und 1928; 44; Ruhr/Nord R12
Zeche Neumühl, Bauabteilung; Bergmannsplatz, Siedlung: 1909; 40; Ruhr/West L13
Zeche Pattberg; Bauabteilung; Zeche Pattberg, Maschinenhalle: 1932; 581; Ruhr/West L6
Zeche Rheinbaben; Rheinbaben-Siedlung , Bereich Nesselstraße/Velsenstraße: 1910; 356; Ruhr/Nord P4
Zeche Rheinpreußen; Bauabteilung; Muspasch-Siedlung: 1953; 120; Ruhr/West L6
Zeche Rheinpreußen 4: 1905; 585; Ruhr/West N8
Zeche Zollverein; Steinkohlebergwerke; Stiftsdamenwald-Siedlung : 1907; 434; Ruhr/Süd C7
ZENIT; Haus Urge: 2004 Umbau und Sanierung; 198; Ruhr/West P16
Zeschke, Edwald/Wiehl, Adam/Bergmann, Horst; Cuno Berufskolleg II: 1957; 18; Ruhr/Süd Q14
Zhen, Zhang; Chinesischer Garten: 1990; 28; Ruhr/Süd E15
Zindel, Paul; Rathaus Wattenscheid: 1884; 95; Ruhr/Süd C11
Zindel, Peter; Deutsche Bank: 1901; 87; Ruhr/Süd I13
Zlonicky/Wachten/Ebert; Neue Evinger Mitte: 1996; 143; Ruhr/Ost M6
ZPL Architekten; Gerhard-Mercator-Universität, Gesamthochschule Duisburg: 1982 Bibliothek; 65; Ruhr/West S4
ZSP Architekten/Scheffler Vorbeck + Partner; Zentraler Omnibusbahnhof: 2001; 423; Ruhr/Ost H9
zu Bentheim-Tecklenburg, Moritz Casimir; Schloss Hohenlimburg, Gartenanlagen: 1750; 189; Ruhr/Süd Q17
3Pass Architekten; Einfach und Selber bauen: 1999; 46; Ruhr/Nord M11
Zeche Ickern; Kultur-Café und Amphitheater: 2000; 418; Ruhr/Nord M18

Unterstützt durch:

Stadt Bochum

bottrop.

Castrop-Rauxel
Europastadt im Grünen

DINSLAKEN

Dorsten

STADT
ESSEN

Stadt
Gelsenkirchen

Gladbeck

HAGEN

Hamm

stadtherne

Herten

STADT MOERS

Stadt Lünen

NV
STADT NEUKIRCHEN-VLUYN

Mülheim
an der Ruhr
Stadt am Fluss
www.muelheim-ruhr.de

Ruhrfestspielstadt
RECKLINGHAUSEN

Oberhausen

UNNA

Schwerte

Stadt Witten

Links zur Baukultur in der Metropole Ruhr

links to building culture in the Ruhr Metropolitan area

baukunst-nrw

„baukunst-nrw" versteht sich als internetbasierter Führer zu Architektur und Ingenieurbaukunst in Nordrhein-Westfalen. Das Angebot richtet sich an die breite Öffentlichkeit und bietet einen Überblick über herausragende, interessante, innovative und historisch bedeutsame Objekte aus den Bereichen der Architektur und der Ingenieurbaukunst sowie der Innenarchitektur, Landschaftsarchitektur und Stadtplanung in Nordrhein-Westfalen. Im Bereich der Ruhrregion finden Sie auf www.baukunst-nrw.de weitergehende Informationen zu über 300 ausgewählten Objekten.

"baukunst-nrw" is an internet based guide to architecture and innovative engineering in North Rhine-Westphalia. The content is directed towards the broader public, offering an overview of outstanding, interesting, innovative and historically significant projects in the fields of architecture, engineering as well as interior architecture, land?scaping and urban design in North Rhine-Westphalia. You will get further information on more than 300 selected objects of the Ruhr at www.baukunst-nrw.de.

www.far.la

Die Agentur FAR: organisiert Architekturexkursionen durch die Metropole Ruhr und durch Düsseldorf. Berufserfahrene Architekten thematisieren die Rolle zeitgenössischer Baukultur beim Transformationsprozess Ruhr und zeigen den Bauboom der Landeshauptstadt.

The FAR agency organises architectural field trips through the Metropole Ruhr and through Dusseldorf. Experienced architects address the role of contemporary building culture in the Ruhr transformation process and show the results of the state capital's building boom.

www.baukulturplan.metropoleruhr.de

Hier finden Sie den BaukulturPlan Ruhr auch interaktiv im Internet.

Here you find the interactive Ruhr Building Culture Plan.